实用版法规专辑

婚姻家庭继承

中国法治出版社
CHINA LEGAL PUBLISHING HOUSE

我国的立法体系[①]

机构	职权
全国人民代表大会	修改宪法，制定和修改刑事、民事、国家机构的和其他的基本法律。
全国人民代表大会常务委员会	制定和修改除应当由全国人民代表大会制定的法律以外的其他法律；在全国人民代表大会闭会期间，对全国人民代表大会制定的法律进行部分补充和修改；根据全国人民代表大会授权制定相关法律；解释法律。
国务院	根据宪法、法律和全国人民代表大会及其常务委员会的授权，制定行政法规。
省、自治区、直辖市的人民代表大会及其常务委员会	根据本行政区域的具体情况和实际需要，在不同宪法、法律、行政法规相抵触的前提下，制定地方性法规。
设区的市、自治州的人民代表大会及其常务委员会	在不同上位法相抵触的前提下，可对城乡建设与管理、生态文明建设、历史文化保护、基层治理等事项制定地方性法规。
经济特区所在地的省、市的人民代表大会及其常务委员会	根据全国人民代表大会的授权决定，制定法规，在经济特区范围内实施。
上海市人民代表大会及其常务委员会	根据全国人民代表大会常务委员会的授权决定，制定浦东新区法规，在浦东新区实施。
海南省人民代表大会及其常务委员会	根据法律规定，制定海南自由贸易港法规，在海南自由贸易港范围内实施。
民族自治地方的人民代表大会	依照当地民族的政治、经济和文化的特点，制定自治条例和单行条例。对法律和行政法规的规定作出变通的规定，但不得违背法律或者行政法规的基本原则，不得对宪法和民族区域自治法的规定以及其他有关法律、行政法规专门就民族自治地方所作的规定作出变通规定。
国务院各部、委员会、中国人民银行、审计署和具有行政管理职能的直属机构以及法律规定的机构	根据法律和国务院的行政法规、决定、命令，在本部门的权限范围内，制定规章。
省、自治区、直辖市和设区的市、自治州的人民政府	根据法律、行政法规和本省、自治区、直辖市的地方性法规，制定规章。设区的市、自治州人民政府制定的地方政府规章限于城乡建设与管理、生态文明建设、历史文化保护、基层治理等方面的事项。
中央军事委员会	根据宪法和法律制定军事法规，在武装力量内部实施。
中国人民解放军各战区、军兵种和中国人民武装警察部队	根据法律和中央军事委员会的军事法规、决定、命令，在其权限范围内制定军事规章，在武装力量内部实施。
国家监察委员会	根据宪法和法律、全国人民代表大会常务委员会的有关决定，制定监察法规。
最高人民法院、最高人民检察院	作出属于审判、检察工作中具体应用法律的解释。

[①] 本图表为编者根据《立法法》相关规定编辑整理，供参考。

■实用版法规专辑·新8版

编 辑 说 明

运用法律维护权利和利益,是读者选购法律图书的主要目的。法律文本单行本提供最基本的法律依据,但单纯的法律文本中的有些概念、术语,读者不易理解;法律释义类图书有助于读者理解法律的本义,但又过于繁杂、冗长。

基于上述理念,我社自2006年7月率先出版了"实用版"系列法律图书;2008年2月,我们将与社会经济生活密切相关的领域所依托的法律制度以专辑形式汇编出版了"实用版法规专辑",并在2012年、2014年、2016年、2018年、2020年、2022年全面更新升级再版。这些品种均深受广大读者的认同和喜爱。

2025年,本着"以读者为本"的宗旨,适应实践变化需要,我们第八次对"实用版法规专辑"增订再版,旨在为广大公民提供最新最高效的法律学习及法律纠纷解决方案。

鲜明特点,无可替代:

1. **出版权威**。中国法治出版社是中华人民共和国司法部所属的中央级法律类图书专业出版社,是国家法律、行政法规文本的权威出版机构。

2. **法律文本规范**。法律条文利用了我社法律单行本的资源,与国家法律、行政法规正式版本完全一致,确保条文准确、权威。

3. **条文注释专业、权威**。本书中的注释都是从全国人大常委会法制工作委员会、中华人民共和国司法部、最高人民法院等对条文的权威解读中精选、提炼而来,简单明了、通俗易懂,涵盖百姓日常生活中经常遇到的纠纷与难题。

4. **案例典型指引**。本书收录数件典型案例,均来自最高人民法院指导案例、公报案例、各地方高级人民法院判决书等,点出适用要点,展示解决法律问题的实例。

5. **附录实用**。书末收录经提炼的法律流程图、诉讼文书、办案常用数据(如损害赔偿金额标准)等内容,帮助您大大提高处理法律纠纷的效率。

6. **"实用版法规专辑"** 从某一社会经济生活领域出发,收录、解读该领域所涉重要法律制度,为解决该领域法律纠纷提供支持。

婚姻家庭继承法律制度
理解与适用

婚姻家庭制度是规范夫妻关系和家庭关系的基本准则,关系到家家户户的利益。1980年9月10日第五届全国人民代表大会第三次会议通过了《中华人民共和国婚姻法》(以下简称婚姻法),2001年4月28日第九届全国人民代表大会常务委员会第二十一次会议对婚姻法做出修改。1991年12月29日第七届全国人民代表大会常务委员会第二十三次会议通过了《中华人民共和国收养法》(以下简称收养法),1998年11月4日第九届全国人民代表大会常务委员会第五次会议对收养法做出修改。婚姻法、收养法实施以来,对于建立和维护和谐的婚姻家庭关系发挥了重要作用。随着婚姻观念、家庭关系的变化,婚姻家庭领域出现了一些新情况。为进一步弘扬夫妻互敬、孝老爱亲、家庭和睦的中华民族传统家庭美德,体现社会主义核心价值观,促进家庭关系和谐稳定,《中华人民共和国民法典》*婚姻家庭编(以下简称婚姻家庭编)以婚姻法、收养法为基础,在坚持婚姻自由、一夫一妻等基本原则的前提下,结合社会发展需要,修改了部分规定,并增加了一些新规定。与婚姻法、收养法相比,主要修改内容有:

1. 修改禁止结婚的条件。婚姻法规定,患有医学上认为不应当结婚的疾病者禁止结婚。这一规定在实践中很难操作,且在对方知情的情况下,是否患有疾病并不必然会影响当事人的结婚意愿。为尊重当事人的婚姻自主权,婚姻家庭编规定,一方患有重大疾病的,应当在结婚登记前如实告知对方;不如实告知的,对方可以请求撤销该婚姻。

---

* 本书中引用的《中华人民共和国民法典》统一简称为《民法典》,全书其他法律法规采用同样的处理方式。

2. 增加离婚冷静期的规定。实践中，由于离婚登记手续过于简便，轻率离婚的现象增多，不利于家庭稳定。为此，婚姻家庭编规定了三十日的离婚冷静期，在此期间，任何一方可以向登记机关撤回离婚申请。

3. 完善离婚赔偿制度。婚姻法规定了四种适用离婚损害赔偿的情形，为更好地发挥离婚损害赔偿制度的预防、制裁作用，促进婚姻关系的稳定，婚姻家庭编增加了离婚损害赔偿的兜底条款，将其他一些确实给对方造成严重损害的情形纳入损害赔偿范围。

4. 不再保留计划生育的有关内容。婚姻法、收养法中都有关于计划生育的条款。为适应我国人口形势新变化，婚姻家庭编不再规定有关计划生育的内容。

婚姻家庭编共五章七十九条，主要规定了结婚、家庭关系、离婚、收养等我国的基本婚姻制度、结婚的条件和程序、夫妻间的权利和义务、夫妻财产制度、离婚的处理原则、程序、条件及离婚后有关子女抚养、财产分割、过错方的损害赔偿、家庭成员之间的权利义务关系、收养等。

为正确审理婚姻家庭纠纷案件，根据《民法典》《民事诉讼法》等相关法律规定，结合审判实践，最高人民法院制定《关于适用〈中华人民共和国民法典〉婚姻家庭编的解释（一）》，于2020年12月25日由最高人民法院审判委员会第1825次会议通过，自2021年1月1日起施行。该司法解释修改原有六个司法解释，因而受到社会广泛关注。主要内容有：

一是促进婚姻家庭和谐稳定。注重引导树立良好的家教、家风，弘扬家庭美德，促进家庭文明建设。比如在反家庭暴力法明确规定家庭暴力的基础上，将持续性、经常性的家庭暴力认定为虐待，体现了对家庭暴力坚决说"不"的鲜明价值导向；

二是注重保护妇女、未成年人、老年人和残疾人的合法权益。比如，进一步细化了在法定情形下变更无民事行为能力人的监护人，并由新的监护人代理其提起离婚诉讼的规定，依法保护无民事行为能力人的合法权益；再比如，在未成年子女抚养权纠纷中，贯彻最有利于未成年子女原则，尊重8周岁以上子女的真实意愿，删除原来10周岁的规定，等等；

三是注重体系协调。婚姻法回归民法体系是此次民法典编纂的重要成果，相应地，对婚姻家庭编司法解释的具体规则设计进行了体系化整合。

为深入贯彻落实党的二十届三中全会精神和习近平总书记关于注重家庭家教家风建设的重要论述精神，正确实施民法典，统一法律适用，引导树立优良家风、弘扬家庭美德，维护婚姻家庭和谐稳定，最高人民法院在广泛深入调研的基础上制定了最高人民法院《关于适用民法典婚姻家庭编的解释（二）》（以下简称《婚姻家庭编解释（二）》）。《婚姻家庭编解释（二）》已于2024年11月25日由最高人民法院审判委员会第1933次会议审议通过，自2025年2月1日起施行。

《婚姻家庭编解释（二）》制定的原则包括以下几点：

（一）合法性原则。坚持在现有法律制度框架内，遵循法律规定本意，确定审判实践中适用法律的具体规定。比如对争议极大的婚后父母为子女购房出资问题，基于具体案件事实在认定为赠与的前提下，根据《民法典》第一千零六十二条和第一千零六十三条规定，如果双方没有明确约定，认定为是对夫妻双方的赠与。在此基础上，夫妻双方离婚时，进一步解释《民法典》第一千零八十七条的"财产具体情况"，将出资来源作为财产具体情况予以考虑，以妥善平衡各方利益，增强家庭的凝聚力和向心力。

（二）坚持弘扬社会主义核心价值观原则。《婚姻家庭编解释（二）》贯彻落实民法典关于树立优良家风，弘扬家庭美德，重视家庭文明建设的规定，旗帜鲜明地弘扬社会主义核心价值观，明确重婚不适用效力补正、违反公序良俗的赠与无效等，引导社会尊重婚姻，强调夫妻之间应遵守忠实义务。

（三）问题导向原则。紧贴审判工作实践中的热点与难点问题，不务虚，不贪大求全，切实为审判实践提供裁判依据。《婚姻家庭编解释（二）》主要针对人民群众普遍关心的父母为子女出资购房、抢夺藏匿未成年子女、同居财产分割、夫妻间给予房产、夫妻一方违反公序良俗的赠与、离婚协议将财产给予子女等家事审判中的重点、难点问题予以规范。同时，注重与原有司法解释规定在逻辑上协调一致。

（四）"内外有别"原则。家庭虽不具有独立的民事主体资格，但作为社会的基本细胞，与外界始终处于互动之中。《婚姻家庭编解释（二）》注重民法典婚姻家庭编与物权编、合同编等其他各编以及公司法等其他法律的体系协调，既注重在外部关系上维护以公示公信为基础的市场经济规则，也强调在婚姻家庭内部保护配偶另一方合法权益，比如超出家庭日常消费水平的直播打赏、夫妻一方转让股权等。

《婚姻家庭编解释（二）》以习近平新时代中国特色社会主义思想为指导，立足新的国情、社情、民情，深入贯彻落实习近平总书记关于注重家庭家教家风建设重要论述精神，积极回应人民群众新需求新期待。《婚姻家庭编解释（二）》共23条，主要包括以下内容：（一）明确重婚绝对无效的基本原则；（二）规制通过离婚损害债权人利益行为；（三）细化同居析产规则；（四）明确父母为子女婚后购房出资的财产分割原则；（五）调整夫妻间给予房产行为；（六）规范夫妻一方对外赠与行为，维护公序良俗；（七）明确离婚协议约定财产给予子女裁判规则；（八）规制抢夺、藏匿未成年子女行为。

此外，国务院颁布了《婚姻登记条例》，民政部发布了《关于贯彻落实〈中华人民共和国民法典〉中有关婚姻登记规定的通知》等文件。

本书有针对性地进行了遴选收录，希望能够对您处理婚姻法律问题有所帮助。

婚姻家庭继承法律要点提示

法律要点	法 条	页 码
法定婚龄	《民法典》第1047条	第110页
禁止结婚的情形	《民法典》第1048条	第111页
无效婚姻	《民法典》第1051条 《婚姻家庭编解释（一）》第9-17条 《婚姻家庭编解释（二）》第1-2条	第115页 第172-173页 第185页
受胁迫婚姻的撤销	《民法典》第1052条 《婚姻家庭编解释（一）》第18-19条 《民法典时间效力的若干规定》第26条	第116页 第173-174页 第203页
家事代理权	《民法典》第1060条 《婚姻家庭编解释（一）》第28条 《婚姻家庭编解释（二）》第6条、第9条	第122页 第175页 第186、187页
夫妻共同财产	《民法典》第1062条 《婚姻家庭编解释（一）》第24-27条	第124页 第174-175页
夫妻个人财产	《民法典》第1063条 《婚姻家庭编解释（二）》第8条	第126页 第187页
夫妻共同债务	《民法典》第1064条	第127页
夫妻约定财产制	《民法典》第1065条	第128页

法律要点	法　条	页　码
婚内分割夫妻共同财产	《民法典》第1066条	第130页
协议离婚	《民法典》第1076条	第142页
离婚冷静期	《民法典》第1077条	第146页
诉讼离婚	《民法典》第1079条	第148页
婚姻关系的解除	《民法典》第1080条	第152页
离婚经济补偿	《民法典》第1088条 《婚姻家庭编解释（二）》第21-22条	第165页 第190页
离婚损害赔偿	《民法典》第1091条	第166页
继承顺序	《民法典》第1127条	第370页
遗产分配原则	《民法典》第1130条	第373页
遗产分割	《民法典》第1156条	第390页

目 录

婚姻家庭

中华人民共和国民法典（节录）·················（1）
    （2020年5月28日）
最高人民法院关于适用《中华人民共和国民法典》婚姻
    家庭编的解释（一）·················（171）
    （2020年12月29日）
最高人民法院关于适用《中华人民共和国民法典》婚姻
    家庭编的解释（二）·················（185）
    （2025年1月15日）
最高人民法院关于适用《中华人民共和国民法典》总则
    编若干问题的解释·················（191）
    （2022年2月24日）
最高人民法院关于适用《中华人民共和国民法典》时间
    效力的若干规定·················（199）
    （2020年12月29日）
婚姻登记条例·················（203）
    （2024年12月6日）
民政部关于贯彻落实《中华人民共和国民法典》中有关
    婚姻登记规定的通知·················（208）
    （2020年11月24日）
婚姻登记工作规范·················（211）
    （2020年11月24日）

中国边民与毗邻国边民婚姻登记办法 …………………（227）
　　（2012年8月8日）
最高人民法院关于当事人申请承认澳大利亚法院出具的
　　离婚证明书人民法院应否受理问题的批复 …………（230）
　　（2020年12月29日）
最高人民法院关于人民法院受理申请承认外国法院离婚
　　判决案件有关问题的规定 ………………………………（231）
　　（2020年12月29日）
最高人民法院关于中国公民申请承认外国法院离婚判决
　　程序问题的规定 …………………………………………（232）
　　（2020年12月29日）
国务院关于同意在部分地区开展内地居民婚姻登记"跨
　　省通办"试点的批复 ……………………………………（235）
　　（2021年4月30日）
民政部办公厅关于开展婚姻登记"跨省通办"试点工作
　　的通知 ……………………………………………………（237）
　　（2021年5月17日）
最高人民法院、最高人民检察院、公安部、民政部关于
　　印发《关于妥善处理以冒名顶替或者弄虚作假的方式
　　办理婚姻登记问题的指导意见》的通知 ……………（240）
　　（2021年11月18日）
最高人民法院关于内地与香港特别行政区法院相互认可
　　和执行婚姻家庭民事案件判决的安排 …………………（242）
　　（2022年2月14日）
中华人民共和国家庭教育促进法 ……………………………（248）
　　（2021年10月23日）
中华人民共和国反家庭暴力法 ………………………………（269）
　　（2015年12月27日）

最高人民法院、全国妇联、教育部、公安部、民政部、
　司法部、卫生健康委关于加强人身安全保护令制度贯
　彻实施的意见 ………………………………………（274）
　（2022年3月3日）
民政部、全国妇联关于做好家庭暴力受害人庇护救助工
　作的指导意见 ………………………………………（278）
　（2015年9月24日）
最高人民法院关于审理人身损害赔偿案件适用法律若干
　问题的解释 …………………………………………（282）
　（2022年4月24日）
最高人民法院关于确定民事侵权精神损害赔偿责任若干
　问题的解释 …………………………………………（287）
　（2020年12月29日）
最高人民法院关于人身安全保护令案件相关程序问题的
　批复 …………………………………………………（288）
　（2016年7月11日）
最高人民法院、最高人民检察院、公安部、司法部关于
　依法办理家庭暴力犯罪案件的意见 ………………（289）
　（2015年3月2日）
最高人民检察院关于印发依法惩治家庭暴力犯罪典型案
　例的通知 ……………………………………………（297）
　（2021年4月28日）

收养、寄养

中华人民共和国民法典（节录） ………………………（310）
　（2020年5月28日）
中国公民收养子女登记办法 ……………………………（327）
　（2023年7月20日）
外国人在中华人民共和国收养子女登记办法 …………（331）
　（2024年12月6日）

收养登记档案管理暂行办法 …………………………（335）
　　（2020年10月20日）
收养登记工作规范 ………………………………………（338）
　　（2020年10月20日）
家庭寄养管理办法 ………………………………………（353）
　　（2014年9月24日）

继　承

中华人民共和国民法典（节录） ……………………（360）
　　（2020年5月28日）
最高人民法院关于适用《中华人民共和国民法典》继承
　编的解释（一） ………………………………………（395）
　　（2020年12月29日）
遗嘱公证细则 ……………………………………………（400）
　　（2000年3月24日）
遗赠扶养协议公证细则 …………………………………（405）
　　（1991年4月3日）
中华人民共和国涉外民事关系法律适用法（节录） ……（409）
　　（2010年10月28日）
中华人民共和国人口与计划生育法 ……………………（411）
　　（2021年8月20日）
中华人民共和国妇女权益保障法（节录） ………………（418）
　　（2022年10月30日）
中华人民共和国老年人权益保障法（节录） ……………（422）
　　（2018年12月29日）
中华人民共和国未成年人保护法（节录） ………………（425）
　　（2024年4月26日）

实用附录

1. 婚前财产协议公证书（参考文本）……………………（429）
2. 离婚协议书（参考文本）……………………………（429）
3. 离婚起诉状（参考文本）……………………………（430）
4. 收养协议（参考文本）………………………………（431）

婚姻家庭

中华人民共和国民法典（节录）

（2020年5月28日第十三届全国人民代表大会第三次会议通过　2020年5月28日中华人民共和国主席令第45号公布　自2021年1月1日起施行）

第一编　总　　则

第一章　基　本　规　定

第一条　【立法目的和依据】*　为了保护民事主体的合法权益，调整民事关系，维护社会和经济秩序，适应中国特色社会主义发展要求，弘扬社会主义核心价值观，根据宪法，制定本法。

> **注释**　本条规定了《民法典》五个方面的立法目的：
> 一是保护民事主体的合法权益。民事主体的合法权益包括人身权利，财产权利，兼具人身和财产性质的知识产权等权利，以及其他合法权益。保护公民的各项基本权利是宪法的基本原则和要求，保护民事主体的合法权益是民法的首要目的，也是落实和体现宪法精神的表现。可以说，《民法典》的全部规定都是围绕保护民事主体的合法权益而展开的。
> 二是调整民事关系。民事权益存在于特定社会关系之中，民法保护民事权利，是通过调整民事关系来实现的。
> 三是维护社会和经济秩序。民法保护单个主体的民事权利，调整民事主体之间的关系，从而确立并维护整个社会的民事生活秩序。

---

*　条文主旨为编者所加，下同。

四是适应中国特色社会主义发展要求。法律是上层建筑，由经济基础决定的，并与经济基础相适应。编纂民法典就是为了满足人民群众的这种法治需求。社会主义市场经济本质上是法治经济，通过编纂民法典不断完善中国特色社会主义法律体系，健全市场秩序，维护交易安全，促进社会主义市场经济持续健康发展。

五是弘扬社会主义核心价值观。社会主义核心价值观是民族精神和时代精神的高度凝练，是中国特色社会主义法治的价值内核，是中国特色社会主义法治建设的灵魂，是坚持中国特色社会主义法治发展道路的基本遵循。社会主义核心价值观包括富强、民主、文明、和谐，自由、平等、公正、法治，爱国、敬业、诚信、友善。社会主义核心价值观要融入法治建设的全过程，要将社会主义核心价值观的基本要求融入法律，转化为法律规范性要求，将法律规范作为践行社会主义核心价值观的制度载体，使法律更好地体现国家的价值目标、社会的价值取向、公民的价值追求。编纂民法典，健全民事基本法律制度，可以强化全社会的契约精神。按照党中央关于把社会主义核心价值观融入法治建设的要求，应当强调在民事活动中弘扬中华优秀文化，践行社会主义核心价值观，大力弘扬自由、平等、公正、诚信等社会主义核心价值观。

宪法是国家的根本大法，是母法，是其他法律制定的依据。我国《立法法》明确规定，宪法具有最高的法律效力，一切法律、行政法规、地方性法规、自治条例和单行条例、规章都不得同宪法相抵触。"根据宪法，制定本法"的规定明确了《民法典》的立法依据。宪法是民法的立法根据，民法的规定必须体现宪法精神，落实宪法的要求，不得违背宪法。不仅民法的实体内容应当落实宪法的原则和要求，民法制定的立法程序也必须符合宪法关于立法制度和程序的规定。

第二条 【调整范围】民法调整平等主体的自然人、法人和非法人组织之间的人身关系和财产关系。

注释 民事主体是民事关系的参与者、民事权利的享有者、民事义务的履行者和民事责任的承担者。本条首先列举了民事主体的具体类型，包括自然人、法人和非法人组织三类。自然人是最为重要的民事主体，民法上使用这个概念，主要是与法人相区别。法人是法律上拟制的人，法人是一种社会组织，法律基于社会现实的需要，赋予符合一定条件的组织法人资格，便于这些组织独立从事民事活动，归根结底是为了扩展自然人从事民事活动的广度。《民法总则》创设了第三类民事主体非法人组织，包括个人独资企业、合伙企业等不具有法人资格的组织，《民法典》予以延续。赋予这些组织以民事主体地位，有利于其开展民事活动，也与其他法律的规定相衔接。

自然人、法人、非法人组织之间的社会关系多种多样，并非所有社会关系都由民法调整。民法仅调整他们之间的民事关系，即作为平等主体的自然人、法人、非法人组织之间发生的社会关系。比如，行政机关在从事行政管理活动时，会与自然人或法人形成行政法律关系，这种行政法律关系双方的地位是不平等的，不由民法调整。机关从事民事活动，比如因购买商品而与公司签订买卖合同，民法要求其必须以机关法人的身份进行，此时机关法人与其他民事主体之间的法律地位是平等的，这种买卖合同关系则由民法调整。

民法所调整的民事关系根据权利义务所涉及的内容不同可以分为两大类，即民事主体之间的财产关系和人身关系。人身关系是指民事主体之间基于人格和身份形成的无直接物质利益因素的民事法律关系。人身关系有的与民事主体的人格利益相关，有的与民事主体的特定身份相关。如配偶之间的婚姻关系，父母子女之间抚养和赡养关系。财产关系是指民事主体之间基于物质利益而形成的民事法律关系。财产关系包括静态的财产支配关系，如所有权关系，还包括动态的财产流转关系，如债权债务关系等。从财产关系所涉及的权利内容而言，财产关系包括物权关系、债权关系等。

参见　《民事诉讼法》第3条

第三条　【民事权利及其他合法权益受法律保护】 民事主体的人身权利、财产权利以及其他合法权益受法律保护，任何组织或者个人不得侵犯。

注释 民事权利及其他合法权益受法律保护是民法的基本精神，也是民事立法的出发点和落脚点，统领整部《民法典》和各民商事特别法。

人身权利包括生命权、健康权、姓名权、名誉权、荣誉权、肖像权、隐私权、婚姻自主权、监护权等，财产权利包括所有权、用益物权、担保物权、股权等。民法除保护人身权利和财产权利外，兼具有人身和财产性质的知识产权、继承权等也受法律保护。除列明的民事权利外，《民法典》还规定保护其他合法权益，原因在于，有些民事权益法律并未明确规定，但确有必要予以保护的，法律也应当予以保护。民事权利及其他合法权益受法律保护，就要求任何组织或者个人不得侵犯。不得侵犯就是任何组织或者个人不得非法侵占、限制、剥夺他人的民事权利及其他合法权益，也不得干涉他人正常行使民事权利及其他合法权益。当然，这并非意味着民事主体的民事权利可以毫无限制，是绝对自由的。相反，民事主体行使民事权利要受到法律、公序良俗的约束，民事主体不得滥用民事权利，且国家基于公共利益的需要，在法律权限范围内经法定程序，在给予公平合理补偿的前提下，可以对民事主体的财产予以征收或者征用。

第四条 【平等原则】 民事主体在民事活动中的法律地位一律平等。

注释 平等原则，是指民事主体在从事民事活动时，相互之间在法律地位上都是平等的，合法权益受到法律的平等保护。当事人之间地位平等是民法区别于其他法律部门的最为重要的特征。

民事主体的法律地位一律平等。首先，体现为自然人的权利能力一律平等。权利能力就是自然人享有民事权利、承担民事义务的法律资格，这种法律资格，不因自然人的出身、身份、职业、性别、年龄、民族、种族等而不同，所有自然人从法律人格上而言都是平等的、没有差别的。其次，体现为所有民事主体之间在从事民事活动时双方的法律地位平等。虽然国家行政机关在从事行政管理时，作为管理者，与被管理的行政相对人的地位是不平等的，存在隶属关系或管理与被管理的关系。但当机关法人与其他民事主体包括自然人、法人或者非法人组织从事交易时，二者的法律地位则是平等的。民法为了维护和实现民事主体之间法律地位的平等性，确保民事主体之间能平等协商交易条款，规定当事人一方利用优势地位强加给另一方的不公平的"霸王条款"无效。最后，平等原则的平等还体现为所有民事主体的合法权益受到法律的平等保护。平等保护就是民事主体权利在法律上都一视同仁受到保护。平等保护还意味着民事主体的权利受到侵害时，在法律适用上是平等的、能够获得同等的法律救济。

参见 《宪法》第33条；《消费者权益保护法》第4条；《合伙企业法》第5条

第五条 【自愿原则】民事主体从事民事活动，应当遵循自愿原则，按照自己的意思设立、变更、终止民事法律关系。

注释 自愿原则，也被称为意思自治原则，就是民事主体有权根据自己的意愿，自愿从事民事活动，按照自己的意思自主决定民事法律关系的内容及其设立、变更和终止，自觉承受相应的法律后果。平等原则是民法的前提和基础，自愿原则即意思自治原则，是民法的核心。

自愿原则，可以从以下四个方面来理解。首先，民事主体有权自愿从事民事活动。民事主体参加或不参加某一民事活动由其自己根据自身意志和利益自由决定，其他民事主体不得干预，更不能强迫其参加。其次，民事主体有权自主决定民事法律关系的内容。民事主体决定参加民事活动后，可以根据自己的利益和需要，决定与谁建立民事法律关系，并决定具体的权利、义务内容，以及民事活动的行为方式。再次，民事主体有权自主决定民事法律关系的变动。民事法律关系的产生、变更、终止应由民事主体自己根据本人意志自主决定。最后，民事主体应当自觉承受相应法律后果。与民事主体自愿参加民事活动、自主决定民事法律关系相伴的是，民事主体需要自觉承受相应法律后果。自愿或者说意思自治的必然要求就是，每个人对自己的行为负责。自愿原则要求民事主体在行使权利的同时自觉履行约定或法定的义务，并承担相应的法律后果。

需要进一步说明的是，自愿或者意思自治不是毫无约束的绝对的自由与放任。民事主体实现自愿、自主或意思自治的前提是民事主体之间的平等法律地位。因此，民事主体的自愿建立在相互尊重的基础上，必须尊重其他民事主体的自主意志。民事主体的意思自治，还受到民法的公平原则、诚信原则、守法原则等基本原则的约束，这些原则要求民事主体从事民事活动，要公平合理、诚实守信，不得违反法律，不得违背公序良俗。

参见　《证券法》第 4 条；《反不正当竞争法》第 2 条；《电子商务法》第 5 条

第六条　**【公平原则】**民事主体从事民事活动，应当遵循公平原则，合理确定各方的权利和义务。

注释　公平原则要求民事主体从事民事活动时要秉持公平理念，公正、平允、合理地确定各方的权利和义务，并依法承担相应的民事责任。公平原则体现了民法促进社会公平正义的基本价值，对规范民事主体的行为发挥着重要作用。公平原则作为民法的基本原则，不仅仅是民事主体从事民事活动应当遵守的基本行为准则，也是人民法院审理民事纠纷应当遵守的基本裁判准则。

参见　《公司法》第 143 条；《拍卖法》第 4 条；《渔业法》第 22 条

案例　朱兆龙诉东台市许河安全器材厂侵权责任纠纷案①（《最高人民法院公报》2020 年第 2 期）

案件适用要点：个人经营的淘宝网店绑定企业营业执照后变更为企业性质网店的，虽仍由个人经营，但因淘宝店披露的信息均为该企业信息，导致该淘宝店实际已经有属于企业所有权的权利外观。在企业不再允许该绑定，且绑定不能被取消的情况下，企业径自取得该淘宝店经营权的，并不构成对个人经营权的侵权。鉴于个人对

---

① 本书收集的发生于《民法典》公布之前的案例，援引的法条为当时有效的条文，其中的裁判规则与《民法典》生效后的内容并不冲突，仍可作为参考。——编者注

网店信用升级有一定贡献，企业将店铺经营权收回的同时，根据公平理念和利益平衡原则，应当对原经营者给予适当的补偿。

第七条　【诚信原则】民事主体从事民事活动，应当遵循诚信原则，秉持诚实，恪守承诺。

注释　诚信原则要求所有民事主体在从事任何民事活动，包括行使民事权利、履行民事义务、承担民事责任时，都应该秉持诚实、善意，信守自己的承诺。

诚信原则作为民法最为重要的基本原则，被称为民法的"帝王条款"，是各国民法公认的基本原则。

诚信原则具有高度抽象性和概括性，使得诚信原则对于民事主体从事民事活动、司法机关进行民事裁判活动都具有重要作用。诚信原则为民事主体开展民事活动提供指导，是民事主体从事民事活动的行为规则，要求民事主体行使权利、履行义务都应善意不欺、恪守信用。同时，诚信原则对司法机关裁判民事纠纷也具有积极作用，在当事人没有明确约定或法律没有具体规定时，司法机关可以根据诚信原则填补合同漏洞、弥补法律空白，平衡民事主体之间、民事主体与社会之间的利益，进而实现社会的公平正义。

参见　《反不正当竞争法》第2条；《拍卖法》第4条

案例　韩龙梅等诉阳光人寿保险股份有限公司江苏分公司保险合同纠纷案（《最高人民法院公报》2010年第5期）

案件适用要点：《保险法》规定："订立保险合同，保险人应当向投保人说明保险合同的条款内容，并可以就保险标的或者被保险人的有关情况提出询问，投保人应当如实告知。"保险人或其委托的代理人出售"自助式保险卡"未尽说明义务，又未对相关事项向投保人提出询问，自行代替投保人激活保险卡形成数据电文形式的电子保险单，在保险合同生效后，保险人以电子保险单内容不准确、投保人违反如实告知义务为由主张解除保险合同的，人民法院不予支持。

第八条　【守法与公序良俗原则】民事主体从事民事活动，不得违反法律，不得违背公序良俗。

注释 守法和公序良俗原则，是现代民法的一项重要基本原则。

公序良俗是指公共秩序和善良习俗。守法和公序良俗原则要求自然人、法人和非法人组织在从事民事活动时，不得违反各种法律的强制性规定，不违背公共秩序和善良习俗：（1）民事主体从事民事活动不得违反法律。不得违反法律中的法律不仅包括民事法律，还包括其他部门法。所谓不得违反法律，就是要求不违反法律的强制性规定。民事主体在从事民事活动时，只要法律未明文禁止，又不违背公序良俗，就可以根据自己的利益和需要创设权利、义务内容。民事主体在从事民事活动时享有较大的自主空间，实现充分的意思自治。由于民法的基本原则之一就是意思自治，民法通常情况下不会干预民事主体的行为自由，民法的大多数规范都是任意性规范。对于任意性规范，民事主体可以结合自身的利益需要，决定是否纳入自己的意思自治范围。但是，任何人的自由并非毫无限制的，民法同样需要维护社会基本的生产、生活秩序，需要维护国家的基本价值追求，法律的强制性规范就是为实现这一目的而制定的，民事主体在从事民事活动时，应当遵守法律的强制性规定。（2）民事主体从事民事活动不得违背公序良俗。不得违背公序良俗原则，就是不得违背公共秩序和善良习俗。公共秩序，是指政治、经济、文化等领域的基本秩序和根本理念，是与国家和社会整体利益相关的基础性原则、价值和秩序，在以往的民商事立法中被称为社会公共利益。善良习俗是指基于社会主流道德观念的习俗，也被称为社会公共道德，是全体社会成员所普遍认可、遵循的道德准则。善良习俗具有一定的时代性和地域性，随着社会成员的普遍道德观念的改变而改变。公共秩序强调的是国家和社会层面的价值理念，善良习俗突出的则是民间的道德观念，二者相辅相成，互为补充。

参见 《公司法》第19条、第20条；《妇女权益保障法》第7条；《保险法》第4条

第九条 【绿色原则】民事主体从事民事活动，应当有利于节约资源、保护生态环境。

注释 绿色原则贯彻宪法关于保护环境的要求，同时落实党中央关于建设生态文明、实现可持续发展理念的要求，将环境资源保护上升至民法基本原则的地位，具有鲜明的时代特征，将全面开启环境资源保护的民法通道，有利于构建生态时代下人与自然的新型关系，顺应绿色立法潮流。

参见 《宪法》第9条；《森林法》第3条；《土地管理法》第38条；《环境保护法》第6条

第十条 【处理民事纠纷的依据】处理民事纠纷，应当依照法律；法律没有规定的，可以适用习惯，但是不得违背公序良俗。

注释 本条规定，人民法院、仲裁机构等在处理民事纠纷时，首先应当依照法律。这里的法律是指广义的法律，包括全国人大及其常委会制定的法律和国务院制定的行政法规，也不排除地方性法规、自治条例和单行条例等。根据《立法法》第8条第8项规定，民事基本制度只能由全国人民代表大会及其常委会制定的法律规定。行政法规可以根据法律的规定或经法律的授权，针对特定领域的民事关系作出具体的细化规定。

本条还规定，法律没有规定的，可以适用不违背公序良俗的习惯。习惯是指在一定地域、行业范围内长期为一般人从事民事活动时普遍遵守的民间习俗、惯常做法等。适用习惯受到两个方面的限制：一是适用习惯的前提是法律没有规定。所谓法律没有规定，就是相关的法律、行政法规、地方性法规对特定民事纠纷未作出规定。二是所适用的习惯不得违背公序良俗。

参见 《最高人民法院关于适用〈中华人民共和国民法典〉总则编若干问题的解释》第2条

案例 李金华诉立融典当公司典当纠纷案（《最高人民法院公报》2006年第1期）

案件适用要点：绝当后，消灭当户基于典当合同对当物的回赎权，既不违反法律规定，也符合典当行业的惯例和社会公众的一般理解。

第十一条 【特别法优先】其他法律对民事关系有特别规定的，依照其规定。

注释 《立法法》第103条规定，同一机关制定的法律，特别规定与一般规定不一致的，适用特别规定。《民法典》出台后，将作为一般法，各民商事单行法作为特别法，根据《立法法》的规定，特别法的规定将优先适用。本条明确强调了特别法优先的法律适用规则。

如关于诉讼时效，总则编规定的一般诉讼时效期间为3年。而《海商法》第260条规定，有关海上拖航合同的请求权，时效期间为1年，自知道或者应当知道权利被侵害之日起计算。《保险法》第26条第2款规定，人寿保险的被保险人或者受益人向保险人请求给付保险金的诉讼时效期间为5年，自其知道或者应当知道保险事故发生之日起计算。上述规定就具有优先适用的地位。

参见 《立法法》第103条、第105条；《涉外民事关系法律适用法》第2条；《票据法》第96条；《最高人民法院关于适用〈中华人民共和国民法典〉总则编若干问题的解释》第1条

第十二条 【民法的效力范围】中华人民共和国领域内的民事活动，适用中华人民共和国法律。法律另有规定的，依照其规定。

参见 《涉外民事关系法律适用法》第3条

第二章 自 然 人

第一节 民事权利能力和民事行为能力

第十三条 【自然人民事权利能力的起止时间】自然人从出生时起到死亡时止，具有民事权利能力，依法享有民事权利，承担民事义务。

注释 民事权利能力是指民事主体享有民事权利、承担民事义务的法律资格。法律规定了自然人民事权利能力，也即确认了自然人的民事主体地位，这是自然人依法享有民事权利，承担民事义务的前提。自然人的民事权利能力既包括自然人享有民事权利的资格，也包括自然人承担民事义务的资格。

民事权利能力具有不可剥夺的特征。民事权利能力始于出生，终于死亡。自然人生存期间，其民事权利能力不因任何原因丧失、消灭。自然人受到刑事处罚、丧失民事行为能力等，都不能导致民事权利能力的减损或者消灭。法律包括公法都不得对自然人的民事权利能力进行限制或者剥夺。

第十四条　【民事权利能力平等】自然人的民事权利能力一律平等。

第十五条　【出生和死亡时间的认定】自然人的出生时间和死亡时间，以出生证明、死亡证明记载的时间为准；没有出生证明、死亡证明的，以户籍登记或者其他有效身份登记记载的时间为准。有其他证据足以推翻以上记载时间的，以该证据证明的时间为准。

注释　本条将出生证明、死亡证明记载的时间作为判断自然人出生时间、死亡时间的最基本依据。出生证明，即出生医学证明，记载有新生儿的姓名、性别、出生时间、父母亲姓名等。

死亡证明是指有关单位出具的证明自然人死亡的文书。主要包括以下几类：公民死于医疗单位的，由医疗单位出具死亡医学证明书；公民正常死亡但无法取得医院出具的死亡证明的，由社区、村（居）委会或者基层卫生医疗机构出具证明；公民非正常死亡或者卫生部门不能确定是否属于正常死亡的，由公安司法部门出具死亡证明；死亡公民已经火化的，殡葬部门出具火化证明。死亡证明是记载死亡时间的原始凭证，具有证明死亡时间的准确性和规范性，因此本条将死亡证明记载的时间作为判断自然人死亡时间的最基本的依据。

依据本条规定，没有出生证明、死亡证明的，以户籍登记或者其他有效身份登记记载的时间为准。户籍登记是国家公安机关按照国家户籍管理法律法规，对公民的身份信息进行登记记载的制度。

户籍登记以外的其他有效身份登记，包括我国公民居住证、港澳同胞回乡证、台湾居民的有效旅行证件、外国人居留证等。

参见　《户口登记条例》第7条

第十六条 【胎儿利益保护】涉及遗产继承、接受赠与等胎儿利益保护的,胎儿视为具有民事权利能力。但是,胎儿娩出时为死体的,其民事权利能力自始不存在。

> 注释　自然人的民事权利能力始于出生,胎儿尚未与母体分离,不是独立的自然人,不能依据民事权利能力的一般规定进行保护。
>
> 本条从法律上明确胎儿在特定情形下视为具有民事权利能力。胎儿自母亲怀孕之时起就应当被视为具有民事权利能力,无须待到其出生之时,即可行使继承权等权利。但如"胎儿娩出时为死体"的,则溯及怀胎期间消灭其民事权利能力。胎儿享有的部分民事权利能力,除本条明确规定的遗产继承、接受赠与,还可能包括人身损害赔偿请求权、抚养损害赔偿请求权以及其他基于身份的请求权。
>
> 参见　《最高人民法院关于适用〈中华人民共和国民法典〉总则编若干问题的解释》第4条

第十七条 【成年时间】十八周岁以上的自然人为成年人。不满十八周岁的自然人为未成年人。

> 注释　在民法中区分成年人与未成年人的法律意义主要有以下几个方面:一是判断民事法律行为的效力。成年人可以独立实施民事法律行为,未成年人只可以独立实施部分民事法律行为,实施其他民事法律行为要经过法定代理人的同意或者追认。二是确定婚姻家庭关系中的权利义务。三是设立监护。为了保护未成年人的人身、财产权利及其他合法权益,对未成年人应当设立监护人。父母是未成年人的监护人,未成年人的父母已经死亡或者没有监护能力的,依法由其他有监护能力的人担任监护人。《民法典》将成年人年龄确定为18周岁。这也与我国宪法的相关规定相一致。我国宪法将选举权和被选举权这一重要的政治权利,赋予年满18周岁的公民。
>
> 参见　《宪法》第34条;《未成年人保护法》第2条

第十八条 【完全民事行为能力人】成年人为完全民事行为能力人,可以独立实施民事法律行为。

十六周岁以上的未成年人,以自己的劳动收入为主要生活来源的,视为完全民事行为能力人。

注释 民事行为能力是指民事主体独立参与民事活动,以自己的行为取得民事权利或者承担民事义务的法律资格。民事行为能力与民事权利能力不同,民事权利能力是民事主体从事民事活动的前提,民事行为能力是民事主体从事民事活动的条件。所有的自然人都有民事权利能力,但不一定都有民事行为能力。自然人一经出生即当然享有民事权利能力,但要独立从事民事活动,实施民事法律行为,还必须要具有相应的民事行为能力。自然人的辨识能力因年龄、智力、精神健康等因素不同而有差异。《民法典》根据自然人辨识能力的不同,将自然人的民事行为能力分为完全民事行为能力、限制民事行为能力和无民事行为能力。完全民事行为能力人具有健全的辨识能力,可以独立进行民事活动;限制民事行为能力人只能独立进行与其辨识能力相适应的民事活动;无民事行为能力人应当由其法定代理人代理实施民事活动。

依据本条规定,成年人,即年满18周岁的自然人,具有完全民事行为能力,可以独立实施民事法律行为,并独立对民事法律行为的法律后果负责。但是,本条规定的成年人指辨认识别能力正常的成年人,对于辨认识别能力不足的成年人则根据具体情况的不同归为限制民事行为能力人或者无民事行为能力人。16周岁以上的未成年人,如果以自己的劳动收入为主要生活来源的,表明其已经具备成年人的辨识能力,可以独立实施民事法律行为,独立承担民事法律行为的后果,因此法律将其视为完全民事行为能力人。

参见 《劳动法》第15条;《预防未成年人犯罪法》第27条

第十九条 【限制民事行为能力的未成年人】 八周岁以上的未成年人为限制民事行为能力人,实施民事法律行为由其法定代理人代理或者经其法定代理人同意、追认;但是,可以独立实施纯获利益的民事法律行为或者与其年龄、智力相适应的民事法律行为。

注释 依据本条规定,8周岁以上的未成年人为限制民事行为能力人,心智发育仍然不够成熟,实施民事法律行为一般应当由其法定代理人代理，或者经其法定代理人同意、追认。同意是指事前同意，即限制民事行为能力的未成年人实施民事法律行为要经法定代理人的事前同意；追认是指事后追认，即限制民事行为能力的未成年人实施的民事法律行为要经过法定代理人的事后追认，才能对该未成年人发生效力。但是，8周岁以上的未成年人已经具有一定的辨认识别能力，法律应当允许其独立实施一定的民事法律行为。可以独立实施的民事法律行为包括两类：一类是纯获利益的民事法律行为，例如接受赠与等。限制民事行为能力的未成年人通常不会因这类行为遭受不利益，可以独立实施。另一类是与其年龄、智力相适应的民事法律行为，例如8周岁的儿童购买学习用品等。限制民事行为能力的未成年人对实施这类行为有相应的认知能力，可以独立实施。

参见 《广告法》第33条；《公证法》第31条；《保险法》第39条

第二十条 【无民事行为能力的未成年人】 不满八周岁的未成年人为无民事行为能力人，由其法定代理人代理实施民事法律行为。

注释 无民事行为能力是指不具有以自己的行为取得民事权利或者承担民事义务的资格。8周岁以下的未成年人，生理心理发育仍然很不成熟，对自己行为的辨认识别能力以及行为后果的预见能力仍然非常不够，为了避免他们的权益受到损害，法律将其规定为无民事行为能力人。依据本条规定，8周岁以下的儿童不具有独立从事民事法律行为的资格，要由其法定代理人代理实施民事法律行为。

第二十一条 【无民事行为能力的成年人】 不能辨认自己行为的成年人为无民事行为能力人，由其法定代理人代理实施民事法律行为。

八周岁以上的未成年人不能辨认自己行为的，适用前款规定。

注释 原《民法通则》规定，只有完全不能辨认自己行为的精神病患者为无民事行为能力人，不完全正确。除了精神病患者之外，还有植物人、老年痴呆症患者等成年人也没有民事行为能力。根据实际情况，《民法典》采取了新的成年人无民事行为能力的标准，即不能辨认自己行为。已满18周岁的成年人，只要是不能辨认自己的行为的，就是无民事行为能力人，而不再区分是因何原因而不能辨认自己的行为。

8周岁以上的未成年人原本是限制民事行为能力人，如果8周岁以上的未成年人不能辨认自己的行为，与不能辨认自己行为的成年人一样，也是无民事行为能力人。

无民事行为能力的成年人或者8周岁以上不能辨认自己行为的未成年人，在实施民事法律行为时，都须由其法定代理人代理，不得自己独立实施，否则为无效。

第二十二条 【限制民事行为能力的成年人】 不能完全辨认自己行为的成年人为限制民事行为能力人，实施民事法律行为由其法定代理人代理或者经其法定代理人同意、追认；但是，可以独立实施纯获利益的民事法律行为或者与其智力、精神健康状况相适应的民事法律行为。

注释 因智力障碍、精神障碍以及其他疾病导致不能完全辨认自己行为的成年人，均为限制民事行为能力人。限制民事行为能力的成年人实施民事法律行为一般由其法定代理人代理或者经其法定代理人同意、追认，但也可以独立实施一定的民事法律行为。关于"与其智力、精神健康状况相适应"的认定，可以从行为与本人生活相关联的程度，本人的智力、精神健康状况能否理解其行为并预见相应的后果，以及标的、数量、价款或者报酬等方面认定。

参见 《最高人民法院关于适用〈中华人民共和国民法典〉总则编若干问题的解释》第5条

第二十三条 【非完全民事行为能力人的法定代理人】 无民事行为能力人、限制民事行为能力人的监护人是其法定代理人。

第二十四条 【民事行为能力的认定及恢复】 不能辨认或者不能完全辨认自己行为的成年人，其利害关系人或者有关组织，可以向人民法院申请认定该成年人为无民事行为能力人或者限制民事行为能力人。

被人民法院认定为无民事行为能力人或者限制民事行为能力人的，经本人、利害关系人或者有关组织申请，人民法院可以根据其智力、精神健康恢复的状况，认定该成年人恢复为限制民事行为能力人或者完全民事行为能力人。

本条规定的有关组织包括：居民委员会、村民委员会、学校、医疗机构、妇女联合会、残疾人联合会、依法设立的老年人组织、民政部门等。

注释 本条规定针对的是不能辨认或者不能完全辨认自己行为的成年人。无民事行为能力或者限制民事行为能力的成年人辨认识别能力不足，往往是因为先天因素或者疾病、事故等原因造成的，短时期内难以恢复，有的甚至是不可逆转的。将不能辨认或者不能完全辨认自己行为的成年人，认定为无民事行为能力人或者限制民事行为能力人，一是对该成年人可以依照法定程序选任监护人，以保护其人身权益、财产权益及其他合法权益。二是法定代理人可以通过主张该成年人所实施的民事法律行为无效，或者撤销该民事法律行为，从而避免该成年人的权益受到损害。三是有利于保护交易安全。交易相对人可以事先决定是否与该成年人进行交易，如果在不知情的情况下进行了交易，相对人也可以通过催告法定代理人及时予以追认或者依法撤销该民事法律行为，尽快确定民事法律行为的效力。

依据本条规定，该认定需要向人民法院提出申请，并需要由人民法院作出判决，主要原因是无民事行为能力或者限制民事行为能力的认定对成年人的权益影响重大。将成年人认定为无民事行为能力或者限制民事行为能力，既是对辨认识别能力不足的成年人的保护，也是对这些成年人自由实施民事法律行为的限制，因此必须通过法定程序进行。此外，这些成年人辨认识别能力缺失的程度也有所不同，一般人难以认定，宜由人民法院综合各方面情况作出判断。

需要注意的是，本条中关于利害关系人的具体范围无法通过立法明确规定，应当具体情况具体分析。一般而言，对于第1款规定的"利害关系人"的范围，主要包括本人的近亲属、债权债务人等。对于第2款规定的"利害关系人"的范围，主要包括本人的监护人、债权债务人等。但具体案件中，这些主体是否都有资格向人民法院提出申请，也要在个案中根据实际情况作出判断。认定利害关系人是否是适格的申请主体，需要看本人的民事行为能力状况对其是否有重要意义或者影响。例如，本人的债务人如果不是为了确定民事法律行为的效力，也不得向人民法院申请认定其为无民事行为能力人、限制民事行为能力人。

参见　《民事诉讼法》第202-204条

第二十五条　【自然人的住所】 自然人以户籍登记或者其他有效身份登记记载的居所为住所；经常居所与住所不一致的，经常居所视为住所。

注释　住所是指民事主体进行民事活动的中心场所或者主要场所。自然人的住所一般指自然人长期居住、较为固定的居所。自然人的住所对婚姻登记、宣告失踪、宣告死亡、债务履行地、司法管辖、诉讼送达等具有重要的法律意义。居所指自然人实际居住的一定处所，其与住所的区别是，一个自然人可以同时有两个或多个居所，但只能有一个住所。一般的居所都是自然人临时居住，为暂时性的，住所则为长期固定的。依据本条规定，自然人以户籍登记或其他有效身份登记记载的居所为住所。户籍登记是国家公安机关按照国家户籍管理法律法规，对公民的身份信息进行登记记载的制度。本条中的"其他有效身份登记"主要包括居住证和外国人的有效居留证件等。

参见　《民事诉讼法》第22条、第23条

第二节　监　　护

第二十六条　【父母子女之间的法律义务】 父母对未成年子女负有抚养、教育和保护的义务。

成年子女对父母负有赡养、扶助和保护的义务。

注释 监护制度是我国基本的民事法律制度之一,在整个《民法典》中都占有重要地位。《民法典》构建了以家庭监护为基础、社会监护为补充、国家监护为兜底的监护制度。

依据本条规定,父母对未成年子女的抚养、教育和保护义务,主要包括进行生活上的照料,保障未成年人接受义务教育,以适当的方式方法管理和教育未成年人,保护未成年人的人身、财产不受到侵害,促进未成年人的身心健康发展等。成年子女对父母的赡养、扶助和保护义务,主要包括子女对丧失劳动能力或生活困难的父母,要进行生活上的照料和经济上的供养,从精神上慰藉父母,保护父母的人身、财产权益不受侵害。本法婚姻家庭编、老年人权益保障法等对此作出了较为具体的规定。

参见 《宪法》第49条;《老年人权益保障法》第14条;《教育法》第50条;《未成年人保护法》第7条

第二十七条 【未成年人的监护人】父母是未成年子女的监护人。

未成年人的父母已经死亡或者没有监护能力的,由下列有监护能力的人按顺序担任监护人:

(一)祖父母、外祖父母;

(二)兄、姐;

(三)其他愿意担任监护人的个人或者组织,但是须经未成年人住所地的居民委员会、村民委员会或者民政部门同意。

注释 监护是保障无民事行为能力人和限制民事行为能力人的权益,弥补其民事行为能力不足的法律制度。被监护人包括两类:一类是未成年人;另一类是无民事行为能力和限制民事行为能力的成年人。

本条是关于未成年人的监护人的规定。

本条第1款规定,父母是未成年人的监护人。只有在父母死亡或者没有监护能力的情况下,才可以由其他个人或者有关组织担任监护人。

本条第2款对父母之外的其他个人或者组织担任监护人作出规

定。一是规定父母之外具有监护能力的人按顺序担任监护人；二是增加了有关组织担任监护人的规定。

本条明确具有监护资格的人按照顺序担任监护人，主要目的在于防止具有监护资格的人之间互相推卸责任。当出现两个或者两个以上具有监护资格的人都愿意担任监护人，或者应当担任监护人的人认为自己不适合担任或认为其他具有监护资格的人更适合担任，则可以按照本条规定的顺序确定监护人，或者依照本法第30条规定进行协商；协商不成的，按照本法第31条规定的监护争议解决程序处理，由居民委员会、村民委员会、民政部门或者人民法院按照最有利于被监护人的原则指定监护人，不受本条规定的顺序的限制，但仍可作为依据。

第二十八条 【非完全民事行为能力成年人的监护人】无民事行为能力或者限制民事行为能力的成年人，由下列有监护能力的人按顺序担任监护人：

（一）配偶；

（二）父母、子女；

（三）其他近亲属；

（四）其他愿意担任监护人的个人或者组织，但是须经被监护人住所地的居民委员会、村民委员会或者民政部门同意。

注释 本条规定的需要设立监护的成年人为无民事行为能力人或者限制民事行为能力人，包括因智力、精神障碍以及因年老、疾病等各种原因，导致辨识能力不足的成年人。监护是对失智成年人人身、财产等各方面权益的保护和安排。

第二十九条 【遗嘱指定监护】被监护人的父母担任监护人的，可以通过遗嘱指定监护人。

注释 依据本条规定，被监护人（包括未成年人、无民事行为能力或者限制民事行为能力的成年人）的父母可以通过立遗嘱的形式为被监护人指定监护人，但前提是被监护人的父母正在担任着监护人。父母如果因丧失监护能力没有担任监护人，或者因侵害被监护人合法权益被撤销监护人资格等不再担任监护人的，已不宜再通过立遗嘱的形式为被监护人指定监护人。

关于遗嘱指定监护与法定监护的关系，一般来说，遗嘱指定监护具有优先地位。遗嘱指定监护是父母通过立遗嘱选择值得信任并对保护被监护人权益最为有利的人担任监护人，应当优先于本法第27条、第28条规定的法定监护。遗嘱指定监护指定的监护人，也应当不限于本法第27条、第28条规定的具有监护资格的人。但是，遗嘱指定的监护人应当具有监护能力，能够履行监护职责。如果遗嘱指定后，客观情况发生变化，遗嘱指定的监护人因患病等原因丧失监护能力，或者因出国等各种原因不能够履行监护职责，就不能执行遗嘱指定监护，应当依法另行确定监护人。担任监护人的被监护人父母通过遗嘱指定监护人，遗嘱生效时被指定的人不同意担任监护人的，人民法院应当适用本法第27条、第28条的规定确定监护人。

参见 《最高人民法院关于适用〈中华人民共和国民法典〉总则编若干问题的解释》第7条

第三十条 【协议确定监护人】 依法具有监护资格的人之间可以协议确定监护人。协议确定监护人应当尊重被监护人的真实意愿。

注释 协议监护是确定监护人的方式之一。依据本条规定，协议监护具有以下几个特点：第一，协议主体必须是依法具有监护资格的人。即本法第27条、第28条规定的具有监护资格的人。未成年人的父母有监护能力的，不得与其他人签订协议，确定由其他人担任监护人，推卸自身责任。对于未成年人，协议监护只限于父母死亡或者没有监护能力的情况。父母丧失监护能力的，可以不作为协议监护的主体，但对协议确定监护人也可以提出自己的意见。具有监护资格的人在协议确定未成年人的监护时，从有利于保护被监护人的利益出发，对被监护人的意愿应当尽量予以尊重。第二，协议确定的监护人必须在具有监护资格的人之间产生，不得在法律规定的具有监护资格的人之外确定监护人。在具有监护资格的人之外确定监护人的，协议监护无效。第三，协议监护是具有监护资格的人合意的结果，合意产生后，由协议确定的监护人担任监护人，履行监护职责。监护人一旦确定，即不得擅自变更，否则要承担相应的法律责任。协议确定监护人对被监护人的利益影响重大，应当充分尊重被监护人的真实意愿。"尊重被监护人的真实意愿"不是简单地征求被监护人的意见，要结合多种情况进行综合考量判断，探求其内心真实的愿望。限制民事行为能力的未成年人和成年人已经具备了一定的认知判断能力以及较强的表达能力，协议确定监护人应当直接听取其意见，并对其意见是否反映其真实意愿，结合其他一些因素进行判断，如是否受到胁迫等。无民事行为能力的被监护人，不具有独立的认知判断能力，但这并不意味着这些被监护人没有真实意愿。对于无民事行为能力的被监护人的真实意愿，也应当结合各种情况判断，如被监护人与哪一个具有监护资格的人生活联系最为密切等。发现并充分尊重被监护人的真实意愿，对于保护被监护人的身心健康，具有重要意义。

参见 《最高人民法院关于适用〈中华人民共和国民法典〉总则编若干问题的解释》第8条

第三十一条 【监护争议解决程序】对监护人的确定有争议的，由被监护人住所地的居民委员会、村民委员会或者民政部门指定监护人，有关当事人对指定不服的，可以向人民法院申请指定监护人；有关当事人也可以直接向人民法院申请指定监护人。

居民委员会、村民委员会、民政部门或者人民法院应当尊重被监护人的真实意愿，按照最有利于被监护人的原则在依法具有监护资格的人中指定监护人。

依据本条第一款规定指定监护人前，被监护人的人身权利、财产权利以及其他合法权益处于无人保护状态的，由被监护人住所地的居民委员会、村民委员会、法律规定的有关组织或者民政部门担任临时监护人。

监护人被指定后，不得擅自变更；擅自变更的，不免除被指定的监护人的责任。

注释 本条规定不再保留《民法通则》规定的诉前指定程序。按照《民法通则》规定，对担任监护人有争议的案件，在向法院提起诉讼前，必须先经有关单位或者居民委员会、村民委员会进行指定。在实践中，因相关单位不愿指定、迟迟不指定监护人的情况较为常见，导致监护人长期不确定，诉讼程序难以启动，给妥善解决监护争议增加了难度，不利于保护被监护人的权益。鉴于此，本法不再规定监护诉讼的指定前置程序，对监护人的确定有争议的，有关当事人可以不经指定，直接向人民法院提出申请，由人民法院指定。本条还删去了《民法通则》规定的未成年人父母所在单位或者成年被监护人所在单位指定监护人的内容。

本条第1款规定了对监护人的确定有争议情况下的两种解决途径：一是由被监护人住所地的居民委员会、村民委员会或者民政部门指定监护人。该指定并没有终局效力。有关当事人对该指定不服的，可以向法院提出申请，由法院指定监护人。法院的指定具有终局效力，被指定的监护人应当履行监护职责，不得推卸。二是有关当事人可以不经居民委员会、村民委员会或者民政部门的指定，直接向法院提出申请，由法院指定监护人。本款规定的"对监护人的确定有争议的"，既包括争当监护人的情况，也包括推卸拒不担当监护人的情况。主要有以下几类情形：一是具有监护资格的人均认为自己适合担任监护人，争当监护人；二是按照本法第27条、第28条规定的顺序应当担任监护人的，认为自己没有监护能力，无法履行监护职责或者认为其他具有监护资格的人更适宜担任监护人；三是后一顺序具有监护资格的人要求前一顺序具有监护资格的人依法履行监护职责；四是具有监护资格的人均推卸监护职责，拒不担当监护人的情况。对此，居民委员会、村民委员会或者民政部门应当介入，切实履行起指定监护的职责，依法指定监护人。本款中的两处"有关当事人"指对监护人的确定有争议的当事人。

第2款规定了居民委员会、村民委员会、民政部门或者人民法院指定监护人的原则：一是应当尊重被监护人的真实意愿；二是要按照最有利于被监护人的原则指定。具体参考因素如下：（1）与被监护人生活、情感联系的密切程度；（2）依法具有监护资格的人的监护顺序;(3)是否有不利于履行监护职责的违法犯罪等情形;(4)依法具有监护资格的人的监护能力、意愿、品行等。

第3款规定了临时监护制度。临时监护人由被监护人住所地的居民委员会、村民委员会、法律规定的有关组织或者民政部门担任。本款中的"依照本条第一款规定指定监护人前"应当从宽理解,不能仅限于监护争议解决期间。从时间点上,应当包括以下两个期间:一是监护争议解决程序启动之后,即居民委员会、村民委员会、民政部门开始处理监护争议或者人民法院受理监护申请之后,至指定监护人之前的期间;二是监护争议解决程序启动之前,只要发现因无人履行监护职责,被监护人的合法权益处于无人保护状态的,就由本条规定的居民委员会、村民委员会、法律规定的有关组织或者民政部门担任临时监护人,随后再依法启动监护争议解决程序,指定监护人。

第4款规定了指定监护的法律效力。依照监护争议解决程序,由居民委员会、村民委员会、民政部门或者人民法院指定监护人后,被指定的监护人应当履行监护职责,不得推卸,不得擅自变更。如果擅自变更为由其他人担任监护人的,不免除被指定的监护人的责任。被监护人侵害他人的合法权益,或者被监护人自身受到损害的,被指定的监护人仍应当承担责任,擅自变更后的监护人也要根据过错程度承担相应的责任。

参见 《最高人民法院关于适用〈中华人民共和国民法典〉总则编若干问题的解释》第9条、第10条

第三十二条 【公职监护人】没有依法具有监护资格的人的,监护人由民政部门担任,也可以由具备履行监护职责条件的被监护人住所地的居民委员会、村民委员会担任。

注释 本条是关于在监护人缺位时由政府民政部门担任兜底监护人的规定。"没有依法具有监护资格的人的"主要指没有本法第27条、第28条规定的具有监护资格的人的情况,即被监护人的父母死亡或者没有监护能力,也没有其他近亲属,或者其他近亲属都没有监护能力,而且还没有符合条件的其他愿意担任监护人的个

人或者组织。如果存在具有监护资格的人，但其拒绝担任监护人的，不适用本条规定。

第三十三条 【意定监护】具有完全民事行为能力的成年人，可以与其近亲属、其他愿意担任监护人的个人或者组织事先协商，以书面形式确定自己的监护人，在自己丧失或者部分丧失民事行为能力时，由该监护人履行监护职责。

> **注释** 意定监护是在监护领域对自愿原则的贯彻落实，是具有完全民事行为能力的成年人对自己将来的监护事务，按照自己的意愿事先所做的安排。依据本条规定，具有完全民事行为能力的成年人确定自己丧失或者部分丧失民事行为能力时的监护人，可以事先取得被选择方的认可，即经双方协商一致。意定监护对被监护人的权益影响很大，应以书面方式为宜，明确写明经双方认可的内容，对于其真实性、合法性加以保障，从根源上减少意定监护纠纷。
>
> 需要注意的是，意定监护不同于本法第30条规定的协议确定监护人，后者仍然属于法定监护方式，协议的主体是具有监护资格的人。一般而言，意定监护优先于法定监护予以适用。法律设立意定监护制度即是要尊重成年人自己的意愿，当然具有优先适用的地位。只有在意定监护协议无效或者因各种原因，例如协议确定的监护人丧失监护能力，监护协议无法履行的情况下，再适用法定监护。
>
> **参见** 《老年人权益保障法》第26条；《最高人民法院关于适用〈中华人民共和国民法典〉总则编若干问题的解释》第11条

第三十四条 【监护职责及临时生活照料】监护人的职责是代理被监护人实施民事法律行为，保护被监护人的人身权利、财产权利以及其他合法权益等。

监护人依法履行监护职责产生的权利，受法律保护。

监护人不履行监护职责或者侵害被监护人合法权益的，应当承担法律责任。

因发生突发事件等紧急情况，监护人暂时无法履行监护职责，被监护人的生活处于无人照料状态的，被监护人住所地的居民委员会、村民委员会或者民政部门应当为被监护人安排必要的临时生活照料措施。

注释 本条第1款规定了监护人的职责。监护人保护被监护人的人身权利、财产权利以及其他合法权益的职责，主要包括：保护被监护人的身心健康，促进未成年人的健康成长，对成年被监护人也要积极促进其健康状况的恢复；照顾被监护人的生活；管理和保护被监护人的财产；对被监护人进行教育和必要的管理；在被监护人合法权益受到侵害或者与人发生争议时，代理其进行诉讼等。相关单行法也对监护人的监护职责作出较为具体的规定。例如，《未成年人保护法》专章对未成年人的父母或者其他监护人的监护职责作出具体规定。《精神卫生法》对精神障碍患者的监护人职责作出规定。

第2款规定了监护人因履行监护职责所产生的权利。例如，监护人为保护被监护人的人身权益，享有医疗方案的同意权；监护人为了保护被监护人财产权益，享有财产的管理和支配权；被监护人合法权益受到侵害或者与人发生争议时，代理被监护人参加诉讼的权利等。监护人享有这些权利，是为履行监护职责所需要，目的还是保护被监护人的人身、财产权利及其他合法权益。监护人行使这些权利时，其他人不得侵害或者剥夺。相关单行法也对监护人因履行监护职责所产生的权利作出规定。《广告法》第33条规定，广告主或者广告经营者在广告中使用无民事行为能力人、限制民事行为能力人的名义或者形象的，应当事先取得其监护人的书面同意。《母婴保健法》第19条规定，依照本法规定施行终止妊娠或者结扎手术，本人无行为能力的，应当经其监护人同意，并签署意见。

第3款规定了监护人的责任。监护人如果不履行监护职责或者侵害被监护人合法权益的，应当承担相应的责任，主要包括两个方面：一是对被监护人的侵权行为承担责任。二是监护人不履行监护职责或者侵害被监护人合法权益，造成被监护人人身、财产损害的，应当承担民事责任。

第4款是新增条款，这里的"突发事件"，是指突发事件应对法中规定的突然发生，造成或者可能造成严重社会危害，需要采取应急处置措施予以应对的自然灾害、事故灾难、公共卫生事件和社会安全事件。需要注意的是，安排临时生活照料措施与民事监护中的临时监护制度不同。安排临时生活照料措施主要就是对被监护人进行生活照料，而临时监护除了照料生活之外，还有许多情况需要处理，可能包括一些涉及被监护人的权利义务的重大决定。

第三十五条　【履行监护职责应遵循的原则】监护人应当按照最有利于被监护人的原则履行监护职责。监护人除为维护被监护人利益外，不得处分被监护人的财产。

未成年人的监护人履行监护职责，在作出与被监护人利益有关的决定时，应当根据被监护人的年龄和智力状况，尊重被监护人的真实意愿。

成年人的监护人履行监护职责，应当最大程度地尊重被监护人的真实意愿，保障并协助被监护人实施与其智力、精神健康状况相适应的民事法律行为。对被监护人有能力独立处理的事务，监护人不得干涉。

注释　本条第1款确立了最有利于被监护人的原则。依据本款规定，对未成年人和成年被监护人的监护，均要遵循最有利于被监护人的原则，即监护人在保护被监护人的人身权利、财产权利及其他合法权益的过程中，要综合各方面因素进行权衡，选择最有利于被监护人的方案，采取最有利于被监护人的措施，使被监护人的利益最大化。

第2款规定了尊重未成年人意愿的原则。依据本款规定，未成年人的监护人在作出与未成年人的利益有关的决定时，应当征求未成年人的意见，在未成年人提出自己的意见后，再根据未成年人的年龄、社会经验、认知能力和判断能力等，探求、尊重被监护人的真实意愿。

第3款规定了最大限度地尊重成年被监护人意愿的原则。最大限度地尊重被监护人的真实意愿是成年人的监护人履行监护职责的基本原则，贯穿于履行监护职责的方方面面。如果某项民事法律行为，根据被监护人的智力、精神健康状况，被监护人可以独立实施，监护人不得代理实施，要创造条件保障、支持被监护人独立实施。监护人不得干涉被监护人有能力独立处理的事务，促进被监护人按照自己的意愿独立、正常生活。

参见 《未成年人保护法》第16条

第三十六条 【监护人资格的撤销】监护人有下列情形之一的，人民法院根据有关个人或者组织的申请，撤销其监护人资格，安排必要的临时监护措施，并按照最有利于被监护人的原则依法指定监护人：

（一）实施严重损害被监护人身心健康的行为；

（二）怠于履行监护职责，或者无法履行监护职责且拒绝将监护职责部分或者全部委托给他人，导致被监护人处于危困状态；

（三）实施严重侵害被监护人合法权益的其他行为。

本条规定的有关个人、组织包括：其他依法具有监护资格的人，居民委员会、村民委员会、学校、医疗机构、妇女联合会、残疾人联合会、未成年人保护组织、依法设立的老年人组织、民政部门等。

前款规定的个人和民政部门以外的组织未及时向人民法院申请撤销监护人资格的，民政部门应当向人民法院申请。

注释 本条第1款规定了撤销监护人资格诉讼的适用情形。一是实施严重损害被监护人身心健康行为的，例如性侵害、出卖、遗弃、虐待、暴力伤害被监护人等。二是怠于履行监护职责，或者无法履行监护职责且拒绝将监护职责部分或者全部委托给他人，导致被监护人处于危困状态的。例如，父母有吸毒、赌博等恶习，怠于履行监护职责，导致儿童面临严重危险等；父母外出打工，也没有将监护职责委托给他人，留下年龄较小的儿童独立在家生活，处于危困状态等。三是兜底性规定，只要有严重侵害被监护人合法权益行为的，均可以撤销监护人资格。例如，教唆、利用未成年人实施违法犯罪行为等。

撤销监护人资格诉讼往往要持续一定的时间。在此期间内，如果被监护人的人身、财产等合法权益处于无人保护状态，人民法院应当安排必要的临时监护措施。依据本法第31条第3款的规定，人民法院可以指定被监护人住所地的居民委员会、村民委员会、法律规定的有关组织或者民政部门担任临时监护人。

第2款对有权向法院申请撤销监护人资格的主体作出规定。第3款对兜底性的申请主体作出规定。当第2款规定的个人和民政部门以外的组织因各种原因未及时向人民法院提出撤销监护人资格的申请，导致被监护人的合法权益无法得到保护，则民政部门应当承担起向法院申请撤销监护人资格的职责。要正确理解本款与第2款赋予民政部门申请主体资格的关系。民政部门只要是发现具有严重侵害被监护人合法权益的情形，即可依据本条第2款规定，向法院申请撤销监护人资格，不需要等到其他个人或者组织都不向法院申请之后再行申请。如果其他个人或者组织都不向法院申请撤销监护人资格，此时，民政部门应当依照第3款规定，主动向法院提出申请。

参见 《最高人民法院关于适用〈中华人民共和国民法典〉总则编若干问题的解释》第9-11条

第三十七条 【监护人资格撤销后的义务】依法负担被监护人抚养费、赡养费、扶养费的父母、子女、配偶等，被人民法院撤销监护人资格后，应当继续履行负担的义务。

注释 实践中，监护人往往由父母、子女、配偶等法定扶养义务人担任。监护人被撤销监护人资格后，就不能再继续履行监护职责。但法定扶养义务是基于血缘、婚姻等关系确立的法律义务，该义务不因监护人资格的撤销而免除。

第三十八条 【监护人资格的恢复】被监护人的父母或者子女被人民法院撤销监护人资格后，除对被监护人实施故意犯罪的外，确有悔改表现的，经其申请，人民法院可以在尊重被监护人真实意愿的前提下，视情况恢复其监护人资格，人民法院指定的监护人与被监护人的监护关系同时终止。

注释 依据本条规定，恢复监护人资格必须要向人民法院申请，由人民法院决定是否予以恢复。父母与子女是最近的直系亲属关系，本条适用的对象仅限于被监护人的父母或者子女，其他个人或者组织的监护人资格一旦被撤销，即不再恢复。被监护人的父母或者子女被撤销监护人资格后，再恢复监护人资格还需要满足以下几个条件：1. 没有对被监护人实施故意犯罪的情形。如对被监护人实施性侵害、虐待、遗弃被监护人等构成刑事犯罪的，不得恢复监护人资格。但对因过失犯罪，例如因过失导致被监护人受到伤害等被撤销监护人资格的，则可以根据具体情况来判断是否恢复监护人资格。2. 确有悔改表现，即被监护人的父母或者子女不但要有悔改的意愿，还要有实际的悔改表现，这需要由人民法院根据具体情形予以判断。3. 要尊重被监护人的真实意愿。如被监护人不愿意其父母或者子女继续担任监护人的，则不得恢复。4. 即使符合以上条件，法院也还需要综合考虑各方面情况，从有利于被监护人权益保护的角度，决定是否恢复监护人资格。

第三十九条　【监护关系的终止】有下列情形之一的，监护关系终止：

（一）被监护人取得或者恢复完全民事行为能力；
（二）监护人丧失监护能力；
（三）被监护人或者监护人死亡；
（四）人民法院认定监护关系终止的其他情形。

监护关系终止后，被监护人仍然需要监护的，应当依法另行确定监护人。

注释　监护法律关系消灭，发生的法律后果是：1. 被监护人脱离监护，即为完全民事行为能力人，可以独立行使民事权利，独立承担民事义务，人身、财产权益均由自己维护，民事行为的实施亦独立为之。2. 在财产上，监护关系的消灭引起财产的清算和归还。

在监护法律关系相对消灭，即监护关系终止后，被监护人仍然需要监护的，实际上是监护关系的变更，应当依照法律规定另行确定监护人。

参见　《最高人民法院关于适用〈中华人民共和国民法典〉总则编若干问题的解释》第12条

第三节　宣告失踪和宣告死亡

第四十条　【宣告失踪】自然人下落不明满二年的，利害关系人可以向人民法院申请宣告该自然人为失踪人。

> **注释**　宣告失踪是指自然人下落不明达到法定的期限，经利害关系人申请，人民法院依照法定程序宣告其为失踪人的一项制度。本条规定的宣告失踪的条件包含三个层次：
>
> 1. 自然人下落不明满2年。所谓下落不明，是指自然人持续不间断地没有音讯的状态。
>
> 2. 利害关系人向人民法院申请。利害关系人的范围界定较宽，包括：被申请人的近亲属，依据本法第1128、1129条规定对被申请人有继承权的亲属；债权人、债务人、合伙人等与被申请人有民事权利义务关系的民事主体，但是不申请宣告失踪不影响其权利行使、义务履行的除外。宣告失踪的申请可由这些利害关系人中的一人提出或数人同时提出，没有先后顺序的区别。
>
> 3. 由人民法院依据法定程序进行宣告。宣告失踪在法律效果上对自然人的财产利益产生重大影响，必须由司法机关经过严格程序来进行。因此，宣告失踪只能由人民法院作出，其他任何机关和个人无权作出宣告失踪的决定。依照《民事诉讼法》的规定，人民法院审理宣告失踪案件，适用特别程序。人民法院受理宣告失踪案件后，应当发出寻找下落不明人的公告。宣告失踪的公告期间为3个月。公告期间届满，人民法院应当根据被宣告失踪的事实是否得到确认，作出宣告失踪的判决或者驳回申请的判决。《最高人民法院关于适用〈中华人民共和国民事诉讼法〉的解释》第345条规定："寻找下落不明人的公告应当记载下列内容：（一）被申请人应当在规定期间内向受理法院申报其具体地址及其联系方式。否则，被申请人将被宣告失踪、宣告死亡；（二）凡知悉被申请人生存现状的人，应当在公告期间内将其所知道情况向受理法院报告。"
>
> **参见**　《民事诉讼法》第190条、第192条；《最高人民法院关于适用〈中华人民共和国民法典〉总则编若干问题的解释》第14条

第四十一条 【下落不明的起算时间】自然人下落不明的时间自其失去音讯之日起计算。战争期间下落不明的，下落不明的时间自战争结束之日或者有关机关确定的下落不明之日起计算。

> **注释** 宣告自然人失踪，最重要的条件就是达到法定的下落不明的时间要求。下落不明的起算时间，为其失去音讯之日，也是最后获得该自然人音讯之日。本条规定中的"自然人下落不明的时间自其失去音讯之日起计算"，失去音讯之日作为起算日不算入，从下一日开始计算。
>
> 需要说明的是，本条关于下落不明的时间如何计算的规定，虽然在宣告失踪条件的规定之后，但不仅适用于宣告失踪的情形，也适用于宣告死亡的情形。

第四十二条 【财产代管人】失踪人的财产由其配偶、成年子女、父母或者其他愿意担任财产代管人的人代管。

代管有争议，没有前款规定的人，或者前款规定的人无代管能力的，由人民法院指定的人代管。

> **注释** 法律设立宣告失踪制度，主要就是为了结束失踪人财产无人管理以及其应当履行的义务不能得到及时履行的不确定状态，这既是对失踪人利益的保护，同时也是对失踪人的债权人等利害关系人合法权益的保护。
>
> 本条规定的"其他愿意担任财产代管人的人"，既包括其他亲属、朋友，也包括有关组织。
>
> **参见** 《最高人民法院关于适用〈中华人民共和国民法典〉总则编若干问题的解释》第 15 条

第四十三条 【财产代管人的职责】财产代管人应当妥善管理失踪人的财产，维护其财产权益。

失踪人所欠税款、债务和应付的其他费用，由财产代管人从失踪人的财产中支付。

财产代管人因故意或者重大过失造成失踪人财产损失的，应当承担赔偿责任。

注释 财产代管人负有像对待自己事务一样的注意义务，来管理失踪人的财产，这种代管直接来自法律的规定，代管财产的目的也不是从中获利，该种管理财产的行为通常是无偿的。因此，只要尽到善良管理人的义务，即能够像管理自己的事务一样管理失踪人的财产即可。只有在代管人故意或重大过失造成失踪人的财产损害时，才应当承担赔偿责任，对于一般的过失造成的损害不承担赔偿责任。存在这种情形的，在失踪人失踪期间，失踪人的利害关系人可以向人民法院请求财产代管人承担民事责任，并可以依照本法第44条的规定，向人民法院申请变更财产代管人。

本条第2款中的"其他费用"，包括赡养费、扶养费、抚育费和因代管财产所需的管理费等必要的费用。

第四十四条　【财产代管人的变更】 财产代管人不履行代管职责、侵害失踪人财产权益或者丧失代管能力的，失踪人的利害关系人可以向人民法院申请变更财产代管人。

财产代管人有正当理由的，可以向人民法院申请变更财产代管人。

人民法院变更财产代管人的，变更后的财产代管人有权请求原财产代管人及时移交有关财产并报告财产代管情况。

注释 变更财产代管人需要有法定的事由。依照本条第1款的规定，如果出现财产代管人不履行代管职责、侵害失踪人财产权益或者丧失代管能力等事由，表明该财产代管人已经不再适格，则失踪人的利害关系人就可以向人民法院申请变更财产代管人。这里的利害关系人既包括失踪人的近亲属，也包括其他利害关系人，如失踪人的债权人。

《最高人民法院关于适用〈中华人民共和国民事诉讼法〉的解释》第342条第1款规定："失踪人的财产代管人经人民法院指定后，代管人申请变更代管的，比照民事诉讼法特别程序的有关规定进行审理。申请理由成立的，裁定撤销申请人的代管人身份，同时另行指定财产代管人；申请理由不成立的，裁定驳回申请。"第2款规定："失踪人的其他利害关系人申请变更代管的，人民法院应当告知其以原指定的代管人为被告起诉，并按普通程序进行审理。"

第四十五条 【失踪宣告的撤销】失踪人重新出现,经本人或者利害关系人申请,人民法院应当撤销失踪宣告。

失踪人重新出现,有权请求财产代管人及时移交有关财产并报告财产代管情况。

注释 本条第1款规定了失踪宣告撤销的条件:1. 失踪人重新出现,即是重新得到了失踪人的音讯,从而消除了其下落不明的状态。2. 经本人或者利害关系人申请。这里利害关系人的范围应当与申请宣告失踪的利害关系人范围一致,包括被申请宣告失踪人的配偶、父母、子女、兄弟姐妹、祖父母、外祖父母、孙子女、外孙子女以及其他与失踪人有民事权利义务关系的人。应当向下落不明人住所地基层人民法院提出申请。3. 撤销失踪宣告应当由人民法院作出。自然人失踪只能由人民法院依据法定程序进行宣告,因此,该宣告的撤销也应当由人民法院通过法定程序来作出。

本条第2款规定了失踪人重新出现后的法律效果。宣告失踪一经撤销,原被宣告失踪的自然人本人就应当恢复对自己财产的控制,财产代管人的代管职责应当相应结束,即停止代管行为,移交代管的财产并向本人报告代管情况。只要代管人非出于恶意,其在代管期间支付的各种合理费用,失踪人不得要求代管人返还。

参见 《民事诉讼法》第193条

第四十六条 【宣告死亡】自然人有下列情形之一的,利害关系人可以向人民法院申请宣告该自然人死亡:

(一)下落不明满四年;

(二)因意外事件,下落不明满二年。

因意外事件下落不明,经有关机关证明该自然人不可能生存的,申请宣告死亡不受二年时间的限制。

注释 宣告死亡是自然人下落不明达到法定期限,经利害关系人申请,人民法院经过法定程序在法律上推定失踪人死亡的一项民事制度。宣告自然人死亡,是对自然人死亡的法律上的推定,这种推定将产生与生理死亡基本一样的法律效果,因此,宣告死亡必

须具备法律规定的条件:

1. 自然人下落不明的时间要达到法定的长度。一般情况下,下落不明的时间要满4年。如果是因意外事件而下落不明,下落不明的时间要满2年。而对于因意外事件下落不明的自然人,如果与该意外事件有关的机关证明该自然人不可能生存的,利害关系人就可以据此申请宣告该自然人死亡,而不必等到下落不明满2年。

2. 必须要由利害关系人提出申请。此处所说的利害关系人,是与被宣告人是生存还是死亡的法律后果有利害关系的人,包括:被申请人的配偶、父母、子女,以及依据本法第1129条规定对被申请人有继承权的亲属。在被申请人的配偶、父母、子女均已死亡或者下落不明,或者不申请宣告死亡不能保护其相应合法权益的情况下,被申请人的其他近亲属,以及依据本法第1128条规定对被申请人有继承权的亲属,也应当认定为本条规定的利害关系人。此外,被申请人的债权人、债务人、合伙人等民事主体一般不能认定为本条规定的利害关系人,但是不申请宣告死亡不能保护其相应合法权益的除外。申请宣告死亡的利害关系人没有顺序要求。依照《民事诉讼法》第191条的规定,利害关系人申请宣告其死亡的,向下落不明人住所地基层人民法院提出。申请书应当写明下落不明的事实、时间和请求,并附有公安机关或者其他有关机关关于该公民下落不明的书面证明。

3. 只能由人民法院经过法定程序,宣告自然人死亡。依照民事诉讼法的规定,人民法院审理宣告死亡案件,适用民事诉讼法关于特别程序的规定。人民法院受理宣告死亡案件后,应当发出寻找下落不明人的公告,公告期间为1年。因意外事件下落不明,经有关机关证明该公民不可能生存的,宣告死亡的公告期间为3个月。公告期间届满,人民法院应当根据被宣告死亡的事实是否得到确认,作出宣告死亡的判决或者驳回申请的判决。

参见 《民事诉讼法》第192条;《最高人民法院关于适用〈中华人民共和国民法典〉总则编若干问题的解释》第16条、第17条

第四十七条 【宣告失踪与宣告死亡申请的竞合】对同一自然人，有的利害关系人申请宣告死亡，有的利害关系人申请宣告失踪，符合本法规定的宣告死亡条件的，人民法院应当宣告死亡。

> **注释** 本条明确了宣告死亡和宣告失踪的关系，宣告死亡并不以宣告失踪为前提。

第四十八条 【死亡日期的确定】被宣告死亡的人，人民法院宣告死亡的判决作出之日视为其死亡的日期；因意外事件下落不明宣告死亡的，意外事件发生之日视为其死亡的日期。

第四十九条 【被宣告死亡人实际生存时的行为效力】自然人被宣告死亡但是并未死亡的，不影响该自然人在被宣告死亡期间实施的民事法律行为的效力。

第五十条 【死亡宣告的撤销】被宣告死亡的人重新出现，经本人或者利害关系人申请，人民法院应当撤销死亡宣告。

> **注释** 宣告死亡是人民法院经过法定程序作出的，具有宣示性和公信力，产生相应的法律后果。即使被宣告人事实上没有死亡，也不能在重新出现后使得与其相关的民事法律关系当然地回复到原来的状态，而必须经本人或者利害关系人申请，同样由人民法院通过法定程序，作出新判决，撤销原判决。

第五十一条 【宣告死亡及其撤销后婚姻关系的效力】被宣告死亡的人的婚姻关系，自死亡宣告之日起消除。死亡宣告被撤销的，婚姻关系自撤销死亡宣告之日起自行恢复。但是，其配偶再婚或者向婚姻登记机关书面声明不愿意恢复的除外。

> **注释** 死亡宣告被撤销后，对当事人婚姻关系发生的法律效果是：1. 被宣告死亡的自然人的配偶没有再婚的，死亡宣告被撤销后，原来的婚姻关系可以自行恢复，仍与原配偶为夫妻关系，不必再进行结婚登记；2. 其配偶向婚姻登记机关书面声明不愿意与被宣告死亡的配偶恢复婚姻关系的，则不能自行恢复夫妻关系；3. 被宣告死亡的自然人的配偶已经再婚，即使再婚后又离婚或再婚后新配偶已经死亡的，也不得因为撤销死亡宣告而自动恢复原来的婚姻关系。

第五十二条 【死亡宣告撤销后子女被收养的效力】被宣告死亡的人在被宣告死亡期间，其子女被他人依法收养的，在死亡宣告被撤销后，不得以未经本人同意为由主张收养行为无效。

第五十三条 【死亡宣告撤销后的财产返还与赔偿责任】被撤销死亡宣告的人有权请求依照本法第六编取得其财产的民事主体返还财产；无法返还的，应当给予适当补偿。

利害关系人隐瞒真实情况，致使他人被宣告死亡而取得其财产的，除应当返还财产外，还应当对由此造成的损失承担赔偿责任。

……

第五章 民事权利

第一百零九条 【一般人格权】自然人的人身自由、人格尊严受法律保护。

> **注释** 人格权是指民事主体专属享有，以人格利益为客体，为维护民事主体独立人格所必备的固有民事权利。
>
> **参见** 《宪法》第37条、第38条；《刑法》第238条

第一百一十条 【民事主体的人格权】自然人享有生命权、身体权、健康权、姓名权、肖像权、名誉权、荣誉权、隐私权、婚姻自主权等权利。

法人、非法人组织享有名称权、名誉权和荣誉权。

第一百一十一条 【个人信息受法律保护】自然人的个人信息受法律保护。任何组织或者个人需要获取他人个人信息的，应当依法取得并确保信息安全，不得非法收集、使用、加工、传输他人个人信息，不得非法买卖、提供或者公开他人个人信息。

> **注释** 个人信息权利是公民在现代信息社会享有的重要权利，承载着信息主体的人格利益，也与信息主体的其他人身、财产利益密切相关。因此，明确对个人信息的保护，对于保护公民的人格尊严、人格自由，使公民免受非法侵扰，维护正常的社会秩序具有现实意义。

参见 《消费者权益保护法》第14条、第29条、第50条；《个人信息保护法》；《刑法》第253条之一；《最高人民法院、最高人民检察院关于办理侵犯公民个人信息刑事案件适用法律若干问题的解释》

案例 河北省保定市人民检察院诉李某侵害消费者个人信息和权益民事公益诉讼案（最高人民检察院发布11件检察机关个人信息保护公益诉讼典型案例）

案件适用要点： 保定市院在审查案件时发现，李某被判处侵犯公民个人信息罪的同时，存在利用非法获取的公民个人信息进行消费欺诈的行为。调查期间，保定市院通过调取刑事侦查卷宗、审查电子数据、询问被调查人和证人，查清李某非法获取、出售个人信息事实；通过委托公安机关依托异地协查平台调取46名消费者陈述，审查电话客服证言、话术音频、商品检测报告，证实李某利用个人信息批量、随机进行电话滋扰和欺诈的事实；通过调取快递公司快递收发记录、资金结算书证和李某银行账户流水资料，并委托出具会计专业分析报告，查清李某消费欺诈金额。同时，保定市院邀请河北大学公益诉讼研究基地的专家对该案进行论证并开展问卷调查，专家论证和调查结果均支持检察机关对李某的侵权行为提起民事公益诉讼并提出惩罚性赔偿诉讼请求。

第一百一十二条 【婚姻家庭关系等产生的人身权利】自然人因婚姻家庭关系等产生的人身权利受法律保护。

第一百一十三条 【财产权受法律平等保护】民事主体的财产权利受法律平等保护。

注释 财产权利平等保护原则，是指不同的民事主体对其所享有的财产权利，享有平等地位，适用规则平等和法律保护平等的民法原则。其内容是：1.财产权利的地位一律平等，最主要的含义是强调自然人和其他权利人的财产权利受到平等保护。2.适用规则平等，对于财产权利的取得、设定、移转和消灭，都适用共同规则，体现法律规则适用的平等性。3.保护的平等，在财产权利出现争议时，平等保护所有受到侵害的财产权利，不受任何歧视。

财产权利的内容是：1. 物权；2. 债权；3. 知识产权；4. 继承权；5. 股权和其他投资性权利；6. 其他财产权利与利益。

参见 《宪法》第12条、第13条

第一百一十四条 【物权的定义及类型】民事主体依法享有物权。

物权是权利人依法对特定的物享有直接支配和排他的权利，包括所有权、用益物权和担保物权。

注释 物权，是对物的权利。物权是一种财产权，财产权主要有物权、债权、继承权和知识产权中的财产权。财产可分为有形财产和无形财产，物权是对有形财产的权利。这种权利是权利人在法律规定的范围内对特定的物享有的直接支配和排他的权利。由于物权是直接支配物的权利，因而物权又被称为"绝对权"；物权的权利人享有物权，任何其他人都不得非法干预，物权的权利人以外的任何人都是物权的义务人，因此物权又被称为"对世权"。

物权的权利人对物享有直接支配的权利，是物权的主要特征之一。各种物权均以直接支配物作为其基本内容。"直接"即权利人实现其权利不必借助于他人，在法律规定的范围内，完全可以按照自己的意愿行使权利。"支配"有安排、利用的意思，包括占有、使用、收益和处分的权能总和。"直接支配"指的是对于物不需要他人的协助、配合，权利人就能对物自主利用。对所有权来说，权利人可以按照自己的意愿行使占有、使用、收益和处分的权利。直接支配还有排除他人干涉的含义，其他人负有不妨碍、不干涉物权人行使权利的义务。

物权的排他性是指一物之上不能有相互冲突的物权，比如所有权，一物之上只能有一个所有权，此物是我的就不是你的（建筑物区分所有权等是特例）；即使一物之上可以设定若干个抵押权，但由于是按照抵押权设定的先后顺序优先受偿，其间也不存在冲突。

1. 所有权。所有权是指权利人依法对自己的不动产和动产享有全面支配的权利。所有权具有四项权能，即占有、使用、收益和处分。"占有"是对于财产的实际管领或控制，拥有一个物的一般前

提就是占有，这是财产所有者直接行使所有权的表现。"使用"是权利主体对财产的运用，发挥财产的使用价值。拥有物的目的一般是使用。"收益"是通过财产的占有、使用等方式取得的经济效益。使用物并获益是拥有物的目的之一。"处分"是指财产所有人对其财产在事实上和法律上的最终处置。

2. 用益物权。用益物权是权利人对他人所有的不动产或者动产，依法享有占有、使用和收益的权利。本法中规定了土地承包经营权、建设用地使用权、宅基地使用权和地役权这几种用益物权。用益物权是以对他人所有的不动产或者动产为使用、收益的目的而设立的，因而被称作"用益"物权。用益物权制度是物权法律制度中一项非常重要的制度，与所有权制度、担保物权制度一同构成了物权制度的完整体系。

3. 担保物权。担保物权是为了确保债务履行而设立的物权，当债务人不履行债务时，债权人就担保财产依法享有优先受偿的权利。担保物权对保证债权实现、维护交易秩序、促进资金融通，具有重要作用。担保物权包括抵押权、质权和留置权。

第一百一十五条 【物权的客体】物包括不动产和动产。法律规定权利作为物权客体的，依照其规定。

注释 法律上所指的物，主要是不动产和动产。不动产是不可移动的物，比如土地以及房屋、林木等土地附着物。动产是不动产以外的可移动的物，比如机动车、电视机等。物权法上的物指有体物或者有形物，有体物或者有形物是物理上的物，包括固体、液体、气体，也包括电等没有形状的物。所谓有体物或者有形物主要是与精神产品相对而言的，著作、商标、专利等是精神产品，是无体物或者无形物，精神产品通常不是物权制度规范的对象。同时，并非所有的有体物或者有形物都是物权制度规范的对象，能够作为物权制度规范对象的还必须是人力所能控制、有利用价值的物。随着科学技术的发展，一些原来无法控制且无法利用的物可以控制和利用了，也就纳入了物权制度的调整范围，物权制度规范的物的范围也在不断扩大。

精神产品不属于物权制度的调整范围，但是在有些情况下，财产权利可以作为担保物权的标的，比如可以转让的注册商标专用权、专利权、著作权等知识产权中的财产权，可以出质作为担保物权的标的，形成权利质权，由此权利也成为物权的客体。因此，本条规定，法律规定权利作为物权客体的，依照规定。

第一百一十六条 【物权法定原则】物权的种类和内容，由法律规定。

注释 物权法定中的"法"，指法律，即全国人民代表大会及其常务委员会制定的法律，除法律明确规定可以由行政法规、地方性法规规定的外，一般不包括行政法规和地方性法规。需要说明的是，物权法定中的法律，除本法物权编外，还包括其他法律，如《土地管理法》、《城市房地产管理法》、《矿产资源法》、《草原法》、《森林法》、《海域使用管理法》、《渔业法》、《海商法》、《民用航空法》等，这些法律中都有对物权的规定。

物权法定，有两层含义：一是物权由法律规定，当事人不能自由创设物权；二是违背物权法定原则，所设"物权"没有法律效力。本条规定"物权的种类和内容，由法律规定"，需要注意以下几点：（1）设立哪些物权的种类，只能由法律规定，当事人之间不能创立。物权的种类大的分所有权、用益物权和担保物权，用益物权中还可分为土地承包经营权、建设用地使用权、宅基地使用权和地役权；担保物权中还可分为抵押权、质权和留置权。（2）物权的权利内容，一般也只能由法律规定，物权的内容指物权的权利义务，如土地承包经营权的承包期多长、何时设立、流转权限，承包地的调整、收回，被征收中的权利义务等。有关物权的规定许多都是强制性规范，当事人应当严格遵守，不能由当事人约定排除，除非法律规定了"有约定的按照约定""当事人另有约定的除外"这些例外情形。

第一百一十七条 【征收与征用】为了公共利益的需要，依照法律规定的权限和程序征收、征用不动产或者动产的，应当给予公平、合理的补偿。

注释 征收是国家以行政权取得集体、单位和个人的财产所有权的行为。征收的主体是国家，通常是政府以行政命令的方式从集体、单位和个人手中取得土地、房屋等财产。在物权法上，征收是物权变动的一种特殊的情形，涉及所有权人的所有权丧失。征用是国家为了抢险、救灾等公共利益需要，在紧急情况下强制性地使用单位、个人的不动产或者动产。征用的目的只在获得使用权，征用不导致所有权移转，被征用的不动产或者动产使用后，应当返还被征用人。征收、征用属于政府行使行政权，属于行政关系，不属于民事关系，但由于征收、征用是对所有权或者使用权的限制，同时又是国家取得所有权或者使用权的一种方式，因此民法通常从这一民事角度对此作原则性规定。

需要说明的是，征收和征用是两个不同的法律概念。征收是指为了公共利益需要，国家将他人所有的财产强制地征归国有；征用是指为了公共利益需要而强制性地使用他人的财产。征收和征用共同之处在于，都是为了公共利益需要，都要经过法定程序，并都要给予补偿。不同之处在于，征收主要是所有权的改变，征用只是使用权的改变。征收是国家从被征收人手中直接取得所有权，其结果是所有权发生了移转；征用则主要是国家在紧急情况下对他人财产的强制使用，一旦紧急情况结束，被征用的财产应返还原权利人。

参见 《国有土地上房屋征收与补偿条例》第 2 条；《宪法》第 10 条、第 13 条；《土地管理法》第 45-49 条

第一百一十八条 【债权的定义】民事主体依法享有债权。
债权是因合同、侵权行为、无因管理、不当得利以及法律的其他规定，权利人请求特定义务人为或者不为一定行为的权利。

注释 债是因合同、侵权行为、无因管理、不当得利以及法律的其他规定，在特定当事人之间发生的权利义务关系。首先，债是一种民事法律关系，是民事主体之间以权利义务为内容的法律关系。其次，债是特定当事人之间的法律关系。债的主体各方均为特定当事人。再次，债是特定当事人之间得请求为或者不为一定行为的法律关系。享有权利的人是债权人，负有义务的人是债务人。债

是以请求权为特征的法律关系，债权人行使债权，只能通过请求债务人为或者不为一定行为得以实现。最后，债是因合同、侵权行为、无因管理、不当得利以及法律的其他规定而发生的法律关系。债权是因合同、侵权行为、无因管理、不当得利以及法律的其他规定，权利人请求特定义务人为或者不为一定行为的权利。债权是现代社会生活中民事主体的一项重要财产权利。

合同是平等主体的自然人、法人、非法人组织之间设立、变更、终止民事权利义务关系的协议。合同依法成立后，即在当事人之间产生债权债务关系。基于合同所产生的债为合同之债。债权人有权按照合同约定，请求合同义务人履行合同义务。合同之债是民事主体为自己利益依自己意思自行设定的，合同之债属于意定之债。

侵权行为，是指侵害他人民事权益的行为。本法第3条规定，民事主体的人身权利、财产权利以及其他合法权益受法律保护，任何组织或者个人不得侵犯。在民事活动中，民事主体的合法权益受法律保护，任何人都负有不得侵害的义务。行为人侵害他人人身权利、财产权利以及其他合法权益的，应依法承担民事责任。民事权益受到侵害的，被侵权人有权请求侵权人承担侵权责任。因侵权行为，侵权人与被侵权人之间形成债权债务关系。侵权行为之债不是侵权人所愿意发生的法律后果，法律确认侵权行为之债的目的在于通过债权和民事责任使侵权行为人承担其不法行为所造成的不利后果，给被侵权人以救济，从而保护民事主体的合法民事权益。

无因管理，是指没有法定的或者约定的义务，为避免他人利益受损失进行管理的行为。无因管理行为虽为干预他人事务，但却是以避免他人利益受损失为目的，有利于社会的互助行为。法律为鼓励这一行为赋予管理人请求受益人偿还管理行为支出的必要费用的权利。因无因管理产生的债称为无因管理之债。无因管理之债并不是基于当事人的意愿设定的，而是根据法律的规定，为法定之债。

不当得利，是指没有法律根据，取得不当利益，造成他人损失的情形。在社会生活中，任何民事主体不得没有法律根据，取得利益而致他人损害，因此，法律规定受损失的人有权请求取得不当得利的人返还不当利益。不当得利为债的发生原因，基于不当得利而产生的债称为不当得利之债。不当得利之债既不同于合同之债，也不同于无因管理之债。不当得利不是当事人双方间的合意，并非当事人寻求的法律目的，也不以当事人的意志为转移，而是法律为纠正不当得利，直接赋予当事人的权利义务，也是法定之债。

合同、侵权行为、无因管理、不当得利是债的发生的主要原因，除此以外，法律的其他规定也会引起债的发生，民事主体依法享有债权。如本法第26条规定，父母对未成年子女负有抚养、教育和保护的义务。成年子女对父母负有赡养、扶助和保护的义务。父母不履行抚养义务时，未成年的或不能独立生活的子女，有要求父母付给抚养费的权利。子女不履行赡养义务时，无劳动能力的或生活困难的父母，有要求子女付给赡养费的权利。此时，未成年的或不能独立生活的子女和无劳动能力的或生活困难的父母依据法律的规定享有债权。

第一百一十九条 【合同之债】依法成立的合同，对当事人具有法律约束力。

注释 合同是双方或多方的民事法律行为，只有各方的意思表示一致才能成立。合同之债是当事人在平等基础上自愿设定的，订不订合同、与谁订合同、合同的内容如何等，由当事人自愿约定。但是，合同依法成立以后，对当事人就具有了法律约束力。所谓法律约束力，是指当事人应当按照合同的约定履行自己的义务，非依法律规定或者取得对方同意，不得擅自变更或者解除合同。如果不履行合同义务或者履行合同义务不符合约定，应当承担违约责任。只有依法成立的合同才能产生合同之债。

第一百二十条 【侵权之债】民事权益受到侵害的，被侵权人有权请求侵权人承担侵权责任。

注释 被侵权人在其民事权益被侵权人侵害构成侵权时，有权请求侵权人承担侵权责任。这种权利是一种请求权。所谓请求权，是指请求他人为一定行为或不为一定行为的权利。请求权人自己不能直接取得作为该权利内容的利益，必须通过他人的特定行为间接取得。在侵权人的行为构成侵权，侵害了被侵权人的民事权益时，被侵权人有权请求侵权人承担侵权责任。被侵权人可以直接向侵权人行使请求权，也可以向法院提起诉讼，请求法院保护自己的合法权益。

被侵权人可以是所有具有民事权利能力的民事主体，只要是具有实体法上的民事权利能力，又因侵权行为而使其民事权益受到侵害的人，就具有被侵权人的资格，包括自然人、法人和非法人组织。被侵权人的资格不在于其是否具有民事行为能力，但是有无民事行为能力关系到其是否可以自己行使请求侵权人承担侵权责任的权利。

第一百二十一条　【无因管理之债】 没有法定的或者约定的义务，为避免他人利益受损失而进行管理的人，有权请求受益人偿还由此支出的必要费用。

注释 构成无因管理，有以下几个要件：

1. 管理他人事务。管理他人事务，即为他人进行管理，这是成立无因管理的首要条件。如将自己的事务误认为他人事务进行管理，即使目的是为他人避免损失，也不能构成无因管理。

2. 为避免他人利益受损失。一般来说，在既无法定义务又无约定义务的情况下，管理他人的事务，属于干预他人事务的范畴。而法律规定的无因管理，是为避免他人利益受损失而进行管理的行为。符合助人为乐、危难相助的道德准则的行为，应该得到鼓励和受到保护。

3. 没有法定的或者约定的义务。无因，指没有法定的或者约定的义务。没有法定的或者约定的义务是无因管理成立的重要条件。如果行为人负有法定的或者约定的义务进行管理，则不能构成无因管理。

根据本条规定，符合以上三个要件，构成无因管理。无因管理发生后，管理人享有请求受益人偿还因管理行为支出的必要费用，受益人有偿还该项费用的义务。

第一百二十二条　【不当得利之债】 因他人没有法律根据，取得不当利益，受损失的人有权请求其返还不当利益。

注释 构成不当得利,有以下几个要件:

1. 民事主体一方取得利益。取得利益,是指财产利益的增加。既包括积极的增加,即财产总额的增加;也包括消极的增加,即财产总额应减少而未减少,如本应支付的费用没有支付等。

2. 民事主体他方受到损失。受到损失,是指财产利益的减少。既包括积极损失,即财产总额的减少;也包括消极损失,即应当增加的利益没有增加。

3. 一方取得利益与他方受到损失之间有因果关系。一方取得利益与他方受到损失之间有因果关系是指他方的损失是因一方获得利益造成的。

4. 没有法律根据。没有法律根据是构成不当得利的重要要件。如果一方取得利益和他方受到损失之间有法律根据,民事主体之间的关系就受到法律的认可和保护,不构成不当得利。

第一百二十三条 【知识产权及其客体】民事主体依法享有知识产权。

知识产权是权利人依法就下列客体享有的专有的权利:

(一) 作品;
(二) 发明、实用新型、外观设计;
(三) 商标;
(四) 地理标志;
(五) 商业秘密;
(六) 集成电路布图设计;
(七) 植物新品种;
(八) 法律规定的其他客体。

注释 知识产权是国际上广泛使用的一个法律概念,是民事主体对其创造性的客体依法享有的专有权利。知识产权有以下特征:1. 知识产权是一种无形财产权。2. 知识产权具有财产权和人身权的双重属性,如作者享有发表权、署名权、修改权等人身权。3. 知识产权具有专有性。本条规定,知识产权是权利人依法就下列客体享有的专有的权利。法律规定知识产权为权利人专有,除权利人同意或法律规定外，权利人以外的第三人不得享有或者使用该项权利，否则为侵害他人的知识产权。4. 知识产权具有地域性，法律确认和保护的知识产权，除该国与他国条约或参加国际公约外，只在一国领域内发生法律效力。5. 知识产权具有时间性，各国法律对知识产权的保护都有严格的时间限制。丧失效力的知识产权客体进入公有领域，成为全人类共有的财富。

根据本条规定，知识产权是权利人依法就下列客体所享有的专有权利：

1. 作品。对作品的知识产权保护主要规定在著作权相关法律法规中。《著作权法》第3条规定，本法所称的作品，是指文学、艺术和科学领域内具有独创性并能以一定形式表现的智力成果，包括：(1) 文字作品；(2) 口述作品；(3) 音乐、戏剧、曲艺、舞蹈、杂技艺术作品；(4) 美术、建筑作品；(5) 摄影作品；(6) 视听作品；(7) 工程设计图、产品设计图、地图、示意图等图形作品和模型作品；(8) 计算机软件；(9) 符合作品特征的其他智力成果。权利人依法就作品享有的专有权利是著作权。根据著作权法的规定，著作权是指著作权人对其作品享有的人身权和财产权，包括发表权、署名权、修改权、保护作品完整权、复制权、发行权、出租权、展览权、表演权、放映权、广播权、信息网络传播权、摄制权、改编权、翻译权、汇编权和应当由著作权人享有的其他权利。

2. 发明、实用新型、外观设计。《专利法》第2条规定，本法所称的发明创造是指发明、实用新型和外观设计。发明，是指对产品、方法或者其改进所提出的新的技术方案。实用新型，是指对产品的形状、构造或者其结合所提出的适于实用的新的技术方案。外观设计，是指对产品的整体或者局部的形状、图案或者其结合以及色彩与形状、图案的结合所作出的富有美感并适于工业应用的新设计。

3. 商标。《商标法》第3条规定，经商标局核准注册的商标为注册商标，包括商品商标、服务商标和集体商标、证明商标。本法所称集体商标，是指以团体、协会或者其他组织名义注册，供该组织成员在商事活动中使用，以表明使用者在该组织中的成员资格的标志。本法所称证明商标，是指由对某种商品或者服务具有监督能力的组织所控制，而由该组织以外的单位或者个人使用于其商品或者服务，用以证明该商品或者服务的原产地、原料、制造方法、质量或者其他特定品质的标志。

4. 地理标志。地理标志是指标示某商品来源于某地区，该商品的特定质量、信誉或者其他特征，主要由该地区的自然因素或者人文因素所决定的标志。权利人依法就地理标志享有专有权。

5. 商业秘密。商业秘密是指不为公众所知悉、能为权利人带来经济利益、具有实用性并经权利人采取保密措施的技术信息和经营信息。权利人依法对商业秘密享有专有权。

6. 集成电路布图设计。集成电路布图设计是指集成电路中至少有一个是有源元件的两个以上元件和部分或者全部互连线路的三维配置，或者为制造集成电路而准备的上述三维配置。权利人依法对集成电路布图设计享有专有权。

7. 植物新品种。植物新品种是指植物品种保护名录内经过人工选育或者发现的野生植物加以改良，具备新颖性、特异性、一致性、稳定性和适当命名的植物品种。

8. 法律规定的其他客体。除了前述明确列举的知识产权的客体，本条第2款第8项规定了"法律规定的其他客体"，为未来知识产权客体的发展留出了空间。

参见　《著作权法》第3条；《专利法》第2条；《商标法》第3条、第16条、第57条；《商标法实施条例》第4条；《反不正当竞争法》第5条、第10条

第一百二十四条　【继承权及其客体】自然人依法享有继承权。自然人合法的私有财产，可以依法继承。

第一百二十五条　【投资性权利】民事主体依法享有股权和其他投资性权利。

注释　股权是指民事主体因投资于公司成为公司股东而享有的权利。股权根据行使目的和方式的不同可分为自益权和共益权两部分。自益权指股东基于自身利益诉求而享有的权利，可以单独行使，包括资产收益权、剩余财产分配请求权、股份转让权、新股优

先认购权等；共益权指股东基于全体股东或者公司的利益诉求而享有的权利，包括股东会表决权、股东会召集权、提案权、质询权、公司章程及账册的查阅权、股东会决议撤销请求权等。

其他投资性权利是指民事主体通过投资享有的权利。如民事主体通过购买证券、基金、保险等进行投资，而享有的民事权利。根据本条规定，民事主体依法享有其他投资性权利。这些投资性权利的具体权利内容根据证券法等具体法律规定依法享有。

参见　《公司法》第 4 条

第一百二十六条　【其他民事权益】民事主体享有法律规定的其他民事权利和利益。

第一百二十七条　【对数据和网络虚拟财产的保护】法律对数据、网络虚拟财产的保护有规定的，依照其规定。

注释　数据可以分为原生数据和衍生数据。原生数据是指不依赖于现有数据而产生的数据，衍生数据是指原生数据被记录、存储后，经过算法加工、计算、聚合而成的系统的、可读取、有使用价值的数据，例如购物偏好数据、信用记录数据等。能够成为知识产权客体的数据是衍生数据。网络虚拟财产是指虚拟的网络本身以及存在于网络上的具有财产性的电磁记录，是一种能够用现有的度量标准度量其价值的数字化的新型财产。网络虚拟财产作为一种新型的财产，具有不同于现有财产类型的特点。

参见　《网络安全法》第 10 条

第一百二十八条　【对弱势群体的特别保护】法律对未成年人、老年人、残疾人、妇女、消费者等的民事权利保护有特别规定的，依照其规定。

第一百二十九条　【民事权利的取得方式】民事权利可以依据民事法律行为、事实行为、法律规定的事件或者法律规定的其他方式取得。

注释　民事权利的取得，是指民事主体依据合法的方式获得民事权利。根据本条规定，民事权利可以依据民事法律行为、事实行为、法律规定的事件或者法律规定的其他方式取得。

1. 民事法律行为。民事法律行为是指民事主体通过意思表示设立、变更、终止民事法律关系的行为，民法理论一般称为法律行为。如订立买卖合同的行为、订立遗嘱、放弃继承权、赠与等。本法本编第六章专章规定了民事法律行为，对民事法律行为的概念、成立、效力等作了规定。

2. 事实行为。事实行为是指行为人主观上没有引起民事法律关系发生、变更或者消灭的意思，而依照法律的规定产生一定民事法律后果的行为。如自建房屋、拾得遗失物、无因管理行为、劳动生产等。事实行为有合法的，也有不合法的。拾得遗失物等属于合法的事实行为，侵害他人的人身、财产的侵权行为是不合法的事实行为。民事权利可以依据事实行为取得，如民事主体因无因管理行为取得对他人的无因管理债权等。

3. 法律规定的事件。法律规定的事件是指与人的意志无关而根据法律规定能引起民事法律关系变动的客观情况，如自然人的出生、死亡，自然灾害，生产事故、果实自落以及时间经过等。民事权利可以依据法律规定的事件取得，如民事主体因出生取得继承权等。

4. 法律规定的其他方式。除了民事法律行为、事实行为、法律规定的事件，民事权利还可以依据法律规定的其他方式取得。如本法第229条规定，因人民法院、仲裁机构的法律文书或者人民政府的征收决定等，导致物权设立、变更、转让或者消灭的，自法律文书或者征收决定等生效时发生效力。

第一百三十条　【权利行使的自愿原则】民事主体按照自己的意愿依法行使民事权利，不受干涉。

注释　本条是自愿原则在行使民事权利中的体现，民事主体按照自己的意愿依法行使民事权利，不受干涉。体现在：一是民事主体有权按照自己的意愿依法行使民事权利或者不行使民事权利。二是民事主体有权按照自己的意愿选择依法行使的民事权利内容。三是民事主体有权按照自己的意愿选择依法行使民事权利的方式。民事主体按照自己的意愿行使权利，任何组织和个人不得非法干涉。

第一百三十一条 【权利人的义务履行】民事主体行使权利时,应当履行法律规定的和当事人约定的义务。

第一百三十二条 【禁止权利滥用】民事主体不得滥用民事权利损害国家利益、社会公共利益或者他人合法权益。

注释 不得滥用民事权利,指民事权利的行使不得损害国家利益、社会公共利益或者他人合法权益。权利的行使,有一定界限。行使民事权利损害国家利益、社会公共利益或者他人合法权益的,为滥用民事权利。滥用民事权利和侵权存在区别,权利滥用的前提是有正当权利存在,且是权利行使或与权利行使有关的行为,侵权行为一般事先没有正当权利存在;权利不得滥用原则是对民事主体行使民事权利的一定限制,通过限制民事主体不得滥用权利损害国家利益、社会公共利益或者他人合法权益达到民事权利与国家利益、社会公共利益、他人合法权益的平衡,而侵权责任制度设置的目的是保护民事主体的权利。

参见 《最高人民法院关于适用〈中华人民共和国民法典〉总则编若干问题的解释》第3条;《最高人民法院关于印发〈全国法院贯彻实施民法典工作会议纪要〉的通知》第1条

第六章 民事法律行为

第一节 一般规定

第一百三十三条 【民事法律行为的定义】民事法律行为是民事主体通过意思表示设立、变更、终止民事法律关系的行为。

注释 民事法律行为是对合同行为、婚姻行为、遗嘱行为等一系列能够产生具体权利义务关系的行为的抽象和概括,是民事主体在民事活动中实现自己意图的一项重要民事制度。

相较于《民法通则》,《民法典》对"民事法律行为"的内涵作了调整,使其既包括合法的法律行为,也包括无效、可撤销和效力待定的法律行为,同时强调了民事法律行为是民事主体通过意思表示设立、变更、终止民事法律关系的行为,突出了"意思表示"这一核心要素。

民事法律行为具有以下特征:

1. 民事法律行为是民事主体实施的行为。民事法律行为作为一种法律事实,其必须是由自然人、法人和非法人组织这些民事主体实施的行为,非民事主体实施的行为不是民事法律行为,例如司法机关作出的裁决,行政机关作出的处罚决定等也会产生法律后果,但其不是以民事主体身份作出的行为,因而裁决和处罚决定不属于民事法律行为。但机关在履行公共管理职能过程中可能会进行一些民事活动,例如行政机关购买办公用品、修建办公大楼等,这些行为属于民事法律行为。

2. 民事法律行为应当是以发生一定的法律效果为目的的行为。民事主体在社会生产生活中会从事各种各样的活动,但并非任何行为都是民事法律行为。根据本条的规定,只有以设立、变更、终止民事法律关系为目的的行为才是民事法律行为,其最终结果是让民事主体具体地享受民事权利、承担民事义务。所谓设立民事法律关系,是指民事主体通过民事法律行为形成某种法律关系,例如在合同领域,双方当事人通过要约和承诺形成的买卖关系、租赁关系、委托关系等合同关系。所谓变更民事法律关系,是指民事主体在保持原有民事法律关系效力的基础上,通过民事法律行为对其内容作出一些调整。这里需要注意的是,如果民事主体改变了原有民事法律关系的效力,就不属于这里的变更,而是消灭了原有民事法律关系,设立了一个新的民事法律关系。所谓消灭民事法律关系,是指民事主体通过民事法律行为消灭原民事法律关系,终止其效力。这里需要强调的是,民事法律行为虽然是民事主体期望发生一定法律效果而实施的行为,但并非任何民事法律行为都能最终产生民事主体所期望的法律效果。民事主体所从事的民事法律行为既可能是合法的,也可能是非法的,这与《民法通则》关于民事法律行为的规定有很大的不同。根据本章第三节关于民事法律行为效力的规定,合法有效的民事法律行为能产生民事主体所期望发生的法律效果,但是非法的民事法律行为则不一定能产生民事主体所期望的法律效果，例如无效的民事法律行为就确定地不发生民事主体所期望发生的法律效果；如果当事人提出撤销的申请，可撤销的民事法律行为也不能实现民事主体所期望的法律效果。非法的民事法律行为虽然可能不能实现民事主体意欲实现的法律效果，但是都可能产生一定的法律后果，例如根据本章的规定，欺诈、胁迫等民事法律行为是非法的，可能产生民事法律行为被撤销的法律后果；又如根据本章的规定，恶意串通损害他人合法权益的民事法律行为会产生无效的法律后果。

3. 民事法律行为是以意思表示为核心要素的行为。意思表示是指民事主体意欲发生一定法律效果的内心意思的外在表达，是民事法律行为最为核心的内容。民事法律行为之所以能对民事主体产生法律约束力，就是因为其是民事主体按照自己的意思作出的。这也是民事法律行为与事实行为最根本的区别。

第一百三十四条　【民事法律行为的成立】民事法律行为可以基于双方或者多方的意思表示一致成立，也可以基于单方的意思表示成立。

法人、非法人组织依照法律或者章程规定的议事方式和表决程序作出决议的，该决议行为成立。

注释　本条第1款根据不同的民事法律行为类型对其不同的成立条件和成立时间作了规定：

1. 双方民事法律行为。双方民事法律行为是指双方当事人意思表示一致才能成立的民事法律行为。最为典型的双方民事法律行为是合同。双方民事法律行为与单方民事法律行为的最大区别是行为的成立需要双方的意思表示一致，仅凭一方的意思表示而没有经过对方的认可或者同意不能成立。

2. 多方民事法律行为。多方民事法律行为是指根据两个以上的民事主体的意思表示一致而成立的行为。订立公司章程的行为和签订合伙协议的行为就是较为典型的多方民事法律行为。

3. 单方民事法律行为。单方民事法律行为是指根据一方的意思表示就能成立的行为。与双方民事法律行为不同，单方民事法律行为不存在相对方，其成立不需要其他人的配合或者同意，而是依据行为人自己一方的意志就可以产生自己所期望的法律效果。在现实生活中单方民事法律行为也不少，这些民事法律行为从内容上划分，主要可以分为两类：（1）行使个人权利而实施的单方行为，例如所有权人抛弃所有权的行为等，这些单方民事法律行为仅涉及个人的权利变动，不涉及他人的权利变动；（2）涉及他人权利变动的单方民事法律行为，例如立遗嘱，授予代理权，行使撤销权、解除权、选择权等处分形成权的行为。

本条第2款规定了一种较为特殊的民事法律行为，即决议行为。决议行为是两个或者两个以上的当事人基于共同的意思表示、意图实现一定法律效果而实施的行为，其满足民事法律行为的所有条件，是一种民事法律行为。但是与多方民事法律行为、双方民事法律行为和单方民事法律行为相比，其又具有特殊性，这种特殊性体现在三个方面：1. 双方民事法律行为或者多方民事法律行为需要所有当事人意思表示一致才能成立，决议行为一般并不需要所有当事人意思表示一致才能成立，而是多数人意思表示一致就可以成立。2. 双方民事法律行为或者多方民事法律行为的设立过程一般不需要遵循特定的程序，而决议行为一般需要依据一定的程序才能设立，根据本条的规定，决议行为应当依照法律或者章程规定的议事方式和表决程序。3. 双方民事法律行为或者多方民事法律行为适用的范围一般不受限制，而根据本条的规定，决议行为原则上仅适用于法人或者非法人组织内部的决议事项。

第一百三十五条　【民事法律行为的形式】民事法律行为可以采用书面形式、口头形式或者其他形式；法律、行政法规规定或者当事人约定采用特定形式的，应当采用特定形式。

注释　民事法律行为的形式是民事法律行为的核心要素意思表示的外在表现形式。

根据本条的规定，民事法律行为可以采用书面形式、口头形式或者其他形式。书面形式是指以文字等可以以有形形式再现民事法律行为内容的形式。书面形式的种类很多，根据本法第469条的规定，书面形式是合同书、信件、电报、电传、传真等可以有形地表现所载内容的形式。以电子数据交换、电子邮件等方式能够有形地表现所载内容，并可以随时调取查用的数据电文，视为书面形式。随着互联网技术的发展，微信、QQ等已成为人们社会交往的重要载体，也可以成为民事法律行为的载体，有的也属于书面形式的种类。所谓口头形式，是指当事人以面对面的谈话或者以电话交流等方式形成民事法律行为的形式。除了书面形式和口头形式外，本条还规定民事法律行为可以采用其他形式。如实施的行为本身表明已经作出相应意思表示，并符合民事法律行为成立条件的，人民法院可以认定为本条规定的采用其他形式实施的民事法律行为。例如在合同领域，可以根据当事人的行为或者特定情形推定合同的成立，即默示合同。这类合同在现实生活中很多，例如租房合同的期限届满后，出租人未提出让承租人退房，承租人也未表示退房而是继续交房租，出租人接受了租金。根据双方的行为，可以推定租赁合同继续有效。对于民事法律行为是采用书面形式、口头形式还是其他形式，由当事人自主选择，法律原则上不干涉。

参见 《最高人民法院关于适用〈中华人民共和国民法典〉总则编若干问题的解释》第18条

第一百三十六条 【民事法律行为的生效】民事法律行为自成立时生效，但是法律另有规定或者当事人另有约定的除外。

行为人非依法律规定或者未经对方同意，不得擅自变更或者解除民事法律行为。

注释 民事法律行为的生效是指民事法律行为产生法律约束力。

根据本条规定，民事法律行为从成立时具有法律拘束力。也就是说，民事法律行为自成立时生效，但是，民事法律行为成立和生效的时间，既有相一致的情形，也有不一致的情形：1.民事法律行为的成立和生效处于同一个时间点，依法成立的民事法律行为，具备法律行为生效要件的，即时生效。2.民事法律行为的成立和生效并非同一个时间，有三种情形：（1）法律规定民事法律行为须批准、登记生效的，成立后须经过批准、登记程序才能发生法律效力。（2）当事人约定民事法律行为生效条件的，约定的生效条件成就的，才能发生法律效力。（3）附生效条件、附生效期限的民事法律行为，其所附条件成就，或者所附期限到来时，该民事法律行为才能生效，其成立和生效也并非同一时间。

第二节 意思表示

第一百三十七条 【有相对人的意思表示的生效时间】以对话方式作出的意思表示，相对人知道其内容时生效。

以非对话方式作出的意思表示，到达相对人时生效。以非对话方式作出的采用数据电文形式的意思表示，相对人指定特定系统接收数据电文的，该数据电文进入该特定系统时生效；未指定特定系统的，相对人知道或者应当知道该数据电文进入其系统时生效。当事人对采用数据电文形式的意思表示的生效时间另有约定的，按照其约定。

> **注释** 意思表示是指行为人为了产生一定民法上的效果而将其内心意思通过一定方式表达于外部的行为。意思是指设立、变更、终止民事法律关系的内心意图，表示是指将内心意思以适当方式向适当对象表示出来的行为。意思表示具有如下特征：1. 意思表示的表意人具有使民事法律关系发生变动的意图。通过这种意图，表意人可以依据自己的主观意志发生法律关系，所以从这种角度讲，意思表示是实现意思自治的工具。2. 意思表示是一个将意思由内到外的表示过程。一个人内心可能有很多的主观意思，但是若不通过适当的方式表示出来，让他人知晓，其内心意思就没有任何法律意义。3. 意思表示可以产生一定的法律效果。符合法定生效要件的意思表示可以发生当事人预期的法律效果。意思表示作为民事法律行为中最为核心的要素，对于确定民事法律行为的效力具有重要作用。
>
> 本条是对有相对人的意思表示生效时间的规定。对于此类情况，本条根据是否采用对话方式作了不同规定：
>
> 1. 以对话方式作出的意思表示。所谓以对话方式作出的意思表

示是指采取使相对方可以同步受领的方式进行的意思表示,例如面对面交谈、电话等方式。在以这种方式进行的意思表示中,表意人作出意思表示和相对人受领意思表示是同步进行的,没有时间差,因此,表意人作出意思表示并使相对人知道时即发生效力。基于此,本条第1款规定,以对话方式作出的意思表示,相对人知道其内容时生效。

2. 以非对话方式作出的意思表示。以非对话方式作出的意思表示,是指表意人作出意思表示的时间与相对人受领意思表示的时间不同步,二者之间存在时间差。非对话的意思表示在现实生活中存在的形式多样,例如传真、信函等。对于非对话的意思表示的生效时间,我国采用到达主义,规定意思表示到达相对人时生效。需要强调的是,这里"到达"并不意味着相对人必须亲自收到,只要进入相对人通常的地址、住所或者能够控制的地方(如信箱)即可视为到达,意思表示被相对人的代理人收到也可以视为到达。送达相对人时生效还意味着即使在意思表示送达相对人前相对人已经知道该意思表示内容的,该意思表示也不生效。

3. 以非对话方式作出的采用数据电文形式的意思表示。数据电文系指经由电子手段、电磁手段、光学手段或类似手段生成、发送、接收或存储的信息,这些手段包括但不限于电子数据交换、电子邮件、电报、电传或传真。采用数据电文方式作出的意思表示虽然也是以非对话方式进行的,但由于其发出和到达具有自动性、实时性等特点,意思表示发出即到达,其生效时间也与一般的非对话方式作出的意思表示的生效时间有所区别。采用数据电文形式订立合同,收件人指定特定系统接收数据电文的,该数据电文进入该特定系统的时间,视为到达时间;未指定特定系统的,该数据电文进入收件人的任何系统的首次时间,视为到达时间。当事人对采用数据电文形式的意思表示的生效时间另有约定的,按照其约定。这主要是为了尊重当事人对意思表示生效时间的约定,体现意思自治。在现实生活中,当事人可以约定数据电文形式意思表示的生效时间不是该意思表示进入特定系统的时间。有这种约定的,从其约定。

参见 《电子签名法》第11条

第一百三十八条 【无相对人的意思表示的生效时间】 无相对人的意思表示，表示完成时生效。法律另有规定的，依照其规定。

> **注释** 本条对无相对人的意思表示的生效时间作了规定。无相对人的意思表示在完成时生效，这是无相对人意思表示生效的一般性规则。但有时法律对无相对人的意思表示的生效时间会作出特别规定，例如《民法典》继承编部分就明确规定，遗嘱这种无相对人的意思表示自遗嘱人死亡时发生效力。所以，本条还规定，法律对无相对人意思表示的生效时间另有规定的，依照其规定。

第一百三十九条 【公告的意思表示的生效时间】 以公告方式作出的意思表示，公告发布时生效。

> **注释** 实践中，在意思表示有相对人的情况下，可能会发生意思表示的表意人不知道相对人的具体地址、相对人下落不明的情形。对表意人来说，要通过信函、邮件等方式送达相对人是困难的，其意思表示就有可能迟迟不能生效，影响其利益。对此，必须允许表意人采取特殊方式送达其意思表示。本条明确规定了表意人在这种情况下可以公告方式作出意思表示。本条规定，对于以公告方式作出的意思表示，公告发布时生效。这里的公告方式既可以是在有关机构的公告栏，例如人民法院的公告栏；也可以是在报纸上刊登公告的方式。以公告方式作出的意思表示，表意人一旦发出公告能够为社会公众所知道，就认为意思表示已经到达，即发生效力。理解本条还需要注意两点：本条所规定的表意人并不是在任何情况都可以采用公告方式作出意思表示，只有在表意人非因自己的过错而不知相对人的下落或者地址的情况下才可以采用公告方式作出意思表示，否则对相对人很不公平。在表意人知道相对人下落的情况下，表意人不得采用公告方式作出意思表示，除非相对人同意。

第一百四十条 【意思表示的方式】 行为人可以明示或者默示作出意思表示。

沉默只有在有法律规定、当事人约定或者符合当事人之间的交易习惯时，才可以视为意思表示。

注释 意思表示可以明示的方式或默示的方式做出。所谓明示的意思表示就是行为人以作为的方式，使得相对人能够直接了解到意思表示的内容。比较典型的是表意人采用口头、书面方式直接向相对人进行的意思表示。以默示方式作出的意思表示，又称为行为默示，是指行为人虽没有以语言或文字等明示方式作出意思表示，但以行为的方式作出了意思表示。这种方式虽不如明示方式那么直接表达出了意思表示的内容，但通过其行为可以推定出其作出一定的意思表示。在现实生活中，以默示方式作出的意思表示也比较常见。例如某人向自动售货机投入货币的行为即可推断其作出了购买物品的意思表示。又比如某人乘坐无人售票的公交车时，其投币行为就可以视为其具有缔结运输合同的意思表示。

在现实生活中也会出现一种特殊情形，即行为人以沉默的方式作出意思表示。沉默是一种既无语言表示也无行为表示的纯粹的缄默，是一种完全的不作为。沉默原则上不得作为意思表示的方式。只有在有法律规定、当事人约定或者符合当事人之间的交易习惯时，才可以视为意思表示。例如本法典合同编第638条第1款规定，试用买卖的买受人在试用期内可以购买标的物，也可以拒绝购买。试用期间届满，买受人对是否购买标的物未作表示的，视为购买。在这条规定中，试用期间届满后，买受人对是否购买标的物未作表示就是一种沉默，但这种沉默就可以视为买受人作出了购买的意思表示。

参见 《最高人民法院关于适用〈中华人民共和国民法典〉合同编通则若干问题的解释》第2条

第一百四十一条 【意思表示的撤回】行为人可以撤回意思表示。撤回意思表示的通知应当在意思表示到达相对人前或者与意思表示同时到达相对人。

注释 意思表示的撤回，是指在意思表示作出之后但在发生法律效力之前，意思表示的行为人欲使该意思表示不发生效力而作出的意思表示。意思表示之所以可以撤回，是因为意思表示生效才能发生法律约束力，在其尚未生效之前，不会对意思表示的相对人产生任何影响，也不会对交易秩序产生任何影响。

行为人可以撤回意思表示，但不是在任何情况下都可以，而是有条件的。根据本条的规定，撤回意思表示的通知应当在意思表示到达相对人前或者与意思表示同时到达相对人。如果撤回意思表示的通知在意思表示到达相对人之后到达的，该意思表示已经生效，是否能够使其失效，则取决于相对人是否同意。因此，行为人若要撤回意思表示，必须选择以快于意思表示作出的方式发出撤回的通知，使之能在意思表示到达之前到达相对人。如果意思表示的行为人作出意思表示以后又立即以比作出意思表示更快的方式发出撤回通知，按照通常情况，撤回的通知应当先于或者最迟会与意思表示同时到达相对人，但因为其他原因耽误了，撤回的通知在意思表示到达相对人后才到达相对人，在这种情况下，相对人应当根据诚信原则及时通知意思表示的行为人，告知其撤回的通知已经迟到，意思表示已经生效；如果相对人怠于通知行为人，行为人撤回意思表示的通知视为未迟到，仍发生撤回表示的效力。

理解本条需要注意两点：

1. 意思表示的撤回原则上只有在该意思表示有相对人的情况下才有意义，若是无相对人的意思表示，在表示作出时就发生效力，不可能撤回，只可能撤销。

2. 意思表示的撤回与意思表示的撤销是不同的。根据本条的规定，意思表示的撤回是在意思表示未生效前使其不发生效力，而意思表示的撤销是指在意思表示作出并生效之后，行为人又作出取消其意思表示的表示。由于意思表示在到达后已经生效，相对人已知悉了意思表示的内容，甚至可能已经对该意思表示产生了合理的信赖，因此，行为人能否在意思表示生效后取消其意思表示，需要考虑保障相对人合理信赖的问题。这与意思表示撤回中仅考虑保护意思表示行为人对其意思表示的自由处分权利存在较大区别。考虑到意思表示生效后，已经对行为人产生了法律约束力，能否撤销，要平衡行为人和相对人的利益，不宜泛泛规定行为人可以撤销意思表示，基于此，合同编规定，要约可以撤销，但撤销要约的通知应当在受要约人发出承诺通知之前到达受要约人。同时还规定，有下列情形之一的，要约不得撤销：（1）要约人确定了承诺期限或者以其他形式明示要约不可撤销；（2）受要约人有理由认为要约是不可撤销的，并已经为履行合同作了准备工作。所以，本条只规定了意思表示的撤回，未规定意思表示的撤销。

第一百四十二条 【意思表示的解释】有相对人的意思表示的解释，应当按照所使用的词句，结合相关条款、行为的性质和目的、习惯以及诚信原则，确定意思表示的含义。

无相对人的意思表示的解释，不能完全拘泥于所使用的词句，而应当结合相关条款、行为的性质和目的、习惯以及诚信原则，确定行为人的真实意思。

注释 所谓意思表示的解释是指因意思表示不清楚或者不明确发生争议时，由人民法院或者仲裁机构对意思表示进行的解释。解释的目的就是明确意思表示的真实含义。意思表示的解释具有以下特征：1.意思表示解释的对象是当事人已经表示出来的、确定的意思，而非深藏于当事人内心的意思。深藏于当事人内心的意思无法作为认识的对象，是无法解释的。2.对意思表示进行解释的主体是人民法院或者仲裁机构，并不是任何机构或者个人都可以对意思表示作出有权解释。只有人民法院或者仲裁机构对意思表示作出的解释才是有权解释，才会对当事人产生法律约束力。3.人民法院或者仲裁机构对意思表示的解释不是任意的主观解释，而是必须遵循一定的规则进行解释，这些规则就是解释意思表示的方法。

本条区分有相对人的意思表示和无相对人的意思表示，分别规定了不同的解释规则，主要基于以下考虑：有相对人的意思表示中，需要有意思表示的受领人，意思表示一旦为相对人所受领，相对人就会对此产生合理信赖。如果出现表意人的内心真实意思和外在表示出来的意思不一致的情况，就需要平衡保护相对人的信赖利益与保护表意人的内心真实意思；同时，在这种情况下还需要考虑相对人对意思表示的理解水平。而在无相对人的意思表示的情况下，因不存在受领人，则不需要考虑受领人的理解水平问题。因此，对无相对人的意思表示的解释就是主要探究表意人的内心真实意思。这里需要强调一点，对无相对人的意思表示的解释，不能完全拘泥于意思表示所使用的词句，但不是完全抛开意思表示所使用的词句，这主要是为了防止在解释这类意思表示时自由裁量权过大，影响当事人的利益。例如在对遗嘱进行解释时，虽说主要是探究遗嘱人作遗嘱的真实意思，但也不能完全不考虑遗嘱本身的词句。

参见 《最高人民法院关于适用〈中华人民共和国民法典〉合同编通则若干问题的解释》第1条

第三节　民事法律行为的效力

第一百四十三条　【民事法律行为的有效条件】 具备下列条件的民事法律行为有效：
（一）行为人具有相应的民事行为能力；
（二）意思表示真实；
（三）不违反法律、行政法规的强制性规定，不违背公序良俗。

注释 根据本条规定，民事法律行为应当具备的有效条件包括：

1. 行为人具有相应的民事行为能力。民事行为能力是行为人通过自己行为参与民事活动，享有权利和承担义务的能力。与作为法律资格的民事权利能力相比，民事行为能力是行为人实施民事法律行为的相应保证。

2. 意思表示真实。意思表示作为民事法律行为的核心要素，其真实性对于保证行为人正确实现行为目的至关重要。应当注意，此处的真实应作扩大解释，实际上还包含了传统民法理论意思表示自由的含义。比如，在因欺诈、胁迫实施民事法律行为的情形，受欺诈人、受胁迫人的意思表示虽然从表面看是真实的，但实际上并非其内心自由意志的体现。在意思表示不真实的情况下，民事法律行为不能具有完全有效的效力。

3. 不违反法律、行政法规的强制性规定，不违背公序良俗。

参见 《消费者权益保护法》第26条；《最高人民法院关于国有土地开荒后用于农耕的土地使用权转让合同纠纷案件如何适用法律问题的批复》

案例 云南福运物流有限公司与中国人寿财产保险股份公司曲靖中心支公司财产损失保险合同纠纷案（《最高人民法院公报》2016年第7期）

案件适用要点： 当事人就货物保险损失达成的《赔偿协议书》及《货运险赔偿确认书》是对财产损害赔偿金额的自认，是真实意思表示，是有效的民事法律行为。

第一百四十四条 【无民事行为能力人实施的民事法律行为】 无民事行为能力人实施的民事法律行为无效。

第一百四十五条 【限制民事行为能力人实施的民事法律行为】 限制民事行为能力人实施的纯获利益的民事法律行为或者与其年龄、智力、精神健康状况相适应的民事法律行为有效；实施的其他民事法律行为经法定代理人同意或者追认后有效。

相对人可以催告法定代理人自收到通知之日起三十日内予以追认。法定代理人未作表示的，视为拒绝追认。民事法律行为被追认前，善意相对人有撤销的权利。撤销应当以通知的方式作出。

注释 限制民事行为能力人所从事的民事法律行为，须经法定代理人同意或者追认才能有效。如果没有经过同意或者追认，民事法律行为即使成立，也并不实际生效，而处于效力待定状态。这里对法定代理人补正限制民事行为能力人的行为能力规定了两种方式：一种是同意，指的是法定代理人事先对限制民事行为能力人实施某种民事法律行为予以明确认可；另一种是追认，指的是法定代理人事后明确无误地对限制民事行为能力人实施某种民事法律行为表示同意。无论是事先的同意还是事后的追认，都是法定代理人的单方意思表示，无须行为相对人的同意即可发生效力。需要说明的是，法定代理人对限制民事行为能力人行为的同意或者追认应当采用明示的方式作出，同时应当为行为相对人所知晓才能发生效力。

限制民事行为能力人实施民事法律行为后，与其从事民事法律行为的相对人可以催告限制民事行为能力人的法定代理人在30日内予以追认。法定代理人未作表示的，视为拒绝追认。所谓催告，是指民事法律行为的相对人要求法定代理人在一定期限内就是否认可限制民事行为能力人所实施民事法律行为的效力作出表示，逾期不作表示的，视为法定代理人拒绝承认行为的效力。催告在民法理论上被称为"准法律行为"，因为尽管催告具有类似意思表示的行为外观，但其最终效力的发生却仍然来自法律规定。限制民事行为能力人在其行为能力范围之外实施的民事法律行为属于效力待定，此种效力不确定的状态不应一直持续。立法赋予相对人以催告权，可以避免这种效力不确定的状态长期持续，从而保护相对人权益，维护交易安全。在相对人催告法定代理人对行为是否予以追认的期间内，如果法定代理人不对此作出表示，意味着法定代理人对通过追认补足行为效力的态度是消极的、放任的，此时应视为其拒绝追认，因此该行为不发生效力。需要说明的是，相对人的催告应当以明示方式作出，期间也应从法定代理人收到通知之日起算。本条确定的期间为30日，法定代理人超过30日未作表示的，视为拒绝追认。

本条第2款除规定相对人的催告权外，还规定了善意相对人的撤销权，即民事法律行为被追认前，善意相对人有撤销的权利。此处的撤销权在性质上属于形成权，即相对人可以直接通过自己的行为而无须借助他人即可行使的权利。本条撤销权的行使应注意以下几点：1.相对人撤销权的行使须在法定代理人追认之前，法定代理人一经追认，相对人不得再行使这一权利。2.仅善意相对人可行使撤销权。所谓善意，是指相对人实施民事法律行为时并不知晓对方为限制民事行为能力人，且此种不知晓不构成重大过失。3.相对人行使撤销权时，应当通过通知的方式作出，这种通知必须是明示的、明确的，不得通过默示的方式。

参见　《票据法》第6条；《最高人民法院关于适用〈中华人民共和国民法典〉总则编若干问题的解释》第29条

第一百四十六条　【虚假表示与隐藏行为效力】行为人与相对人以虚假的意思表示实施的民事法律行为无效。

以虚假的意思表示隐藏的民事法律行为的效力，依照有关法律规定处理。

注释 虚假意思表示又称虚伪表示，是指行为人与相对人都知道自己所表示的意思并非真意，通谋作出与真意不一致的意思表示。虚假表示的特征在于，双方当事人都知道自己所表示出的意思不是真实意思，民事法律行为本身欠缺效果意思，双方均不希望此行为能够真正发生法律上的效力。一般而言，虚假表示在结构上包括内外两层行为：外部的表面行为是双方当事人共同作出与真实意思不一致的行为，也可称作伪装行为；内部的隐藏行为则是被隐藏于表面行为之下，体现双方真实意思的行为，也可称作非伪装行为。比如，双方名为买卖实为赠与，买卖并非双方的真实意思表示，属于表面行为或伪装行为；赠与是双方的真实意思表示，属于隐藏行为或者非伪装行为。尽管隐藏行为的存在与虚假表示联系在一起，但虚假表示与隐藏行为并不总是一一对应。具体而言，无虚假表示就无所谓隐藏行为，有隐藏行为也就存在虚假表示，但存在虚假表示，并不一定有隐藏行为。比如，以逃避债务为目的假装财产赠与，赠与行为是虚假表示，但并不存在隐藏行为。

本条第1款是对双方以虚假意思表示作出的民事法律行为效力的规定，即行为人与相对人以虚假的意思表示实施的民事法律行为无效。这一规定的含义是：双方通过虚假的意思表示实施的民事法律行为是无效的。之所以对通过虚伪表示实施的民事法律行为的效力予以否定，是因为这一意思表示所指向的法律效果并非双方当事人的内心真意，双方对此相互知晓，如果认定其为有效，有悖于意思自治的原则。本款虽未明确规定行为人与相对人须通谋而为虚假的意思表示，实际上双方对虚假意思表示达成一致的结果反映出二者必须有一个意思联络的过程。这也是虚伪表示区别于真意保留的重要一点，真意保留的相对人并不知晓行为人表示的是虚假意思。

本条第2款是对隐藏行为效力的规定：行为人以虚假的意思表示隐藏的民事法律行为的效力，依照有关法律规定处理。当同时存在虚伪表示与隐藏行为时，虚伪表示无效，隐藏行为并不因此无效，其效力如何，应当依据有关法律规定处理。具体来说，如果这种隐藏行为本身符合该行为的生效要件，那么就可以生效。如在名为赠与实为买卖的行为中，赠与行为属于双方共同以虚假意思表示实施的民事法律行为，无效；而隐藏于赠与形式之下的买卖则是双方共同的真实意思表示，其效力能否成就取决于其是否符合买卖合同有关的法律规定：如果符合买卖合同生效要件的法律规定，则为有效；反之，则无效。

案例 日照港集团有限公司煤炭运销部与山西焦煤集团国际发展股份有限公司借款合同纠纷案（《最高人民法院公报》2017年第6期）

案件适用要点：在三方或三方以上的企业间进行的封闭式循环买卖中，一方在同一时期先卖后买同一标的物，低价卖出高价买入，明显违背营利法人的经营目的与商业常理，此种异常的买卖实为企业间以买卖形式掩盖的借贷法律关系。企业间为此而签订的买卖合同，属于当事人共同实施的虚伪意思表示，应认定为无效。

在企业间实际的借贷法律关系中，作为中间方的托盘企业并非出于生产、经营需要而借款，而是为了转贷牟利，故借贷合同亦应认定为无效。借款合同无效后，借款人应向贷款人返还借款的本金和利息。因贷款人对合同的无效也存在过错，人民法院可以相应减轻借款人返还的利息金额。

第一百四十七条 【重大误解】基于重大误解实施的民事法律行为，行为人有权请求人民法院或者仲裁机构予以撤销。

注释 本条是关于基于重大误解实施的民事法律行为的效力规定。传统民法理论与重大误解相关的概念是错误。错误是指表意人非故意地使意思与表示不一致。按照意思表示本身的两个阶段，可以划分为意思形成阶段的错误和意思表达阶段的错误。其中，意思表达阶段的错误，是错误制度的主要规范对象，又可细分为表示错误与内容错误。所谓表示错误，是指表意人错误使用表示符号，该表示符号所表达的法律后果并非表意人内心的真实想法，典型的如将合同价款10000元写成1000元、误将A画当作B画取走等。所谓内容错误，不同于表示错误，它是指表意人使用的表示符号并没有错，但对该符号所表示的内容产生理解错误。典型的内容错误又可细分为同一性错误和行为类型错误。同一性错误如甲想和乙订立合同，却误将丙当作乙。行为类型错误如甲想把画卖给乙，对乙说："我有一幅画，你要不要？"由于没有约定价格，乙理解为赠与而予以接受。此时，买卖合同因未形成合意而不成立，赠与因符合表示主义而成立。甲可以基于行为类型错误而主张撤销赠与合同。意思形成阶段的错误，是指表意人在形成意思表示时所产生的错误，也称为动机错误。原则上，法律行为的效力与动机错误无关。比如，当事人对相对人的履约能力是否符合自己需求产生错误认识，不应作为错误主张撤销。但是，动机错误一律不得作为错误予以撤销的原则也有例外，当有关人或物的性质错误被视为对交易具有重要作用时，这种情形下的动机错误视为内容错误，同样可以适用错误规则。性质错误典型的例子如，甲以为A赛马赢得过竞赛冠军，故以重金买下，但实际上赢得竞赛冠军的是B赛马。此时甲对A赛马是否赢得过竞赛冠军的能力产生错误认识，属于性质错误。

认定重大误解需满足以下几个条件：一是行为人主观上存在错误认识，这种错误可以是关于行为的性质，也可以是关于行为的相对人、交易标的的质量、数量等；二是行为的结果与行为人的意思相悖；三是行为人的错误认识与行为后果之间存在因果关系，即如果没有这种错误认识，将不会产生该行为后果；四是行为人在客观上遭受了较大损失，如果没有损失或者损失较小，也不能构成重大误解。行为人对行为的性质、对方当事人或者标的物的品种、质量、规格、价格、数量等产生错误认识，按照通常理解如果不发生该错误认识行为人就不会作出相应意思表示的，人民法院可以认定为本条规定的重大误解。

行为人能够证明自己实施民事法律行为时存在重大误解，并请求撤销该民事法律行为的，人民法院依法予以支持；但是，根据交易习惯等认定行为人无权请求撤销的除外。

参见　《最高人民法院关于适用〈中华人民共和国民法典〉总则编若干问题的解释》第19条、第20条；《最高人民法院关于印发〈全国法院贯彻实施民法典工作会议纪要〉的通知》第2条

第一百四十八条 【欺诈】一方以欺诈手段，使对方在违背真实意思的情况下实施的民事法律行为，受欺诈方有权请求人民法院或者仲裁机构予以撤销。

注释 民法中的欺诈，一般是指行为人故意欺骗他人，使对方陷入错误判断，并基于此错误判断作出意思表示的行为。欺诈的构成要件一般包括四项：一是行为人须有欺诈的故意。这种故意既包括使对方陷入错误判断的故意，也包括诱使对方基于此错误判断而作出意思表示的故意。二是行为人须有欺诈的行为。这种行为既可以是故意告知虚假情况，也可以是负有告知义务的人故意隐瞒真实情况。三是受欺诈人因行为人的欺诈行为陷入错误判断，即欺诈行为与错误判断之间存在因果关系。四是受欺诈人基于错误判断作出意思表示。

欺诈的构成并不需要受欺诈人客观上遭受损害后果的事实，只要受欺诈人因欺诈行为作出了实施民事法律行为的意思表示，即可成立欺诈。故意告知虚假情况，或者故意隐瞒真实情况，诱使当事人作出错误意思表示的，人民法院可以认定为本条规定的欺诈。欺诈的法律后果为可撤销，享有撤销权的是受欺诈人。其应通过人民法院或者仲裁机构行使撤销权。

案例 1. 刘向前诉安邦财产保险公司保险合同纠纷案（《最高人民法院公报》2013年第8期）

案件适用要点：保险事故发生后，保险公司作为专业理赔机构，基于专业经验及对保险合同的理解，其明知或应知保险事故属于赔偿范围，而在无法律和合同依据的情况下，故意隐瞒被保险人可以获得保险赔偿的重要事实，对被保险人进行诱导，在此基础上双方达成销案协议的，应认定被保险人作出了不真实的意思表示，保险公司的行为违背诚信原则构成保险合同欺诈。被保险人请求撤销该销案协议的，人民法院应予支持。

2. 中国农业银行长沙市先锋支行与湖南金帆投资管理有限公司、长沙金霞开发建设有限公司借款担保合同纠纷案（《最高人民法院公报》2009年第1期）

案件适用要点：导致合同当事人分别持有的合同文本内容有出

入的原因复杂多样，不能据此简单地认定合同某一方当事人存在故意欺诈的情形。合同一方当事人如果据此主张对方当事人恶意欺诈，还应当提供其他证据予以证明。

第一百四十九条 【第三人欺诈】第三人实施欺诈行为，使一方在违背真实意思的情况下实施的民事法律行为，对方知道或者应当知道该欺诈行为的，受欺诈方有权请求人民法院或者仲裁机构予以撤销。

注释 本条中的第三人，一般是指民事法律行为的双方当事人之外、与一方存在某种关系的特定人。当事人之外的第三人对其中一方当事人实施欺诈，有可能是仅仅为了帮助对方当事人达成交易，也有可能是最终为实现自己的目的。

但其根本目的在于使受欺诈人陷入错误认识，作出"若了解真实情况便不会作出的"意思表示。此时，受欺诈人享有对民事法律行为的撤销权，但该撤销权行使须满足一定条件。具体来说，第三人实施欺诈行为，只有在受欺诈人的相对方非属于善意时，受欺诈人才能行使撤销权。相对方的这种非善意表现为，对于第三人的欺诈行为，其知道或者应当知道。撤销权的行使仍须通过人民法院或者仲裁机构行使。

需注意的是，在第三人欺诈而相对人是善意的情况下，受欺诈人尽管不能通过行使撤销权的方式保护其自身权益，但如果其权益因此受损，并不妨碍其向实施欺诈的第三人主张赔偿。

参见 《最高人民法院关于适用〈中华人民共和国民法典〉总则编若干问题的解释》第21条；《最高人民法院关于适用〈中华人民共和国民法典〉合同编通则若干问题的解释》第5条

第一百五十条 【胁迫】一方或者第三人以胁迫手段，使对方在违背真实意思的情况下实施的民事法律行为，受胁迫方有权请求人民法院或者仲裁机构予以撤销。

注释 所谓胁迫，是指行为人通过威胁、恐吓等不法手段对他人思想上施加强制，由此使他人产生恐惧心理并基于恐惧心理作出意思表示的行为。在民法理论中，胁迫与欺诈一样，都属于意思表示不自由的情形。当事人因受胁迫而作出意思表示，其意思表示并没有产生错误，受胁迫人在作出符合胁迫人要求的意思表示时，清楚地意识到自己意思表示的法律后果，只是这种意思表示的作出并非基于受胁迫人的自由意志。胁迫的构成要件一般应当包括：1.胁迫人主观上有胁迫的故意，即故意实施胁迫行为使他人陷入恐惧以及基于此恐惧心理作出意思表示。2.胁迫人客观上实施了胁迫的行为，即以将要实施某种加害行为威胁受胁迫人，以此使受胁迫人产生心理恐惧。这种加害既可以是对自然人及其近亲属等的人身权利、财产权利以及其他合法权益造成损害，也可以是对法人、非法人组织的名誉、荣誉、财产权益等造成损害，客观上使受胁迫人产生了恐惧心理。3.胁迫须具有不法性，包括手段或者目的的不法性，反之则不成立胁迫。4.受胁迫人基于胁迫产生的恐惧心理作出意思表示。换言之，意思表示的作出与胁迫存在因果关系。此处因果关系的判断，应以受胁迫人自身而非其他人为标准。

从民法理论上讲，胁迫行为具有不法性，且构成对受胁迫人利益的侵害，应当认定因胁迫实施的民事法律行为无效。但考虑到民事活动的复杂性以及意思自治的民事基本原则，受胁迫人在其权益受损时，有权基于自身的利益衡量对民事法律行为的效力作出选择。因此，本条将因胁迫实施的民事法律行为效力规定为可撤销，同时赋予受胁迫人以撤销权。

需要注意的是，根据本条规定，无论是一方胁迫还是第三人胁迫，受胁迫人均享有对民事法律行为的撤销权。

参见 《最高人民法院关于适用〈中华人民共和国民法典〉总则编若干问题的解释》第22条

第一百五十一条 【乘人之危导致的显失公平】 一方利用对方处于危困状态、缺乏判断能力等情形，致使民事法律行为成立时显失公平的，受损害方有权请求人民法院或者仲裁机构予以撤销。

注释 本条的显失公平将原《民法通则》和《合同法》中的"显失公平"与"乘人之危"合并规定，并赋予了其新的内涵。

69

本条所规定的显失公平须包括两项要件：1. 主观上，民事法律行为的一方当事人利用了对方处于危困状态、缺乏判断能力等情形。这意味着，一方当事人主观上意识到对方当事人处于不利情境，且有利用这一不利情境之故意。所谓危困状态，一般指因陷入某种暂时性的急迫困境而对于金钱、物的需求极为迫切等。如一方利用对方家有重病患者、为治疗病患出卖房产之机，以远低于市场价格购买该房产。所谓缺乏判断能力，是指缺少基于理性考虑而实施民事法律行为或对民事法律行为的后果予以评估的能力，如金融机构的从业人员向文化水平较低的老年人兜售理财产品，由于缺少判断能力，这些老年人以高昂价格购买了实际收益率较低的理财产品。2. 客观上，民事行为成立时显失公平。此处的显失公平是指双方当事人在民事法律行为中的权利义务明显失衡、显著不相称。至于"失衡""不相称"的具体标准，则需要结合民事法律行为的具体情形，如市场风险、交易行情、通常做法等加以判断。同时，需要说明的是，对于显失公平的判断时点，应以民事法律行为成立时为限。由于民事法律行为从成立到实际履行往往有一个过程，这一过程中的许多因素都可能对双方当事人的权利义务产生影响，如果不限定判断的时点，对于显失公平的判定将会缺少客观标准，也无法将原已存在的"权利义务失衡"结果与民事法律行为成立后当事人以外因素对权利义务产生的影响相区分。

参见　《最高人民法院关于适用〈中华人民共和国民法典〉合同编通则若干问题的解释》第11条

案例　1. 黄仲华诉刘三明债权人撤销权纠纷案（《最高人民法院公报》2013年第1期）

案件适用要点：用人单位与劳动者就工伤事故达成赔偿协议，但约定的赔偿金额明显低于劳动者应当享受的工伤保险待遇的，应当认定为显失公平。劳动者请求撤销该赔偿协议的，人民法院应予支持。

2. 家园公司诉森得瑞公司合同纠纷案（《最高人民法院公报》2007年第2期）

案件适用要点：合同的显失公平，是指合同一方当事人利用自身优势，或者利用对方没有经验等情形，在与对方签订合同中设定明显对自己一方有利的条款，致使双方基于合同的权利义务和客观利益严重失衡，明显违反公平原则。双方签订的合同中设定了某些看似对一方明显不利的条款，但设立该条款是双方当事人真实的意思表示，其实质恰恰在于衡平双方的权利义务。在此情形下，合同一方当事人以显失公平为由请求撤销该合同条款的，不应予以支持。

第一百五十二条　【撤销权的消灭期间】 有下列情形之一的，撤销权消灭：

（一）当事人自知道或者应当知道撤销事由之日起一年内、重大误解的当事人自知道或者应当知道撤销事由之日起九十日内没有行使撤销权；

（二）当事人受胁迫，自胁迫行为终止之日起一年内没有行使撤销权；

（三）当事人知道撤销事由后明确表示或者以自己的行为表明放弃撤销权。

当事人自民事法律行为发生之日起五年内没有行使撤销权的，撤销权消灭。

注释　民事法律行为因不同事由被撤销的，其撤销权应当在一定期间内行使。这一点是由撤销权的性质决定的。在民法理论上，撤销权属于形成权，行为人可以通过自己的行为直接行使权利，实现权利目的。但是，撤销权的行使将使得可撤销的民事法律行为效力终局性地归于无效，这将对相对人的利益产生重大影响。因此，享有撤销权的权利人必须在一定期间内决定是否行使这一权利，从而保护相对人的利益，维护交易安全。这一期间被称为除斥期间，除斥期间经过，撤销权终局性地归于消灭，可撤销的民事法律行为自此成为完全有效的民事法律行为。

由于导致民事法律行为可撤销的事由多样，因此不同情况下除斥期间的起算以及期间的长短也有所不同。本条在《民法通则》和《合同法》规定的基础上，对撤销权的除斥期间作了以下规定：

1. 撤销权原则上应在权利人知道或者应当知道撤销事由之日起1年

内行使，但自民事法律行为发生之日起 5 年内没有行使的，撤销权消灭。将期间起算的标准规定为"当事人自知道或者应当知道撤销事由之日"，有利于撤销权人的利益保护，防止其因不知撤销事由存在而错失撤销权的行使。同时，辅之以"自民事法律行为发生之日起五年"的客观期间，有助于法律关系的稳定，稳定交易秩序，维护交易安全。2. 对于因重大误解享有撤销权的，权利人应在知道或者应当知道撤销事由之日起 90 日内行使，否则撤销权消灭。同欺诈、胁迫、显失公平等影响意思表示自由的情形相比，重大误解权利人的撤销事由系自己造就，不应赋予其与其他撤销事由同样的除斥期间。3. 对于因胁迫享有撤销权的，应自胁迫行为终止之日起 1 年内行使，否则撤销权消灭。同欺诈、重大误解等其他撤销事由相比，胁迫具有特殊性。受胁迫人在胁迫行为终止前，即使知道胁迫行为的存在，事实上仍然无法行使撤销权。考虑到这一特殊情况，本条将因胁迫享有撤销权的除斥期间起算规定为"自胁迫行为终止之日起"，期间仍为 1 年。4. 对于权利人知道撤销事由后明确表示或者以自己的行为表明放弃撤销权的，撤销权消灭，不受 1 年期间的限制。权利人无论是明确表示还是通过行为表示对撤销权的放弃，均属于对自己权利的处分，依据意思自治的原则，法律予以准许。

第一百五十三条 【违反强制性规定及违背公序良俗的民事法律行为的效力】违反法律、行政法规的强制性规定的民事法律行为无效。但是，该强制性规定不导致该民事法律行为无效的除外。

违背公序良俗的民事法律行为无效。

注释 民事法律行为虽然是彰显意思自治、保障权利实现的主要制度，但这种自由必须限定在不损害国家利益、社会公共利益的范围之内。民事主体的民事法律行为一旦超越法律和道德所容许的限度，构成对国家利益、社会公共利益的侵害，其效力就必须被否定。而法律、行政法规的强制性规定以及公共秩序和善良习俗，即是对民事主体意思自治施加的限制。

本法第 143 条规定了民事法律行为的有效要件，属于对民事法律行为有效的一般性要求，而本条则属于可以直接判定行为效力的裁判性规范。

本条第1款规定，违反法律、行政法规的强制性规定的民事法律行为无效，但是该强制性规定不导致该民事法律行为无效的除外。法律规范分为强制性规范与任意性规范。任意性规范的目的是引导、规范民事主体的行为，并不具备强制性效力，民事法律行为与任意性规范不一致的，并不影响其效力。任意性规范体现的是法律对主体实施民事法律行为的一种指引，当事人可以选择适用，也可以选择不适用。与任意性规范相对的是强制性规范，后者体现的是法律基于对国家利益、社会公共利益等的考量，对私人意思自治领域所施加的一种限制。民事主体在实施民事法律行为时，必须服从这种对行为自由的限制，否则会因对国家利益、社会公共利益等的侵害而被判定无效。但是，民事法律行为违反强制性规定无效有一种例外，即当该强制性规定本身并不导致民事法律行为无效时，民事法律行为并不无效。这里实际上涉及对具体强制性规定的性质判断问题。某些强制性规定尽管要求民事主体不得违反，但其并不导致民事法律行为无效。违反该法律规定的后果应由违法一方承担，没有违法的当事人不应承受一方违法的后果。比如，一家经营水果的商店出售种子，农户购买了该种子，该商店违法经营种子，必须承担相应违法责任，但出于保护农户的目的，不宜认定该买卖行为无效。

本条第2款规定，违背公序良俗的民事法律行为无效。公序良俗是公共秩序和善良习俗的简称，属于不确定概念。民法学说一般采取类型化研究的方式，将裁判实务中依据公序良俗裁判的典型案件，区别为若干公序良俗违反的行为类型。人民法院或者仲裁机构在审理案件时，如果发现待决案件事实与其中某一个类型相符，即可判定行为无效。这些类型包括但不限于：（1）危害国家政治、经济、财政、税收、金融、治安等秩序类型；（2）危害家庭关系行为类型；（3）违反性道德行为类型；（4）违反人权和人格尊重行为类型；（5）限制经济自由行为类型；（6）违反公正竞争行为类型；（7）违反消费者保护行为类型；（8）违反劳动者保护行为类型等。同强制性规定一样，公序良俗也体现了国家对民事领域意思自治的一种限制。因此，对公序良俗的违背也构成民事法律行为无效的理由。

参见　《最高人民法院关于适用〈中华人民共和国民法典〉合同编通则若干问题的解释》第 14 条、第 16-18 条；《最高人民法院关于审理建设工程施工合同纠纷案件适用法律问题的解释（一）》第 1 条；《最高人民法院关于大型企业与中小企业约定以第三方支付款项为付款前提条款效力问题的批复》

案例　1. 四川金核矿业有限公司与新疆临钢资源投资股份有限公司特殊区域合作勘查合同纠纷案（《最高人民法院公报》2017 年第 4 期）

案件适用要点：当事人关于在自然保护区、风景名胜区、重点生态功能区、生态环境敏感区和脆弱区等区域内勘查开采矿产资源的合同约定，不得违反法律、行政法规的强制性规定或者损害环境公共利益，否则应依法认定无效。环境资源法律法规中的禁止性规定，即便未明确违反相关规定将导致合同无效，但若认定合同有效并继续履行将损害环境公共利益的，应当认定合同无效。

2. 饶国礼诉某物资供应站等房屋租赁合同纠纷案（最高人民法院指导案例 170 号）

案件适用要点：违反行政规章一般不影响合同效力，但违反行政规章签订租赁合同，约定将经鉴定机构鉴定存在严重结构隐患，或将造成重大安全事故的应当尽快拆除的危房出租用于经营酒店，危及不特定公众人身及财产安全，属于损害社会公共利益、违背公序良俗的行为，应当依法认定租赁合同无效，按照合同双方的过错大小确定各自应当承担的法律责任。

第一百五十四条　【恶意串通】行为人与相对人恶意串通，损害他人合法权益的民事法律行为无效。

注释　所谓恶意串通，是指行为人与相对人互相勾结，为牟取私利而实施的损害他人合法权益的民事法律行为。恶意串通的民事法律行为在主观上要求双方有互相串通、为满足私利而损害他人合法权益的目的，客观上表现为实施了一定形式的行为来达到这一目的。

需注意的是，在虚伪表示的民事法律行为中，行为人与相对人所表示出的意思均非真意，而恶意串通的双方当事人所表达的都是内心真意，二者尽管在法律后果上相同，但不可混淆。尽管在某些情况下，双方通谋的虚伪表示也表现为主观上的恶意，且同时损害了他人的合法权益，但二者的侧重点不同，不能相互替代。

案例 1. 上海欧宝生物科技有限公司诉辽宁特莱维置业发展有限公司企业借贷纠纷案（最高人民法院指导案例68号）

案件适用要点：人民法院审理民事案件中发现存在虚假诉讼可能时，应当依职权调取相关证据，详细询问当事人，全面严格审查诉讼请求与相关证据之间是否存在矛盾，以及当事人诉讼中言行是否违背常理。经综合审查判断，当事人存在虚构事实、恶意串通、规避法律或国家政策以谋取非法利益，进行虚假民事诉讼情形的，应当依法予以制裁。

2. 广东龙正投资发展有限公司与广东景茂拍卖行有限公司委托拍卖执行复议案（最高人民法院指导案例35号）

案件适用要点：拍卖行与买受人有关联关系，拍卖行为存在以下情形，损害与标的物相关权利人合法权益的，人民法院可以视为拍卖行与买受人恶意串通，依法裁定该拍卖无效：（1）拍卖过程中没有其他无关联关系的竞买人参与竞买，或者虽有其他竞买人参与竞买，但未进行充分竞价的；（2）拍卖标的物的评估价明显低于实际价格，仍以该评估价成交的。

3. 瑞士嘉吉国际公司诉福建金石制油有限公司等确认合同无效纠纷案（最高人民法院指导案例33号）

案件适用要点：债务人将主要财产以明显不合理低价转让给其关联公司，关联公司在明知债务人欠债的情况下，未实际支付对价的，可以认定债务人与其关联公司恶意串通、损害债权人利益，与此相关的财产转让合同应当认定为无效。

《合同法》第59条规定适用于第三人为财产所有权人的情形，在债权人对债务人享有普通债权的情况下，应当根据《合同法》第58条的规定，判令因无效合同取得的财产返还原财产所有人，而不能根据第59条规定直接判令债务人的关联公司因"恶意串通，损害第三人利益"的合同而取得的债务人的财产返还债权人。

第一百五十五条 【无效或者被撤销民事法律行为自始无效】无效的或者被撤销的民事法律行为自始没有法律约束力。

> **注释** 无效和被撤销的民事法律行为是自始无效的，具有溯及力。即民事法律行为一旦无效或者被撤销后，双方的权利义务状态应当回复到这一行为实施之前的状态，已经履行的，应当恢复原状。
>
> 关于本条，还有两点需要进一步说明：1. 无效的民事法律行为除自始无效外，还应当是当然无效、绝对无效。所谓当然无效，是指只要民事法律行为具备无效条件，其便当然产生无效的法律后果，无须经过特定程序的确认才无效。所谓绝对无效，是指这种民事法律行为的无效是绝对而非相对的，对包括当事人在内的其他任何人而言均是无效的。2. 对于诸如劳动关系、合伙关系等特别领域中存在的某些持续性民事法律行为无效以及被撤销的效力问题，可以考虑在具体单行法中作出特别规定。
>
> **参见** 《最高人民法院关于适用〈中华人民共和国民法典〉总则编若干问题的解释》第23条

第一百五十六条 【民事法律行为部分无效】民事法律行为部分无效，不影响其他部分效力的，其他部分仍然有效。

> **注释** 民事法律行为的无效事由既可以导致其全部无效，也可以导致其部分无效。在部分无效时，如果不影响其他部分的效力，其他部分仍可有效。这意味着，只有在民事法律行为的内容效力可分且相互不影响的情况下，部分无效才不会导致其他部分同时无效。反之，当部分无效的民事法律行为会影响其他部分效力的，其他部分也应无效。
>
> 本条所规定的"民事法律行为部分无效，不影响其他部分效力"的情形，主要包括以下几种：一是民事法律行为的标的数量超过国家法律许可的范围。比如，借贷合同中，双方当事人约定的利息高于国家限定的最高标准，则超过部分无效，不受法律保护，但在国家所限定的最高标准以内的利息仍然有效。又如，遗嘱继承中，被继承人将其全部遗产均遗赠他人，并未给胎儿保留必要的遗产份

额,违反了继承法律相关规定。因此,在遗产的应继份范围内的那部分遗赠是无效的,但其他部分的遗赠仍然有效。二是民事法律行为的标的可分,其中一项或数项无效。比如,同一买卖合同的标的物有多个,其中一个或数个标的物因属于国家禁止流通物而无效,其他标的物的买卖仍为有效。三是民事法律行为的非根本性条款因违法或违背公序良俗而无效。比如,雇佣合同中有条款约定"工作期间发生的一切人身伤害,雇主概不负责"。这一条款因违反相关劳动法律以及公序良俗原则而无效,但雇佣合同的其他权利义务条款并不因此无效。

> **参见**　《劳动法》第18条;《劳动合同法》第27条

第一百五十七条　【民事法律行为无效、被撤销、不生效力的法律后果】民事法律行为无效、被撤销或者确定不发生效力后,行为人因该行为取得的财产,应当予以返还;不能返还或者没有必要返还的,应当折价补偿。有过错的一方应当赔偿对方由此所受到的损失;各方都有过错的,应当各自承担相应的责任。法律另有规定的,依照其规定。

> **参见**　《最高人民法院关于适用〈中华人民共和国民法典〉合同编通则若干问题的解释》第24条、第25条;《最高人民法院关于适用〈中华人民共和国民法典〉婚姻家庭编的解释(二)》第7条

第四节　民事法律行为的附条件和附期限

第一百五十八条　【附条件的民事法律行为】民事法律行为可以附条件,但是根据其性质不得附条件的除外。附生效条件的民事法律行为,自条件成就时生效。附解除条件的民事法律行为,自条件成就时失效。

> **注释**　民事法律行为中所附的条件,是指当事人以未来客观上不确定发生的事实,作为民事法律行为效力的附款。所附条件具有以下特点:1.条件系当事人共同约定,并作为民事法律行为的一

部分内容。条件体现的是双方约定一致的意思，这是与法定条件最大的不同之处，后者是指由法律规定的、不由当事人意思决定并具有普遍约束力的条件。当事人不得以法定条件作为其所附条件。2. 条件是未来可能发生的事实。这意味着，已经过去的、现在的以及将来确定不会发生的事实不能作为民事法律行为的所附条件。如果是将来必然发生的事实，应当作为附期限。应当注意，这种条件事实发生的不确定性应当是客观存在的，如果仅仅是当事人认为事实发生与否不确定，但实际上必然发生或者不发生的，也不能作为所附条件。3. 所附条件是当事人用以限定民事法律行为效力的附属意思表示。应当将所附条件与民事法律行为中的供货条件、付款条件等相互区分，后者是民事法律行为自身内容的一部分而非决定效力的附属意思表示。4. 所附条件中的事实应为合法事实，违法事实不能作为民事法律行为的附条件。如不能约定以故意伤害他人作为合同生效的条件。

以所附条件决定民事法律行为效力发生或消灭为标准，条件可以分为生效条件和解除条件。所谓生效条件，是指使民事法律行为效力发生或者不发生的条件。生效条件具备之前，民事法律行为虽已成立但未生效，其效力是否发生处于不确定状态。条件具备，民事法律行为生效；条件不具备，民事法律行为就不生效。比如，甲乙签订房屋买卖合同，同意甲将所居住的房产出卖给乙，但条件是甲出国定居，不在国内居住。当条件具备时，此房屋买卖合同才生效。所谓解除条件，又称消灭条件，是指对已经生效的民事法律行为，当条件具备时，该民事法律行为失效；如果该条件确定不具备，则该民事法律行为将继续有效。

在附条件的民事法律行为中，所附条件的出现与否将直接决定民事法律行为的效力状态。附生效条件的民事法律行为，自条件成就时生效。附解除条件的民事法律行为，自条件成就时失效。需要特别指出的是，附条件的民事法律行为虽然在所附条件出现时才生效或失效，但在条件尚未具备时，民事法律行为对于当事人仍然具有法律约束力，当事人不得随意变更或者撤销。因此，可以将附条件的民事法律行为的效力分为条件成就前效力和条件成就后效力。

对于附生效条件的民事法律行为来说,条件成就前的效力表现为当事人不得随意变更、撤销民事法律行为以及对于民事法律行为生效的期待权;对于附解除条件的民事法律行为来说,条件成就前的效力表现为条件具备后民事法律行为效力归于消灭的期待权。

参见 《最高人民法院关于适用〈中华人民共和国民法典〉总则编若干问题的解释》第24条

第一百五十九条 【条件成就或不成就的拟制】附条件的民事法律行为,当事人为自己的利益不正当地阻止条件成就的,视为条件已经成就;不正当地促成条件成就的,视为条件不成就。

注释 在附条件的民事法律行为中,条件的成就或不成就直接关系到民事法律行为的效力状况。对附生效条件的民事法律行为来说,条件成就,民事法律行为就开始生效;条件不成就,民事法律行为就确定不发生效力。对附解除条件的民事法律行为来说,条件成就,民事法律行为就失效,反之民事法律行为继续有效。

根据本条规定,当事人为自己的利益不正当地阻止条件成就的,视为条件已经成就;不正当地促成条件成就的,视为条件不成就。对本条的把握应当注意以下几点:第一,当事人主观上有为自己利益人为改变条件状态的故意。换言之,当事人从自己利益角度考虑,主观上具有使条件成就或者不成就的故意。第二,当事人为此实施了人为改变条件成就状态的行为。民事法律行为中所附条件,其成就与否本不确定。当事人为自己利益实施了促成或阻止条件成就的行为。第三,该行为具有不正当性。这主要是指当事人的此种行为违反了诚信原则,不符合事先约定。

第一百六十条 【附期限的民事法律行为】民事法律行为可以附期限,但是根据其性质不得附期限的除外。附生效期限的民事法律行为,自期限届至时生效。附终止期限的民事法律行为,自期限届满时失效。

注释 附期限的民事法律行为的生效或失效本身并不具有或然性,是将来一定能够发生的事实。期限的到来是必然确定的,但到来的具体时日却未必十分确定。生效期限，是指决定民事法律行为效力发生的期限。期限届至，民事法律行为生效；期限届至前，民事法律行为虽已成立但并未生效。终止期限，是指决定民事法律行为效力消灭的期限。期限届至，民事法律行为失效；期限届至前，民事法律行为始终有效。

参见 《保险法》第13条

第七章 代 理

第一节 一般规定

第一百六十一条 【代理的适用范围】民事主体可以通过代理人实施民事法律行为。

依照法律规定、当事人约定或者民事法律行为的性质，应当由本人亲自实施的民事法律行为，不得代理。

注释 代理是指代理人代被代理人实施民事法律行为，其法律效果直接归属于被代理人的行为。

代理的适用范围原则上限于民事法律行为。但一般认为，一些与合同密切相关的准民事法律行为、事实行为和程序行为，如要约邀请、要约撤回、订约时样品的交付和受领、办理合同公证等，也允许代理。但不是所有民事法律行为都允许代理。根据本条第2款的规定，下列三类民事法律行为不得代理：1. 依照法律规定应当由本人亲自实施的民事法律行为。2. 依照当事人约定应当由本人亲自实施的民事法律行为。当事人双方基于某种原因，约定某一民事法律行为必须由本人亲自实施的，当事人自然应当遵守这一约定，不得通过代理人实施该民事法律行为。3. 依照民事法律行为的性质，应当由本人亲自实施的民事法律行为。这主要是指具有人身性质的身份行为，比如结婚、离婚、收养、遗嘱、遗赠等。

参见 《海关法》第11条；《保险法》第117条；《拍卖法》第26条、第34条

第一百六十二条 【代理的效力】代理人在代理权限内,以被代理人名义实施的民事法律行为,对被代理人发生效力。

第一百六十三条 【代理的类型】代理包括委托代理和法定代理。

委托代理人按照被代理人的委托行使代理权。法定代理人依照法律的规定行使代理权。

> **注释** 委托代理是指按照被代理人的委托来行使代理权的代理,有的学者又称为"意定代理""授权代理"等。
>
> 法定代理是指依照法律的规定来行使代理权的代理。法定代理人的代理权来自法律的直接规定,无需被代理人的授权,也只有在符合法律规定条件的情况下才能取消代理人的代理权。《民法通则》将代理分为委托代理、法定代理和指定代理。本法取消了指定代理这一类型,本条规定的法定代理,涵盖了《民法通则》规定的法定代理和指定代理。法定代理人的类型主要有:1. 监护人。2. 失踪人的财产代管人。3. 清算组。

第一百六十四条 【不当代理的民事责任】代理人不履行或者不完全履行职责,造成被代理人损害的,应当承担民事责任。

代理人和相对人恶意串通,损害被代理人合法权益的,代理人和相对人应当承担连带责任。

第二节 委托代理

第一百六十五条 【授权委托书】委托代理授权采用书面形式的,授权委托书应当载明代理人的姓名或者名称、代理事项、权限和期限,并由被代理人签名或者盖章。

第一百六十六条 【共同代理】数人为同一代理事项的代理人的,应当共同行使代理权,但是当事人另有约定的除外。

> **注释** 共同代理是指数个代理人共同行使一项代理权的代理。共同代理有几个特征:1. 有数个代理人。2. 只有一个代理权。如果数个代理人有数个代理权,属于集合代理,而不是共同代理。比如,

被代理人授权甲为其购买一台电视机、乙为其购买一台电冰箱，即为集合代理。被代理人授权甲、乙一起为其购买一台电视机和一台电冰箱，才属于共同代理。3. 共同行使代理权。数人应当共同实施代理行为，享有共同的权利义务。任何一个代理人单独行使代理权，均属于无权代理。如果数个代理人对同一个代理权可以单独行使，也属于单独代理，而不是共同代理。

参见 《信托法》第 31 条；《最高人民法院关于适用〈中华人民共和国民法典〉总则编若干问题的解释》第 25 条

第一百六十七条 【违法代理的责任承担】代理人知道或者应当知道代理事项违法仍然实施代理行为，或者被代理人知道或者应当知道代理人的代理行为违法未作反对表示的，被代理人和代理人应当承担连带责任。

注释 被代理人、代理人利用委托代理关系从事的违法行为可分为两类：一是代理事项本身违法，如委托代理人销售假冒伪劣产品；二是代理事项不违法，但代理人实施的代理行为违法，如委托代理人销售合法产品，代理人将该产品贴上假冒商标进行销售。代理违法造成第三人损害的，自应承担民事责任，但由被代理人承担还是由代理人承担应当根据不同情形来确定。

第一百六十八条 【禁止自己代理和双方代理】代理人不得以被代理人的名义与自己实施民事法律行为，但是被代理人同意或者追认的除外。

代理人不得以被代理人的名义与自己同时代理的其他人实施民事法律行为，但是被代理的双方同意或者追认的除外。

第一百六十九条 【复代理】代理人需要转委托第三人代理的，应当取得被代理人的同意或者追认。

转委托代理经被代理人同意或者追认的，被代理人可以就代理事务直接指示转委托的第三人，代理人仅就第三人的选任以及对第三人的指示承担责任。

转委托代理未经被代理人同意或者追认的，代理人应当对转委托的第三人的行为承担责任；但是，在紧急情况下代理人为了维护被代理人的利益需要转委托第三人代理的除外。

注释 本条是关于转委托代理的规定。转委托代理，又称再代理、复代理，是指代理人为了实施其代理权限内的行为，而以自己的名义为被代理人选任代理人的代理。

转委托代理具有以下几个特征：1. 以本代理的存在为前提。2. 转委托的第三人是原代理人以自己的名义选任的代理人。此为转委托代理的重要特征。3. 转委托的第三人行使的代理权是原代理人的代理权，但原代理人的代理权并不因此丧失。转委托的第三人是由原代理人以自己名义选任的，其代理权直接来源于原代理人的代理权，而且权限范围不得大于原代理权的权限范围。4. 转委托的第三人是被代理人的代理人，而不是代理人的代理人。转委托的第三人以被代理人的名义实施民事法律行为，其法律效果直接归属于被代理人。如果转委托的第三人以代理人的名义实施民事法律行为，就不是转委托代理，而属于一般代理。

本条明确只有在两种情况下才允许转委托代理：1. 被代理人允许。被代理人的允许，包括事先同意和事后追认。2. 出现紧急情况。根据本条第 3 款的规定，在紧急情况下代理人为了维护被代理人利益的需要，可以转委托第三人代理。

原代理人选任了转委托代理人后，转委托代理人所实施的民事法律行为的效力直接对被代理人发生，如果出现问题造成被代理人损害的，原则上原代理人不再承担任何责任。但根据本条第 2 款规定，在两种情况下原代理人仍然需要承担责任：1. 原代理人在选任转委托代理人时存在过错，比如明知转委托代理人的品德或者能力难以胜任代理工作仍然选任；2. 转委托代理人的行为是根据原代理人的指示来实施的。

根据本条第 3 款的规定，在原代理人未经被代理人同意或者追认而选任转委托的第三人时，转委托的第三人实施的代理行为就构成无权代理，除符合本法第 172 条规定的表见代理外，其行为对被代理人不发生效力，代理人应当对转委托的第三人的行为承担责任。

参见 《最高人民法院关于适用〈中华人民共和国民法典〉总则编若干问题的解释》第26条

第一百七十条　【职务代理】执行法人或者非法人组织工作任务的人员，就其职权范围内的事项，以法人或者非法人组织的名义实施的民事法律行为，对法人或者非法人组织发生效力。

法人或者非法人组织对执行其工作任务的人员职权范围的限制，不得对抗善意相对人。

注释 本条是关于职务代理的规定。职务代理，顾名思义，是指根据代理人所担任的职务而产生的代理，即执行法人或者非法人组织工作任务的人员，就其职权范围内的事项，以法人或者非法人组织的名义实施的民事法律行为，无须法人或者非法人组织的特别授权，对法人或者非法人组织发生效力。

第一百七十一条　【无权代理】行为人没有代理权、超越代理权或者代理权终止后，仍然实施代理行为，未经被代理人追认的，对被代理人不发生效力。

相对人可以催告被代理人自收到通知之日起三十日内予以追认。被代理人未作表示的，视为拒绝追认。行为人实施的行为被追认前，善意相对人有撤销的权利。撤销应当以通知的方式作出。

行为人实施的行为未被追认的，善意相对人有权请求行为人履行债务或者就其受到的损害请求行为人赔偿。但是，赔偿的范围不得超过被代理人追认时相对人所能获得的利益。

相对人知道或者应当知道行为人无权代理的，相对人和行为人按照各自的过错承担责任。

注释 本条将无权代理分为三种类型：1. 没有代理权的无权代理。指行为人根本没有得到被代理人的授权，就以被代理人名义从事的代理。比如，行为人伪造他人的公章、合同书或者授权委托书等，假冒他人的名义实施民事法律行为，就是典型的无权代理。2. 超越代理权的无权代理。指行为人与被代理人之间有代理关系存在，行为人有一定的代理权，但其实施的代理行为超出了代理权的

范围的代理。比如，甲委托乙购买300台电视机，但是乙擅自与他人签订了购买500台电视机的合同；或者甲委托乙购买电视机，但是乙购买了电冰箱，这些都是超越代理权的无权代理。3.代理权终止后的无权代理。指行为人与被代理人之间原本有代理关系，由于法定情形的出现使得代理权终止，但是行为人仍然从事的代理。法定情形主要指本法第173条规定的情形，包括代理期限届满、代理事务完成或者被代理人取消委托等。

行为人没有代理权却以被代理人的名义实施民事法律行为，不合被代理人意愿，法律效果不能直接及于被代理人，本当无效。但是，考虑到行为人实施的民事法律行为并非都是对被代理人不利，有些对被代理人可能是有利的；而且，既然代理行为已经完成，行为人有为被代理人实施民事法律行为的意思表示，相对人有意与被代理人缔约，如果被代理人愿意事后承认，从鼓励交易、维护交易秩序稳定以及更好地保护各方当事人利益的角度出发，也没有必要一概否定其效力。因此，法律规定如果符合法定条件的，允许行为人实施的民事法律行为对被代理人发生效力。

无权代理发生后，根据本条规定，被代理人有追认和拒绝的权利。这里所指的追认，是指被代理人对无权代理行为事后予以承认的一种单方意思表示。被代理人的追认应当以明示的意思表示向相对人作出，如果仅向行为人作出意思表示，也必须使相对人知道后才能产生法律效果。追认必须在相对人催告期限尚未届满前以及善意相对人未行使撤销权前行使。

无权代理经被代理人追认即产生效力，拒绝便不生效力，这是为了更好地保护被代理人的合法权益。但同时为保护相对人的合法权益，法律赋予了相对人催告权和善意相对人撤销权。所谓催告权，是指相对人催促被代理人在一定期限内明确答复是否承认无权代理行为。根据本条第2款的规定，催告权的行使一般具有以下要件：1.要求被代理人在一定的期限内作出答复，本条第2款规定的期限为30日；2.催告应当以通知的方式作出；3.催告的意思必须是向被代理人作出。这里的撤销权，是指相对人在被代理人未追认无权代理行为之前，可撤回其对行为人所作的意思表示。相对人撤销权的行使必须满足以下条件：1. 必须在被代理人作出追认之前作出，如果被代理人已经对无权代理行为作出了追认，该民事法律行为就对被代理人产生了效力，相对人就不能再撤销其意思表示了；2. 相对人在行为人实施民事法律行为时必须是善意的，也就是说，相对人在作出意思表示时，并不知道对方是无权代理的。

> **参见** 《最高人民法院关于适用〈中华人民共和国民法典〉总则编若干问题的解释》第25条、第27条、第29条

第一百七十二条 【表见代理】行为人没有代理权、超越代理权或者代理权终止后，仍然实施代理行为，相对人有理由相信行为人有代理权的，代理行为有效。

> **注释** 表见代理是指行为人虽无代理权而实施代理行为，如果相对人有理由相信其有代理权，该代理行为有效。构成表见代理需要满足以下条件：1. 存在代理权的外观；2. 相对人不知道行为人行为时没有代理权，且无过失。所谓无过失，是指相对人的这种不知道不是因为其疏忽大意造成的。

> **参见** 《最高人民法院关于适用〈中华人民共和国民法典〉总则编若干问题的解释》第28条

> **案例** 王见刚与王永安、第三人岚县大源采矿厂侵犯出资人权益纠纷案（《最高人民法院公报》2013年第5期）
>
> **案件适用要点**：夫妻一方转让个人独资企业，即使未经另一方同意，相对人有理由相信行为人有代理权的，则构成表见代理，该代理行为有效。个人独资企业的投资人发生变更的，应向工商登记机关申请办理变更登记，但该变更登记不属于转让行为有效的前提条件，未办理变更登记，依照法律规定应当受到相应的行政处罚，但并不影响转让的效力。《个人独资企业法》第15条的规定应视为管理性的强制性规范而非效力性的强制性规范。

第三节 代理终止

第一百七十三条 【委托代理的终止】有下列情形之一的，委托代理终止：

（一）代理期限届满或者代理事务完成；
（二）被代理人取消委托或者代理人辞去委托；
（三）代理人丧失民事行为能力；
（四）代理人或者被代理人死亡；
（五）作为代理人或者被代理人的法人、非法人组织终止。

第一百七十四条 【委托代理终止的例外】被代理人死亡后，有下列情形之一的，委托代理人实施的代理行为有效：
（一）代理人不知道且不应当知道被代理人死亡；
（二）被代理人的继承人予以承认；
（三）授权中明确代理权在代理事务完成时终止；
（四）被代理人死亡前已经实施，为了被代理人的继承人的利益继续代理。

作为被代理人的法人、非法人组织终止的，参照适用前款规定。

第一百七十五条 【法定代理的终止】有下列情形之一的，法定代理终止：
（一）被代理人取得或者恢复完全民事行为能力；
（二）代理人丧失民事行为能力；
（三）代理人或者被代理人死亡；
（四）法律规定的其他情形。

第八章 民事责任

第一百七十六条 【民事责任】民事主体依照法律规定或者按照当事人约定，履行民事义务，承担民事责任。

> **注释** 民事责任的基本特征有两个方面：
> 1. 民事责任是民事主体违反民事义务所应承担的责任，是以民事义务为基础的。法律规定或者当事人约定民事主体应当做什么和不应当做什么，即要求应当为一定的行为或者不为一定的行为，这就是民事主体的义务。法律也同时规定了违反民事义务的后果，即应当承担的责任，这就是民事责任。民事责任不同于民事义务，民

事责任是违反民事义务的后果,而不是民事义务本身。

本条规定民事主体依照法律规定或者按照当事人约定履行民事义务,根据这一规定,民事义务包括法律直接规定的义务和在法律允许的范围内民事主体自行约定的义务。

2.民事责任具有强制性。强制性是法律责任的重要特征。民事责任的强制性表现在对不履行民事义务的行为予以制裁,要求民事主体承担民事责任。

参见　《建筑法》第15条;《劳动合同法》第39条

第一百七十七条　【按份责任】二人以上依法承担按份责任,能够确定责任大小的,各自承担相应的责任;难以确定责任大小的,平均承担责任。

注释　按份责任,是指责任人为多人时,各责任人按照一定的份额向权利人承担民事责任,各责任人之间无连带关系。也就是说,责任人各自承担不同份额的责任,不具有连带性,权利人只能请求属于按份责任人的责任份额。按份责任产生的前提,是两个以上的民事主体不依照法律规定或者当事人约定履行民事义务,产生的民事责任。

第一百七十八条　【连带责任】二人以上依法承担连带责任的,权利人有权请求部分或者全部连带责任人承担责任。

连带责任人的责任份额根据各自责任大小确定;难以确定责任大小的,平均承担责任。实际承担责任超过自己责任份额的连带责任人,有权向其他连带责任人追偿。

连带责任,由法律规定或者当事人约定。

注释　连带责任,是指依照法律规定或者当事人约定,两个或者两个以上当事人对共同产生的不履行民事义务的民事责任承担全部责任,并因此引起内部债务关系的一种民事责任。连带责任是一项重要的责任承担方式。连带责任可能基于合同产生,也可能基于侵权行为导致。

连带责任对外是一个整体的责任。连带责任中的每个主体都需要对被损害者承担全部责任。被请求承担全部责任的连带责任主体,不得因自己的过错程度而只承担自己的责任。连带责任给了被损害者更多的选择权,被损害者可以请求一个或者数个连带责任人承担全部或者部分的赔偿责任。连带责任是法定责任,连带责任人之间不能约定改变责任的性质,对于内部责任份额的约定对外不发生效力。

在一个或者数个连带责任人清偿了全部责任后,实际承担责任的人有权向其他连带责任人追偿。行使追偿权的前提是连带责任人实际承担了超出自己责任的份额。

第一百七十九条　【民事责任的承担方式】承担民事责任的方式主要有:

(一) 停止侵害;

(二) 排除妨碍;

(三) 消除危险;

(四) 返还财产;

(五) 恢复原状;

(六) 修理、重作、更换;

(七) 继续履行;

(八) 赔偿损失;

(九) 支付违约金;

(十) 消除影响、恢复名誉;

(十一) 赔礼道歉。

法律规定惩罚性赔偿的,依照其规定。

本条规定的承担民事责任的方式,可以单独适用,也可以合并适用。

注释　根据本条规定,承担民事责任的方式主要有:

1. 停止侵害。停止侵害主要是要求行为人不实施某种侵害。这种责任方式能够及时制止侵害,防止侵害后果的扩大。

2. 排除妨碍。排除妨碍是指行为人实施的行为使他人无法行使或者不能正常行使人身、财产权利,受害人可以要求行为人排除妨碍权利实施的障碍。

89

3. 消除危险。消除危险是指行为人的行为对他人人身、财产权益造成现实威胁，他人有权要求行为人采取有效措施消除这种现实威胁。

4. 返还财产。返还财产责任是因行为人无权占有他人财产而产生。没有法律或者合同根据占有他人财产，就构成无权占有，侵害了他人财产权益，行为人应当返还该财产。

5. 恢复原状。恢复原状是指行为人通过修理等手段使受到损坏的财产恢复到损坏发生前的状况的一种责任方式。采取恢复原状责任方式要符合以下条件：一是受到损坏的财产仍然存在且有恢复原状的可能性。受到损坏的财产不存在或者恢复原状不可能的，受害人可以请求选择其他责任方式如赔偿损失。二是恢复原状有必要，即受害人认为恢复原状是必要的且具有经济上的合理性。恢复原状若没有经济上的合理性，就不宜适用该责任方式。如果修理后不能或者不能完全达到受损前状况的，义务人还应当对该财产价值贬损的部分予以赔偿。

6. 修理、重作、更换。修理、重作、更换主要是违反合同应当承担的民事责任形式，是违反合同后所采取的补救措施。修理包括对产品、工作成果等标的物质量瑕疵的修补，也包括对服务质量瑕疵的改善，这是最为普遍的补救方式。在存在严重的质量瑕疵，以致不能通过修理达到约定的或者法定的质量情形下，受损害方可以选择更换或者重作的补救方式。修理、重作、更换不是恢复原状。如果违法行为人将损坏的财产修理复原，则是承担恢复原状的责任。

7. 继续履行。继续履行就是按照合同的约定继续履行义务。当事人订立合同都是追求一定的目的，这一目的直接体现在对合同标的的履行，义务人只有按照合同约定的标的履行，才能实现权利人订立合同的目的。所以，继续履行合同是当事人一方违反合同后，应当负的一项重要的民事责任。对合同一方当事人不能自觉履行合同的，另一方当事人有权请求违约方继续履行合同或者请求人民法院、仲裁机构强制违约当事人继续履行合同。

8. 赔偿损失。赔偿损失是指行为人向受害人支付一定数额的金钱以弥补其损失的责任方式，是运用较为广泛的一种责任方式。赔偿的目的,最基本的是补偿损害,使受到损害的权利得到救济,使受害人能恢复到未受到损害前的状态。

9. 支付违约金。违约金是当事人在合同中约定的或者由法律直接规定的一方违反合同时应向对方支付一定数额的金钱,这是违反合同可以采用的承担民事责任的方式,只适用于合同当事人有违约金约定或者法律规定违反合同应支付违约金的情形。违约金的标的物通常是金钱,但是当事人也可以约定违约金标的物为金钱以外的其他财产。违约金根据产生的来源可以分为法定违约金、约定违约金。法定违约金是由法律直接规定违约的情形和应当支付违约金的数额。只要当事人一方发生法律规定的违约情况,就应当按照法律规定的数额向对方支付违约金。如果违约金是由当事人约定的,为约定违约金。约定违约金是一种合同关系,有的称为违约金合同。约定违约金又被看成为一种附条件合同,只有在违约行为发生的情况下,违约金合同生效;违约行为不发生,违约金合同不生效。当事人约定违约金的,一方违约时,应当按照该约定支付违约金。如果约定的违约金低于造成的损失的,当事人可以请求人民法院或者仲裁机构予以增加;约定的违约金过分高于造成的损失的,当事人可以请求人民法院或者仲裁机构予以适当减少。如果当事人专门就迟延履行约定违约金的,该种违约金仅是违约方对其迟延履行所承担的违约责任,因此,违约方支付违约金后还应当继续履行义务。

10. 消除影响、恢复名誉。消除影响、恢复名誉是指人民法院根据受害人的请求,责令行为人在一定范围内采取适当方式消除对受害人名誉的不利影响,以使其名誉得到恢复的一种责任方式。具体适用消除影响、恢复名誉,要根据侵害行为所造成的影响和受害人名誉受损的后果决定。处理的原则,行为人应当根据造成不良影响的大小,采取程度不同的措施给受害人消除不良影响,例如在报刊上或者网络上发表文章损害他人名誉权的,就应当在该报刊或者网站上发表书面声明,对错误内容进行更正。消除影响、恢复名誉主要适用于侵害名誉权等情形,一般不适用侵犯隐私权的情形,因为消除影响、恢复名誉一般是公开进行的,如果适用于隐私权的保护,有可能进一步披露受害人的隐私,造成进一步的影响。

11. 赔礼道歉。赔礼道歉是指行为人通过口头、书面或者其他方式向受害人进行道歉，以取得谅解的一种责任方式。

本条第2款规定，法律规定惩罚性赔偿的，依照其赔偿。惩罚性赔偿是指当侵权人（义务人）以恶意、故意、欺诈等的方式实施加害行为而致权利人受到损害的，权利人可以获得实际损害赔偿之外的增加赔偿。其目的是通过对义务人施以惩罚，阻止其重复实施恶意行为，并警示他人不要采取类似行为。

本条规定了11种承担民事责任的方式，各有特点，可以单独采用一种方式，也可以采用多种方式。具体适用民事责任的方式掌握的原则是，如果一种方式不足以救济权利人的，就应当同时适用其他方式。

案例 秦家学滥伐林木刑事附带民事公益诉讼案（最高人民法院指导案例172号）

案件适用要点：1. 人民法院确定被告人森林生态环境修复义务时，可以参考专家意见及林业规划设计单位、自然保护区主管部门等出具的专业意见，明确履行修复义务的树种、树龄、地点、数量、存活率及完成时间等具体要求。2. 被告人自愿交纳保证金作为履行生态环境修复义务担保的，人民法院可以将该情形作为从轻量刑情节。

第一百八十条 【不可抗力】因不可抗力不能履行民事义务的，不承担民事责任。法律另有规定的，依照其规定。

不可抗力是不能预见、不能避免且不能克服的客观情况。

注释 不可抗力是指不能预见、不能避免且不能克服的客观情况。对不能预见的理解，应是根据现有的技术水平，一般对某事件发生没有预知能力。人们对某事件的发生的预知能力取决于当代的科学技术水平。不能避免并不能克服，应是指当事人已经尽到最大努力和采取一切可以采取的措施，仍不能避免某种事件的发生并不能克服事件所造成的后果。其表明某个事件的发生和事件所造成的后果具有必然性。

通常情况下，因不可抗力不能履行民事义务的，不承担民事责任。但法律规定因不可抗力不能履行民事义务，也要承担民事责任的则需要依法承担民事责任。例如《民用航空法》规定，民用航空器造成他人损害的，民用航空器的经营人只有能够证明损害是武装冲突、骚乱的直接后果，或者是因受害人故意造成的，才能免除其责任。因不可抗力的自然灾害造成的，不能免除民用航空器经营人的责任。举例来说，民用飞机在空中遭雷击坠毁，造成地面人员伤亡。航空公司不能以不可抗力为由，对受害人予以抗辩。

参见　《电力法》第60条；《旅游法》第67条；《水污染防治法》第96条；《铁路法》第18条

第一百八十一条　【正当防卫】因正当防卫造成损害的，不承担民事责任。

正当防卫超过必要的限度，造成不应有的损害的，正当防卫人应当承担适当的民事责任。

注释　正当防卫，是指为了使国家利益、社会公共利益、本人或者他人的人身权利、财产权利以及其他合法权益免受正在进行的不法侵害，而针对实施侵害行为的人采取的制止不法侵害的行为。正当防卫作为行为人不承担责任和减轻责任的情形，其根据是行为的正当性、合法性，表明行为人主观上没有过错。正当防卫是法律赋予当事人自卫的权利，属于受法律鼓励的行为，目的是保护当事人本人、他人不受侵犯。

正当防卫应当同时具备以下六个要件：1. 必须是为了使国家利益、社会公共利益、本人或者他人的人身权利、财产权利以及其他合法权益免受不法侵害而实施的。《刑法》第20条第1款规定，为了使国家、公共利益、本人或者他人的人身、财产和其他权利免受正在进行的不法侵害，而采取的制止不法侵害的行为，对不法侵害人造成损害的，属于正当防卫，不负刑事责任。2. 必须有不法侵害行为发生。所谓不法侵害行为，是指对某种权利或者利益的侵害为法律所明文禁止，既包括犯罪行为，也包括其他违法的侵害行为。3. 必须是正在进行的不法侵害。正当防卫的目的是制止不法侵害，避免危害结果的发生，因此，不法侵害必须是正在进行的，而不是尚未开始，或者已经实施完毕，或者实施者确已自动停止。否则，就是防卫不适时，应当承担民事责任。4.必须是国家利益、社会公共利益、本人或者他人的人身权利、财产权利以及其他合法权益遭受不法侵害，在来不及请求有关国家机关救助的情况下实施的防卫行为。5.必须是针对不法侵害者本人实行。即正当防卫行为不能对没有实施不法侵害行为的第三者（包括不法侵害者的家属）造成损害。6.不能明显超过必要限度造成损害。正当防卫是有益于社会的合法行为，但应受一定限度的制约，即正当防卫应以足以制止不法侵害为限。只有同时满足以上六个要件，才能构成正当防卫，防卫人才能免予承担民事责任。

对于正当防卫是否超过必要的限度，人民法院应当综合不法侵害的性质、手段、强度、危害程度和防卫的时机、手段、强度、损害后果等因素判断。经审理，正当防卫没有超过必要限度的，人民法院应当认定正当防卫人不承担责任。正当防卫超过必要限度的，人民法院应当认定正当防卫人在造成不应有的损害范围内承担部分责任；实施侵害行为的人请求正当防卫人承担全部责任的，人民法院不予支持。实施侵害行为的人不能证明防卫行为造成不应有的损害，仅以正当防卫人采取的反击方式和强度与不法侵害不相当为由主张防卫过当的，人民法院不予支持。

参见 《最高人民法院关于适用〈中华人民共和国民法典〉总则编若干问题的解释》第30条、第31条

第一百八十二条 【紧急避险】因紧急避险造成损害的，由引起险情发生的人承担民事责任。

危险由自然原因引起的，紧急避险人不承担民事责任，可以给予适当补偿。

紧急避险采取措施不当或者超过必要的限度，造成不应有的损害的，紧急避险人应当承担适当的民事责任。

注释 紧急避险，是指为了使国家利益、社会公共利益、本人或者他人的人身权利、财产权利以及其他合法权益免受正在发生的急迫危险，不得已而采取的紧急措施。危险有时来自人的行为，有时来自自然原因。不管危险来源于哪儿，紧急避险人避让风险、

排除危险的行为都有其正当性、合法性。

紧急避险的构成要件：1. 必须是为了使国家利益、社会公共利益、本人或者他人的人身权利、财产权利以及其他合法权益免受危险的损害。我国《刑法》第21条规定，为了使国家、公共利益、本人或者他人的人身、财产和其他权利免受正在发生的危险，不得已采取的紧急避险行为，造成损害的，不负刑事责任。2. 必须是针对正在发生的急迫危险。倘若危险已经消除或者尚未发生，或者虽然已经发生但不会对合法权益造成损害，则不得采取紧急避险措施。某人基于对危险状况的误解、臆想而采取紧急避险措施，造成他人利益损害的，应向他人承担民事责任。3. 必须是在不得已情况下采取避险措施。所谓不得已，是指当事人面对突然而遇的危险，不得不采取紧急避险措施，以保全更大的利益，且这个利益是法律所保护的。4. 避险行为不能超过必要的限度。所谓不能超过必要的限度，是指在面临急迫危险时，避险人须采取适当的措施，以尽可能小的损害保全更大的利益，即紧急避险行为所引起的损害应轻于危险所可能带来的损害。对于紧急避险是否采取措施不当或者超过必要的限度，人民法院应当综合危险的性质、急迫程度、避险行为所保护的权益以及造成的损害后果等因素判断。

紧急避险人造成本人或者他人损害的，由引起险情发生的人承担责任。而当危险是由自然原因引起的，则区分两种情况：1. 紧急避险人是为了他人的利益而由受益人给予适当补偿。造成第三人利益损害的，免予对第三人承担责任。例如甲、乙、丙系邻居，丙的房子因雷击失火，甲为了引消防车进入灭火，推倒了乙的院墙，使消防车进入后及时扑灭了丙家的大火。按照紧急避险的抗辩事由，甲对乙不承担责任。2. 紧急避险人是为了本人的利益造成第三人利益损害的，则其不承担责任，但应当对第三人的损害给予补偿。

经审理，紧急避险采取措施并无不当且没有超过必要限度的，人民法院应当认定紧急避险人不承担责任。紧急避险采取措施不当或者超过必要限度的，人民法院应当根据紧急避险人的过错程度、避险措施造成不应有的损害的原因力大小、紧急避险人是否为受益人等因素认定紧急避险人在造成的不应有的损害范围内承担相应的责任。

参见 《最高人民法院关于适用〈中华人民共和国民法典〉总则编若干问题的解释》第32条、第33条

第一百八十三条 【因保护他人民事权益而受损的责任承担】因保护他人民事权益使自己受到损害的,由侵权人承担民事责任,受益人可以给予适当补偿。没有侵权人、侵权人逃逸或者无力承担民事责任,受害人请求补偿的,受益人应当给予适当补偿。

注释 本条的目的在于保护见义勇为者,鼓励见义勇为行为。

本条适用的情形是受害人为了保护他人的民事权益不受非法侵害遭受损害,通常情况下,应当由侵权人承担民事责任。但是,侵权人逃逸或者没有承担民事责任的能力,为了公平起见,由受益人给受害人适当的补偿。需注意的是,补偿不是赔偿,赔偿一般是填平原则,即损失多少赔偿多少,而补偿仅是其中的一部分。"给予适当的补偿",人民法院可以根据受害人所受损失和已获赔偿的情况、受益人受益的多少及其经济条件等因素确定受益人承担的补偿数额。

参见 《最高人民法院关于适用〈中华人民共和国民法典〉总则编若干问题的解释》第34条

案例 1. 张庆福、张殿凯诉朱振彪生命权纠纷案(最高人民法院指导案例98号)

案件适用要点：行为人非因法定职责、法定义务或约定义务,为保护国家、社会公共利益或者他人的人身、财产安全,实施阻止不法侵害者逃逸的行为,人民法院可以认定为见义勇为。

2. 重庆市涪陵志大物业管理有限公司诉重庆市涪陵区人力资源和社会保障局劳动和社会保障行政确认案(最高人民法院指导案例94号)

案件适用要点：职工见义勇为,为制止违法犯罪行为而受到伤害的,属于《工伤保险条例》第15条第1款第2项规定的为维护公共利益受到伤害的情形,应当视同工伤。

第一百八十四条 【紧急救助的责任豁免】因自愿实施紧急救助行为造成受助人损害的,救助人不承担民事责任。

注释 本条规定包括以下几个方面：（1）救助人自愿实施紧急救助行为。自愿实施紧急救助行为是指一般所称的见义勇为或者乐于助人的行为，不包括专业救助行为。本条所称的救助人是指非专业人员，即一般所称的见义勇为或者乐于助人的志愿人员。专业救助人员通常掌握某一领域内的专业知识、专业技能，并根据其工作性质有义务救助并专门从事救助工作。因此，为与专业救助人员实施救助行为相区别，本条明确了"自愿"的前提条件。（2）救助人以救助为目的实施紧急救助行为。救助人不承担民事责任的条件之一是救助人需以"救助"受助人为行为的主观目的。当受助人由于自身健康等原因处于紧急情况需要救助时，救助人是以救助受助人为目的，为了受助人的利益实施的紧急救助行为。（3）受助人的损害与救助人的行为有因果关系，即在紧急救助过程中，因为救助人的行为造成受助人的损害。（4）救助人对因救助行为造成受助人的损害不承担民事责任。

第一百八十五条 【英雄烈士人格利益的保护】侵害英雄烈士等的姓名、肖像、名誉、荣誉，损害社会公共利益的，应当承担民事责任。

案例 杭州市上城区人民检察院诉某网络科技有限公司英雄烈士保护民事公益诉讼案［人民法院贯彻实施民法典典型案例（第一批）］

案件适用要点：英雄的事迹和精神是中华民族共同的历史记忆和精神财富，雷锋同志的姓名作为一种重要的人格利益，应当受到保护。某网络科技有限公司使用的"雷锋"文字具有特定意义，确系社会公众所广泛认知的雷锋同志之姓名。该公司明知雷锋同志的姓名具有特定的意义，仍擅自将其用于开展网络商业宣传，会让公众对"雷锋社群"等称谓产生误解，侵犯了英雄烈士的人格利益。将商业运作模式假"雷锋精神"之名推广，既曲解了"雷锋精神"，与社会公众的一般认知相背离，也损害了承载于其上的人民群众的特定感情，对营造积极健康的网络环境产生负面影响，侵害了社会公共利益。

第一百八十六条 【违约责任与侵权责任的竞合】因当事人一方的违约行为,损害对方人身权益、财产权益的,受损害方有权选择请求其承担违约责任或者侵权责任。

注释 本条是关于违约责任与侵权责任竞合的规定。违约责任与侵权责任的竞合,是指义务人的违约行为既符合违约要件,又符合侵权要件,导致违约责任与侵权责任一并产生。从另一方面来说,受损害方既可以就违约责任行使请求权,也可以就侵权责任行使请求权。这就又产生两种请求权竞合的情况。根据公平原则,本条规定,受损害方可以在两种请求权中选择行使一种请求权。这意味着受损害方只能行使一种请求权,如果受损害方选择行使一种请求权并得到实现,那么另一种请求权即告消灭。但是,如果受损害方行使一种请求权未果,而另一种请求权并未因时效而消灭,则受损害方仍可行使另一种请求权。由于合同纠纷与侵权纠纷在管辖法院和适用法律方面存在区别,允许受损害方选择有利于自己的一种诉由提起诉讼,对受损害方比较方便,也有利于对受损害方的保护。对违约方来说,这两种责任无论对方要求其承担哪一种,都是合理的。

案例 东京海上日动火灾保险(中国)有限公司上海分公司与新杰物流集团股份有限公司保险人代位求偿权纠纷案(《最高人民法院公报》2019年第12期)

案件适用要点: 货物运输合同履行过程中托运人财产遭受损失,在承运人存在侵权责任与合同违约责任竞合的情形下,允许托运人或其保险人依据《合同法》第122条选择侵权诉讼或合同违约诉讼。但是,托运人要求承运人承担侵权责任的,承运人仍然可以依据货物运输合同的有关约定进行抗辩。法院应依据诚实信用原则,综合考虑合同条款效力、合同目的等因素确定赔偿范围。

第一百八十七条 【民事责任优先】民事主体因同一行为应当承担民事责任、行政责任和刑事责任的,承担行政责任或者刑事责任不影响承担民事责任;民事主体的财产不足以支付的,优先用于承担民事责任。

参见 《产品质量法》第64条；《食品安全法》第147条；《公司法》第263条；《刑法》第36条

第九章 诉 讼 时 效

第一百八十八条 【普通诉讼时效】向人民法院请求保护民事权利的诉讼时效期间为三年。法律另有规定的，依照其规定。

诉讼时效期间自权利人知道或者应当知道权利受到损害以及义务人之日起计算。法律另有规定的，依照其规定。但是，自权利受到损害之日起超过二十年的，人民法院不予保护，有特殊情况的，人民法院可以根据权利人的申请决定延长。

注释 诉讼时效是权利人在法定期间内不行使权利，该期间届满后，发生义务人可以拒绝履行其给付义务效果的法律制度。该制度有利于促使权利人及时行使权利，维护交易秩序和安全。

本法将《民法通则》规定的普通诉讼时效期间从2年延长为3年，自权利人知道或者应当知道权利受到损害以及义务人之日起计算。法律另有规定的，根据特别规定优于一般规定的原则，优先适用特别规定。

考虑到如果权利人知悉权利受到损害较晚，以致诉讼时效过分迟延地不能完成，会影响到该制度的稳定性和宗旨。极端情况下，可能发生从权利被侵害的事实出现到权利人知道这一事实，超过普通诉讼时效期间的情况。因此，有必要配套规定客观主义起算点的最长权利保护期间加以限制。应当指出，这种最长权利保护期间并非一种独立的期间类型，是制度设计上的一种补足，在性质上是不变期间，本条将最长权利保护期规定为20年。如20年期间仍不够用的，人民法院可以根据权利人的申请决定延长。

参见 《民事诉讼法》第57条；《保险法》第26条；《拍卖法》第61条；《环境保护法》第66条；《最高人民法院关于适用〈中华人民共和国民法典〉总则编若干问题的解释》第35条

第一百八十九条 【分期履行债务诉讼时效的起算】当事人约定同一债务分期履行的,诉讼时效期间自最后一期履行期限届满之日起计算。

> **注释** 分期履行债务是按照当事人事先约定,分批分次完成一个债务履行的情况。分期付款买卖合同是最典型的分期履行债务。分期履行债务具有整体性和唯一性,系本条规定的同一债务,诉讼时效期间自该一个债务履行期限届满之日起计算。

第一百九十条 【对法定代理人请求权诉讼时效的起算】无民事行为能力人或者限制民事行为能力人对其法定代理人的请求权的诉讼时效期间,自该法定代理终止之日起计算。

> **参见** 《最高人民法院关于适用〈中华人民共和国民法典〉总则编若干问题的解释》第36条、第37条

第一百九十一条 【未成年人遭受性侵害的损害赔偿诉讼时效的起算】未成年人遭受性侵害的损害赔偿请求权的诉讼时效期间,自受害人年满十八周岁之日起计算。

> **注释** 需注意的是,如果年满18周岁之前,其法定代理人选择与侵害人私了的方式解决纠纷,受害人在年满18周岁之后,可以依据本条的规定请求损害赔偿。未成年人遭受性侵害的损害赔偿请求权的诉讼时效期间,自受害人年满18周岁之日起计算。其具体的诉讼时效期间,适用本法第188条3年的普通诉讼时效期间的规定,即从年满18周岁之日起计算3年;符合本法第194条、第195条诉讼时效中止、中断情形的,可以相应中止、中断。

第一百九十二条 【诉讼时效届满的法律效果】诉讼时效期间届满的,义务人可以提出不履行义务的抗辩。

诉讼时效期间届满后,义务人同意履行的,不得以诉讼时效期间届满为由抗辩;义务人已经自愿履行的,不得请求返还。

> **注释** 根据本条规定,诉讼时效期间届满的,义务人可以提出不履行义务的抗辩。这就意味着,权利人享有起诉权,可以向法

院主张其已过诉讼时效之权利，法院应当受理。如果义务人不提出时效完成的抗辩，法院将以公权力维护权利人的利益；如果义务人行使抗辩权，法院审查后会依法保护义务人的抗辩权，不得强制义务人履行义务。但是，义务人行使时效抗辩权不得违反诚实信用原则，否则即使诉讼时效完成，义务人也不能取得时效抗辩权。例如在诉讼时效期间届满前，义务人通过与权利人协商，营造其将履行义务的假象，及至时效完成后，立即援引时效抗辩拒绝履行义务。该种行为违反诚实信用，构成时效抗辩权的滥用，不受保护。

诉讼时效期间届满后，权利人虽不能请求法律的强制性保护，但法律并不否定其权利的存在。若义务人放弃时效利益自愿履行的，权利人可以受领并保持，受领不属于不当得利，义务人不得请求返还。诉讼时效期间届满后，义务人同意履行的，不得以诉讼时效期间届满为由抗辩。这是因为诉讼时效届满后，义务人可以处分自己的时效利益。此时义务人同意履行义务，属于对时效利益的放弃。义务人放弃时效利益的行为属于单方法律行为，并且是处分行为，自义务人放弃时效利益的意思表示到达权利人时起即发生时效利益放弃的法律效果，不以权利人同意为条件。

第一百九十三条　【诉讼时效援用】人民法院不得主动适用诉讼时效的规定。

注释　本条将诉讼时效的客体明确为抗辩权，诉讼时效期间届满的直接效果是义务人取得抗辩权。抗辩权属于私权的一种，可以选择行使，也可以选择不行使。义务人对时效利益的处分不违反法律的规定，也没有侵犯国家、集体及他人的合法权益，人民法院不应当主动干预。

需要注意的是，关于诉讼时效的释明。《最高人民法院关于审理民事案件适用诉讼时效制度若干问题的规定》第2条规定，当事人未提出诉讼时效抗辩，人民法院不应对诉讼时效问题进行释明。

第一百九十四条　【诉讼时效的中止】在诉讼时效期间的最后六个月内，因下列障碍，不能行使请求权的，诉讼时效中止：

（一）不可抗力；

（二）无民事行为能力人或者限制民事行为能力人没有法定代理人，或者法定代理人死亡、丧失民事行为能力、丧失代理权；
（三）继承开始后未确定继承人或者遗产管理人；
（四）权利人被义务人或者其他人控制；
（五）其他导致权利人不能行使请求权的障碍。
自中止时效的原因消除之日起满六个月，诉讼时效期间届满。

注释 诉讼时效中止，是因法定事由的存在使诉讼时效停止进行，待法定事由消除后继续进行的制度。在诉讼时效进行中的某一时间内，出现了权利人主张权利的客观障碍，导致权利人无法在诉讼时效期间内行使权利，可能产生不公平的结果，因此法律规定了诉讼时效中止制度。

参见 《国防动员法》第67条；《海商法》第266条

第一百九十五条 【诉讼时效的中断】有下列情形之一的，诉讼时效中断，从中断、有关程序终结时起，诉讼时效期间重新计算：
（一）权利人向义务人提出履行请求；
（二）义务人同意履行义务；
（三）权利人提起诉讼或者申请仲裁；
（四）与提起诉讼或者申请仲裁具有同等效力的其他情形。

注释 诉讼时效期间中断，指诉讼时效期间进行过程中，出现了权利人积极行使权利的法定事由，从而使已经经过的诉讼时效期间归于消灭，重新计算期间的制度。

诉讼时效中断的特征表现为，一是发生于诉讼时效的进行中，诉讼时效尚未开始计算或者已经届满的情况下排除其适用。二是发生了一定的法定事由导致诉讼时效存在的基础被推翻。三是它使已经进行的诉讼时效重新起算，以前经过的期间归于消灭。

参见 《最高人民法院关于审理民事案件适用诉讼时效制度若干问题的规定》第8-17条；《最高人民法院关于印发〈全国法院贯彻实施民法典工作会议纪要〉的通知》第5条；《最高人民法院关于适用〈中华人民共和国民法典〉总则编若干问题的解释》第38条

第一百九十六条 【不适用诉讼时效的情形】下列请求权不适用诉讼时效的规定：

（一）请求停止侵害、排除妨碍、消除危险；
（二）不动产物权和登记的动产物权的权利人请求返还财产；
（三）请求支付抚养费、赡养费或者扶养费；
（四）依法不适用诉讼时效的其他请求权。

案例 上海市虹口区久乐大厦小区业主大会诉上海环亚实业总公司业主共有权纠纷案（最高人民法院指导案例65号）

案件适用要点：专项维修资金是专门用于物业共用部位、共用设施设备保修期满后的维修和更新、改造的资金，属于全体业主共有。缴纳专项维修资金是业主为维护建筑物的长期安全使用而应承担的一项法定义务。业主拒绝缴纳专项维修资金，并以诉讼时效提出抗辩的，人民法院不予支持。

第一百九十七条 【诉讼时效法定】诉讼时效的期间、计算方法以及中止、中断的事由由法律规定，当事人约定无效。

当事人对诉讼时效利益的预先放弃无效。

第一百九十八条 【仲裁时效】法律对仲裁时效有规定的，依照其规定；没有规定的，适用诉讼时效的规定。

第一百九十九条 【除斥期间】法律规定或者当事人约定的撤销权、解除权等权利的存续期间，除法律另有规定外，自权利人知道或者应当知道权利产生之日起计算，不适用有关诉讼时效中止、中断和延长的规定。存续期间届满，撤销权、解除权等权利消灭。

案例 绵阳市红日实业有限公司、蒋洋诉绵阳高新区科创实业有限公司股东会决议效力及公司增资纠纷案（《最高人民法院公报》2011年第3期）

案件适用要点：在民商事法律关系中，公司作为行为主体实施法律行为的过程可以划分为两个层次，一是公司内部的意思形成阶段，通常表现为股东会或董事会决议；二是公司对外作出意思表示的阶段，通常表现为公司对外签订的合同。出于保护善意第三人和维护交易安全的考虑，在公司内部意思形成过程存在瑕疵的情况下，只要对外的表示行为不存在无效的情形，公司就应受其表示行为的制约。

根据《公司法》的规定，公司新增资本时，股东有权优先按照实缴的出资比例认缴出资。从权利性质上来看，股东对于新增资本的优先认缴权应属形成权。现行法律并未明确规定该项权利的行使期限，但从维护交易安全和稳定经济秩序的角度出发，结合商事行为的规则和特点，人民法院在处理相关案件时应限定该项权利行使的合理期间，对于超出合理期间行使优先认缴权的主张不予支持。

第十章　期　间　计　算

第二百条　【期间的计算单位】民法所称的期间按照公历年、月、日、小时计算。

第二百零一条　【期间的起算】按照年、月、日计算期间的，开始的当日不计入，自下一日开始计算。

按照小时计算期间的，自法律规定或者当事人约定的时间开始计算。

> 参见　《民事诉讼法》第85条

第二百零二条　【期间结束】按照年、月计算期间的，到期月的对应日为期间的最后一日；没有对应日的，月末日为期间的最后一日。

第二百零三条　【期间计算的特殊规定】期间的最后一日是法定休假日的，以法定休假日结束的次日为期间的最后一日。

期间的最后一日的截止时间为二十四时；有业务时间的，停止业务活动的时间为截止时间。

> 参见　《劳动法》第44条、第45条；《民事诉讼法》第85条；《全国年节及纪念日放假办法》；《国务院关于职工工作时间的规定》第7条

第二百零四条　【期间法定或约定】期间的计算方法依照本法的规定，但是法律另有规定或者当事人另有约定的除外。

……

第五编 婚姻家庭

第一章 一般规定

第一千零四十条 【婚姻家庭编的调整范围】本编调整因婚姻家庭产生的民事关系。

> **注释** 婚姻家庭编,主要规定婚姻、亲属间身份关系的产生、变更和消灭,以及基于这种关系而产生的民事权利和义务。

第一千零四十一条 【婚姻家庭关系基本原则】婚姻家庭受国家保护。

实行婚姻自由、一夫一妻、男女平等的婚姻制度。

保护妇女、未成年人、老年人、残疾人的合法权益。

> **注释** 婚姻自由,又称婚姻自主,是指婚姻当事人享有自主地决定自己的婚姻的权利。婚姻自由包括结婚自由和离婚自由。结婚自由,就是结婚须男女双方本人完全自愿,禁止任何一方对他方加以强迫,禁止任何组织或者个人加以干涉。离婚自由,是指婚姻关系当事人有权自主地处理离婚问题。双方自愿离婚的,可以协商离婚。一方要求离婚的,可以诉至法院解决。
>
> 一夫一妻制是一男一女结为夫妻的婚姻制度。
>
> 男女平等是婚姻家庭编的一项基本原则,根据这个原则,男女两性在婚姻关系和家庭生活的各个方面,均平等享有权利,平等承担义务。

> **参见** 《宪法》第49条;《残疾人保障法》第3条、第9条;《妇女权益保障法》;《未成年人保护法》;《无障碍环境建设法》

第一千零四十二条 【禁止的婚姻家庭行为】禁止包办、买卖婚姻和其他干涉婚姻自由的行为。禁止借婚姻索取财物。

禁止重婚。禁止有配偶者与他人同居。

禁止家庭暴力。禁止家庭成员间的虐待和遗弃。

注释 ［包办婚姻］

包办婚姻，是指第三人违反婚姻自主的原则，包办强迫他人婚姻的违法行为。

［买卖婚姻］

买卖婚姻，是指第三人以索取大量财物为目的，强迫他人婚姻的违法行为。

［借婚姻索取财物］

借婚姻索取财物，是指除买卖婚姻以外的其他以索取对方财物为结婚条件的违法行为。

［重婚］

重婚，是指有配偶的人又与他人结婚的违法行为，或者明知他人有配偶而与他人登记结婚的违法行为。有配偶的人，未办理离婚手续又与他人登记结婚，即是重婚；虽未登记结婚，但事实上与他人以夫妻名义而公开同居生活的，也构成重婚。明知他人有配偶而与之登记结婚，或者虽未登记结婚，但事实上与他人以夫妻名义同居生活，同样构成重婚。不以夫妻名义共同生活的姘居关系，不能认为是重婚。法律明令禁止重婚，对于重婚的，不仅要解除其重婚关系，还应追究犯罪者的刑事责任。

［有配偶者与他人同居］［同居关系的处理］

"与他人同居"的情形，是指有配偶者与婚外异性，不以夫妻名义，持续、稳定地共同居住。

当事人提起诉讼仅请求解除同居关系的，人民法院不予受理；已经受理的，裁定驳回起诉。当事人因同居期间财产分割或者子女抚养纠纷提起诉讼的，人民法院应当受理。

［虐待］

"虐待"指持续性、经常性的家庭暴力。

参见 《反家庭暴力法》；《刑法》第258条；《最高人民法院关于适用〈中华人民共和国民法典〉婚姻家庭编的解释（一）》第1-3条

案例 1. 黄某等与朱某等婚约财产纠纷上诉案（河南省商丘市中级人民法院民事判决书〔2010〕商民终字第398号）

案件适用要点：男女双方订立或解除婚约，依照自愿原则。因缔结婚约而送给对方的财物是以结婚为目的的附条件赠与行为，当所附条件不成就时，赠与行为停止生效，受赠与方即有返还受赠物的义务，如不履行义务，应当承担民事责任。在本案中，被告朱某因与原告订立婚约收受原告黄某、刘某彩礼现金12400元、电动车一辆及烟、酒、糖、果等物品，现因原告刘某提出与被告朱某退婚，导致双方婚约解除，原告刘某具有一定的过错，应对自己的行为承担相应的民事责任。对于原告要求被告返还彩礼款合理部分的诉讼请求，法院依法酌情予以支持。对原告要求被告返还电动车、烟、酒、糖果等物品的诉讼请求，因上述物品属于一般赠与，且原告对婚约的解除有过错，法院不予支持。

2. 郑某丽诉倪某斌离婚纠纷案——威胁作为一种家庭暴力手段的司法认定（2014年2月28日最高人民法院公布十起涉家庭暴力典型案例）

案件适用要点：被告将一个裹着白布的篮球挂在家中的阳台上，且在白布上写着对原告具有攻击性和威胁性的字句，还经常击打篮球，从视觉上折磨原告，使原告产生恐惧感，该行为构成精神暴力。在夫妻发生矛盾时，被告对原告实施身体暴力致其轻微伤，最终导致了原、被告夫妻感情的完全破裂。被告对原告实施家庭暴力使原告遭受精神损害，被告应承担过错责任，故被告应酌情赔偿原告精神损害抚慰金。

3. 王玉贵故意伤害、虐待案（2014年5月28日最高人民法院公布五起依法惩治侵犯儿童权益犯罪典型案例）

案件适用要点：本案是一起典型的继母对未成年子女实施家庭暴力构成犯罪的案件，其中反映出两点尤其具有参考意义：一是施暴人实施家庭暴力，往往是一个长期、反复的过程。在这一过程中，大部分家庭暴力行为，依照刑法的规定构成虐待罪，但其中又有一次或几次家庭暴力行为，已经符合了刑法规定的故意伤害罪的构成要件，依法构成故意伤害罪。依照刑事诉讼法的规定，故意伤害罪属于公诉案件，虐待罪没有致被害人重伤、死亡的属于自诉案件。人民检察院只能对被告人犯故意伤害罪提起公诉，自诉人可以对被告人犯虐待罪另行提起告诉（即自诉）。人民法院可以将相关公诉案件和自诉案件合并审理。这样处理，既便于在事实、证据的认定方面保持一致，也有利于全面反映被告人实施家庭暴力犯罪的多种情节，综合衡量应当判处的刑罚，还有利于节省司法资源。本案的审判程序即反映出涉及家庭暴力犯罪案件"公诉、自诉合并审理"的特点。二是未成年子女的亲生父母离婚后，对该子女的监护权都是法定的，没有权利放弃、转让，不论是否和该子女共同居住，仍然属于该子女的法定代理人。在未成年子女遭受侵害的时候，未与该子女共同生活的一方，仍然可以法定代理人的身份，代为提起告诉。本案被害人张某的生母张美丽，在与张某的生父张建志离婚后，虽然没有与张某共同生活，但其作为张某的法定代理人，代张某向人民法院提起虐待罪告诉，是合乎法律规定的。

4. 陈某转诉张某强离婚纠纷案——滥施"家规"构成家庭暴力（2014年2月27日最高人民法院公布十起涉家庭暴力典型案例）

案件适用要点：家庭暴力是婚姻关系中一方控制另一方的手段。法院查明事实说明，张某强给陈某转规定了很多不成文家规，如所洗衣服必须让张某强满意、挨骂不许还嘴、挨打后不许告诉他人等。张某强对陈某转的控制还可见于其诉讼中的表现，如在答辩状中表示道歉并保证不再殴打陈某转，但在庭审中却对陈某转进行威胁、指责、贬损，显见其无诚意和不思悔改。遂判决准许陈某转与张某强离婚。一审宣判后，双方均未上诉。

一审宣判前，法院依陈某转申请发出人身安全保护裁定，禁止张某强殴打、威胁、跟踪、骚扰陈某转与女儿张某某。裁定有效期六个月，经跟踪回访确认，张某强未违反。

第一千零四十三条 【婚姻家庭道德规范】家庭应当树立优良家风，弘扬家庭美德，重视家庭文明建设。

夫妻应当互相忠实，互相尊重，互相关爱；家庭成员应当敬老爱幼，互相帮助，维护平等、和睦、文明的婚姻家庭关系。

注释 [诉讼受理范围的限制]

当事人仅以民法典第一千零四十三条为依据提起诉讼的，人民法院不予受理；已经受理的，裁定驳回起诉。

该条属于倡导性的规定，并非是公民必须遵守的义务，故不得以该条款单独提起诉讼。

参见 《最高人民法院关于适用〈中华人民共和国民法典〉婚姻家庭编的解释（一）》第4条

案例 崔某某与叶某某及高某某赠与合同纠纷案（2025年1月15日最高人民法院发布4起涉婚姻家庭纠纷典型案例）

案件适用要点：根据民法典第1043条规定，夫妻应当互相忠实，互相尊重，互相关爱。婚姻关系存续期间，夫妻一方为重婚、与他人同居以及其他违反夫妻忠实义务等目的，私自将夫妻共同财产赠与他人，不仅侵害了夫妻共同财产平等处理权，更是一种严重违背公序良俗的行为，法律对此坚决予以否定。权益受到侵害的夫妻另一方主张该民事法律行为无效并请求返还全部财产的，人民法院应予支持。不能因已消费而免除其返还责任。该判决对于贯彻落实婚姻家庭受国家保护的宪法和民法典基本原则，践行和弘扬社会主义核心价值观具有示范意义。

第一千零四十四条 【收养的原则】收养应当遵循最有利于被收养人的原则，保障被收养人和收养人的合法权益。

禁止借收养名义买卖未成年人。

注释 收养应当最有利于被收养的未成年人，这是收养的最高指导原则。

婚姻家庭编的收养规定在突出保护被收养的未成年人的同时，也兼顾保护收养人的利益。

参见 《家庭教育促进法》第32条

第一千零四十五条 【亲属、近亲属与家庭成员】亲属包括配偶、血亲和姻亲。

配偶、父母、子女、兄弟姐妹、祖父母、外祖父母、孙子女、外孙子女为近亲属。

配偶、父母、子女和其他共同生活的近亲属为家庭成员。

注释 男女因结婚互称配偶。配偶,亦即夫妻,是男女因结婚而形成的亲属关系。配偶在亲属关系中具有重要的特殊地位。

血亲是指因自然的血缘关系而产生的亲属关系,也包括因法律拟制而产生的血亲关系。有自然血缘联系的亲属,称为自然血亲;因法律拟制的抚养关系而形成的亲属,称为拟制血亲。

姻亲是以婚姻为中介形成的亲属,但不包括己身的配偶。一类是配偶的血亲,如岳父母、公婆。另一类是血亲的配偶,如儿媳、女婿、嫂、弟媳、姐夫、妹夫。姻亲也有亲等计算问题。

第二章 结 婚

第一千零四十六条 【结婚自愿】结婚应当男女双方完全自愿,禁止任何一方对另一方加以强迫,禁止任何组织或者个人加以干涉。

注释 根据本条规定,结婚应当男女双方完全自愿,这是婚姻自由原则在结婚上的具体体现。该规定的核心是,男女双方是否结婚、与谁结婚,应当由当事者本人决定。它包括两层含义:第一,应当是双方自愿,而不是一厢情愿。婚姻应以互爱为前提,任何一方都不得强迫对方成婚。第二,应当是当事人自愿,而不是父母等第三者采用包办、买卖等方式强迫男女双方结为夫妻。

除本条外,《妇女权益保障法》第 61 条规定,国家保护妇女的婚姻自主权,禁止干涉妇女的结婚、离婚自由。《老年人权益保障法》第 21 条规定,老年人的婚姻自由受法律保护。子女或者其他亲属不得干涉老年人离婚、再婚及婚后的生活。赡养人的赡养义务也不因老年人的婚姻关系变化而消除。

参见 《宪法》第 49 条;《民法典》第 1042 条、第 1047 条;《妇女权益保障法》第 61 条;《老年人权益保障法》第 21 条

第一千零四十七条 【法定婚龄】结婚年龄,男不得早于二十二周岁,女不得早于二十周岁。

注释 法定婚龄的确定,一方面要考虑自然因素,即人的身体发育和智力成熟情况;另一方面要考虑社会因素,即政治、经济、

文化及人口发展等情况。

本法关于婚龄的规定，不是必婚年龄，也不是最佳婚龄，而是结婚的最低年龄，是划分违法婚姻与合法婚姻的年龄界限。婚姻家庭编规定的婚龄具有普遍适用性，但在特殊情况下，法律也允许对婚龄作例外规定。比如，考虑到我国多民族的特点，我国一些民族自治地方的立法机关对法定婚龄作了变通规定。比如，新疆、内蒙古、西藏等自治区和一些自治州、自治县，均以男20周岁，女18周岁作为本地区的最低婚龄。但这些变通规定仅适用于少数民族，不适用生活在该地区的汉族。

第一千零四十八条　【禁止结婚的情形】 直系血亲或者三代以内的旁系血亲禁止结婚。

注释 1. 直系血亲。包括父母子女间，祖父母、外祖父母与孙子女、外孙子女间。

2. 三代以内旁系血亲。包括：（1）同源于父母的兄弟姊妹（含同父异母、同母异父的兄弟姊妹）。（2）不同辈的叔、伯、姑、舅、姨与侄（女）、甥（女）。

第一千零四十九条　【结婚程序】 要求结婚的男女双方应当亲自到婚姻登记机关申请结婚登记。符合本法规定的，予以登记，发给结婚证。完成结婚登记，即确立婚姻关系。未办理结婚登记的，应当补办登记。

注释　[彩礼返还的条件]
当事人请求返还按照习俗给付的彩礼的，如果查明属于以下情形，人民法院应当予以支持：
（一）双方未办理结婚登记手续；
（二）双方办理结婚登记手续但确未共同生活；
（三）婚前给付并导致给付人生活困难。
适用前述第二项、第三项的规定，应当以双方离婚为条件。
[补办结婚登记的效力]
男女双方依据民法典第一千零四十九条规定补办结婚登记的，

婚姻关系的效力从双方均符合民法典所规定的结婚的实质要件时起算。

[未办理结婚登记的起诉离婚]

未依据民法典第一千零四十九条规定办理结婚登记而以夫妻名义共同生活的男女，提起诉讼要求离婚的，应当区别对待：

（一）1994年2月1日民政部《婚姻登记管理条例》公布实施以前，男女双方已经符合结婚实质要件的，按事实婚姻处理。

（二）1994年2月1日民政部《婚姻登记管理条例》公布实施以后，男女双方符合结婚实质要件的，人民法院应当告知其补办结婚登记。未补办结婚登记的，依据婚姻家庭编解释第三条规定处理。

[未登记而以夫妻名义共同生活的财产继承]

未依据民法典第一千零四十九条规定办理结婚登记而以夫妻名义共同生活的男女，一方死亡，另一方以配偶身份主张享有继承权的，依据婚姻家庭编解释第七条的原则处理。

[婚姻登记机关]

根据《婚姻登记条例》的规定，内地居民办理婚姻登记的机关是县级人民政府民政部门或者乡（镇）人民政府，省、自治区、直辖市人民政府可以按照便民原则确定农村居民办理婚姻登记的具体机关。中国公民同外国人，内地居民同香港特别行政区居民（以下简称香港居民）、澳门特别行政区居民（以下简称澳门居民）、台湾地区居民（以下简称台湾居民）、华侨办理婚姻登记的机关是省、自治区、直辖市人民政府民政部门或者省、自治区、直辖市人民政府民政部门确定的机关。中国公民同外国人在中国内地结婚的，内地居民同香港居民、澳门居民、台湾居民、华侨在中国内地结婚的，男女双方应当共同到内地居民常住户口所在地的婚姻登记机关办理结婚登记。中华人民共和国驻外使（领）馆可以依照本条例的有关规定，为男女双方均居住于驻在国的中国公民办理婚姻登记。

[结婚登记程序]

结婚登记大致可分为申请、审查和登记三个环节。

（一）申请

1. 中国公民在中国境内申请结婚

内地居民结婚，男女双方应当共同到一方当事人常住户口所在地的婚姻登记机关办理结婚登记。办理结婚登记的内地居民应当出具下列证件和证明材料：（1）本人的户口簿、身份证。（2）本人无配偶以及与对方当事人没有直系血亲和三代以内旁系血亲关系的签字声明。

离过婚的，还应当持离婚证。离婚的当事人恢复夫妻关系的，双方应当亲自到一方户口所在地的婚姻登记机关办理复婚登记。

2. 香港居民、澳门居民、台湾居民在中国境内申请结婚

办理结婚登记的香港居民、澳门居民、台湾居民应当出具下列证件和证明材料：（1）本人的有效通行证、身份证。（2）经居住地公证机构公证的本人无配偶以及与对方当事人没有直系血亲和三代以内旁系血亲关系的声明。

3. 华侨在中国境内申请结婚

办理结婚登记的华侨应当出具下列证件和证明材料：（1）本人的有效护照。（2）居住国公证机构或者有权机关出具的、经中华人民共和国驻该国使（领）馆认证的本人无配偶以及与对方当事人没有直系血亲和三代以内旁系血亲关系的证明，或者中华人民共和国驻该国使（领）馆出具的本人无配偶以及与对方当事人没有直系血亲和三代以内旁系血亲关系的证明。中华人民共和国缔结或者参加的国际条约另有规定的，按照国际条约规定的证明手续办理。

4. 外国人在中国境内申请结婚

办理结婚登记的外国人应当出具下列证件和证明材料：（1）本人的有效护照或者其他有效的国际旅行证件。（2）所在国公证机构或者有权机关出具的、经中华人民共和国驻该国使（领）馆认证或者该国驻华使（领）馆认证的本人无配偶的证明，或者所在国驻华使（领）馆出具的本人无配偶的证明。中华人民共和国缔结或者参加的国际条约另有规定的，按照国际条约规定的证明手续办理。

申请婚姻登记的当事人，应当如实向婚姻登记机关提供规定的有关证件和证明，不得隐瞒真实情况。

（二）审查

婚姻登记机关应当对结婚登记当事人出具的证件、证明材料进行审查并询问相关情况。对当事人符合结婚条件的，应当场予以登记，发给结婚证；对当事人不符合结婚条件不予登记的，应当向

当事人说明理由。

（三）登记

1. 予以登记

婚姻登记机关对符合结婚条件的，应当当场予以登记，发给结婚证。

2. 不予登记

申请人有下列情形之一的，婚姻登记机关不予登记：（1）未到法定结婚年龄的；（2）非自愿的；（3）已有配偶的；（4）属于直系血亲或者三代以内旁系血亲的。

婚姻登记机关对当事人的婚姻登记申请不予登记的，应当向当事人说明理由。

参见　《婚姻登记条例》；《最高人民法院关于适用〈中华人民共和国民法典〉婚姻家庭编的解释（一）》第5-8条

案例　1. 杨清坚诉周宝妹、周文皮返还聘金纠纷案（《最高人民法院公报》2002年第3期）

案件适用要点：双方未办结婚登记，而是按民间习俗举行仪式"结婚"，进而以夫妻名义共同生活。这种不被法律承认的"婚姻"构成同居关系，应当解除。原告杨某在同居前给付聘金的行为虽属赠与，但该赠与行为追求的是双方结婚。现结婚不能实现，为结婚而赠与的财物应当返还。一审根据本案的实际情况，在酌情扣除为举办"结婚"仪式而支出的费用后，判决被告周某将聘金的余款返还给原告，判处恰当。被告上诉认为23万元的聘金是原告杨某的无偿赠与，不应返还，其理由缺乏法律依据，不予采纳。

2. 刘某与朱某婚约财产纠纷案（2023年12月11日最高人民法院、民政部、全国妇联联合发布四起涉彩礼纠纷典型案例）

案件适用要点：涉彩礼返还纠纷中，不论是已办理结婚登记还是未办理结婚登记的情况，在确定是否返还以及返还的具体比例时，共同生活时间均是重要的考量因素。但是，案件情况千差万别，对何谓"共同生活"，很难明确规定统一的标准，而应当具体情况具体分析。本案中，双方婚姻关系存续时间短，登记结婚后仍在筹备婚礼过程中，双方对于后续如何工作、居住、生活未形成一致的规划,未形成完整的家庭共同体和稳定的生活状态,不宜认定为已经共同生活。但是,考虑到办理结婚登记以及短暂同居经历对女方的影响、双方存在共同消费、彩礼数额过高等因素,判决酌情返还大部分彩礼,能够妥善平衡双方利益。

第一千零五十条 【男女双方互为家庭成员】登记结婚后,按照男女双方约定,女方可以成为男方家庭的成员,男方可以成为女方家庭的成员。

第一千零五十一条 【婚姻无效的情形】有下列情形之一的,婚姻无效:

(一)重婚;

(二)有禁止结婚的亲属关系;

(三)未到法定婚龄。

> **注释** [请求确认婚姻无效的主体]
>
> 有权依据民法典第一千零五十一条规定向人民法院就已办理结婚登记的婚姻请求确认婚姻无效的主体,包括婚姻当事人及利害关系人。其中,利害关系人包括:
>
> (一)以重婚为由的,为当事人的近亲属及基层组织;
>
> (二)以未到法定婚龄为由的,为未到法定婚龄者的近亲属;
>
> (三)以有禁止结婚的亲属关系为由的,为当事人的近亲属。
>
> [无效婚姻情形已消失的处理]
>
> 当事人依据民法典第一千零五十一条规定向人民法院请求确认婚姻无效,法定的无效婚姻情形在提起诉讼时已经消失的,人民法院不予支持。
>
> [无效婚姻的处理]
>
> 人民法院受理请求确认婚姻无效案件后,原告申请撤诉的,不予准许。
>
> 对婚姻效力的审理不适用调解,应当依法作出判决。
>
> 涉及财产分割和子女抚养的,可以调解。调解达成协议的,另行制作调解书;未达成调解协议的,应当一并作出判决。
>
> 当事人以民法典第一千零五十一条规定的三种无效婚姻以外的

情形请求确认婚姻无效的，人民法院应当判决驳回当事人的诉讼请求。

[离婚案件中，发现婚姻关系无效的处理]

人民法院受理离婚案件后，经审理确属无效婚姻的，应当将婚姻无效的情形告知当事人，并依法作出确认婚姻无效的判决。

[同一婚姻关系离婚和无效婚姻宣告的审理顺序]

人民法院就同一婚姻关系分别受理了离婚和请求确认婚姻无效案件的，对于离婚案件的审理，应当待请求确认婚姻无效案件作出判决后进行。

[婚姻关系当事人死亡后宣告婚姻无效的申请]

夫妻一方或者双方死亡后，生存一方或者利害关系人依据民法典第一千零五十一条的规定请求确认婚姻无效的，人民法院应当受理。

[婚姻无效案件中当事人的地位]

利害关系人依据民法典第一千零五十一条的规定，请求人民法院确认婚姻无效的，利害关系人为原告，婚姻关系当事人双方为被告。夫妻一方死亡的，生存一方为被告。

人民法院审理重婚导致的无效婚姻案件时，涉及财产处理的，应当准许合法婚姻当事人作为有独立请求权的第三人参加诉讼。

[结婚登记瑕疵的处理]

当事人以结婚登记程序存在瑕疵为由提起民事诉讼，主张撤销结婚登记的，告知其可以依法申请行政复议或者提起行政诉讼。

参见　《最高人民法院关于适用〈中华人民共和国民法典〉婚姻家庭编的解释（一）》第9-17条；《最高人民法院关于适用〈中华人民共和国民法典〉婚姻家庭编的解释（二）》第1-2条

第一千零五十二条　【受胁迫婚姻的撤销】因胁迫结婚的，受胁迫的一方可以向人民法院请求撤销婚姻。

请求撤销婚姻的，应当自胁迫行为终止之日起一年内提出。

被非法限制人身自由的当事人请求撤销婚姻的，应当自恢复人身自由之日起一年内提出。

注释　[胁迫的定义]

行为人以给另一方当事人或者其近亲属的生命、身体、健康、名誉、财产等方面造成损害为要挟，迫使另一方当事人违背真实意愿结婚的，可以认定为民法典第一千零五十二条所称的"胁迫"。

因受胁迫而请求撤销婚姻的，只能是受胁迫一方的婚姻关系当事人本人。

[诉讼时效的适用限制]

民法典第一千零五十二条规定的"一年"，不适用诉讼时效中止、中断或者延长的规定。

受胁迫或者被非法限制人身自由的当事人请求撤销婚姻的，不适用民法典第一百五十二条第二款的规定。

当事人以民法典施行前受胁迫结婚为由请求人民法院撤销婚姻的，撤销权的行使期限适用民法典第一千零五十二条第二款的规定。

参见　《最高人民法院关于适用〈中华人民共和国民法典〉婚姻家庭编的解释（一）》第18条、第19条；《最高人民法院关于适用〈中华人民共和国民法典〉时间效力的若干规定》第26条

第一千零五十三条　【隐瞒重大疾病的可撤销婚姻】 一方患有重大疾病的，应当在结婚登记前如实告知另一方；不如实告知的，另一方可以向人民法院请求撤销婚姻。

请求撤销婚姻的，应当自知道或者应当知道撤销事由之日起一年内提出。

> **注释**　本条规定，请求撤销婚姻的，应当自知道或者应当知道撤销事由之日起一年内向人民法院提出。所谓"知道"是指有直接和充分的证据证明当事人知道对方患病。"应当知道"是指虽然没有直接和充分的证据证明当事人知道，但是根据生活经验、相关事实和证据，按照一般人的普遍认知能力，运用逻辑推理可以推断当事人知道对方患病。如果不能在知道或者应当知道撤销事由之日起一年内提出，就只能通过协议离婚或者诉讼离婚的程序解除婚姻关系。

第一千零五十四条　【婚姻无效或被撤销的法律后果】 无效的或者被撤销的婚姻自始没有法律约束力，当事人不具有夫妻的权利和义务。同居期间所得的财产，由当事人协议处理；协议不成的，由人民法院根据照顾无过错方的原则判决。对重婚导致的无效婚姻

的财产处理，不得侵害合法婚姻当事人的财产权益。当事人所生的子女，适用本法关于父母子女的规定。

婚姻无效或者被撤销的，无过错方有权请求损害赔偿。

注释 ［自始没有法律约束力］

民法典第一千零五十四条所规定的"自始没有法律约束力"，是指无效婚姻或者可撤销婚姻在依法被确认无效或者被撤销时，才确定该婚姻自始不受法律保护。

［婚姻无效或撤销婚姻］

人民法院根据当事人的请求，依法确认婚姻无效或者撤销婚姻的，应当收缴双方的结婚证书并将生效的判决书寄送当地婚姻登记管理机关。

［无效或被撤销的婚姻同居期间的财产处理］

被确认无效或者被撤销的婚姻，当事人同居期间所得的财产，除有证据证明为当事人一方所有的以外，按共同共有处理。关于同居析产纠纷的处理，可以参考《婚姻家庭编解释（二）》第4条的规定。

［无效或者被撤销婚姻当事人的权利和义务］

无效或者被撤销的婚姻，当事人之间不具有夫妻的权利和义务。本法规定，夫妻有互相扶养的义务。一方不履行扶养义务时，需要扶养的一方，有要求对方给付扶养费的权利。夫妻有相互继承遗产的权利。夫妻一方因抚育子女、照料老人、协助另一方工作等负担较多义务的，离婚时有权向另一方请求补偿。另一方应当给予补偿。离婚时，如一方生活困难，有负担能力的另一方应当给予适当帮助。因一方重婚或者与他人同居、实施家庭暴力、虐待、遗弃家庭成员或者其他重大过错而导致离婚的，无过错方有权请求损害赔偿。本法有关夫妻权利义务的规定，前提是合法婚姻，是有效婚姻。由于无效婚姻、可撤销婚姻欠缺婚姻成立的法定条件，是不合法婚姻，有关夫妻权利义务的规定对无效婚姻、被撤销婚姻的当事人都不适用。

［无效或者被撤销的婚姻当事人所生子女的权利义务］

无效或者被撤销的婚姻当事人所生子女的权利义务，与合法婚姻当事人所生子女的权利义务一样。如父母对未成年子女有抚养、教育和保护的义务，成年子女对父母有赡养、扶助和保护的义务。父母不履行抚养义务的，未成年子女或者不能独立生活的成年子女，有要求父母给付抚养费的权利。成年子女不履行赡养义务的，缺乏劳动能力或者生活困难的父母，有要求成年子女给付赡养费的权利。父母有教育、保护未成年子女的权利和义务，未成年子女造成他人损害的，父母应当依法承担民事责任。婚姻关系被确认为无效或者被撤销后，父母对子女仍有抚养和教育的权利和义务，一方抚养子女，另一方应负担部分或者全部抚养费。不直接抚养子女的父或母，有探望子女的权利，另一方有协助的义务。

参见　《最高人民法院关于适用〈中华人民共和国民法典〉婚姻家庭编的解释（一）》第20-22条；《最高人民法院关于适用〈中华人民共和国民法典〉婚姻家庭编的解释（二）》第4条

第三章　家庭关系

第一节　夫妻关系

第一千零五十五条　【夫妻平等】夫妻在婚姻家庭中地位平等。

注释　夫妻在婚姻家庭中地位平等，不是指夫妻的权利义务一一对等，更不是指夫妻要平均承担家庭劳务等。平等不是平均，权利义务可以合理分配和承担，家庭劳务也可以合理分担。对于婚姻家庭事务，夫妻双方均有权发表意见，应当协商作出决定，一方不应独断专行。

第一千零五十六条　【夫妻姓名权】夫妻双方都有各自使用自己姓名的权利。

注释　根据本条规定，自然人的姓名权不受婚姻的影响，男女双方结婚后，其婚前姓名无须改变，妇女结婚后仍然有权使用自己的姓名。这对于保障已婚妇女的独立人格，促进夫妻在婚姻家庭关系中地位平等，具有积极意义。

第一千零五十七条 【夫妻人身自由权】夫妻双方都有参加生产、工作、学习和社会活动的自由,一方不得对另一方加以限制或者干涉。

> **注释** 生产、工作是指一切从事的社会职业和社会劳动。妇女享有参加生产、工作的自由权而不受干涉,是妇女享有与丈夫平等地位的前提。
>
> 学习,不仅包括正规的在校学习,也包括扫盲学习、职业培训以及其他各种形式的专业知识与专业技能的学习。
>
> 社会活动,包括参政、议政活动,科学、技术、文学、艺术和其他文化活动,各种群众组织、社会团体的活动,以及各种形式的公益活动等。
>
> 但要注意的是,本条规定了夫妻的人身自由权,并不意味着夫妻可以不顾家庭、为所欲为。夫妻行使人身自由的权利,必须符合法律与社会主义道德的要求,不得滥用权利损害家庭和他人的合法权益。

> **参见** 《妇女权益保障法》第18条、第19条、第29条、第84条、第85条

第一千零五十八条 【夫妻抚养、教育和保护子女的权利义务平等】夫妻双方平等享有对未成年子女抚养、教育和保护的权利,共同承担对未成年子女抚养、教育和保护的义务。

> **注释** 共同亲权原则实际上是男女平等原则的体现。根据本条规定,对未成年子女抚养、教育和保护的权利由该子女的父母即夫妻双方平等享有,如何行使这一权利夫妻双方应当共同决定,不允许任何一方剥夺对方的这一权利;同样,对未成年子女抚养、教育和保护的义务由夫妻双方共同承担,不允许任何一方不履行这一义务。

> **参见** 《未成年人保护法》第15-24条;《家庭教育促进法》第14条;《最高人民法院关于适用〈中华人民共和国民法典〉婚姻家庭编的解释(一)》第60条、第61条

案例 何某锦诉周某英抚养纠纷案（最高人民法院公布49起婚姻家庭纠纷典型案例）

案件适用要点：本案的争议焦点是以没有能力抚养为由拒绝履行抚养义务是否应得到支持？父母对子女有抚养教育的义务，父母不履行抚养义务时，未成年或不能独立生活的子女，有要求父母给付抚养费的权利，这是法律赋予的权利和义务，也是中华民族的优良传统。无论以任何理由，均不能拒绝履行抚养义务，都不会得到支持。

第一千零五十九条 【夫妻扶养义务】夫妻有相互扶养的义务。

需要扶养的一方，在另一方不履行扶养义务时，有要求其给付扶养费的权利。

注释 夫妻互相扶养义务是法定义务，具有强制性，夫妻之间不得以约定形式改变这一法定义务。对不履行扶养义务的一方，另一方有追索扶养费的请求权。当夫或妻一方不履行扶养义务时，需要扶养的一方可以根据本条第2款的规定，要求对方给付扶养费。应当给付扶养费的一方拒绝给付或者双方就扶养费数额、支付方式等具体内容产生争议的，需要扶养的另一方可以直接向人民法院提起诉讼，或者向人民调解组织提出调解申请，要求获得扶养费。如果夫或妻一方患病或者没有独立生活能力，有扶养义务的配偶拒绝扶养，情节恶劣，构成遗弃罪的，还应当承担刑事责任。

参见 《刑法》第261条；《老年人权益保障法》第23条

案例 1.黄某某与张某某婚内扶养纠纷案（最高人民法院公布49起婚姻家庭纠纷典型案例）

案件适用要点：近年来，因夫妻一方患病导致夫妻感情淡化、因意外事故导致婚姻难以维系时，一方离家不离婚以及一方坚决离婚、不尽扶养义务，另一方坚决不离婚的情况时有发生，婚内扶养案件在婚姻家庭纠纷案件中愈来愈多。我国《婚姻法》第二十条规定：夫妻有互相扶养的义务。一方不履行扶养义务时，需要扶养的一方，有要求对方给付扶养费的权利。婚内扶养义务不仅仅是一个道德问题，更是夫妻之间的法定义务，有扶养能力的一方必须自觉履行这一义务，特别是在对方患病，或是丧失劳动能力的情况下更应该做到这一点。如果一方不履行这一法定义务，另一方可通过法律途径实现自己的合法权益。扶养责任的承担，既是婚姻关系得以维持和存续的前提，也是夫妻共同生活的保障。本案中，黄某某、张某某系合法夫妻，现黄某某身患疾病，需大量医疗费，而张某某撒手不管，多次提出离婚，一、二审鉴于黄某某确实需要扶养，张某某又有一定的经济能力，酌定张某某婚内每月给付黄某某1000元扶养费，充分保护了需要扶养一方的权利，也给那些不尽夫妻扶养义务的具有一定的警示作用。

2. 刘青先诉徐飚、尹欣怡抚养费纠纷案（《最高人民法院公报》2016年第7期）

案件适用要点：抚养费案件中第三人撤销权的认定，需明确父母基于对子女的抚养义务支付抚养费是否会侵犯父或母再婚后的夫妻共同财产权。虽然夫妻对共同所有财产享有平等处理的权利，但夫或妻也有合理处分个人收入的权利。除非一方支付的抚养费明显超过其负担能力或者有转移夫妻共同财产的行为，否则不能因未与现任配偶达成一致意见即认定属于侵犯夫妻共同财产权。

第一千零六十条　【夫妻日常家事代理权】夫妻一方因家庭日常生活需要而实施的民事法律行为，对夫妻双方发生效力，但是夫妻一方与相对人另有约定的除外。

夫妻之间对一方可以实施的民事法律行为范围的限制，不得对抗善意相对人。

注释　夫妻日常家事代理权，是指夫妻一方因家庭日常生活需要而与第三方为一定民事法律行为时互为代理的权利。夫妻一方在日常家庭事务范围内，与第三方所实施的一定民事法律行为，视为依夫妻双方的意思表示所为的民事法律行为，另一方也应承担因此而产生的法律后果。

需要强调的是，家庭日常生活需要的支出是指通常情况下必要的家庭日常消费，主要包括正常的衣食消费、日用品购买、子女抚养教育、老人赡养等各项费用，是维系一个家庭正常生活所必需的开支，立足点在于"必要"。随着我国经济社会和人们家庭观念、家庭生活方式的不断发展变化，在认定是否属于家庭日常生活需要支出时，也要随着社会的发展变化而不断变化。

夫妻任何一方行使夫妻日常家事代理权所实施的民事法律行为，对夫妻双方都发生效力，即该民事法律行为所产生的法律效果归属于夫妻双方。夫妻任何一方基于夫妻日常家事代理权所实施的民事法律行为所设立、变更、终止民事法律关系的一切结果都归属于夫妻双方，取得的权利由夫妻双方共同享有，产生的义务也由夫妻双方共同承担。但是，如果夫妻一方在行使夫妻日常家事代理权的同时，与相对人就该民事法律行为另有约定的，则法律效力依照该约定。比如，丈夫在购买家具时，与家具商约定，该家具购买合同只约束自己，不涉及妻子，则该家具合同所产生的债权债务关系仅在家具商与丈夫之间有效。

[夫妻一方擅自出卖共有房屋的处理]

一方未经另一方同意出售夫妻共同所有的房屋，第三人善意购买、支付合理对价并已办理不动产登记，另一方主张追回该房屋的，人民法院不予支持。

夫妻一方擅自处分共同所有的房屋造成另一方损失，离婚时另一方请求赔偿损失的，人民法院应予支持。

参见　《最高人民法院关于适用〈中华人民共和国民法典〉婚姻家庭编的解释（一）》第28条

第一千零六十一条　【夫妻遗产继承权】夫妻有相互继承遗产的权利。

注释　遗产按照下列顺序继承：第一顺序：配偶、子女、父母。第二顺序：兄弟姐妹、祖父母、外祖父母。继承开始后，由第一顺序继承人继承，第二顺序继承人不继承。没有第一顺序继承人继承的，由第二顺序继承人继承。这里所说的子女，包括婚生子女、非婚生子女、养子女和有抚养关系的继子女。这里所说的父母，包括生父母、养父母和有抚养关系的继父母。这里所说的兄弟姐妹，包括同父母的兄弟姐妹、同父异母或者同母异父的兄弟姐妹、养兄弟姐妹、有抚养关系的继兄弟姐妹。

> **参见** 《民法典》第 1127 条、第 1153 条、第 1157 条；《妇女权益保障法》第 58 条

第一千零六十二条 【夫妻共同财产】夫妻在婚姻关系存续期间所得的下列财产，为夫妻的共同财产，归夫妻共同所有：

（一）工资、奖金、劳务报酬；

（二）生产、经营、投资的收益；

（三）知识产权的收益；

（四）继承或者受赠的财产，但是本法第一千零六十三条第三项规定的除外；

（五）其他应当归共同所有的财产。

夫妻对共同财产，有平等的处理权。

> **注释** 工资、奖金、劳务报酬。即劳动者的劳动收入，既包括工资、奖金，也包括各种津贴、补贴等劳务报酬。
>
> 生产、经营、投资的收益。这包括夫妻一方或者双方从事生产、经营所得的各种收入和投资所得的收入，如农村中的农业生产和城市里的工业生产以及第三产业等各行各业的生产经营投资收益，有劳动收入，也有资本收益，如股票债券收入、股份、股权等资本利得，亦是夫妻共同财产的一种形式。
>
> 继承或者受赠的财产，但遗嘱或者赠与合同中确定只归一方的财产除外。夫妻任何一方继承或者受赠的财产属于夫妻共同财产，但如果遗嘱或者赠与合同中指明财产归夫妻一方所有的，是立遗嘱人或赠与人根据自己意愿处分财产的表现，基于意思自治，应当尊重其对财产的处分权，该财产归一方所有。
>
> [知识产权的收益]
>
> 民法典第一千零六十二条第一款第三项规定的"知识产权的收益"，是指婚姻关系存续期间，实际取得或者已经明确可以取得的财产性收益。
>
> [其他应当归共同所有的财产的范围]
>
> 婚姻关系存续期间，下列财产属于民法典第一千零六十二条规定的"其他应当归共同所有的财产"：

（一）一方以个人财产投资取得的收益；

（二）男女双方实际取得或者应当取得的住房补贴、住房公积金；

（三）男女双方实际取得或者应当取得的基本养老金、破产安置补偿费。

[夫妻一方个人财产在婚后的收益处理]

夫妻一方个人财产在婚后产生的收益，除孳息和自然增值外，应认定为夫妻共同财产。

[由一方婚前承租，婚后夫妻共同购买的房屋归属]

由一方婚前承租、婚后用共同财产购买的房屋，登记在一方名下的，应当认定为夫妻共同财产。

参见　《最高人民法院关于适用〈中华人民共和国民法典〉婚姻家庭编的解释（一）》第24-27条

案例　1. 彭丽静与梁喜平、王保山、河北金海岸房地产开发有限公司股权转让侵权纠纷案（《最高人民法院公报》2009年第5期）

案件适用要点：一、夫妻双方共同出资设立公司的，应当以各自所有的财产作为注册资本，并各自承担相应的责任。因此，夫妻双方登记注册公司时应当提交财产分割证明。未进行财产分割的，应当认定为夫妻双方以共同共有财产出资设立公司，在夫妻关系存续期间，夫或妻名下的公司股份属于夫妻双方共同共有的财产，作为共同共有人，夫妻双方对该项财产享有平等的占有、使用、收益和处分的权利。

二、根据最高人民法院《关于适用〈中华人民共和国婚姻法〉若干问题的解释（一）》第十七条第二款的规定，夫或妻非因日常生活需要对夫妻共同财产做重要处理决定，夫妻双方应当平等协商，取得一致意见。他人有理由相信夫或妻一方做出的处理为夫妻双方共同意思表示的，另一方不得以不同意或不知道为由对抗善意第三人。因此，夫或妻一方转让共同共有的公司股权的行为，属于对夫妻共同财产做出重要处理，应当由夫妻双方协商一致并共同在股权转让协议、股东会决议和公司章程修正案上签名。

三、夫妻双方共同共有公司股权的，夫或妻一方与他人订立股权转让协议的效力问题,应当根据案件事实,结合另一方对股权转让是否明知、受让人是否为善意等因素进行综合分析。如果能够认定另一方明知股权转让,且受让人是基于善意,则股权转让协议对于另一方具有约束力。

2. 莫君飞诉李考兴离婚纠纷案(《最高人民法院公报》2011年第12期)

案件适用要点:婚姻当事人之间为离婚达成的协议是一种要式协议,即双方当事人达成离婚合意,并在协议上签名才能使离婚协议生效。双方当事人对财产的处理是以达成离婚为前提,虽然已经履行了财产权利的变更手续,但因离婚的前提条件不成立而没有生效,已经变更权利人的财产仍属于夫妻婚姻存续期间的共同财产。

第一千零六十三条 【夫妻个人财产】下列财产为夫妻一方的个人财产:

(一)一方的婚前财产;
(二)一方因受到人身损害获得的赔偿或者补偿;
(三)遗嘱或者赠与合同中确定只归一方的财产;
(四)一方专用的生活用品;
(五)其他应当归一方的财产。

注释 婚前财产是指夫妻在结婚之前各自所有的财产,包括婚前个人劳动所得财产、继承或者受赠的财产以及其他合法财产。婚前财产归各自所有,不属于夫妻共同财产。

一方因受到人身损害获得的赔偿或者补偿,是指与生命健康直接相关的财产,具有人身专属性,对于保护个人权利具有重要意义,因此应当专属于个人所有,而不能成为共同财产。军人的伤亡保险金、伤残补助金、医药生活补助费属于个人财产。夫妻一方的所有的财产,不因婚姻关系的延续而转化为夫妻共同财产。但当事人另有约定的除外。

为了尊重遗嘱人或者赠与人的个人意愿,保护个人对其财产的自由处分权,如果遗嘱人或者赠与人在遗嘱或者赠与合同中明确指出,该财产只遗赠或者赠给夫妻一方,另一方无权享用,那么,该财产就属于夫妻个人财产,归一方个人所有。

一方专用的生活用品具有专属于个人使用的特点,如个人的衣服、鞋帽等,应当属于夫妻个人财产。我国司法实践中,在处理离婚财产分割时,一般也将个人专用的生活物品,作为个人财产处理。

第一千零六十四条 【夫妻共同债务】夫妻双方共同签名或者夫妻一方事后追认等共同意思表示所负的债务,以及夫妻一方在婚姻关系存续期间以个人名义为家庭日常生活需要所负的债务,属于夫妻共同债务。

夫妻一方在婚姻关系存续期间以个人名义超出家庭日常生活需要所负的债务,不属于夫妻共同债务;但是,债权人能够证明该债务用于夫妻共同生活、共同生产经营或者基于夫妻双方共同意思表示的除外。

注释 本条规定了三类比较重要的夫妻共同债务,即基于共同意思表示所负的夫妻共同债务、为家庭日常生活需要所负的夫妻共同债务、债权人能够证明的夫妻共同债务。

"夫妻双方共同签名或者夫妻一方事后追认等共同意思表示所负的债务",属于夫妻共同债务。这就是俗称的"共债共签""共签共债"。本条规定对这一内容加以强调意在引导债权人在形成债务尤其是大额债务时,为避免事后引发不必要的纷争,加强事前风险防范,尽可能要求夫妻共同签名。

"夫妻一方在婚姻关系存续期间以个人名义为家庭日常生活需要所负的债务",属于夫妻共同债务。也就是基于夫妻日常家事代理权所生的债务属于夫妻共同债务。

"夫妻一方在婚姻关系存续期间以个人名义超出家庭日常生活需要所负的债务",如果债权人能够证明该债务用于夫妻共同生活、共同生产经营或者基于夫妻双方共同意思表示的,就属于夫妻共同债务,否则,不属于夫妻共同债务,应当属于举债一方的个人债务。这里强调债权人的举证证明责任,能够促进债权人尽到谨慎注意义务,引导相关主体对于大额债权债务实行"共债共签",体现从源头控制纠纷、更加注重交易安全的价值取向,也有利于强化公众的市场风险意识,从而平衡保护债权人和未举债夫妻一方的利益。

案例 1. 赵俊诉项会敏、何雪琴民间借贷纠纷案(《最高人民法院公报》2014年第12期)

案件适用要点:一、夫妻一方具有和第三人恶意串通、通过虚假诉讼虚构婚内债务嫌疑的,该夫妻一方单方自认债务,并不必然免除"出借人"对借贷关系成立并生效的事实应承担的举证责任。

二、借款人配偶未参加诉讼且出借人及借款人均未明确表示放弃该配偶可能承担的债务份额的,为查明案件事实,应依法追加与案件审理结果具有利害关系的借款人配偶作为第三人参加诉讼,以形成实质性的对抗。

三、出借人仅提供借据佐证借贷关系的,应深入调查辅助性事实以判断借贷合意的真实性,如举债的必要性、款项用途的合理性等。出借人无法提供证据证明借款交付事实的,应综合考虑出借人的经济状况、资金来源、交付方式、在场见证人等因素判断当事人陈述的可信度。对于大额借款仅有借据而无任何交付凭证、当事人陈述有重大疑点或矛盾之处的,应依据证据规则认定"出借人"未完成举证义务,判决驳回其诉讼请求。

2. 单洪远、刘春林诉胡秀花、单良、单译贤法定继承纠纷案(《最高人民法院公报》2006年第5期)

案件适用要点:最高人民法院《关于适用〈中华人民共和国婚姻法〉若干问题的解释(二)》第二十四条的规定,本意在于加强对债权人的保护,一般只适用于对夫妻外部债务关系的处理。人民法院在处理涉及夫妻内部财产关系的纠纷时,不能简单依据该规定将夫或妻一方的对外债务认定为夫妻共同债务,其他人民法院依据该规定作出的关于夫妻对外债务纠纷的生效裁判,也不能当然地作为处理夫妻内部财产纠纷的判决依据,主张夫或妻一方的对外债务属于夫妻共同债务的当事人仍负有证明该项债务确为夫妻共同债务的举证责任。

第一千零六十五条 【夫妻约定财产制】男女双方可以约定婚姻关系存续期间所得的财产以及婚前财产归各自所有、共同所有或者部分各自所有、部分共同所有。约定应当采用书面形式。没有约定或者约定不明确的，适用本法第一千零六十二条、第一千零六十三条的规定。

夫妻对婚姻关系存续期间所得的财产以及婚前财产的约定，对双方具有法律约束力。

夫妻对婚姻关系存续期间所得的财产约定归各自所有，夫或者妻一方对外所负的债务，相对人知道该约定的，以夫或者妻一方的个人财产清偿。

注释　[夫妻约定财产制约定的条件]

1. 缔约双方必须具有合法的夫妻身份，未婚同居、婚外同居者对他们之间财产关系的约定，不属于夫妻财产约定。

2. 缔约双方必须具有完全民事行为能力。

3. 约定必须双方自愿。夫妻对财产的约定必须出于真实的意思表示，以欺诈、胁迫等手段使对方在违背真实意思的情况下作出的约定，对方有权请求撤销。

4. 约定的内容必须合法，不得违反法律、行政法规的强制性规定，不得违背公序良俗，不得利用约定恶意串通、损害他人合法权益，约定的内容不得超出夫妻财产的范围，如不得将其他家庭成员的财产列入约定财产的范围，不得利用约定逃避对第三人的债务以及其他法定义务。

[夫妻约定财产制约定的方式]

关于约定的方式，本条第1款明确规定"约定应当采用书面形式"。当然如果夫妻以口头形式作出约定，事后对约定没有争议的，该约定也有效。

[夫妻约定财产制约定的内容]

关于约定的内容，本条第1款规定"男女双方可以约定婚姻关系存续期间所得的财产以及婚前财产归各自所有、共同所有或者部分各自所有、部分共同所有"。根据这一规定，夫妻既可以对婚姻关系存续期间所得的财产进行约定，也可以对婚前财产进行约定；既可以对全部夫妻财产进行约定，也可以对部分夫妻财产进行约定；

既可以概括地约定采用某种夫妻财产制，也可以具体地对某一项夫妻财产进行约定；既可以约定财产所有权的归属或者使用权、管理权、收益权、处分权的行使，也可以约定家庭生活费用的负担、债务清偿责任、婚姻关系终止时财产的分割等事项。

参见 《民法典》第135条、第143条、第1062条、第1063条

案例 崔某某与陈某某离婚纠纷案（2025年1月15日最高人民法院发布4起涉婚姻家庭纠纷典型案例）

案件适用要点：根据民法典第1065条规定，男女双方可以约定婚姻关系存续期间所得的财产以及婚前财产归各自所有、共同所有或者部分各自所有、部分共同所有。夫妻对婚姻关系存续期间所得的财产以及婚前财产的约定，对双方具有法律约束力。婚姻关系存续期间，夫妻一方将其个人所有的婚前财产变更为夫妻共同所有，该种给予行为一般是以建立、维持婚姻关系的长久稳定并期望共同享有房产利益为基础。离婚分割夫妻共同财产时，应当根据诚实信用原则妥善平衡双方利益。本案中，双方共同生活时间较长，但婚后给予方负担了较多的家庭开销，人民法院综合考虑共同生活情况、双方对家庭的贡献、房屋市场价格等因素，判决房屋归给予方所有，并酌定给予方补偿对方120万元，既保护了给予方的财产权益，也肯定了接受方对家庭付出的价值，较为合理。

第一千零六十六条 【婚内分割夫妻共同财产】婚姻关系存续期间，有下列情形之一的，夫妻一方可以向人民法院请求分割共同财产：

（一）一方有隐藏、转移、变卖、毁损、挥霍夫妻共同财产或者伪造夫妻共同债务等严重损害夫妻共同财产利益的行为；

（二）一方负有法定扶养义务的人患重大疾病需要医治，另一方不同意支付相关医疗费用。

注释 根据本条规定，婚姻关系存续期间，夫妻双方一般不得请求分割共同财产，只有在法定情形下，夫妻一方才可以向人民法院请求分割共同财产，法定情形有两种：

第一种情形是一方有隐藏、转移、变卖、毁损、挥霍夫妻共同财产或者伪造夫妻共同债务等严重损害夫妻共同财产利益的行为。

隐藏是指将财产藏匿起来，不让他人发现，使另一方无法获知财产的所在从而无法控制。

转移是指私自将财产移往他处，或者将资金取出移往其他账户，脱离另一方的掌握。

变卖是指将财产折价卖给他人。

毁损是指采用打碎、拆卸、涂抹等破坏性手段使物品失去原貌，失去或者部分失去原来具有的使用价值和价值。

挥霍是指超出合理范围任意处置、浪费夫妻共同财产。

伪造夫妻共同债务是指制造内容虚假的债务凭证，包括合同、欠条等，意图侵占另一方财产。

上述违法行为，在主观上只能是故意，不包括过失行为，如因不慎将某些共同财产毁坏，只要没有故意，不属于本条规定之列。

第二种情形是一方负有法定扶养义务的人患重大疾病需要医治，另一方不同意支付相关医疗费用。

本条规定明确仅指法定扶养。本法对法定扶养义务作了明确规定。第1059条规定："夫妻有相互扶养的义务。需要扶养的一方，在另一方不履行扶养义务时，有要求其给付扶养费的权利。"第1067条规定："父母不履行抚养义务的，未成年子女或者不能独立生活的成年子女，有要求父母给付抚养费的权利。成年子女不履行赡养义务的，缺乏劳动能力或者生活困难的父母，有要求成年子女给付赡养费的权利。"第1071条第2款规定："不直接抚养非婚生子女的生父或者生母，应当负担未成年子女或者不能独立生活的成年子女的抚养费。"第1072条第2款规定："继父或者继母和受其抚养教育的继子女间的权利义务关系，适用本法关于父母子女关系的规定。"第1074条规定："有负担能力的祖父母、外祖父母，对于父母已经死亡或者父母无力抚养的未成年孙子女、外孙子女，有抚养的义务。有负担能力的孙子女、外孙子女，对于子女已经死亡或者子女无力赡养的祖父母、外祖父母，有赡养的义务。"第1075条规定："有负担能力的兄、姐，对于父母已经死亡或者父母无力抚养的未成年弟、妹,有扶养的义务。由兄、姐扶养长大的有负担能力的弟、妹,对于缺乏劳动能力又缺乏生活来源的兄、姐,有扶养的义务。"应当根据这些法律规定来确定夫妻一方是否为负有法定扶养义务的人。

参见　《民法典》第1062条、第1071条、第1072条、第1074条、第1075条;《最高人民法院关于适用〈中华人民共和国民法典〉婚姻家庭编的解释(二)》第6条、第7条

第二节　父母子女关系和其他近亲属关系

第一千零六十七条　【父母与子女间的抚养赡养义务】父母不履行抚养义务的,未成年子女或者不能独立生活的成年子女,有要求父母给付抚养费的权利。

成年子女不履行赡养义务的,缺乏劳动能力或者生活困难的父母,有要求成年子女给付赡养费的权利。

注释　[父母对子女的抚养义务]

《宪法》第49条就明确规定,父母有抚养教育未成年子女的义务。

父母对未成年子女的抚养是无条件的,在任何情况下都不能免除;即使父母已经离婚,对未成年的子女仍应依法履行抚养的义务。

父母对成年子女的抚养是有条件的,在成年子女没有劳动能力或者出于某种原因不能独立生活时,父母也要根据需要和可能,负担其生活费用或者给予一定的帮助。对有独立生活能力的成年子女,父母自愿给予经济帮助,法律并不干预。

因父母不履行抚养义务而引起的纠纷,可由有关部门调解或者向人民法院提出追索抚养费的诉讼。人民法院应根据子女的需要和父母的抚养能力,通过调解或者判决,确定抚养费的数额、给付的期限和方法。对拒不履行抚养义务,恶意遗弃未成年子女已构成犯罪的,还应当根据我国刑法的有关规定追究其刑事责任。

[子女对父母的赡养义务]

赡养是指子女在物质上和经济上为父母提供必要的生活条件。

一切有经济能力的子女,对丧失劳动能力、无法维持生活的父母,都应予以赡养。如果子女不履行赡养义务,需要赡养的父母可以通过有关部门进行调解或者向人民法院提起诉讼。人民法院在处理赡养纠纷时,应当坚持保护老年人的合法权益的原则,通过调解或者判决使子女依法履行赡养义务。

[不能独立生活的成年子女]

尚在校接受高中及其以下学历教育,或者丧失、部分丧失劳动能力等非因主观原因而无法维持正常生活的成年子女,可以认定为民法典第一千零六十七条规定的"不能独立生活的成年子女"。

[抚养费]

民法典第一千零六十七条所称"抚养费",包括子女生活费、教育费、医疗费等费用。

参见 《宪法》第45条;《老年人权益保障法》第4条、第13条;《最高人民法院关于适用〈中华人民共和国民法典〉婚姻家庭编的解释(一)》第41条、第42条

案例 1. 张老太与子女赡养纠纷案(最高人民法院公布49起婚姻家庭纠纷典型案例)

案件适用要点:古话说"养儿防老",虽说传统上老百姓一般把养老的义务主要放在儿子身上,但现代社会中,女儿和儿子一样具有对父母亲进行赡养的义务,这是法定强制义务,不会因父母的过错或其他原因而解除,父母能不辞辛苦抚育儿女长大成人,儿女也应不讲条件地照顾和赡养老人,动物尚有"乌鸦反哺"、"羊羔跪乳"之举,而作为万物之灵的人类,理应做得更好。

2. 朱绍昌诉朱正方、朱正德、朱立香赡养费纠纷案(最高人民法院公布49起婚姻家庭纠纷典型案例)

案件适用要点:随着我国老龄化人口急剧增多,农村老人的赡养问题已成为一种突出的社会现象。

该案中,老人都已80多岁,而子女也已是60多岁的人,并且子女无正式工作,还依靠下一代来赡养,但因老人觉得赡养费太低还是要起诉60多岁的儿女。所以在审理该案时,承办法官综合考虑各方因素,我国《婚姻法》规定:"父母对子女有抚养教育的义务,

子女对父母有赡养扶助的义务。子女不履行赡养义务时，无劳动能力的或生活困难的父母，有要求子女付给赡养费的权利。"这说明父母子女间的权利义务是对等的，父母抚养了子女，对社会和家庭尽到了责任，当父母年老体衰时，子女也应尽赡养扶助父母的义务。我国《老年人权益保障法》则规定，老年人养老主要依靠家庭，家庭成员应当关心和照料老年人。赡养人应当履行对老年人经济上供养、生活上照料和精神上慰藉的义务，照顾老年人的特殊需要，对患病的老年人应当提供医疗费用和护理。赡养人不履行赡养义务，老年人有要求赡养人付给赡养费的权利。赡养人之间可以就履行赡养义务签订协议，并征得老年人的同意。

3. 吕某珍等二人诉李某有等四人赡养纠纷案（最高人民法院公布49起婚姻家庭纠纷典型案例）

案件适用要点：本案的争议焦点是以财产分配不公为由拒绝尽赡养义务是否应得到支持？"养儿防老，积谷防饥"，子女对父母有赡养扶助的义务。子女不履行赡养义务时，无劳动能力的或生活困难的父母，有要求子女付给赡养费的权利。这是法律赋予的权利和义务，也是中华民族的优良传统。无论以任何理由，均不能拒绝尽赡养义务，都不会得到支持。

4. 张某诉郭甲、郭乙、郭丙赡养纠纷案（最高人民法院公布10起婚姻家庭纠纷典型案例（北京））

案件适用要点：我国《婚姻法》第二十一条第三款规定："子女不履行赡养义务时，无劳动能力的或生活困难的父母，有要求子女给付赡养费的权利。"原告现已年迈，且体弱多病，丧失了劳动能力，确实需要子女赡养，其子女均有赡养原告的义务。

诚然，在多子女的家庭，在父母不反对的情况下，签订赡养协议分工赡养父母是合理合法的，法律上也是允许的。我国《老年人权益保障法》第二十条规定："经老年人同意，赡养人之间可以就履行赡养义务签订协议。赡养协议的内容不得违反法律的规定和老年人的意愿。"但是，如果客观情况发生变化，比如某位子女明显没有能力赡养好父或母，如果父或母提出赡养要求，其他子女无法免除。这也是《婚姻法》第二十一条第三款规定的题中之义，因为赡养义务是强制性的法定义务。

现实中，很多子女之间签订赡养协议时，仍然有封建思想，尤其是农村地区，如"嫁出去的女，泼出去的水"、"出嫁女无赡养父母的义务"，女儿对父母的赡养义务被人为地免除。但从法律上讲，子女对父母均有赡养义务，女儿不论出嫁与否都与父母存在法律上的赡养关系，不因任何原因而免除。而对于赡养协议中免除次子郭乙对母亲的赡养义务，属于约定免除了次子郭乙对母亲的法定义务，应属无效约定。故对原告要求三子女均需履行赡养义务的诉讼请求应当支持。

就张某的居住和日常照料问题，张某表示愿意随次子郭乙生活，而次子郭乙也表示同意，尊重当事人的意见。就赡养费的数额和医药费负担比例问题，考虑到次子郭乙已经履行了对父亲全部的赡养义务，长子郭甲应当多承担赡养费，体现法律与人情兼顾，也能更好促进家庭关系的和谐。

第一千零六十八条 【父母教育、保护未成年子女的权利和义务】 父母有教育、保护未成年子女的权利和义务。未成年子女造成他人损害的，父母应当依法承担民事责任。

注释 ［教育］

所谓"教育"，是指父母要按照法律和道德要求，采取正确的方法，对其未成年子女进行教导，并对其行为进行必要的约束，其目的是保障未成年子女的身心健康。对未成年子女的管教应当尊重其人格尊严，根据适应未成年人身心发展的特点，通过多种形式进行教育和管束。虽然在管教过程中，父母可以对未成年子女使用适当的惩戒手段，但不得对其使用暴力或以其他形式进行虐待。

［保护］

所谓"保护"，是指父母应当保护其未成年子女的人身安全和合法权益，预防和排除来自外界的危害，使其未成年子女的身心处于安全状态。《民法典》第34条第1款规定："监护人的职责是代理被监护人实施民事法律行为，保护被监护人的人身权利、财产权利以及其他合法权益等。"根据该规定，父母对其未成年子女的保护主要包括人身保护和财产保护。对未成年子女的人身保护主要包括：照顾未成年子女的生活，保护其身体健康；保护未成年子女的人身不受侵害；为未成年子女提供住所等。对未成年子女的财产保护主要是指为未成年子女的利益管理和保护其财产权益，除为未成年子女的利益外，不得处理属于该未成年子女的财产。如果父母未履行监护职责或者侵害未成年子女合法权益，造成未成年子女损失的，应当赔偿损失。父母对未成年子女的保护还体现在，父母代理其未成年子女实施民事法律行为。当未成年子女的权益受到侵害时，其父母有权以法定代理人身份提起诉讼，维护未成年子女的合法权益。

[未成年子女造成他人损害的，父母应当依法承担民事责任]

本条还明确规定："未成年子女造成他人损害的，父母应当依法承担民事责任。"这是为了充分保护受害一方的合法权益，增强父母对其未成年子女教育的责任感。至于承担民事责任的条件、方法等，应当适用相关法律规定。《民法典》第1188条对此作了明确规定："无民事行为能力人、限制民事行为能力人造成他人损害的，由监护人承担侵权责任。监护人尽到监护职责的，可以减轻其侵权责任。有财产的无民事行为能力人、限制民事行为能力人造成他人损害的，从本人财产中支付赔偿费用；不足部分，由监护人赔偿。"第1189条规定："无民事行为能力人、限制民事行为能力人造成他人损害，监护人将监护职责委托给他人的，监护人应当承担侵权责任；受托人有过错的，承担相应的责任。"

参见　《未成年人保护法》第15-24条；《义务教育法》；《民法典》第34条第1款、第1188条、第1189条

第一千零六十九条　【子女尊重父母的婚姻权利及赡养义务】
子女应当尊重父母的婚姻权利，不得干涉父母离婚、再婚以及婚后的生活。子女对父母的赡养义务，不因父母的婚姻关系变化而终止。

注释　老年人的婚姻自由受法律保护，子女应当尊重父母的婚姻权利，包括离婚和再婚的自主权利，尤其是不得因一己私利和世俗偏见阻挠、干涉父母再婚。父母是否再婚，与谁结婚应由其自主决定。

子女对父母的赡养义务，不因父母的婚姻关系变化而终止。《民法典》、《老年人权益保障法》和《刑法》的规定给老年人的婚姻自由和婚后生活提供了法律保障。

参见 《民法典》第 26 条、第 1067 条；《老年人权益保障法》第 76 条；《刑法》第 257 条、第 261 条

第一千零七十条 【遗产继承权】父母和子女有相互继承遗产的权利。

注释 根据本条的规定，子女可以继承其父母的遗产，父母可以继承其子女的遗产。这可以理解为，父母与子女之间相互有继承权。这种权利是以双方之间的身份为依据的。

享有继承权的父母，包括生父母、养父母和有抚养关系的继父母。被继承人的父母，继承其死亡子女的财产的权利是平等的。

享有继承权的子女，包括亲生子女、养子女和有抚养关系的继子女。

案例 李某男、李某女诉李某父法定继承案——老年子女诉百岁父亲继承案（福建省福州市中级人民法院民事判决书）

案件适用要点： 本案系继承纠纷，与一般晚辈亲属间继承纠纷不同的是，本案是老年子女起诉年近百岁老父亲继承十多年去世母亲的遗产，实属罕见。

侍奉、孝敬父母是中华民族的传统家庭美德，亦是法律规定之赡养义务。根据两原告的陈述，父亲有外遇、遗弃、虐待母亲，但并未提供证据证明，自母亲去世后，就与父亲有隙，在母亲去世十多年后、父亲已九十多岁高龄时，提起继承诉讼，虽于法有据，但与情不符。本案二审期间，主审法官在庭后对上诉的姐弟俩进行了劝导、教育，裁判文书既从法律层面确认其诉请的部分合法与部分失据，又从情理层面否定子女对老父亲的仇视与追讨，对倡导家庭敬奉父母美德，构建美好家庭和和谐社会具有正面导向作用。

第一千零七十一条 【非婚生子女权利】非婚生子女享有与婚生子女同等的权利，任何组织或者个人不得加以危害和歧视。

不直接抚养非婚生子女的生父或者生母,应当负担未成年子女或者不能独立生活的成年子女的抚养费。

注释 [夫妻关系存续期间以人工授精所生子女的法律地位]
婚姻关系存续期间,夫妻双方一致同意进行人工授精,所生子女应视为婚生子女,父母子女间的权利义务关系适用民法典的有关规定。

参见 《最高人民法院关于适用〈中华人民共和国民法典〉婚姻家庭编的解释(一)》第40条

案例 李某、范小某诉范某、滕某继承纠纷案(《最高人民法院公报》2006年第7期)

案件适用要点: 本案中,范某某和李某夫妻关系存续期间,双方一致同意利用他人的精子进行人工授精并使女方受孕后,男方反悔,应当征得女方同意。在未能协商一致的情况下男方死亡,其后子女出生,尽管该子女与男方没有血缘关系,仍应视为夫妻双方的婚生子女。男方在遗嘱中不给该子女保留必要的遗产份额,不符合法律规定,该部分遗嘱内容无效。

第一千零七十二条 【继父母子女之间权利义务】继父母与继子女间,不得虐待或者歧视。

继父或者继母和受其抚养教育的继子女间的权利义务关系,适用本法关于父母子女关系的规定。

参见 《最高人民法院关于适用〈中华人民共和国民法典〉婚姻家庭编的解释(一)》第54条;《最高人民法院关于适用〈中华人民共和国民法典〉婚姻家庭编的解释(二)》第18条、第19条

案例 陈长臻诉陈路程、徐磊、徐春艳赡养纠纷案(最高人民法院公布49起婚姻家庭纠纷典型案例)

案件适用要点: 赡养老人是中华民族的传统美德,做好农村老人赡养工作是个长期而艰巨的任务,而继父母的赡养问题更加复杂。当前农村存在很多继父母与继子女之间的关系。继父母与继子女间

的关系问题，是一个较为敏感的社会问题。正确认识继父母子女的关系性质，适用有关法律对继父母子女关系进行全面调整，具有重要的社会意义。

法律规定，继父母与继子女之间有抚养关系的，继子女必须对继父母承担赡养义务。针对继父母这一特殊群体，法官应不断分析新情况、探索新办法、解决新问题，及时维护农村老人的合法权益，确保老人安度晚年，真正做到案结事了人和。

第一千零七十三条 【亲子关系异议之诉】对亲子关系有异议且有正当理由的，父或者母可以向人民法院提起诉讼，请求确认或者否认亲子关系。

对亲子关系有异议且有正当理由的，成年子女可以向人民法院提起诉讼，请求确认亲子关系。

注释 ［拒绝做亲子鉴定的处理］

父或者母向人民法院起诉请求否认亲子关系，并已提供必要证据予以证明，另一方没有相反证据又拒绝做亲子鉴定的，人民法院可以认定否认亲子关系一方的主张成立。

父或者母以及成年子女起诉请求确认亲子关系，并提供必要证据予以证明，另一方没有相反证据又拒绝做亲子鉴定的，人民法院可以认定确认亲子关系一方的主张成立。

参见 《最高人民法院关于适用〈中华人民共和国民法典〉婚姻家庭编的解释（一）》第39条

案例 李某否认亲子关系纠纷案（北京市第三中级人民法院民事判决书〔2021〕京03民终16579号）

案件适用要点：亲子关系的确认和否认，对于子女来说，不仅涉及一系列权利义务的产生、消灭，更是人身关系的重大转变，直接影响到家庭和社会的稳定，法院在审查此类案件证据时，应当严格依据证据规则对当事人提交的证据审核和认定。现李某主张其与李小某并无亲子关系，应当提供充分证据予以证明。关于李某提出的王某受孕期间李某一直在外地出差，无受孕机会的主张，经查，自2007年李小某出生后李某并未就其与李小某的亲子关系提出过异议，在2013年法院调解离婚的调解书中李某对李小某婚生女的身份是认可的，并就其抚养问题与王某作出约定。从上述事实来看，李某主要是在双方离婚后对孩子的亲子关系产生质疑，现其主张2007年常驻外地出差没有受孕机会，与其此前对李小某的态度显然矛盾，其以此作为理由否认双方之间的亲子关系，缺乏事实依据。关于李某提交的鉴定材料，均是其自行委托，对于检材来源、送检环节等缺乏合法的程序保障，亦无其他有力证据予以佐证。原审法院未予采信，并无不当。关于李某提出亲子鉴定申请，在庭审中，经法院询问，王某主张李小某目前处于叛逆期，不愿意做亲子鉴定。本院认为，亲子鉴定在采集检材时需要当事人的配合，如一方不配合，不宜强制进行鉴定，且根据未成年人利益最大化原则，考虑到李小某目前的成长状况，本院对李某的亲子鉴定申请不予准许。

第一千零七十四条 【祖孙之间的抚养、赡养义务】有负担能力的祖父母、外祖父母，对于父母已经死亡或者父母无力抚养的未成年孙子女、外孙子女，有抚养的义务。

有负担能力的孙子女、外孙子女，对于子女已经死亡或者子女无力赡养的祖父母、外祖父母，有赡养的义务。

注释 ［祖孙之间抚养或者赡养关系的形成］

根据本条的规定，祖孙之间抚养或者赡养关系的形成应当具备以下条件：

1. 被抚养、赡养人的父母、子女死亡或者无抚养、赡养能力

主要包括两种情况：一是子女在未成年时父母双亡，或者父母丧失抚养能力；二是子女在成年后死亡或者丧失扶养能力，无法赡养其父母。第一种情况需要被抚养人的祖父母和外祖父母来承担抚养的义务；第二种情况则需要被扶养人的孙子女和外孙子女来承担赡养的义务。

2. 被抚养、赡养人确实有困难需要被抚养、赡养

祖孙之间扶养关系的形成必须建立在一方确实有困难的基础上，如果被扶养人有一定的经济收入或者经济来源，完全能负担自身的生活所需，那么，就不能要求祖父母、外祖父母或者孙子女、外孙

子女来承担其抚养或者赡养义务。

3. 承担抚养、赡养义务的人有一定的抚养、赡养能力

如果法律意义上的抚养、赡养义务人没有一定的抚养、赡养能力，那么就不能再要求其承担相应的法律责任。此外，如果抚养或者赡养义务人有多个人时，比如，被赡养人既有孙子又有外孙女，那么需要当事人协商决定其应当承担的义务。同样，如果抚养或者赡养权利人有多个人时，在抚养或者赡养义务人的经济能力不足以承担全部抚养或者赡养义务时，那么，对于经济状况和身体状况最差者应当优先被抚养或者被赡养。

参见 《民法典》第1111条；《老年人权益保障法》第19条、第20条

案例 张某1、张某2等婚姻家庭纠纷案（贵州省遵义市中级人民法院民事判决书〔2021〕黔03民终7817号）

案件适用要点：关于张某3是否有分担费用的义务的问题：根据《中华人民共和国民法典》第一千零七十四条第二款关于"有负担能力的孙子女、外孙子女，对于子女已经死亡或者子女无力赡养的祖父母、外祖父母，有赡养的义务"之规定，张开富去世时，尚有子女在世且具有赡养能力，张某3并非张开富的法定赡养义务人，张某1无权要求张某3承担张开富因死亡产生的相关费用。

第一千零七十五条 【兄弟姐妹间扶养义务】有负担能力的兄、姐，对于父母已经死亡或者父母无力抚养的未成年弟、妹，有扶养的义务。

由兄、姐扶养长大的有负担能力的弟、妹，对于缺乏劳动能力又缺乏生活来源的兄、姐，有扶养的义务。

注释 ［兄、姐扶养弟、妹需具备的条件］

产生兄、姐对弟、妹的扶养义务，应当同时具备下述三个条件：

1. 弟、妹须为未成年人，即不满十八周岁。如果弟、妹已经成年，虽无独立生活能力，兄、姐亦无法定扶养义务。

2. 父母已经死亡或者父母无力抚养。这里包含了两种情况：一是父母均已经死亡，没有了父母这第一顺序的抚养义务人。如果父

母一方尚在且有抚养能力，仍应由尚在的父或母承担抚养义务。二是父母均尚在或者一方尚在但都没有抚养能力，如父母在意外事故中致残没有了劳动能力和生活来源，便产生了由有负担能力的兄、姐扶养弟、妹的义务。

3. 兄、姐有负担能力。在前述两项条件具备时，兄、姐对弟、妹的扶养义务并不必然发生，只有这项条件也具备时，即兄、姐有负担能力时，才产生扶养弟、妹的义务。

［弟、妹扶养兄、姐需具备的条件］

产生弟、妹对兄、姐的扶养义务，亦应当同时具备下述三个条件：

1. 兄、姐既缺乏劳动能力又缺乏生活来源。如果兄、姐虽缺乏劳动能力但并不缺少经济来源，如受到他人经济上的捐助或自己有可供生活的积蓄的，则不产生弟、妹的扶养义务。同时，如果兄、姐虽缺少生活来源，但有劳动能力，兄、姐可通过自己的劳动换取生活来源，在此情况下，弟、妹亦无扶养兄、姐的义务。

2. 兄、姐没有第一顺序的扶养义务人，或者第一顺序的扶养义务人没有扶养能力。比如，兄、姐没有配偶、子女，或兄、姐的配偶、子女已经死亡或者没有扶养能力。如果兄、姐的配偶尚在或者有子女且有扶养能力，应由这些第一顺序的扶养义务人承担扶养义务。

3. 弟、妹由兄、姐扶养长大且有负担能力。这里包含两方面的因素：一是弟、妹是由兄、姐扶养长大的。这表明在弟、妹未成年时，父母已经死亡或父母无抚养能力，兄、姐对弟、妹的成长尽了扶养义务。按照权利义务对等原则，弟、妹应承担兄、姐的扶养责任。二是弟、妹有负担能力。若无负担能力则不负扶养义务。

第四章 离　　婚

第一千零七十六条　【协议离婚】夫妻双方自愿离婚的，应当签订书面离婚协议，并亲自到婚姻登记机关申请离婚登记。

离婚协议应当载明双方自愿离婚的意思表示和对子女抚养、财产以及债务处理等事项协商一致的意见。

注释 ［协议离婚的条件］

根据本条规定，只有符合下列条件的，才能协议离婚：

1. 协议离婚的当事人双方应当具有合法夫妻身份。

以协议离婚方式办理离婚的，仅限于依法办理了结婚登记的婚姻关系当事人，不包括未婚同居和有配偶者与他人同居的男女双方，也不包括未办理结婚登记的"事实婚姻"中的男女双方。

2. 协议离婚的当事人双方均应当具有完全的民事行为能力。

只有完全民事行为能力人才能独立自主地处理自己的婚姻问题。一方或者双方当事人为限制民事行为能力或者无民事行为能力的，如精神病患者、痴呆症患者，不适用协议离婚程序，只能适用诉讼程序处理离婚问题，以维护没有完全民事行为能力当事人的合法权益。

3. 协议离婚当事人双方必须具有离婚的共同意愿。

"双方自愿"是协议离婚的基本条件，协议离婚的当事人应当有一致的离婚意愿。这一意愿必须是真实而非虚假的；必须是自主作出的而不是受对方或第三方欺诈、胁迫或因重大误解而形成的；必须是一致的而不是有分歧的。对此本条规定"男女双方自愿离婚"，对于仅有一方要求离婚的申请，婚姻登记机关不予受理，当事人只能通过诉讼离婚解决争议。

4. 协议离婚当事人双方要签订书面离婚协议。

离婚协议应当载明双方自愿离婚的意思表示和对子女抚养、财产及债务处理等事项协商一致的意见。据此，离婚协议应当具有如下内容：

（1）有双方自愿离婚的意思表示。双方自愿离婚的意思必须要以文字的形式体现在离婚协议上。

（2）有对子女抚养、财产及债务处理等事项协商一致的意见。"对子女抚养、财产以及债务处理等事项协商一致的意见"是协议离婚的必备内容。如果婚姻关系当事人不能对子女抚养、财产及债务处理等事项达成一致意见的话，则不能通过婚姻登记程序离婚，而只能通过诉讼程序离婚。

第一，子女抚养等事项。双方离婚后有关子女抚养、教育、探望等问题，在有利于保护子女合法权益的原则下应当作合理的、妥当的安排，包括子女由哪一方直接抚养，子女的抚养费和教育费如何负担、如何给付等。由于父母与子女的关系不因父母离婚而消除，协议中最好约定不直接抚育方对子女探望权利行使的内容，包括探望的方式、时间、地点等。

第二，财产及债务处理等事项。主要包括：①在不侵害任何一方合法权益的前提下，对夫妻共同财产作合理分割，对给予生活困难的另一方以经济帮助作妥善安排，特别是切实解决好双方离婚后的住房问题；②在不侵害他人利益的前提下，对共同债务的清偿作出清晰、明确、负责的处理。

5. 协议离婚当事人双方应当亲自到婚姻登记机关申请离婚。

根据《民法典》第1076条、第1077条和第1078条规定，离婚登记按如下程序办理：

(1) 申请。夫妻双方自愿离婚的，应当签订书面离婚协议，共同到有管辖权的婚姻登记机关提出申请，并提供以下证件和证明材料：

①内地婚姻登记机关或者中国驻外使（领）馆颁发的结婚证；

②符合《婚姻登记工作规范》第二十九条至第三十五条规定的有效身份证件；

③在婚姻登记机关现场填写的《离婚登记申请书》。

(2) 受理。婚姻登记员按照《婚姻登记工作规范》有关规定对当事人提交的上述材料进行初审。

申请办理离婚登记的当事人有一本结婚证丢失的，当事人应当书面声明遗失，婚姻登记员可以根据另一本结婚证受理离婚登记申请；申请办理离婚登记的当事人两本结婚证都丢失的，当事人应当书面声明结婚证遗失并提供加盖查档专用章的结婚登记档案复印件，婚姻登记员可根据当事人提供的上述材料受理离婚登记申请。

婚姻登记员对当事人提交的证件和证明材料初审无误后，发给《离婚登记申请受理回执单》。不符合离婚登记申请条件的，不予受理。当事人要求出具《不予受理离婚登记申请告知书》的，应当出具。

(3) 冷静期。自婚姻登记机关收到离婚登记申请并向当事人发放《离婚登记申请受理回执单》之日起三十日内，任何一方不愿意离婚的，可以持本人有效身份证件和《离婚登记申请受理回执单》

（遗失的可不提供，但需书面说明情况），向受理离婚登记申请的婚姻登记机关撤回离婚登记申请，并亲自填写《撤回离婚登记申请书》。经婚姻登记机关核实无误后，发给《撤回离婚登记申请确认单》，并将《离婚登记申请书》、《撤回离婚登记申请书》与《撤回离婚登记申请确认单（存根联）》一并存档。

自离婚冷静期届满后三十日内，双方未共同到婚姻登记机关申请发给离婚证的，视为撤回离婚登记申请。

（4）审查。自离婚冷静期届满后三十日内（期间届满的最后一日是节假日的，以节假日后的第一日为期限届满的日期），双方当事人应当持《婚姻登记工作规范》第五十五条第（四）至（七）项规定的证件和材料，共同到婚姻登记机关申请发给离婚证。

婚姻登记机关按照《婚姻登记工作规范》第五十六条和第五十七条规定的程序和条件执行和审查。婚姻登记机关对不符合离婚登记条件的，不予办理。当事人要求出具《不予办理离婚登记告知书》的，应当出具。

（5）登记（发证）。婚姻登记机关按照《婚姻登记工作规范》第五十八条至六十条规定，予以登记，发给离婚证。

离婚协议书一式三份，男女双方各一份并自行保存，婚姻登记处存档一份。婚姻登记员在当事人持有的两份离婚协议书上加盖"此件与存档件一致，涂改无效。××××婚姻登记处××××年××月××日"的长方形红色印章并填写日期。多页离婚协议书同时在骑缝处加盖此印章，骑缝处不填写日期。当事人亲自签订的离婚协议书原件存档。婚姻登记处在存档的离婚协议书上加盖"×××登记处存档件××××年××月××日"的长方形红色印章并填写日期。

[协议离婚后的财产分割]

夫妻双方协议离婚后就财产分割问题反悔，请求撤销财产分割协议的，人民法院应当受理。

人民法院审理后，未发现订立财产分割协议时存在欺诈、胁迫等情形的，应当依法驳回当事人的诉讼请求。

[离婚时未处理的夫妻共同财产]

离婚后，一方以尚有夫妻共同财产未处理为由向人民法院起诉请求分割的，经审查该财产确属离婚时未涉及的夫妻共同财产，人民法院应当依法予以分割。

参见 《民法典》第 1049 条；《婚姻登记条例》第 7 条、第 10-12 条；《最高人民法院关于适用〈中华人民共和国民法典〉婚姻家庭编的解释（一）》第 69 条、第 70 条；《最高人民法院关于适用〈中华人民共和国民法典〉婚姻家庭编的解释（二）》第 3 条

第一千零七十七条 【离婚冷静期】 自婚姻登记机关收到离婚登记申请之日起三十日内，任何一方不愿意离婚的，可以向婚姻登记机关撤回离婚登记申请。

前款规定期限届满后三十日内，双方应当亲自到婚姻登记机关申请发给离婚证；未申请的，视为撤回离婚登记申请。

注释 ［离婚冷静期］

申请协议离婚的当事人自向婚姻登记机关申请离婚之日起三十日内，应当冷静、理智地对自己的婚姻状况和今后的生活进行充分的考虑，重新考虑是否以离婚方式解决夫妻矛盾，考虑离婚对自身、对子女、对双方家庭、对社会的利与弊，避免冲动行为。本条中规定的三十日即为离婚冷静期，在此期间，任何一方或者双方不愿意离婚的，可以向婚姻登记机关撤回离婚登记申请。

依据本条规定，在三十日离婚冷静期内，任何一方不愿意离婚的，应当在该期间内到婚姻登记机关撤回离婚申请，对此，婚姻登记机关应当立即终止登记离婚程序。如果离婚冷静期届满，当事人仍坚持离婚，双方应当在离婚冷静期届满后的三十日内，亲自到婚姻登记机关申请发给离婚证。婚姻登记机关查明双方确实是自愿离婚，并已对子女抚养、财产及债务处理等事项协商一致的，予以登记，发给离婚证。如果在离婚冷静期届满后的三十日内，当事人双方没有亲自到婚姻登记机关申请发给离婚证，则视为撤回离婚申请。

第一千零七十八条 【婚姻登记机关对协议离婚的查明】 婚姻登记机关查明双方确实是自愿离婚，并已经对子女抚养、财产以及债务处理等事项协商一致的，予以登记，发给离婚证。

注释 [婚姻登记机关对协议离婚的查明]

自愿离婚的夫妻双方向婚姻登记机关提交离婚协议后30日内，未向婚姻登记机关申请撤回离婚协议，并在提交离婚协议30日后的30日内，亲自到婚姻登记机关申请发给离婚证，对此，婚姻登记机关应当对当事人提交的离婚协议进行查明：

一是，查明当事人双方是否是自愿离婚，是否是真实而非虚假的离婚，查明离婚是否存在被胁迫的情形，查明是否因重大误解而导致的离婚。

二是，查明要求离婚的双方当事人是不是对子女抚养问题已协商一致。

三是，审查对财产及债务处理的事项是否协商一致。

经婚姻登记机关查明双方确实是自愿离婚，并已对子女抚养、财产及债务处理等事项协商一致的，应当进行离婚登记，发给离婚证。

[对离婚登记后有关问题的处理]

（一）对一方不履行离婚协议所确定的义务的处理

夫妻双方经婚姻登记机关办理了离婚登记后，当事人一方不按照离婚协议履行应尽的义务，或者在子女抚养、财产问题上发生纠纷的，当事人可以向人民法院提起民事诉讼。

（二）离婚证遗失或者损毁的补救

《婚姻登记条例》第17条规定："结婚证、离婚证遗失或者损毁的，当事人可以持户口簿、身份证向原办理婚姻登记的机关或者一方当事人常住户口所在地的婚姻登记机关申请补领。婚姻登记机关对当事人的婚姻登记档案进行查证，确认属实的，应当为当事人补发结婚证、离婚证。"

案例 梁某某诉徐州市云龙区民政局离婚登记行政确认案（江苏省高级人民法院行政判决书〔2018〕苏行终1715号）

案件适用要点：离婚登记是婚姻登记机关依当事人的申请，对当事人之间就自愿解除婚姻关系及对于子女抚养、财产分配等问题所达成的协议予以认可，并以颁发离婚证的形式确认当事人之间婚姻关系解除的行政行为。离婚登记一经完成，当事人之间的婚姻关系即告解除，婚姻解除情况即产生对外效力，具有社会公信力。不具有级别管辖权的婚姻登记机关为符合离婚实质要件的涉外婚姻当事人进行离婚登记，其后又以无管辖权为由、以自行纠正方式确认离婚登记行为无效的，对于该自行纠正的行政行为，人民法院不予支持。

第一千零七十九条　【诉讼离婚】夫妻一方要求离婚的，可以由有关组织进行调解或者直接向人民法院提起离婚诉讼。

人民法院审理离婚案件，应当进行调解；如果感情确已破裂，调解无效的，应当准予离婚。

有下列情形之一，调解无效的，应当准予离婚：

（一）重婚或者与他人同居；
（二）实施家庭暴力或者虐待、遗弃家庭成员；
（三）有赌博、吸毒等恶习屡教不改；
（四）因感情不和分居满二年；
（五）其他导致夫妻感情破裂的情形。

一方被宣告失踪，另一方提起离婚诉讼的，应当准予离婚。

经人民法院判决不准离婚后，双方又分居满一年，一方再次提起离婚诉讼的，应当准予离婚。

注释　［诉讼外调解］

诉讼外调解，其依据来源于本条规定的"夫妻一方要求离婚的，可以由有关组织进行调解"。这种调解属于民间性质。"有关组织"在实践中一般是当事人所在单位、群众团体、基层调解组织等。经过调解可能会出现不同的结果：一是双方的矛盾得到化解，重归于好，继续保持婚姻关系；二是双方都同意离婚，在子女抚养、财产及债务处理等事项上也达成一致意见，采用协议离婚的方式，到婚姻登记机关办理离婚登记手续；三是调解不成，一方坚持离婚，另一方则坚持相反意见，或者虽都同意离婚，但在子女抚养、财产及债务处理等事项上达不成协议，而需诉诸法院解决。

［诉讼离婚］

本条第2款中规定，"人民法院审理离婚案件，应当进行调解"。这表明调解是人民法院审理离婚案件的必经程序。适用调解程序，其目的在于防止当事人草率离婚，以及在双方当事人不能和解时，有助于平和、妥善地处理离婚所涉及的方方面面的问题。经过诉讼中的调解，会出现三种可能：第一种是双方互谅互让，重归于好。人民法院将调解和好协议的内容记入笔录，由双方当事人、审判人员、书记员签名或者盖章，协议的法律效力至此产生。第二种是双方达成全面的离婚协议，包括双方同意离婚、妥善安排子女今后的生活、合理分割财产、明确债务的承担等。人民法院应当按照协议的内容制作调解书。调解书应写明诉讼请求、案件的事实和调解结果，并由审判人员、书记员署名，加盖人民法院印章。离婚调解书经双方当事人签收后即具有法律效力。第三种是调解无效，包括双方就是否离婚或者在子女抚养、财产及债务处理等事项上达不成协议，在这种情况下，离婚诉讼程序继续进行。

调解不能久调不决，对于调解无效的案件，人民法院应当依法判决。判决应当根据当事人的婚姻状况，判决准予离婚或者判决不准离婚。一审判决离婚的，当事人在判决发生法律效力前不得另行结婚。当事人不服一审判决的，有权依法提出上诉。双方当事人在十五天的上诉期内均不上诉的，判决书发生法律效力。第二审人民法院审理上诉案件可以进行调解。经调解双方达成协议的，自调解书送达时起原审判决即视为撤销。第二审人民法院作出的判决是终审判决。对于判决不准离婚或者调解和好的离婚案件，没有新情况、新理由，原告在六个月内又起诉的，人民法院不予受理。

[调解无效，应当准予离婚的主要情形]

人民法院审理离婚案件，符合民法典第一千零七十九条第三款规定"应当准予离婚"情形的，不应当因当事人有过错而判决不准离婚。

1. 重婚或与他人同居

重婚是指有配偶者又与他人结婚的违法行为。其表现为法律上的重婚和事实上的重婚。

"与他人同居"的情形，是指有配偶者与婚外异性，不以夫妻名义，持续、稳定地共同居住。当事人提起诉讼仅请求解除同居关系的，人民法院不予受理；已经受理的，裁定驳回起诉。当事人因同居期间财产分割或者子女抚养纠纷提起诉讼的,人民法院应当受理。

2. 实施家庭暴力或虐待、遗弃家庭成员

家庭暴力,是指家庭成员之间以殴打、捆绑、残害、限制人身自由以及经常性谩骂、恐吓等方式实施的身体、精神等侵害行为。

虐待,指持续性、经常性的家庭暴力。

遗弃,指对于需要扶养的家庭成员,负有扶养义务而拒绝扶养的行为。

3. 有赌博、吸毒等恶习屡教不改

对于这类案件,人民法院应当查明有赌博、吸毒、酗酒等行为一方的一贯表现和事实情况。对情节较轻,有真诚悔改表现,对方也能谅解的,应着眼于调解和好。对于恶习难改,一贯不履行家庭义务,夫妻感情难以重建,夫妻难以共同生活的,经调解无效,应准予离婚。

4. 因感情不和分居满二年

夫妻因感情不和分居满二年,一般来说可以构成夫妻感情破裂的事实证明。"分居"是指夫妻间不再共同生活,不再互相履行夫妻义务,包括停止性生活,生活上不再互相关心、互相扶助等。具有分居满二年的情形,说明夫妻关系已徒具形式,名存实亡。当事人以此事由诉请人民法院离婚的,如经调解无效,应准予当事人离婚。

5. 其他导致夫妻感情破裂的情形

导致夫妻感情破裂的原因复杂多样,人民法院应当本着保障离婚自由、防止轻率离婚的原则,根据本法的立法精神和案件的具体情况,作出正确判定。例如,夫以妻擅自中止妊娠侵犯其生育权为由请求损害赔偿的,人民法院不予支持;夫妻双方因是否生育发生纠纷,致使感情确已破裂,一方请求离婚的,人民法院经调解无效,应依照民法典第一千零七十九条第三款第五项的规定处理。

参见 《反家庭暴力法》;《最高人民法院关于适用〈中华人民共和国民法典〉婚姻家庭编的解释(一)》第1条、第2条、第3条、第23条、第63条

案例 1. 刘某某申请人身安全保护令案(最高人民法院发布反家庭暴力法实施一周年十大典型案例)

案件适用要点:本案是公安机关协助执行人身安全保护令的典

型案例。裁定作出后，法院立即向刘某某及蒲某某住所地的公安派出所、社区、妇联等单位送达了裁定书，并发出协助执行通知。蒲某某严格执行裁定内容，未再向刘某某实施家暴，且在公安部门的协调下接受了强制戒毒。本案是反家庭暴力法实施后四川省受理的第一例案件，各大新闻媒体广泛报道，在社会上引起强烈反响，推动对人身安全保护令有了全新的认知和理解。

2. 王某某申请人身安全保护令案（最高人民法院发布反家庭暴力法实施一周年十大典型案例）

案件适用要点：本案是一起由男性家庭成员不依附其他诉讼而单独提起的人身安全保护令案件。在实践中把握何种行为可被定性为"家庭暴力"时，应在正确理解反家庭暴力法立法精神与相关条文的基础上，结合出警记录、就医记录，当事人及第三方调查情况，准确解读家庭暴力的持久性、故意性、控制性、恐惧性及后果严重性。对于家庭暴力的现实危险，应根据家庭暴力发生史、过去家庭暴力出警记录、就医记录，第三方描述等明确危险存在的可能性及大小。本案中王某某已年过八十，体弱多病，结合出警记录、同事证言、法院和居委会谈话笔录、医院诊疗记录、出院小结、验伤单、影像资料等证据，可证实王某某长期遭受来自万某某精神及身体上的折磨，并导致颅脑出血，身上多处受伤的严重后果，万某某的行为符合家庭暴力及现实危险的定义。

3. 赵某花与杨某良离婚纠纷案（最高人民法院公布49起婚姻家庭纠纷典型案例）

案件适用要点：夫妻感情确已破裂是准予离婚的唯一法定理由。认定夫妻感情是否确已破裂，要根据离婚纠纷案件的客观事实来确定。《关于人民法院审理离婚案件如何认定夫妻感情确已破裂的若干具体意见》中规定，应当从婚姻继承、婚后感情、离婚原因、夫妻关系的现状和有无和好的可能等方面综合分析。在本案中，原、被告双方系自由恋爱，婚姻基础较好，婚后双方虽因家务琐事发生吵闹，但只要双方加强沟通交流，克服生活中的各种困难，珍惜相互间的夫妻感情，另一方面双方所生两子女尚幼，从有利于小孩的健康成长出发，综合本案实际夫妻双方方仍有和好可能，据此法院判决原、被告双方不准离婚。

4. 路某某诉陶某甲离婚纠纷案——认定夫妻感情破裂的依据不仅限于法定事由（河北省邯郸市中级人民法院发布十起2021年度适用《民法典》典型案例之二）

案件适用要点：本案中，原告系第一次起诉离婚，且分居不满二年，经法庭调查原被告均不存在《中华人民共和国民法典》第一千零七十九条规定的法定离婚情形，但由于被告同意离婚，原、被告均认为双方之间夫妻感情已经完全破裂，经本院调解，双方之间无和好可能，可认定原、被告夫妻感情已经完全破裂，应当准予离婚。离婚后，关于子女抚养的问题，以照顾子女和女方权益，不改变子女生活环境为宜并采纳子女的意见，长子陶某乙已年满十周岁，且愿意随母亲生活，遂判决由原告抚养儿子陶某乙。

5. 张某云与张某森离婚纠纷支持起诉案（检例第126号）

案件适用要点：国家禁止任何形式的家庭暴力。"法不入家门"已成为历史，反对家庭暴力不仅是家事，更是国家和全社会的共同责任。《反家庭暴力法》第四条规定，县级以上人民政府有关部门、司法机关、人民团体、社会组织、居民委员会、村民委员会、企事业单位，应当依照本法和有关法律规定，做好反家庭暴力工作。第六条至第十条、第十四条等诸多条款规定司法机关、行政机关、社会团体、群众性自治组织等在反家暴工作中的责任与义务。检察机关履职中发现家暴线索的，应当先行协调相关责任单位履职尽责。检察机关除做好家庭暴力受害人的法律宣讲、心理疏导外，可以与民政部门联系，将家庭暴力受害人安置到救助管理机构或者福利机构提供的临时庇护场所，提供临时生活帮助；可以引导家庭暴力受害人向公安机关报案、向人民法院申请人身保护令，保护其人身安全；对于涉嫌虐待犯罪的，可以引导家庭暴力受害人向人民法院提起刑事自诉追究加害人的刑事及附带民事赔偿责任。

第一千零八十条　【婚姻关系的解除时间】完成离婚登记，或者离婚判决书、调解书生效，即解除婚姻关系。

注释 ［解除婚姻关系的时间］

登记离婚或者判决离婚生效后，当事人解除婚姻关系，双方基于配偶产生的身份关系消灭，基于配偶身份而产生的人身关系和财产关系即行终止。

1. 完成离婚登记时

登记离婚又称协议离婚，是我国法定的一种离婚形式。即婚姻关系当事人达成离婚合意并通过婚姻登记程序解除婚姻关系。完成离婚登记，取得离婚证的当事人基于配偶身份而产生的人身关系和财产关系即行终止。

2. 离婚调解书、判决书生效时

诉讼离婚是我国法定的另一种离婚形式。即婚姻关系当事人向人民法院提出离婚请求，由人民法院调解或判决而解除其婚姻关系的一种离婚方式。对调解离婚的，人民法院应当制作调解书。调解书应当写明诉讼请求、案件事实和调解结果。调解书由审判人员、书记员署名，加盖人民法院印章，送达双方当事人；经双方当事人签收后，即具有法律效力，男女双方的婚姻关系随即解除。

人民法院对审理的离婚案件，经调解无效的，应当依法作出判决。诉讼离婚的当事人在接到发生法律效力的离婚判决书后，双方的婚姻关系随即解除。

登记离婚或者判决离婚生效后，当事人解除婚姻关系，双方基于配偶产生的身份关系消灭，基于配偶身份而产生的人身关系和财产关系即行终止。

第一千零八十一条 【现役军人离婚】现役军人的配偶要求离婚，应当征得军人同意，但是军人一方有重大过错的除外。

注释 现役军人的配偶提出离婚须得军人同意的规定，只是保护军人婚姻的民事法律措施。如果此类纠纷是由于第三者破坏军婚造成并且构成犯罪的，应依法追究第三者的刑事责任。《刑法》第259条规定："明知是现役军人的配偶而与之同居或者结婚的，处三年以下有期徒刑或者拘役。利用职权、从属关系，以胁迫手段奸淫现役军人的妻子的，依照本法第二百三十六条的规定定罪处罚。"

["军人一方有重大过错" 的判断]

"军人一方有重大过错",可以依据民法典第一千零七十九条第三款前三项规定及军人有其他重大过错导致夫妻感情破裂的情形予以判断。

民法典第一千零七十九条第三款前三项规定为:(1)重婚或者与他人同居;(2)实施家庭暴力或者虐待、遗弃家庭成员;(3)有赌博、吸毒等恶习屡教不改。

参见 《最高人民法院关于适用〈中华人民共和国民法典〉婚姻家庭编的解释(一)》第64条

第一千零八十二条 【男方提出离婚的限制情形】女方在怀孕期间、分娩后一年内或者终止妊娠后六个月内,男方不得提出离婚;但是,女方提出离婚或者人民法院认为确有必要受理男方离婚请求的除外。

注释 本条规定限制的是男方在一定期限内的起诉权,而不是否定和剥夺男方的起诉权,只是推迟了男方提出离婚的时间,并不涉及准予离婚与不准予离婚的实体性问题。也就是说,只是对男方离婚请求权暂时性的限制,超过法律规定的期限,不再适用此规定。但是,男方在此期间并不是绝对的没有离婚请求权,法律还有例外规定,即人民法院认为"确有必要"的,也可以根据具体情况受理男方的离婚请求。所谓"确有必要",一般是指比本条特别保护利益更为重要的利益需要关注的情形。

在本条规定中,法律还规定了另一种例外情形,即在此期间,女方提出离婚的,不受此规定的限制。女方自愿放弃法律对其的特殊保护,说明其本人对离婚已有思想准备,对此,法院应当根据当事人婚姻的实际情况判定是否准予离婚。

第一千零八十三条 【复婚】离婚后,男女双方自愿恢复婚姻关系的,应当到婚姻登记机关重新进行结婚登记。

注释 复婚,是指离了婚的男女重新和好,再次登记结婚,恢复婚姻关系。男女双方离婚后又自愿复婚,可以通过办理恢复结婚登记,重新恢复婚姻关系。

《婚姻登记条例》第14条规定，离婚的男女双方自愿恢复夫妻关系的，应当到婚姻登记机关办理复婚登记。复婚登记适用本条例结婚登记的规定。即复婚登记手续与结婚登记手续一致，男女双方应当亲自到一方户籍所在地的婚姻登记机关申请复婚登记。在办理复婚登记时，应提交原离婚证，以备婚姻登记机关审查。婚姻登记机关按照结婚登记程序办理复婚登记。在办理复婚登记时，应当收回双方当事人的离婚证后，重新发给结婚证。收回离婚证的目的，是防止当事人重婚。对于复婚的当事人一般不再要求进行婚前健康检查。

第一千零八十四条　【离婚后子女的抚养】 父母与子女间的关系，不因父母离婚而消除。离婚后，子女无论由父或者母直接抚养，仍是父母双方的子女。

离婚后，父母对于子女仍有抚养、教育、保护的权利和义务。

离婚后，不满两周岁的子女，以由母亲直接抚养为原则。已满两周岁的子女，父母双方对抚养问题协议不成的，由人民法院根据双方的具体情况，按照最有利于未成年子女的原则判决。子女已满八周岁的，应当尊重其真实意愿。

注释　[离婚后，不满两周岁的子女的抚养]

离婚案件涉及未成年子女抚养的，对不满两周岁的子女，按照民法典第一千零八十四条第三款规定的原则处理。母亲有下列情形之一，父亲请求直接抚养的，人民法院应予支持：

（一）患有久治不愈的传染性疾病或者其他严重疾病，子女不宜与其共同生活；

（二）有抚养条件不尽抚养义务，而父亲要求子女随其生活；

（三）因其他原因，子女确不宜随母亲生活。

父母双方协议不满两周岁子女由父亲直接抚养，并对子女健康成长无不利影响的，人民法院应予支持。

[离婚后，已满两周岁的未成年子女的抚养]

对已满两周岁的未成年子女，父母均要求直接抚养，一方有下列情形之一的，可予优先考虑：

(一) 已做绝育手术或者因其他原因丧失生育能力；
(二) 子女随其生活时间较长，改变生活环境对子女健康成长明显不利；
(三) 无其他子女，而另一方有其他子女；
(四) 子女随其生活，对子女成长有利，而另一方患有久治不愈的传染性疾病或者其他严重疾病，或者有其他不利于子女身心健康的情形，不宜与子女共同生活。

父母均要求直接抚养已满两周岁的未成年子女，一方有下列情形之一的，人民法院应当按照最有利于未成年子女的原则，优先考虑由另一方直接抚养：（1）实施家庭暴力或者虐待、遗弃家庭成员；（2）有赌博、吸毒等恶习；（3）重婚、与他人同居或者其他严重违反夫妻忠实义务情形；（4）抢夺、藏匿未成年子女且另一方不存在前述第一项或者第二项等严重侵害未成年子女合法权益情形；（5）其他不利于未成年子女身心健康的情形。

[父或者母直接抚养子女的优先条件]
父母抚养子女的条件基本相同，双方均要求直接抚养子女，但子女单独随祖父母或者外祖父母共同生活多年，且祖父母或者外祖父母要求并且有能力帮助子女照顾孙子女或者外孙子女的，可以作为父或者母直接抚养子女的优先条件予以考虑。

[轮流直接抚养子女]
在有利于保护子女利益的前提下，父母双方协议轮流直接抚养子女的，人民法院应予支持。

[子女抚养关系的变更]
具有下列情形之一，父母一方要求变更子女抚养关系的，人民法院应予支持：

(一) 与子女共同生活的一方因患严重疾病或者因伤残无力继续抚养子女；
(二) 与子女共同生活的一方不尽抚养义务或有虐待子女行为，或者其与子女共同生活对子女身心健康确有不利影响；
(三) 已满八周岁的子女，愿随另一方生活，该方又有抚养能力；
(四) 有其他正当理由需要变更。

参见 《民法典》第 26 条、第 1067 条、第 1068 条;《妇女权益保障法》第 70 条、第 71 条;《未成年人保护法》;《最高人民法院关于适用〈中华人民共和国民法典〉婚姻家庭编的解释(一)》第 44-48 条、第 56 条;《最高人民法院关于适用〈中华人民共和国民法典〉婚姻家庭编的解释(二)》第 12 条

案例 1. 庄建玉诉吴建光变更抚养关系案(2014 年 11 月 24 日最高人民法院通报 14 起未成年人审判典型案例之六)

案件适用要点:关于未成年子女的抚养问题,应从有利于子女身心健康、保障子女合法权益出发。虽然相关司法解释规定准予变更抚养关系的情形之一包括十周岁①以上未成年子女的意愿且该方有抚养能力,但是,该规定中未成年子女的意愿是衡量是否有利于子女健康成长的重要参考因素,而非决定因素。

本案中虽然原、被告的女儿已年满十周岁,且在跟随父或者母共同生活作出选择。但法院从保障未成年子女权益出发,一方面至学校了解情况,征询其意见,另一方面围绕未成年子女开展调查,了解未成年子女的成长轨迹、成长环境、生活和学习现状。在充分调查后,综合考虑各方因素及未成年子女的辨识和责任能力,认为改变生活环境对子女健康成长明显不利,故判决驳回原告诉讼请求。

2. 江某诉钟某变更抚养关系案——依法保障未成年人的受教育权(2019 年 5 月 31 日最高人民法院发布保护未成年人权益十大优秀案例)

案件适用要点:父母或者其他监护人应当尊重未成年人受教育的权利,必须使适龄未成年人依法入学接受并完成义务教育,不得使接受义务教育的未成年人辍学。与子女共同生活的一方不尽抚养义务,另一方要求变更子女抚养关系的,人民法院应予支持。本案中,江某俊随钟某生活期间,钟某不履行监护义务,拒绝送江某俊上学,不让孩子接受义务教育,严重侵犯了孩子受教育权利。钟某无工作,无住房,无经济来源,无法保障孩子生活、学习所需,且侵犯孩子受教育权,本着儿童利益最大化原则,法官判决支持江某变更抚养关系的诉求。

子女的成长是一个长期的动态过程,随着时间的推移,离婚时

---

① 根据《民法典》第 1084 条,子女已满八周岁的,应当尊重其真实意愿。

协商或判决所依据的父母双方的抚养能力和抚养条件可能会在子女成长过程中产生很大的变化,所以法律出于保证子女的健康成长考虑,允许离婚夫妇以协议或诉讼的方式变更与子女的抚养关系。在抚养的过程中,不光要给予生活保障,学习教育权利更应当保障,如果一方怠于履行义务,人民法院将依法进行抚养关系变更。

3. 李某娥诉罗某超离婚纠纷案——优先考虑儿童最佳利益(2014年2月27日最高人民法院公布十起涉家庭暴力典型案例)

案件适用要点： 法院经审理认为,罗某超长期酗酒,多次酒后实施家庭暴力。子女罗某蔚、罗某海数次目睹父亲殴打母亲,也曾直接遭受殴打,这都给他们身心造成严重伤害,同时也可能造成家庭暴力的代际传递。为避免罗某蔚、罗某海继续生活在暴力环境中,应由李某娥抚养两个子女,罗某超依法支付抚养费。遂判决准许李某娥与罗某超离婚,子女罗某蔚、罗某海由李某娥抚养,罗某超每月支付抚养费共计900元。罗某超可于每月第一个星期日探视子女,探视前12小时内及探视期间不得饮酒,否则视为放弃该次探视权利,李某娥及子女可拒绝探视。一审宣判后双方均未提起上诉。

第一千零八十五条　【离婚后子女抚养费的负担】 离婚后,子女由一方直接抚养的,另一方应当负担部分或者全部抚养费。负担费用的多少和期限的长短,由双方协议;协议不成的,由人民法院判决。

前款规定的协议或者判决,不妨碍子女在必要时向父母任何一方提出超过协议或者判决原定数额的合理要求。

注释　[抚养费的数额]

抚养费的数额,可以根据子女的实际需要、父母双方的负担能力和当地的实际生活水平确定。

有固定收入的,抚养费一般可以按其月总收入的百分之二十至三十的比例给付。负担两个以上子女抚养费的,比例可以适当提高,但一般不得超过月总收入的百分之五十。

无固定收入的,抚养费的数额可以依据当年总收入或者同行业平均收入,参照上述比例确定。

有特殊情况的,可以适当提高或者降低上述比例。

[抚养费的给付]

抚养费应当定期给付,有条件的可以一次性给付。

父母一方无经济收入或者下落不明的,可以用其财物折抵抚养费。

父母双方可以协议由一方直接抚养子女并由直接抚养方负担子女全部抚养费。但是,直接抚养方的抚养能力明显不能保障子女所需费用,影响子女健康成长的,人民法院不予支持。

抚养费的给付期限,一般至子女十八周岁为止。十六周岁以上不满十八周岁,以其劳动收入为主要生活来源,并能维持当地一般生活水平的,父母可以停止给付抚养费。

[抚养费的增加]

具有下列情形之一,子女要求有负担能力的父或者母增加抚养费的,人民法院应予支持:

(一)原定抚养费数额不足以维持当地实际生活水平;

(二)因子女患病、上学,实际需要已超过原定数额;

(三)有其他正当理由应当增加。

参见 《妇女权益保障法》第68条;《最高人民法院关于适用〈中华人民共和国民法典〉婚姻家庭编的解释(一)》第49-53条、第58条;《最高人民法院关于适用〈中华人民共和国民法典〉婚姻家庭编的解释(二)》第16-17条

案例 原告李泊霖、李宁诉被告李涛抚养费纠纷案(最高人民法院公布49起婚姻家庭纠纷典型案例)

案件适用要点: 随着我国高等教育的逐渐普及,上大学(含各类职业技术学校)越来越成为适龄青少年的普遍选择。就我国传统习惯和绝大多数的家庭选择而言,没能经济独立的子女就读大学(含各类职业技术学校)的费用,由有经济能力的父母支付已然成为一种惯例。然而我国民法通则、婚姻法、未成年人保护法等等法律,却作出了与之相悖的规定,父母没有义务支付该部分费用。这就造成了习惯做法、社会传统和法律规定的冲突。尤其是在离异家庭中,这种冲突直接导致了亲情的反目和对立。本案就是涉及大学期间学费、生活费负担问题的典型案例。

本案中,原告李宁与被告李涛的离婚协议是双方真实意思表示,

双方对于孩子上大学学费、生活费和结婚费用的约定，是其离婚协议的一部分，是双方在离婚时就子女读书、婚嫁事宜作出的合理安排，且原告李宁为达成离婚协议而自愿承担原告李泊霖成年之前的抚养义务，并免除了被告李涛支付抚养费的法定义务，这也可视为原告李宁为争取到孩子的大学学费和婚嫁费用而在其他方面做出的让步。这种约定不违反法律的禁止性规定，合法有效，依法应当得到法律的支持和认可。如果认定离婚协议的该条款无效，则不但违背了民法的基本原则，对原告李宁的权益也是一种损害。故本案一审法院本着尊重当事人意思自治的原则，依法支持了原告李泊霖的合法诉求，为同类案件的审理提供了可资借鉴的依据。

第一千零八十六条　【探望子女权利】离婚后，不直接抚养子女的父或者母，有探望子女的权利，另一方有协助的义务。

行使探望权利的方式、时间由当事人协议；协议不成的，由人民法院判决。

父或者母探望子女，不利于子女身心健康的，由人民法院依法中止探望；中止的事由消失后，应当恢复探望。

注释　[探望权纠纷的诉讼受理]

人民法院作出的生效的离婚判决中未涉及探望权，当事人就探望权问题单独提起诉讼的，人民法院应予受理。

[探望权的中止和恢复]

当事人在履行生效判决、裁定或者调解书的过程中，一方请求中止探望的，人民法院在征询双方当事人意见后，认为需要中止探望的，依法作出裁定；中止探望的情形消失后，人民法院应当根据当事人的请求书面通知其恢复探望。

[提请中止探望权的主体]

未成年子女、直接抚养子女的父或者母以及其他对未成年子女负担抚养、教育、保护义务的法定监护人，有权向人民法院提出中止探望的请求。

[对拒不执行探望子女等裁判的强制执行]

对于拒不协助另一方行使探望权的有关个人或者组织，可以由人民法院依法采取拘留、罚款等强制措施，但是不能对子女的人身、探望行为进行强制执行。

参见 《最高人民法院关于适用〈中华人民共和国民法典〉婚姻家庭编的解释（一）》第65-68条

案例 韩理诉杨延铭探望权纠纷案（2015年12月4日最高人民法院公布49起婚姻家庭纠纷典型案例）

案件适用要点：《中华人民共和国婚姻法》第三十八条规定，离婚后，不直接抚养子女的父或母，有探望子女的权利，另一方有协助的义务。行使探望权利的方式、时间由当事人协议；协议不成时，由人民法院判决。父或母探望子女，不利于子女身心健康的，由人民法院依法中止探望的权利；中止的事由消失后，应当恢复探望的权利。离婚后不直接抚养孩子的一方具有探望孩子的法定的权利，另一方不应以先行给付抚养费等理由加以干涉、阻挠。离婚后的双方应当本着有利于孩子身心健康的原则，对子女探望、教育等事项进行协商解决，为孩子营造和谐的成长环境。

第一千零八十七条 【离婚时夫妻共同财产的处理】离婚时，夫妻的共同财产由双方协议处理；协议不成的，由人民法院根据财产的具体情况，按照照顾子女、女方和无过错方权益的原则判决。

对夫或者妻在家庭土地承包经营中享有的权益等，应当依法予以保护。

注释 [军人复员费、自主择业费等的归属及计算方法]

人民法院审理离婚案件，涉及分割发放到军人名下的复员费、自主择业费等一次性费用的，以夫妻婚姻关系存续年限乘以年平均值，所得数额为夫妻共同财产。

前款所称年平均值，是指将发放到军人名下的上述费用总额按具体年限均分得出的数额。其具体年限为人均寿命七十岁与军人入伍时实际年龄的差额。

[投资性财产的分割]

夫妻双方分割共同财产中的股票、债券、投资基金份额等有价证券以及未上市股份有限公司股份时，协商不成或者按市价分配有困难的，人民法院可以根据数量按比例分配。

[有限责任公司出资额的分割]

人民法院审理离婚案件，涉及分割夫妻共同财产中以一方名义在有限责任公司的出资额，另一方不是该公司股东的，按以下情形分别处理：

（一）夫妻双方协商一致将出资额部分或者全部转让给该股东的配偶，其他股东过半数同意，并且其他股东均明确表示放弃优先购买权的，该股东的配偶可以成为该公司股东；

（二）夫妻双方就出资额转让份额和转让价格等事项协商一致后，其他股东半数以上不同意转让，但愿意以同等条件购买该出资额，人民法院可以对转让出资所得财产进行分割。其他股东半数以上不同意转让，也不愿意以同等条件购买该出资额的，视为其同意转让，该股东的配偶可以成为该公司股东。

用于证明前款规定的股东同意的证据，可以是股东会议材料，也可以是当事人通过其他合法途径取得的股东的书面声明材料。

[涉及合伙企业中夫妻共同财产份额的分割原则]

人民法院审理离婚案件，涉及分割夫妻共同财产中以一方名义在合伙企业中的出资，另一方不是该企业合伙人的，当夫妻双方协商一致，将其合伙企业中的财产份额全部或者部分转让给对方时，按以下情形分别处理：

（一）其他合伙人一致同意的，该配偶依法取得合伙人地位；

（二）其他合伙人不同意转让，在同等条件下行使优先购买权的，可以对转让所得的财产进行分割；

（三）其他合伙人不同意转让，也不行使优先购买权，但同意该合伙人退伙或者削减部分财产份额的，可以对结算后的财产进行分割；

（四）其他合伙人既不同意转让，也不行使优先购买权，又不同意该合伙人退伙或者削减部分财产份额的，视为全体合伙人同意转让，该配偶依法取得合伙人地位。

[独资企业财产分割]

夫妻以一方名义投资设立个人独资企业的，人民法院分割夫妻在该个人独资企业中的共同财产时，应当按照以下情形分别处理：

（一）一方主张经营该企业的，对企业资产进行评估后，由取得企业资产所有权一方给予另一方相应的补偿；

（二）双方均主张经营该企业的，在双方竞价基础上，由取得企业资产所有权的一方给予另一方相应的补偿；

（三）双方均不愿意经营该企业的，按照《中华人民共和国个人独资企业法》等有关规定办理。

[夫妻共同财产中的房屋价值及归属]

双方对夫妻共同财产中的房屋价值及归属无法达成协议时，人民法院按以下情形分别处理：

（一）双方均主张房屋所有权并且同意竞价取得的，应当准许；

（二）一方主张房屋所有权的，由评估机构按市场价格对房屋作出评估，取得房屋所有权的一方应当给予另一方相应的补偿；

（三）双方均不主张房屋所有权的，根据当事人的申请拍卖、变卖房屋，就所得价款进行分割。

[所有权未确定的房屋处理]

离婚时双方对尚未取得所有权或者尚未取得完全所有权的房屋有争议且协商不成的，人民法院不宜判决房屋所有权的归属，应当根据实际情况判决由当事人使用。

当事人就前款规定的房屋取得完全所有权后，有争议的，可以另行向人民法院提起诉讼。

[离婚时一方婚前贷款所购不动产的处理]

夫妻一方婚前签订不动产买卖合同，以个人财产支付首付款并在银行贷款，婚后用夫妻共同财产还贷，不动产登记于首付款支付方名下的，离婚时该不动产由双方协议处理。

依前款规定不能达成协议的，人民法院可以判决该不动产归登记一方，尚未归还的贷款为不动产登记一方的个人债务。双方婚后共同还贷支付的款项及其相对应财产增值部分，离婚时应根据民法典第一千零八十七条第一款规定的原则，由不动产登记一方对另一方进行补偿。

[购买以一方父母名义参加房改的房屋的处理]

婚姻关系存续期间，双方用夫妻共同财产出资购买以一方父母名义参加房改的房屋，登记在一方父母名下，离婚时另一方主张按照夫妻共同财产对该房屋进行分割的，人民法院不予支持。购买该房屋时的出资，可以作为债权处理。

[子女婚姻关系解除时父母出资购房的应如何分割]

对于父母为子女出资购房的，如果子女婚姻关系解除，父母出资购房的行为基础丧失，在分割夫妻共同财产时应当考虑个案情况予以平衡。则此处"财产的具体情况"应当包括出资来源情况。鉴于实际生活中出资来源的复杂性，《婚姻家庭编解释（二）》区分一方父母全额出资和部分出资两大类情况分别予以规定：（1）针对一方父母全额出资的情况。如果赠与合同明确约定只赠与自己子女一方，依照约定处理；如果没有约定或者约定不明确的，离婚分割夫妻共同财产时，房屋不论是否登记在自己子女名下，都可以判决该房屋归出资人子女一方所有，以保障出资父母一方的利益。但是，同时也要综合考虑共同生活及孕育共同子女情况、离婚过错、对家庭的贡献大小等因素，来确定是否需要对另一方予以补偿以及补偿的具体数额。（2）针对一方父母部分出资或者双方父母对房屋均有出资的情况，《婚姻家庭编解释（二）》规定，如果赠与合同明确约定，相应出资只赠与自己子女一方，依照约定处理；如果没有约定或者约定不明确的，离婚分割夫妻共同财产时，因不同案件出资来源和各方出资比例不同，需要根据个案情况分别处理。比如，双方父母的出资比例为2∶8，如双方没有明确约定房产归属，具体分割时，一般可以判决房屋归80%出资比例的一方，但是并非一定给另一方20%的补偿，需要在考虑共同生活及孕育共同子女情况、离婚过错、对家庭的贡献大小等因素的基础上，按照照顾子女、女方和无过错方权益的原则判决，补偿比例可能高于也可能低于20%。

[夫妻间借款的处理]

夫妻之间订立借款协议，以夫妻共同财产出借给一方从事个人经营活动或者用于其他个人事务的，应视为双方约定处分夫妻共同财产的行为，离婚时可以按照借款协议的约定处理。

参见 《民法典》第1063条、第1065条；《妇女权益保障法》第7章；《最高人民法院关于适用〈中华人民共和国民法典〉

婚姻家庭编的解释（一）》第71-79条、第82条；《最高人民法院关于适用〈中华人民共和国民法典〉婚姻家庭编的解释（二）》第8-10条、第20条

案例 范某某与许某某离婚纠纷案（2025年1月15日最高人民法院发布4起涉婚姻家庭纠纷典型案例）

案件适用要点：根据民法典第1087条规定，离婚时，夫妻的共同财产由双方协议处理；协议不成的，由人民法院根据财产的具体情况，按照照顾子女、女方和无过错方权益的原则判决。婚姻关系存续期间，由一方父母全额出资购置的房屋转移登记至夫妻双方名下，离婚分割夫妻共同财产时，可以根据该财产的出资来源情况，判决该房屋归出资方子女所有，但需综合考虑共同生活及孕育共同子女情况、离婚过错、离婚时房屋市场价格等因素，确定是否由获得房屋一方对另一方予以补偿以及补偿的具体数额。本案中，人民法院综合考虑婚姻关系存续时间较短、未孕育共同子女、房屋市场价格等因素，判决房屋归出资方子女所有，并酌定出资方子女补偿对方7万元，既保护了父母的合理预期和财产权益，也肯定和鼓励了对家庭的投入和付出，较好地平衡了双方利益。

第一千零八十八条 【离婚经济补偿】夫妻一方因抚育子女、照料老年人、协助另一方工作等负担较多义务的，离婚时有权向另一方请求补偿，另一方应当给予补偿。具体办法由双方协议；协议不成的，由人民法院判决。

注释 本条规定是遵循权利和义务对等的原则作出的。只有在一方为婚姻共同体尽了较多义务，如抚养子女、照料老人、协助另一方工作的情况下才可向对方请求补偿。夫妻离婚时，一方对承担较多家务劳动的另一方给予经济补偿，首先应当由要求离婚的夫妻自行协商确定，这种协商可以是在协议离婚时确定，也可以在诉讼离婚中确定。如果在协议离婚时双方达成了一致的协议，则可以向婚姻登记部门提交。婚姻登记部门查明确属自愿，且不违反法律规定的，给予离婚登记，双方应自觉履行协议。在诉讼离婚中，双方对离婚补偿达成一致意见，交由法院以调解书或者判决书的形式

予以确认。如果双方达不成协议，人民法院则依据本条的规定进行判决确定。

参见　《妇女权益保障法》第 68 条；《最高人民法院关于适用〈中华人民共和国民法典〉婚姻家庭编的解释（二）》第 21 条

第一千零八十九条　【离婚时夫妻共同债务的清偿】离婚时，夫妻共同债务应当共同偿还。共同财产不足清偿或者财产归各自所有的，由双方协议清偿；协议不成的，由人民法院判决。

注释　根据本条规定，婚姻关系终结时，夫妻共同债务清偿应当遵循的原则是共同债务共同清偿。依法属于夫妻共同债务的，夫妻应当以共同财产共同偿还，这是一个基本原则。但是，如果夫妻共同财产不足致使不能清偿的，或者双方约定财产归各自所有没有共同财产清偿的，夫妻双方对共同债务如何偿还以及清偿比例等，可以由双方当事人协商确定，如果双方协商不能达成一致意见的，由人民法院考虑双方当事人的具体情况依法判决确定。需要注意的是，不论是双方当事人协商确定，还是人民法院判决确定的清偿方式、清偿比例等内容，仅在离婚的双方当事人之间有效，对债权人是没有法律效力的，债权人可以依照本法第 178 条"二人以上依法承担连带责任的，权利人有权请求部分或者全部连带责任人承担责任"的规定来要求双方履行其债务。

参见　《民法典》第 1060 条、第 1064 条

第一千零九十条　【离婚经济帮助】离婚时，如果一方生活困难，有负担能力的另一方应当给予适当帮助。具体办法由双方协议；协议不成的，由人民法院判决。

参见　《最高人民法院关于适用〈中华人民共和国民法典〉婚姻家庭编的解释（二）》第 22 条

第一千零九十一条　【离婚损害赔偿】有下列情形之一，导致离婚的，无过错方有权请求损害赔偿：

（一）重婚；

（二）与他人同居；

（三）实施家庭暴力；
（四）虐待、遗弃家庭成员；
（五）有其他重大过错。

注释 [离婚损害赔偿的范围]

民法典第一千零九十一条规定的"损害赔偿"，包括物质损害赔偿和精神损害赔偿。涉及精神损害赔偿的，适用《最高人民法院关于确定民事侵权精神损害赔偿责任若干问题的解释》的有关规定。

[离婚损害赔偿请求的主体与限制]

承担民法典第一千零九十一条规定的损害赔偿责任的主体，为离婚诉讼当事人中无过错方的配偶。

人民法院判决不准离婚的案件，对于当事人基于民法典第一千零九十一条提出的损害赔偿请求，不予支持。

在婚姻关系存续期间，当事人不起诉离婚而单独依据民法典第一千零九十一条提起损害赔偿请求的，人民法院不予受理。

[离婚损害赔偿诉讼提起时间]

人民法院受理离婚案件时，应当将民法典第一千零九十一条等规定中当事人的有关权利义务，书面告知当事人。在适用民法典第一千零九十一条时，应当区分以下不同情况：

（一）符合民法典第一千零九十一条规定的无过错方作为原告基于该条规定向人民法院提起损害赔偿请求的，必须在离婚诉讼的同时提出。

（二）符合民法典第一千零九十一条规定的无过错方作为被告的离婚诉讼案件，如果被告不同意离婚也不基于该条规定提起损害赔偿请求的，可以就此单独提起诉讼。

（三）无过错方作为被告的离婚诉讼案件，一审时被告未基于民法典第一千零九十一条规定提出损害赔偿请求，二审期间提出的，人民法院应当进行调解；调解不成的，告知当事人另行起诉。双方当事人同意由第二审人民法院一并审理的，第二审人民法院可以一并裁判。

[登记离婚后损害赔偿诉请的提起]

当事人在婚姻登记机关办理离婚登记手续后,以民法典第一千零九十一条规定为由向人民法院提出损害赔偿请求的,人民法院应当受理。但当事人在协议离婚时已经明确表示放弃该项请求的,人民法院不予支持。

[离婚损害赔偿请求权的认定]

夫妻双方均有民法典第一千零九十一条规定的过错情形,一方或者双方向对方提出离婚损害赔偿请求的,人民法院不予支持。

参见　《妇女权益保障法》第69条;《最高人民法院关于适用〈中华人民共和国民法典〉婚姻家庭编的解释(一)》第86-90条;《最高人民法院关于确定民事侵权精神损害赔偿责任若干问题的解释》

案例　1.周某诉张某离婚后损害责任纠纷案(2015年12月4日最高人民法院公布49起婚姻家庭纠纷典型案例)

案件适用要点:在离婚后发现被告的婚姻存续期间的出轨行为,请求精神损害赔偿,人民法院依法予以支持。

2.张某诉程某身体权纠纷案(2015年12月4日最高人民法院公布49起婚姻家庭纠纷典型案例)

案件适用要点:本案是一起典型的家庭暴力案件,呼和浩特市中级法院针对家庭暴力对象的特殊性、形式的多样性、行为的隐蔽性、结果的循环性等特点,认真审理了此案。被告人程某粗鲁强势,其母目中无人,辱骂法官的行为能够印证家暴是导致他们婚姻关系破裂的主要原因,一个完整的家庭解体了,但对张某身体及精神造成的危害却无法弥补。本案中张某冷静理智,没有采用"以暴制暴"的手段来反抗,而是拿起法律这个有力的武器来捍卫自己的合法权益,其法律意识之强深深打动了每一位法官。以往因家庭暴力导致离婚的案件通常仅仅止步于婚姻关系的终止,受害人在离婚后就人身损害提起民事诉讼的情况极少。本案中张某在婚姻关系存续期间对程某的家庭暴力行为提起过刑事附带民事诉讼,获得了部分赔偿。在离婚后,对家庭暴力造成的人身损害再一次提起了民事诉讼。该案件在当地群众中产生了深远的影响,研究探讨该案例对法律适用和预防家庭暴力行为有着重要意义：

第一，受害人对家庭暴力行为能够及时收集、保留、固定证据，使案件能够顺利立案并最终判决，家庭暴力的施暴者得到了有力的惩治；

第二，该案例为家庭暴力的受害者在离婚后如何请求保护人身损害赔偿指明了道路，最高人民法院《关于适用〈中华人民共和国婚姻法〉若干问题的解释（一）》对家庭暴力行为进行了定义，对家庭暴力的范畴作出了明确表述，为法官审理此类案件提供了有力的法律依据；

第三，纠正了不正确的认识。刑事附带民事判决不能囊括全部受害人应得的人身损害赔偿，对于没有对受害人进行赔偿的部分，受害人有权另行提起民事诉讼；

第四，许多起家庭暴力案件都造成了极其严重的后果，有些甚至造成了人身伤亡事件，立法者乃至整个社会应当从此案件中反思，如何通过立法、执法行为，在家庭暴力发生前就给施暴者以威慑，从根源上遏制家庭暴力。

第一千零九十二条　【一方侵害夫妻财产的处理规则】夫妻一方隐藏、转移、变卖、毁损、挥霍夫妻共同财产，或者伪造夫妻共同债务企图侵占另一方财产的，在离婚分割夫妻共同财产时，对该方可以少分或者不分。离婚后，另一方发现有上述行为的，可以向人民法院提起诉讼，请求再次分割夫妻共同财产。

注释　[再次分割夫妻共同财产的时效]

当事人依据民法典第一千零九十二条的规定向人民法院提起诉讼，请求再次分割夫妻共同财产的诉讼时效期间为三年，从当事人发现之日起计算。

[离婚案件中的财产保全措施]

夫妻一方申请对配偶的个人财产或者夫妻共同财产采取保全措施的，人民法院可以在采取保全措施可能造成损失的范围内，根据实际情况，确定合理的财产担保数额。

参见　《最高人民法院关于适用〈中华人民共和国民法典〉

婚姻家庭编的解释（一）》第70条、第83-84条；《最高人民法院关于适用〈中华人民共和国民法典〉婚姻家庭编的解释（二）》第6条、第7条

案例 1. 李某诉孙某离婚后财产纠纷案（2015年12月4日最高人民法院公布49起婚姻家庭纠纷典型案例）

案件适用要点：李某在离婚后发现前夫孙某现住房是孙某在双方婚姻关系存续期间购买，孙某在离婚时对该房屋进行了隐瞒。虽然双方在离婚协议中有"男方经营的公司、所有的汽车等财产，离婚后属男方"的约定，但在房产价值远大于汽车的价值的常识背景下，以"等"字涵盖房屋，违背常理。法院认定该房为双方婚姻关系存续期间购买，应属于双方共同财产，并依法进行了分割。

2. 原告吕某芳诉被告许某坤离婚案（2015年12月4日最高人民法院公布49起婚姻家庭纠纷典型案例）

案件适用要点：离婚诉讼中，很多当事人担心对方隐匿家庭共同财产，其实这个担心并不是多余的，几乎60%以上的案件都会涉及一方涉嫌隐匿财产的情况。因此，防止对方隐匿财产，应当提前准备。比如，在起诉前，就将家庭共同财产的发票收集好，或请朋友做见证，兼采影像取证技术。另外，对于银行存款、股票基金等，可以在起诉同时申请法院调查或律师出具调查令调查，一旦查出财产下落，可以视情况采取财产保全措施等。

本案中，原告申请法院调查收集证据，法院向中国农业银行宣威板桥分理处调取被告许某坤在该行的开户及账号交易明细情况，查明被告许某坤从2月4日至3月9日共销户定期一本通子账户七笔，合计553932.14元。故法院作出前述判决。

3. 雷某某诉宋某某离婚纠纷案（指导案例66号）

案件适用要点：一方在离婚诉讼期间或离婚诉讼前，隐藏、转移、变卖、毁损夫妻共同财产，或伪造债务企图侵占另一方财产的，离婚分割夫妻共同财产时，依照《中华人民共和国婚姻法》第四十七条的规定可以少分或不分财产。

……

最高人民法院关于适用《中华人民共和国民法典》婚姻家庭编的解释（一）

（2020年12月25日最高人民法院审判委员会第1825次会议通过　2020年12月29日最高人民法院公告公布　自2021年1月1日起施行　法释〔2020〕22号）

为正确审理婚姻家庭纠纷案件，根据《中华人民共和国民法典》《中华人民共和国民事诉讼法》等相关法律规定，结合审判实践，制定本解释。

一、一般规定

第一条　持续性、经常性的家庭暴力，可以认定为民法典第一千零四十二条、第一千零七十九条、第一千零九十一条所称的"虐待"。

第二条　民法典第一千零四十二条、第一千零七十九条、第一千零九十一条规定的"与他人同居"的情形，是指有配偶者与婚外异性，不以夫妻名义，持续、稳定地共同居住。

第三条　当事人提起诉讼仅请求解除同居关系的，人民法院不予受理；已经受理的，裁定驳回起诉。

当事人因同居期间财产分割或者子女抚养纠纷提起诉讼的，人民法院应当受理。

第四条　当事人仅以民法典第一千零四十三条为依据提起诉讼的，人民法院不予受理；已经受理的，裁定驳回起诉。

第五条　当事人请求返还按照习俗给付的彩礼的，如果查明属于以下情形，人民法院应当予以支持：

（一）双方未办理结婚登记手续；
（二）双方办理结婚登记手续但确未共同生活；
（三）婚前给付并导致给付人生活困难。
适用前款第二项、第三项的规定，应当以双方离婚为条件。

二、结　　婚

第六条　男女双方依据民法典第一千零四十九条规定补办结婚登记的，婚姻关系的效力从双方均符合民法典所规定的结婚的实质要件时起算。

第七条　未依据民法典第一千零四十九条规定办理结婚登记而以夫妻名义共同生活的男女，提起诉讼要求离婚的，应当区别对待：

（一）1994年2月1日民政部《婚姻登记管理条例》公布实施以前，男女双方已经符合结婚实质要件的，按事实婚姻处理。

（二）1994年2月1日民政部《婚姻登记管理条例》公布实施以后，男女双方符合结婚实质要件的，人民法院应当告知其补办结婚登记。未补办结婚登记的，依据本解释第三条规定处理。

第八条　未依据民法典第一千零四十九条规定办理结婚登记而以夫妻名义共同生活的男女，一方死亡，另一方以配偶身份主张享有继承权的，依据本解释第七条的原则处理。

第九条　有权依据民法典第一千零五十一条规定向人民法院就已办理结婚登记的婚姻请求确认婚姻无效的主体，包括婚姻当事人及利害关系人。其中，利害关系人包括：

（一）以重婚为由的，为当事人的近亲属及基层组织；
（二）以未到法定婚龄为由的，为未到法定婚龄者的近亲属；
（三）以有禁止结婚的亲属关系为由的，为当事人的近亲属。

第十条　当事人依据民法典第一千零五十一条规定向人民法院请求确认婚姻无效，法定的无效婚姻情形在提起诉讼时已经消失的，人民法院不予支持。

第十一条　人民法院受理请求确认婚姻无效案件后，原告申请撤诉的，不予准许。

对婚姻效力的审理不适用调解，应当依法作出判决。

涉及财产分割和子女抚养的，可以调解。调解达成协议的，另行制作调解书；未达成调解协议的，应当一并作出判决。

第十二条　人民法院受理离婚案件后，经审理确属无效婚姻的，应当将婚姻无效的情形告知当事人，并依法作出确认婚姻无效的判决。

第十三条　人民法院就同一婚姻关系分别受理了离婚和请求确认婚姻无效案件的，对于离婚案件的审理，应当待请求确认婚姻无效案件作出判决后进行。

第十四条　夫妻一方或者双方死亡后，生存一方或者利害关系人依据民法典第一千零五十一条的规定请求确认婚姻无效的，人民法院应当受理。

第十五条　利害关系人依据民法典第一千零五十一条的规定，请求人民法院确认婚姻无效的，利害关系人为原告，婚姻关系当事人双方为被告。

夫妻一方死亡的，生存一方为被告。

第十六条　人民法院审理重婚导致的无效婚姻案件时，涉及财产处理的，应当准许合法婚姻当事人作为有独立请求权的第三人参加诉讼。

第十七条　当事人以民法典第一千零五十一条规定的三种无效婚姻以外的情形请求确认婚姻无效的，人民法院应当判决驳回当事人的诉讼请求。

当事人以结婚登记程序存在瑕疵为由提起民事诉讼，主张撤销结婚登记的，告知其可以依法申请行政复议或者提起行政诉讼。

第十八条　行为人以给另一方当事人或者其近亲属的生命、身体、健康、名誉、财产等方面造成损害为要挟，迫使另一方当事人违背真实意愿结婚的，可以认定为民法典第一千零五十二条所称的"胁迫"。

因受胁迫而请求撤销婚姻的，只能是受胁迫一方的婚姻关系当事人本人。

第十九条 民法典第一千零五十二条规定的"一年"，不适用诉讼时效中止、中断或者延长的规定。

受胁迫或者被非法限制人身自由的当事人请求撤销婚姻的，不适用民法典第一百五十二条第二款的规定。

第二十条 民法典第一千零五十四条所规定的"自始没有法律约束力"，是指无效婚姻或者可撤销婚姻在依法被确认无效或者被撤销时，才确定该婚姻自始不受法律保护。

第二十一条 人民法院根据当事人的请求，依法确认婚姻无效或者撤销婚姻的，应当收缴双方的结婚证书并将生效的判决书寄送当地婚姻登记管理机关。

第二十二条 被确认无效或者被撤销的婚姻，当事人同居期间所得的财产，除有证据证明为当事人一方所有的以外，按共同共有处理。

三、夫妻关系

第二十三条 夫以妻擅自中止妊娠侵犯其生育权为由请求损害赔偿的，人民法院不予支持；夫妻双方因是否生育发生纠纷，致使感情确已破裂，一方请求离婚的，人民法院经调解无效，应依照民法典第一千零七十九条第三款第五项的规定处理。

第二十四条 民法典第一千零六十二条第一款第三项规定的"知识产权的收益"，是指婚姻关系存续期间，实际取得或者已经明确可以取得的财产性收益。

第二十五条 婚姻关系存续期间，下列财产属于民法典第一千零六十二条规定的"其他应当归共同所有的财产"：

（一）一方以个人财产投资取得的收益；

（二）男女双方实际取得或者应当取得的住房补贴、住房公积金；

（三）男女双方实际取得或者应当取得的基本养老金、破产安置补偿费。

第二十六条　夫妻一方个人财产在婚后产生的收益，除孳息和自然增值外，应认定为夫妻共同财产。

第二十七条　由一方婚前承租、婚后用共同财产购买的房屋，登记在一方名下的，应当认定为夫妻共同财产。

第二十八条　一方未经另一方同意出售夫妻共同所有的房屋，第三人善意购买、支付合理对价并已办理不动产登记，另一方主张追回该房屋的，人民法院不予支持。

夫妻一方擅自处分共同所有的房屋造成另一方损失，离婚时另一方请求赔偿损失的，人民法院应予支持。

第二十九条　当事人结婚前，父母为双方购置房屋出资的，该出资应当认定为对自己子女个人的赠与，但父母明确表示赠与双方的除外。

当事人结婚后，父母为双方购置房屋出资的，依照约定处理；没有约定或者约定不明确的，按照民法典第一千零六十二条第一款第四项规定的原则处理。

第三十条　军人的伤亡保险金、伤残补助金、医药生活补助费属于个人财产。

第三十一条　民法典第一千零六十三条规定为夫妻一方的个人财产，不因婚姻关系的延续而转化为夫妻共同财产。但当事人另有约定的除外。

第三十二条　婚前或者婚姻关系存续期间，当事人约定将一方所有的房产赠与另一方或者共有，赠与方在赠与房产变更登记之前撤销赠与，另一方请求判令继续履行的，人民法院可以按照民法典第六百五十八条的规定处理。

第三十三条　债权人就一方婚前所负个人债务向债务人的配偶主张权利的，人民法院不予支持。但债权人能够证明所负债务用于婚后家庭共同生活的除外。

第三十四条　夫妻一方与第三人串通，虚构债务，第三人主张该债务为夫妻共同债务的，人民法院不予支持。

夫妻一方在从事赌博、吸毒等违法犯罪活动中所负债务，第三人主张该债务为夫妻共同债务的，人民法院不予支持。

第三十五条 当事人的离婚协议或者人民法院生效判决、裁定、调解书已经对夫妻财产分割问题作出处理的，债权人仍有权就夫妻共同债务向男女双方主张权利。

一方就夫妻共同债务承担清偿责任后，主张由另一方按照离婚协议或者人民法院的法律文书承担相应债务的，人民法院应予支持。

第三十六条 夫或者妻一方死亡的，生存一方应当对婚姻关系存续期间的夫妻共同债务承担清偿责任。

第三十七条 民法典第一千零六十五条第三款所称"相对人知道该约定的"，夫妻一方对此负有举证责任。

第三十八条 婚姻关系存续期间，除民法典第一千零六十六条规定情形以外，夫妻一方请求分割共同财产的，人民法院不予支持。

四、父母子女关系

第三十九条 父或者母向人民法院起诉请求否认亲子关系，并已提供必要证据予以证明，另一方没有相反证据又拒绝做亲子鉴定的，人民法院可以认定否认亲子关系一方的主张成立。

父或者母以及成年子女起诉请求确认亲子关系，并提供必要证据予以证明，另一方没有相反证据又拒绝做亲子鉴定的，人民法院可以认定确认亲子关系一方的主张成立。

第四十条 婚姻关系存续期间，夫妻双方一致同意进行人工授精，所生子女应视为婚生子女，父母子女间的权利义务关系适用民法典的有关规定。

第四十一条 尚在校接受高中及其以下学历教育，或者丧失、部分丧失劳动能力等非因主观原因而无法维持正常生活的成年子女，可以认定为民法典第一千零六十七条规定的"不能独立生活的成年子女"。

第四十二条 民法典第一千零六十七条所称"抚养费",包括子女生活费、教育费、医疗费等费用。

第四十三条 婚姻关系存续期间,父母双方或者一方拒不履行抚养子女义务,未成年子女或者不能独立生活的成年子女请求支付抚养费的,人民法院应予支持。

第四十四条 离婚案件涉及未成年子女抚养的,对不满两周岁的子女,按照民法典第一千零八十四条第三款规定的原则处理。母亲有下列情形之一,父亲请求直接抚养的,人民法院应予支持:

(一)患有久治不愈的传染性疾病或者其他严重疾病,子女不宜与其共同生活;

(二)有抚养条件不尽抚养义务,而父亲要求子女随其生活;

(三)因其他原因,子女确不宜随母亲生活。

第四十五条 父母双方协议不满两周岁子女由父亲直接抚养,并对子女健康成长无不利影响的,人民法院应予支持。

第四十六条 对已满两周岁的未成年子女,父母均要求直接抚养,一方有下列情形之一的,可予优先考虑:

(一)已做绝育手术或者因其他原因丧失生育能力;

(二)子女随其生活时间较长,改变生活环境对子女健康成长明显不利;

(三)无其他子女,而另一方有其他子女;

(四)子女随其生活,对子女成长有利,而另一方患有久治不愈的传染性疾病或者其他严重疾病,或者有其他不利于子女身心健康的情形,不宜与子女共同生活。

第四十七条 父母抚养子女的条件基本相同,双方均要求直接抚养子女,但子女单独随祖父母或者外祖父母共同生活多年,且祖父母或者外祖父母要求并且有能力帮助子女照顾孙子女或者外孙子女的,可以作为父或者母直接抚养子女的优先条件予以考虑。

第四十八条 在有利于保护子女利益的前提下,父母双方协议轮流直接抚养子女的,人民法院应予支持。

第四十九条 抚养费的数额,可以根据子女的实际需要、父母双方的负担能力和当地的实际生活水平确定。

有固定收入的,抚养费一般可以按其月总收入的百分之二十至三十的比例给付。负担两个以上子女抚养费的,比例可以适当提高,但一般不得超过月总收入的百分之五十。

无固定收入的,抚养费的数额可以依据当年总收入或者同行业平均收入,参照上述比例确定。

有特殊情况的,可以适当提高或者降低上述比例。

第五十条 抚养费应当定期给付,有条件的可以一次性给付。

第五十一条 父母一方无经济收入或者下落不明的,可以用其财物折抵抚养费。

第五十二条 父母双方可以协议由一方直接抚养子女并由直接抚养方负担子女全部抚养费。但是,直接抚养方的抚养能力明显不能保障子女所需费用,影响子女健康成长的,人民法院不予支持。

第五十三条 抚养费的给付期限,一般至子女十八周岁为止。

十六周岁以上不满十八周岁,以其劳动收入为主要生活来源,并能维持当地一般生活水平的,父母可以停止给付抚养费。

第五十四条 生父与继母离婚或者生母与继父离婚时,对曾受其抚养教育的继子女,继父或者继母不同意继续抚养的,仍应由生父或者生母抚养。

第五十五条 离婚后,父母一方要求变更子女抚养关系的,或者子女要求增加抚养费的,应当另行提起诉讼。

第五十六条 具有下列情形之一,父母一方要求变更子女抚养关系的,人民法院应予支持:

(一)与子女共同生活的一方因患严重疾病或者因伤残无力继续抚养子女;

(二)与子女共同生活的一方不尽抚养义务或有虐待子女行为,或者其与子女共同生活对子女身心健康确有不利影响;

(三)已满八周岁的子女,愿随另一方生活,该方又有抚养能力;

(四)有其他正当理由需要变更。

第五十七条　父母双方协议变更子女抚养关系的，人民法院应予支持。

第五十八条　具有下列情形之一，子女要求有负担能力的父或者母增加抚养费的，人民法院应予支持：

（一）原定抚养费数额不足以维持当地实际生活水平；

（二）因子女患病、上学，实际需要已超过原定数额；

（三）有其他正当理由应当增加。

第五十九条　父母不得因子女变更姓氏而拒付子女抚养费。父或者母擅自将子女姓氏改为继母或继父姓氏而引起纠纷的，应当责令恢复原姓氏。

第六十条　在离婚诉讼期间，双方均拒绝抚养子女的，可以先行裁定暂由一方抚养。

第六十一条　对拒不履行或者妨害他人履行生效判决、裁定、调解书中有关子女抚养义务的当事人或者其他人，人民法院可依照民事诉讼法第一百一十一条的规定采取强制措施。

五、离　　婚

第六十二条　无民事行为能力人的配偶有民法典第三十六条第一款规定行为，其他有监护资格的人可以要求撤销其监护资格，并依法指定新的监护人；变更后的监护人代理无民事行为能力一方提起离婚诉讼的，人民法院应予受理。

第六十三条　人民法院审理离婚案件，符合民法典第一千零七十九条第三款规定"应当准予离婚"情形的，不应当因当事人有过错而判决不准离婚。

第六十四条　民法典第一千零八十一条所称的"军人一方有重大过错"，可以依据民法典第一千零七十九条第三款前三项规定及军人有其他重大过错导致夫妻感情破裂的情形予以判断。

第六十五条　人民法院作出的生效的离婚判决中未涉及探望权，当事人就探望权问题单独提起诉讼的，人民法院应予受理。

第六十六条 当事人在履行生效判决、裁定或者调解书的过程中,一方请求中止探望的,人民法院在征询双方当事人意见后,认为需要中止探望的,依法作出裁定;中止探望的情形消失后,人民法院应当根据当事人的请求书面通知其恢复探望。

第六十七条 未成年子女、直接抚养子女的父或者母以及其他对未成年子女负担抚养、教育、保护义务的法定监护人,有权向人民法院提出中止探望的请求。

第六十八条 对于拒不协助另一方行使探望权的有关个人或者组织,可以由人民法院依法采取拘留、罚款等强制措施,但是不能对子女的人身、探望行为进行强制执行。

第六十九条 当事人达成的以协议离婚或者到人民法院调解离婚为条件的财产以及债务处理协议,如果双方离婚未成,一方在离婚诉讼中反悔的,人民法院应当认定该财产以及债务处理协议没有生效,并根据实际情况依照民法典第一千零八十七条和第一千零八十九条的规定判决。

当事人依照民法典第一千零七十六条签订的离婚协议中关于财产以及债务处理的条款,对男女双方具有法律约束力。登记离婚后当事人因履行上述协议发生纠纷提起诉讼的,人民法院应当受理。

第七十条 夫妻双方协议离婚后就财产分割问题反悔,请求撤销财产分割协议的,人民法院应当受理。

人民法院审理后,未发现订立财产分割协议时存在欺诈、胁迫等情形的,应当依法驳回当事人的诉讼请求。

第七十一条 人民法院审理离婚案件,涉及分割发放到军人名下的复员费、自主择业费等一次性费用的,以夫妻婚姻关系存续年限乘以年平均值,所得数额为夫妻共同财产。

前款所称年平均值,是指将发放到军人名下的上述费用总额按具体年限均分得出的数额。其具体年限为人均寿命七十岁与军人入伍时实际年龄的差额。

第七十二条 夫妻双方分割共同财产中的股票、债券、投资基金份额等有价证券以及未上市股份有限公司股份时,协商不成或者按市价分配有困难的,人民法院可以根据数量按比例分配。

第七十三条 人民法院审理离婚案件,涉及分割夫妻共同财产中以一方名义在有限责任公司的出资额,另一方不是该公司股东的,按以下情形分别处理:

(一)夫妻双方协商一致将出资额部分或者全部转让给该股东的配偶,其他股东过半数同意,并且其他股东均明确表示放弃优先购买权的,该股东的配偶可以成为该公司股东;

(二)夫妻双方就出资额转让份额和转让价格等事项协商一致后,其他股东半数以上不同意转让,但愿意以同等条件购买该出资额的,人民法院可以对转让出资所得财产进行分割。其他股东半数以上不同意转让,也不愿意以同等条件购买该出资额的,视为其同意转让,该股东的配偶可以成为该公司股东。

用于证明前款规定的股东同意的证据,可以是股东会议材料,也可以是当事人通过其他合法途径取得的股东的书面声明材料。

第七十四条 人民法院审理离婚案件,涉及分割夫妻共同财产中以一方名义在合伙企业中的出资,另一方不是该企业合伙人的,当夫妻双方协商一致,将其合伙企业中的财产份额全部或者部分转让给对方时,按以下情形分别处理:

(一)其他合伙人一致同意的,该配偶依法取得合伙人地位;

(二)其他合伙人不同意转让,在同等条件下行使优先购买权的,可以对转让所得的财产进行分割;

(三)其他合伙人不同意转让,也不行使优先购买权,但同意该合伙人退伙或者削减部分财产份额的,可以对结算后的财产进行分割;

(四)其他合伙人既不同意转让,也不行使优先购买权,又不同意该合伙人退伙或者削减部分财产份额的,视为全体合伙人同意转让,该配偶依法取得合伙人地位。

第七十五条 夫妻以一方名义投资设立个人独资企业的,人民法院分割夫妻在该个人独资企业中的共同财产时,应当按照以下情形分别处理:

(一)一方主张经营该企业的,对企业资产进行评估后,由取得企业资产所有权一方给予另一方相应的补偿；

（二）双方均主张经营该企业的，在双方竞价基础上，由取得企业资产所有权的一方给予另一方相应的补偿；

（三）双方均不愿意经营该企业的，按照《中华人民共和国个人独资企业法》等有关规定办理。

第七十六条 双方对夫妻共同财产中的房屋价值及归属无法达成协议时，人民法院按以下情形分别处理：

（一）双方均主张房屋所有权并且同意竞价取得的，应当准许；

（二）一方主张房屋所有权的，由评估机构按市场价格对房屋作出评估，取得房屋所有权的一方应当给予另一方相应的补偿；

（三）双方均不主张房屋所有权的，根据当事人的申请拍卖、变卖房屋，就所得价款进行分割。

第七十七条 离婚时双方对尚未取得所有权或者尚未取得完全所有权的房屋有争议且协商不成的，人民法院不宜判决房屋所有权的归属，应当根据实际情况判决由当事人使用。

当事人就前款规定的房屋取得完全所有权后，有争议的，可以另行向人民法院提起诉讼。

第七十八条 夫妻一方婚前签订不动产买卖合同，以个人财产支付首付款并在银行贷款，婚后用夫妻共同财产还贷，不动产登记于首付款支付方名下，离婚时该不动产由双方协议处理。

依前款规定不能达成协议的，人民法院可以判决该不动产归登记一方，尚未归还的贷款为不动产登记一方的个人债务。双方婚后共同还贷支付的款项及其相对应财产增值部分，离婚时应根据民法典第一千零八十七条第一款规定的原则，由不动产登记一方对另一方进行补偿。

第七十九条 婚姻关系存续期间，双方用夫妻共同财产出资购买以一方父母名义参加房改的房屋，登记在一方父母名下，离婚时另一方主张按照夫妻共同财产对该房屋进行分割的，人民法院不予支持。购买该房屋时的出资，可以作为债权处理。

第八十条 离婚时夫妻一方尚未退休、不符合领取基本养老金条件，另一方请求按照夫妻共同财产分割基本养老金的，人民法院不予支持；婚后以夫妻共同财产缴纳基本养老保险费，离婚时一方主张将养老金账户中婚姻关系存续期间个人实际缴纳部分及利息作为夫妻共同财产分割的，人民法院应予支持。

第八十一条　婚姻关系存续期间，夫妻一方作为继承人依法可以继承的遗产，在继承人之间尚未实际分割，起诉离婚时另一方请求分割的，人民法院应当告知当事人在继承人之间实际分割遗产后另行起诉。

第八十二条　夫妻之间订立借款协议，以夫妻共同财产出借给一方从事个人经营活动或者用于其他个人事务的，应视为双方约定处分夫妻共同财产的行为，离婚时可以按照借款协议的约定处理。

第八十三条　离婚后，一方以尚有夫妻共同财产未处理为由向人民法院起诉请求分割的，经审查该财产确属离婚时未涉及的夫妻共同财产，人民法院应当依法予以分割。

第八十四条　当事人依据民法典第一千零九十二条的规定向人民法院提起诉讼，请求再次分割夫妻共同财产的诉讼时效期间为三年，从当事人发现之日起计算。

第八十五条　夫妻一方申请对配偶的个人财产或者夫妻共同财产采取保全措施的，人民法院可以在采取保全措施可能造成损失的范围内，根据实际情况，确定合理的财产担保数额。

第八十六条　民法典第一千零九十一条规定的"损害赔偿"，包括物质损害赔偿和精神损害赔偿。涉及精神损害赔偿的，适用《最高人民法院关于确定民事侵权精神损害赔偿责任若干问题的解释》的有关规定。

第八十七条　承担民法典第一千零九十一条规定的损害赔偿责任的主体，为离婚诉讼当事人中无过错方的配偶。

人民法院判决不准离婚的案件，对于当事人基于民法典第一千零九十一条提出的损害赔偿请求，不予支持。

在婚姻关系存续期间，当事人不起诉离婚而单独依据民法典第一千零九十一条提起损害赔偿请求的，人民法院不予受理。

第八十八条 人民法院受理离婚案件时,应当将民法典第一千零九十一条等规定中当事人的有关权利义务,书面告知当事人。在适用民法典第一千零九十一条时,应当区分以下不同情况:

(一)符合民法典第一千零九十一条规定的无过错方作为原告基于该条规定向人民法院提起损害赔偿请求的,必须在离婚诉讼的同时提出。

(二)符合民法典第一千零九十一条规定的无过错方作为被告的离婚诉讼案件,如果被告不同意离婚也不基于该条规定提起损害赔偿请求的,可以就此单独提起诉讼。

(三)无过错方作为被告的离婚诉讼案件,一审时被告未基于民法典第一千零九十一条规定提出损害赔偿请求,二审期间提出的,人民法院应当进行调解;调解不成的,告知当事人另行起诉。双方当事人同意由第二审人民法院一并审理的,第二审人民法院可以一并裁判。

第八十九条 当事人在婚姻登记机关办理离婚登记手续后,以民法典第一千零九十一条规定为由向人民法院提出损害赔偿请求的,人民法院应当受理。但当事人在协议离婚时已经明确表示放弃该项请求的,人民法院不予支持。

第九十条 夫妻双方均有民法典第一千零九十一条规定的过错情形,一方或者双方向对方提出离婚损害赔偿请求的,人民法院不予支持。

六、附　　则

第九十一条 本解释自 2021 年 1 月 1 日起施行。

最高人民法院关于适用《中华人民共和国民法典》婚姻家庭编的解释（二）

（2024年11月25日最高人民法院审判委员会第1933次会议通过　2025年1月15日最高人民法院公告公布　自2025年2月1日起施行　法释〔2025〕1号）

为正确审理婚姻家庭纠纷案件，根据《中华人民共和国民法典》《中华人民共和国民事诉讼法》等相关法律规定，结合审判实践，制定本解释。

第一条　当事人依据民法典第一千零五十一条第一项规定请求确认重婚的婚姻无效，提起诉讼时合法婚姻当事人已经离婚或者配偶已经死亡，被告以此为由抗辩后一婚姻自以上情形发生时转为有效的，人民法院不予支持。

第二条　夫妻登记离婚后，一方以双方意思表示虚假为由请求确认离婚无效的，人民法院不予支持。

第三条　夫妻一方的债权人有证据证明离婚协议中财产分割条款影响其债权实现，请求参照适用民法典第五百三十八条或者第五百三十九条规定撤销相关条款的，人民法院应当综合考虑夫妻共同财产整体分割及履行情况、子女抚养费负担、离婚过错等因素，依法予以支持。

第四条　双方均无配偶的同居关系析产纠纷案件中，对同居期间所得的财产，有约定的，按照约定处理；没有约定且协商不成的，人民法院按照以下情形分别处理：

（一）各自所得的工资、奖金、劳务报酬、知识产权收益，各自继承或者受赠的财产以及单独生产、经营、投资的收益等，归各自所有；

（二）共同出资购置的财产或者共同生产、经营、投资的收益以及其他无法区分的财产，以各自出资比例为基础，综合考虑共同生活情况、有无共同子女、对财产的贡献大小等因素进行分割。

第五条 婚前或者婚姻关系存续期间，当事人约定将一方所有的房屋转移登记至另一方或者双方名下，离婚诉讼时房屋所有权尚未转移登记，双方对房屋归属或者分割有争议且协商不成的，人民法院可以根据当事人诉讼请求，结合给予目的，综合考虑婚姻关系存续时间、共同生活及孕育共同子女情况、离婚过错、对家庭的贡献大小以及离婚时房屋市场价格等因素，判决房屋归其中一方所有，并确定是否由获得房屋一方对另一方予以补偿以及补偿的具体数额。

婚前或者婚姻关系存续期间，一方将其所有的房屋转移登记至另一方或者双方名下，离婚诉讼中，双方对房屋归属或者分割有争议且协商不成的，如果婚姻关系存续时间较短且给予方无重大过错，人民法院可以根据当事人诉讼请求，判决该房屋归给予方所有，并结合给予目的，综合考虑共同生活及孕育共同子女情况、离婚过错、对家庭的贡献大小以及离婚时房屋市场价格等因素，确定是否由获得房屋一方对另一方予以补偿以及补偿的具体数额。

给予方有证据证明另一方存在欺诈、胁迫、严重侵害给予方或者其近亲属合法权益、对给予方有扶养义务而不履行等情形，请求撤销前两款规定的民事法律行为的，人民法院依法予以支持。

第六条 夫妻一方未经另一方同意，在网络直播平台用夫妻共同财产打赏，数额明显超出其家庭一般消费水平，严重损害夫妻共同财产利益的，可以认定为民法典第一千零六十六条和第一千零九十二条规定的"挥霍"。另一方请求在婚姻关系存续期间分割夫妻共同财产，或者在离婚分割夫妻共同财产时请求对打赏一方少分或者不分的，人民法院应予支持。

第七条 夫妻一方为重婚、与他人同居以及其他违反夫妻忠实义务等目的，将夫妻共同财产赠与他人或者以明显不合理的价格处分夫妻共同财产，另一方主张该民事法律行为违背公序良俗无效的，人民法院应予支持并依照民法典第一百五十七条规定处理。

夫妻一方存在前款规定情形，另一方以该方存在转移、变卖夫妻共同财产行为，严重损害夫妻共同财产利益为由，依据民法典第一千零六十六条规定请求在婚姻关系存续期间分割夫妻共同财产，或者依据民法典第一千零九十二条规定请求在离婚分割夫妻共同财产时对该方少分或者不分的，人民法院应予支持。

第八条 婚姻关系存续期间，夫妻购置房屋由一方父母全额出资，如果赠与合同明确约定只赠与自己子女一方的，按照约定处理；没有约定或者约定不明确的，离婚分割夫妻共同财产时，人民法院可以判决该房屋归出资人子女一方所有，并综合考虑共同生活及孕育共同子女情况、离婚过错、对家庭的贡献大小以及离婚时房屋市场价格等因素，确定是否由获得房屋一方对另一方予以补偿以及补偿的具体数额。

婚姻关系存续期间，夫妻购置房屋由一方父母部分出资或者双方父母出资，如果赠与合同明确约定相应出资只赠与自己子女一方的，按照约定处理；没有约定或者约定不明确的，离婚分割夫妻共同财产时，人民法院可以根据当事人诉讼请求，以出资来源及比例为基础，综合考虑共同生活及孕育共同子女情况、离婚过错、对家庭的贡献大小以及离婚时房屋市场价格等因素，判决房屋归其中一方所有，并由获得房屋一方对另一方予以合理补偿。

第九条 夫妻一方转让用夫妻共同财产出资但登记在自己名下的有限责任公司股权，另一方以未经其同意侵害夫妻共同财产利益为由请求确认股权转让合同无效的，人民法院不予支持，但有证据证明转让人与受让人恶意串通损害另一方合法权益的除外。

第十条 夫妻以共同财产投资有限责任公司，并均登记为股东，双方对相应股权的归属没有约定或者约定不明确，离婚时，一方请求按照股东名册或者公司章程记载的各自出资额确定股权分割比例的，人民法院不予支持；对当事人分割夫妻共同财产的请求，人民法院依照民法典第一千零八十七条规定处理。

第十一条 夫妻一方以另一方可继承的财产为夫妻共同财产、放弃继承侵害夫妻共同财产利益为由主张另一方放弃继承无效的，人民法院不予支持，但有证据证明放弃继承导致放弃一方不能履行法定扶养义务的除外。

第十二条 父母一方或者其近亲属等抢夺、藏匿未成年子女，另一方向人民法院申请人身安全保护令或者参照适用民法典第九百九十七条规定申请人格权侵害禁令的，人民法院依法予以支持。

抢夺、藏匿未成年子女一方以另一方存在赌博、吸毒、家庭暴力等严重侵害未成年子女合法权益情形，主张其抢夺、藏匿行为有合理事由的，人民法院应当告知其依法通过撤销监护人资格、中止探望或者变更抚养关系等途径解决。当事人对其上述主张未提供证据证明且未在合理期限内提出相关请求的，人民法院依照前款规定处理。

第十三条 夫妻分居期间，一方或者其近亲属等抢夺、藏匿未成年子女，致使另一方无法履行监护职责，另一方请求行为人承担民事责任的，人民法院可以参照适用民法典第一千零八十四条关于离婚后子女抚养的有关规定，暂时确定未成年子女的抚养事宜，并明确暂时直接抚养未成年子女一方有协助另一方履行监护职责的义务。

第十四条 离婚诉讼中，父母均要求直接抚养已满两周岁的未成年子女，一方有下列情形之一的，人民法院应当按照最有利于未成年子女的原则，优先考虑由另一方直接抚养：

（一）实施家庭暴力或者虐待、遗弃家庭成员；

（二）有赌博、吸毒等恶习；

（三）重婚、与他人同居或者其他严重违反夫妻忠实义务情形；

（四）抢夺、藏匿未成年子女且另一方不存在本条第一项或者第二项等严重侵害未成年子女合法权益情形；

（五）其他不利于未成年子女身心健康的情形。

第十五条 父母双方以法定代理人身份处分用夫妻共同财产购买并登记在未成年子女名下的房屋后，又以违反民法典第三十五条规定损害未成年子女利益为由向相对人主张该民事法律行为无效的，人民法院不予支持。

第十六条　离婚协议中关于一方直接抚养未成年子女或者不能独立生活的成年子女、另一方不负担抚养费的约定，对双方具有法律约束力。但是，离婚后，直接抚养子女一方经济状况发生变化导致原生活水平显著降低或者子女生活、教育、医疗等必要合理费用确有显著增加，未成年子女或者不能独立生活的成年子女请求另一方支付抚养费的，人民法院依法予以支持，并综合考虑离婚协议整体约定、子女实际需要、另一方的负担能力、当地生活水平等因素，确定抚养费的数额。

前款但书规定情形下，另一方以直接抚养子女一方无抚养能力为由请求变更抚养关系的，人民法院依照民法典第一千零八十四条规定处理。

第十七条　离婚后，不直接抚养子女一方未按照离婚协议约定或者以其他方式作出的承诺给付抚养费，未成年子女或者不能独立生活的成年子女请求其支付欠付的抚养费的，人民法院应予支持。

前款规定情形下，如果子女已经成年并能够独立生活，直接抚养子女一方请求另一方支付欠付的费用的，人民法院依法予以支持。

第十八条　对民法典第一千零七十二条中继子女受继父或者继母抚养教育的事实，人民法院应当以共同生活时间长短为基础，综合考虑共同生活期间继父母是否实际进行生活照料、是否履行家庭教育职责、是否承担抚养费等因素予以认定。

第十九条　生父与继母或者生母与继父离婚后，当事人主张继父或者继母和曾受其抚养教育的继子女之间的权利义务关系不再适用民法典关于父母子女关系规定的，人民法院应予支持，但继父或者继母与继子女存在依法成立的收养关系或者继子女仍与继父或者继母共同生活的除外。

继父母子女关系解除后，缺乏劳动能力又缺乏生活来源的继父或者继母请求曾受其抚养教育的成年继子女给付生活费的，人民法院可以综合考虑抚养教育情况、成年继子女负担能力等因素，依法予以支持，但是继父或者继母曾存在虐待、遗弃继子女等情况的除外。

第二十条　离婚协议约定将部分或者全部夫妻共同财产给予子女，离婚后，一方在财产权利转移之前请求撤销该约定的，人民法院不予支持，但另一方同意的除外。

一方不履行前款离婚协议约定的义务，另一方请求其承担继续履行或者因无法履行而赔偿损失等民事责任的，人民法院依法予以支持。

双方在离婚协议中明确约定子女可以就本条第一款中的相关财产直接主张权利，一方不履行离婚协议约定的义务，子女请求参照适用民法典第五百二十二条第二款规定，由该方承担继续履行或者因无法履行而赔偿损失等民事责任的，人民法院依法予以支持。

离婚协议约定将部分或者全部夫妻共同财产给予子女，离婚后，一方有证据证明签订离婚协议时存在欺诈、胁迫等情形，请求撤销该约定的，人民法院依法予以支持；当事人同时请求分割该部分夫妻共同财产的，人民法院依照民法典第一千零八十七条规定处理。

第二十一条　离婚诉讼中，夫妻一方有证据证明在婚姻关系存续期间因抚育子女、照料老年人、协助另一方工作等负担较多义务，依据民法典第一千零八十八条规定请求另一方给予补偿的，人民法院可以综合考虑负担相应义务投入的时间、精力和对双方的影响以及给付方负担能力、当地居民人均可支配收入等因素，确定补偿数额。

第二十二条　离婚诉讼中，一方存在年老、残疾、重病等生活困难情形，依据民法典第一千零九十条规定请求有负担能力的另一方给予适当帮助的，人民法院可以根据当事人请求，结合另一方财产状况，依法予以支持。

第二十三条　本解释自2025年2月1日起施行。

最高人民法院关于适用《中华人民共和国民法典》总则编若干问题的解释

（2021年12月30日最高人民法院审判委员会第1861次会议通过　2022年2月24日最高人民法院公告公布　自2022年3月1日起施行　法释〔2022〕6号）

为正确审理民事案件，依法保护民事主体的合法权益，维护社会和经济秩序，根据《中华人民共和国民法典》《中华人民共和国民事诉讼法》等相关法律规定，结合审判实践，制定本解释。

一、一般规定

第一条　民法典第二编至第七编对民事关系有规定的，人民法院直接适用该规定；民法典第二编至第七编没有规定的，适用民法典第一编的规定，但是根据其性质不能适用的除外。

就同一民事关系，其他民事法律的规定属于对民法典相应规定的细化的，应当适用该民事法律的规定。民法典规定适用其他法律的，适用该法律的规定。

民法典及其他法律对民事关系没有具体规定的，可以遵循民法典关于基本原则的规定。

第二条　在一定地域、行业范围内长期为一般人从事民事活动时普遍遵守的民间习俗、惯常做法等，可以认定为民法典第十条规定的习惯。

当事人主张适用习惯的，应当就习惯及其具体内容提供相应证据；必要时，人民法院可以依职权查明。

适用习惯，不得违背社会主义核心价值观，不得违背公序良俗。

第三条 对于民法典第一百三十二条所称的滥用民事权利，人民法院可以根据权利行使的对象、目的、时间、方式、造成当事人之间利益失衡的程度等因素作出认定。

行为人以损害国家利益、社会公共利益、他人合法权益为主要目的行使民事权利的，人民法院应当认定构成滥用民事权利。

构成滥用民事权利的，人民法院应当认定该滥用行为不发生相应的法律效力。滥用民事权利造成损害的，依照民法典第七编等有关规定处理。

二、民事权利能力和民事行为能力

第四条 涉及遗产继承、接受赠与等胎儿利益保护，父母在胎儿娩出前作为法定代理人主张相应权利的，人民法院依法予以支持。

第五条 限制民事行为能力人实施的民事法律行为是否与其年龄、智力、精神健康状况相适应，人民法院可以从行为与本人生活相关联的程度，本人的智力、精神健康状况能否理解其行为并预见相应的后果，以及标的、数量、价款或者报酬等方面认定。

三、监　护

第六条 人民法院认定自然人的监护能力，应当根据其年龄、身心健康状况、经济条件等因素确定；认定有关组织的监护能力，应当根据其资质、信用、财产状况等因素确定。

第七条 担任监护人的被监护人父母通过遗嘱指定监护人，遗嘱生效时被指定的人不同意担任监护人的，人民法院应当适用民法典第二十七条、第二十八条的规定确定监护人。

未成年人由父母担任监护人，父母中的一方通过遗嘱指定监护人，另一方在遗嘱生效时有监护能力，有关当事人对监护人的确定有争议的，人民法院应当适用民法典第二十七条第一款的规定确定监护人。

第八条 未成年人的父母与其他依法具有监护资格的人订立协

议，约定免除具有监护能力的父母的监护职责的，人民法院不予支持。协议约定在未成年人的父母丧失监护能力时由该具有监护资格的人担任监护人的，人民法院依法予以支持。

依法具有监护资格的人之间依据民法典第三十条的规定，约定由民法典第二十七条第二款、第二十八条规定的不同顺序的人共同担任监护人，或者由顺序在后的人担任监护人的，人民法院依法予以支持。

第九条 人民法院依据民法典第三十一条第二款、第三十六条第一款的规定指定监护人时，应当尊重被监护人的真实意愿，按照最有利于被监护人的原则指定，具体参考以下因素：

（一）与被监护人生活、情感联系的密切程度；

（二）依法具有监护资格的人的监护顺序；

（三）是否有不利于履行监护职责的违法犯罪等情形；

（四）依法具有监护资格的人的监护能力、意愿、品行等。

人民法院依法指定的监护人一般应当是一人，由数人共同担任监护人更有利于保护被监护人利益的，也可以是数人。

第十条 有关当事人不服居民委员会、村民委员会或者民政部门的指定，在接到指定通知之日起三十日内向人民法院申请指定监护人的，人民法院经审理认为指定并无不当，依法裁定驳回申请；认为指定不当，依法判决撤销指定并另行指定监护人。

有关当事人在接到指定通知之日起三十日后提出申请的，人民法院应当按照变更监护关系处理。

第十一条 具有完全民事行为能力的成年人与他人依据民法典第三十三条的规定订立书面协议事先确定自己的监护人后，协议的任何一方在该成年人丧失或者部分丧失民事行为能力前请求解除协议的，人民法院依法予以支持。该成年人丧失或者部分丧失民事行为能力后，协议确定的监护人无正当理由请求解除协议的，人民法院不予支持。

该成年人丧失或者部分丧失民事行为能力后，协议确定的监护人有民法典第三十六条第一款规定的情形之一，该条第二款规定的有关个人、组织申请撤销其监护人资格的，人民法院依法予以支持。

第十二条 监护人、其他依法具有监护资格的人之间就监护人是否有民法典第三十九条第一款第二项、第四项规定的应当终止监护关系的情形发生争议，申请变更监护人的，人民法院应当依法受理。经审理认为理由成立的，人民法院依法予以支持。

被依法指定的监护人与其他具有监护资格的人之间协议变更监护人的，人民法院应当尊重被监护人的真实意愿，按照最有利于被监护人的原则作出裁判。

第十三条 监护人因患病、外出务工等原因在一定期限内不能完全履行监护职责，将全部或者部分监护职责委托给他人，当事人主张受托人因此成为监护人的，人民法院不予支持。

四、宣告失踪和宣告死亡

第十四条 人民法院审理宣告失踪案件时，下列人员应当认定为民法典第四十条规定的利害关系人：

（一）被申请人的近亲属；

（二）依据民法典第一千一百二十八条、第一千一百二十九条规定对被申请人有继承权的亲属；

（三）债权人、债务人、合伙人等与被申请人有民事权利义务关系的民事主体，但是不申请宣告失踪不影响其权利行使、义务履行的除外。

第十五条 失踪人的财产代管人向失踪人的债务人请求偿还债务的，人民法院应当将财产代管人列为原告。

债权人提起诉讼，请求失踪人的财产代管人支付失踪人所欠的债务和其他费用的，人民法院应当将财产代管人列为被告。经审理认为债权人的诉讼请求成立的，人民法院应当判决财产代管人从失踪人的财产中支付失踪人所欠的债务和其他费用。

第十六条 人民法院审理宣告死亡案件时，被申请人的配偶、父母、子女，以及依据民法典第一千一百二十九条规定对被申请人有继承权的亲属应当认定为民法典第四十六条规定的利害关系人。

符合下列情形之一的，被申请人的其他近亲属，以及依据民法典第一千一百二十八条规定对被申请人有继承权的亲属应当认定为民法典第四十六条规定的利害关系人：

（一）被申请人的配偶、父母、子女均已死亡或者下落不明的；

（二）不申请宣告死亡不能保护其相应合法权益的。

被申请人的债权人、债务人、合伙人等民事主体不能认定为民法典第四十六条规定的利害关系人，但是不申请宣告死亡不能保护其相应合法权益的除外。

第十七条 自然人在战争期间下落不明的，利害关系人申请宣告死亡的期间适用民法典第四十六条第一款第一项的规定，自战争结束之日或者有关机关确定的下落不明之日起计算。

五、民事法律行为

第十八条 当事人未采用书面形式或者口头形式，但是实施的行为本身表明已经作出相应意思表示，并符合民事法律行为成立条件的，人民法院可以认定为民法典第一百三十五条规定的采用其他形式实施的民事法律行为。

第十九条 行为人对行为的性质、对方当事人或者标的物的品种、质量、规格、价格、数量等产生错误认识，按照通常理解如果不发生该错误认识行为人就不会作出相应意思表示的，人民法院可以认定为民法典第一百四十七条规定的重大误解。

行为人能够证明自己实施民事法律行为时存在重大误解，并请求撤销该民事法律行为的，人民法院依法予以支持；但是，根据交易习惯等认定行为人无权请求撤销的除外。

第二十条 行为人以其意思表示存在第三人转达错误为由请求撤销民事法律行为的，适用本解释第十九条的规定。

第二十一条 故意告知虚假情况，或者负有告知义务的人故意隐瞒真实情况，致使当事人基于错误认识作出意思表示的，人民法院可以认定为民法典第一百四十八条、第一百四十九条规定的欺诈。

第二十二条 以给自然人及其近亲属等的人身权利、财产权利以及其他合法权益造成损害或者以给法人、非法人组织的名誉、荣誉、财产权益等造成损害为要挟，迫使其基于恐惧心理作出意思表示的，人民法院可以认定为民法典第一百五十条规定的胁迫。

第二十三条 民事法律行为不成立，当事人请求返还财产、折价补偿或者赔偿损失的，参照适用民法典第一百五十七条的规定。

第二十四条 民事法律行为所附条件不可能发生，当事人约定为生效条件的，人民法院应当认定民事法律行为不发生效力；当事人约定为解除条件的，应当认定未附条件，民事法律行为是否失效，依照民法典和相关法律、行政法规的规定认定。

六、代　　理

第二十五条 数个委托代理人共同行使代理权，其中一人或者数人未与其他委托代理人协商，擅自行使代理权的，依据民法典第一百七十一条、第一百七十二条等规定处理。

第二十六条 由于急病、通讯联络中断、疫情防控等特殊原因，委托代理人自己不能办理代理事项，又不能与被代理人及时取得联系，如不及时转委托第三人代理，会给被代理人的利益造成损失或者扩大损失的，人民法院应当认定为民法典第一百六十九条规定的紧急情况。

第二十七条 无权代理行为未被追认，相对人请求行为人履行债务或者赔偿损失的，由行为人就相对人知道或者应当知道行为人无权代理承担举证责任。行为人不能证明的，人民法院依法支持相对人的相应诉讼请求；行为人能够证明的，人民法院应当按照各自的过错认定行为人与相对人的责任。

第二十八条 同时符合下列条件的，人民法院可以认定为民法典第一百七十二条规定的相对人有理由相信行为人有代理权：

（一）存在代理权的外观；

(二)相对人不知道行为人行为时没有代理权,且无过失。

因是否构成表见代理发生争议的,相对人应当就无权代理符合前款第一项规定的条件承担举证责任;被代理人应当就相对人不符合前款第二项规定的条件承担举证责任。

第二十九条 法定代理人、被代理人依据民法典第一百四十五条、第一百七十一条的规定向相对人作出追认的意思表示的,人民法院应当依据民法典第一百三十七条的规定确认其追认意思表示的生效时间。

七、民事责任

第三十条 为了使国家利益、社会公共利益、本人或者他人的人身权利、财产权利以及其他合法权益免受正在进行的不法侵害,而针对实施侵害行为的人采取的制止不法侵害的行为,应当认定为民法典第一百八十一条规定的正当防卫。

第三十一条 对于正当防卫是否超过必要的限度,人民法院应当综合不法侵害的性质、手段、强度、危害程度和防卫的时机、手段、强度、损害后果等因素判断。

经审理,正当防卫没有超过必要限度的,人民法院应当认定正当防卫人不承担责任。正当防卫超过必要限度的,人民法院应当认定正当防卫人在造成不应有的损害范围内承担部分责任;实施侵害行为的人请求正当防卫人承担全部责任的,人民法院不予支持。

实施侵害行为的人不能证明防卫行为造成不应有的损害,仅以正当防卫人采取的反击方式和强度与不法侵害不相当为由主张防卫过当的,人民法院不予支持。

第三十二条 为了使国家利益、社会公共利益、本人或者他人的人身权利、财产权利以及其他合法权益免受正在发生的急迫危险,不得已而采取紧急措施的,应当认定为民法典第一百八十二条规定的紧急避险。

第三十三条 对于紧急避险是否采取措施不当或者超过必要的

限度，人民法院应当综合危险的性质、急迫程度、避险行为所保护的权益以及造成的损害后果等因素判断。

经审理，紧急避险采取措施并无不当且没有超过必要限度的，人民法院应当认定紧急避险人不承担责任。紧急避险采取措施不当或者超过必要限度的，人民法院应当根据紧急避险人的过错程度、避险措施造成不应有的损害的原因力大小、紧急避险人是否为受益人等因素认定紧急避险人在造成的不应有的损害范围内承担相应的责任。

第三十四条 因保护他人民事权益使自己受到损害，受害人依据民法典第一百八十三条的规定请求受益人适当补偿的，人民法院可以根据受害人所受损失和已获赔偿的情况、受益人受益的多少及其经济条件等因素确定受益人承担的补偿数额。

八、诉讼时效

第三十五条 民法典第一百八十八条第一款规定的三年诉讼时效期间，可以适用民法典有关诉讼时效中止、中断的规定，不适用延长的规定。该条第二款规定的二十年期间不适用中止、中断的规定。

第三十六条 无民事行为能力人或者限制民事行为能力人的权利受到损害的，诉讼时效期间自其法定代理人知道或者应当知道权利受到损害以及义务人之日起计算，但是法律另有规定的除外。

第三十七条 无民事行为能力人、限制民事行为能力人的权利受到原法定代理人损害，且在取得、恢复完全民事行为能力或者在原法定代理终止并确定新的法定代理人后，相应民事主体才知道或者应当知道权利受到损害的，有关请求权诉讼时效期间的计算适用民法典第一百八十八条第二款、本解释第三十六条的规定。

第三十八条 诉讼时效依据民法典第一百九十五条的规定中断后，在新的诉讼时效期间内，再次出现第一百九十五条规定的中断事由，可以认定为诉讼时效再次中断。

权利人向义务人的代理人、财产代管人或者遗产管理人等提出履行请求的，可以认定为民法典第一百九十五条规定的诉讼时效中断。

九、附　　则

第三十九条　本解释自 2022 年 3 月 1 日起施行。

民法典施行后的法律事实引起的民事案件，本解释施行后尚未终审的，适用本解释；本解释施行前已经终审，当事人申请再审或者按照审判监督程序决定再审的，不适用本解释。

最高人民法院关于适用《中华人民共和国民法典》时间效力的若干规定

（2020 年 12 月 14 日最高人民法院审判委员会第 1821 次会议通过　2020 年 12 月 29 日最高人民法院公告公布　自 2021 年 1 月 1 日起施行　法释〔2020〕15 号）

根据《中华人民共和国立法法》《中华人民共和国民法典》等法律规定，就人民法院在审理民事纠纷案件中有关适用民法典时间效力问题作出如下规定。

一、一般规定

第一条　民法典施行后的法律事实引起的民事纠纷案件，适用民法典的规定。

民法典施行前的法律事实引起的民事纠纷案件，适用当时的法律、司法解释的规定，但是法律、司法解释另有规定的除外。

民法典施行前的法律事实持续至民法典施行后，该法律事实引起的民事纠纷案件，适用民法典的规定，但是法律、司法解释另有规定的除外。

第二条　民法典施行前的法律事实引起的民事纠纷案件，当时的法律、司法解释有规定，适用当时的法律、司法解释的规定，但是适用民法典的规定更有利于保护民事主体合法权益，更有利于维护社会和经济秩序，更有利于弘扬社会主义核心价值观的除外。

第三条　民法典施行前的法律事实引起的民事纠纷案件，当时的法律、司法解释没有规定而民法典有规定的，可以适用民法典的规定，但是明显减损当事人合法权益、增加当事人法定义务或者背离当事人合理预期的除外。

第四条　民法典施行前的法律事实引起的民事纠纷案件，当时的法律、司法解释仅有原则性规定而民法典有具体规定的，适用当时的法律、司法解释的规定，但是可以依据民法典具体规定进行裁判说理。

第五条　民法典施行前已经终审的案件，当事人申请再审或者按照审判监督程序决定再审的，不适用民法典的规定。

二、溯及适用的具体规定

第六条　《中华人民共和国民法总则》施行前，侵害英雄烈士等的姓名、肖像、名誉、荣誉，损害社会公共利益引起的民事纠纷案件，适用民法典第一百八十五条的规定。

第七条　民法典施行前，当事人在债务履行期限届满前约定债务人不履行到期债务时抵押财产或者质押财产归债权人所有的，适用民法典第四百零一条和第四百二十八条的规定。

第八条　民法典施行前成立的合同，适用当时的法律、司法解释的规定合同无效而适用民法典的规定合同有效的，适用民法典的相关规定。

第九条　民法典施行前订立的合同，提供格式条款一方未履行提示或者说明义务，涉及格式条款效力认定的，适用民法典第四百九十六条的规定。

第十条　民法典施行前，当事人一方未通知对方而直接以提起诉讼方式依法主张解除合同的，适用民法典第五百六十五条第二款的规定。

第十一条 民法典施行前成立的合同，当事人一方不履行非金钱债务或者履行非金钱债务不符合约定，对方可以请求履行，但是有民法典第五百八十条第一款第一项、第二项、第三项除外情形之一，致使不能实现合同目的，当事人请求终止合同权利义务关系的，适用民法典第五百八十条第二款的规定。

第十二条 民法典施行前订立的保理合同发生争议的，适用民法典第三编第十六章的规定。

第十三条 民法典施行前，继承人有民法典第一千一百二十五条第一款第四项和第五项规定行为之一，对该继承人是否丧失继承权发生争议的，适用民法典第一千一百二十五条第一款和第二款的规定。

民法典施行前，受遗赠人有民法典第一千一百二十五条第一款规定行为之一，对受遗赠人是否丧失受遗赠权发生争议的，适用民法典第一千一百二十五条第一款和第三款的规定。

第十四条 被继承人在民法典施行前死亡，遗产无人继承又无人受遗赠，其兄弟姐妹的子女请求代位继承的，适用民法典第一千一百二十八条第二款和第三款的规定，但是遗产已经在民法典施行前处理完毕的除外。

第十五条 民法典施行前，遗嘱人以打印方式立的遗嘱，当事人对该遗嘱效力发生争议的，适用民法典第一千一百三十六条的规定，但是遗产已经在民法典施行前处理完毕的除外。

第十六条 民法典施行前，受害人自愿参加具有一定风险的文体活动受到损害引起的民事纠纷案件，适用民法典第一千一百七十六条的规定。

第十七条 民法典施行前，受害人为保护自己合法权益采取扣留侵权人的财物等措施引起的民事纠纷案件，适用民法典第一千一百七十七条的规定。

第十八条 民法典施行前，因非营运机动车发生交通事故造成无偿搭乘人损害引起的民事纠纷案件,适用民法典第一千二百一十七条的规定。

第十九条　民法典施行前,从建筑物中抛掷物品或者从建筑物上坠落的物品造成他人损害引起的民事纠纷案件,适用民法典第一千二百五十四条的规定。

三、衔接适用的具体规定

第二十条　民法典施行前成立的合同,依照法律规定或者当事人约定该合同的履行持续至民法典施行后,因民法典施行前履行合同发生争议的,适用当时的法律、司法解释的规定;因民法典施行后履行合同发生争议的,适用民法典第三编第四章和第五章的相关规定。

第二十一条　民法典施行前租赁期限届满,当事人主张适用民法典第七百三十四条第二款规定的,人民法院不予支持;租赁期限在民法典施行后届满,当事人主张适用民法典第七百三十四条第二款规定的,人民法院依法予以支持。

第二十二条　民法典施行前,经人民法院判决不准离婚后,双方又分居满一年,一方再次提起离婚诉讼的,适用民法典第一千零七十九条第五款的规定。

第二十三条　被继承人在民法典施行前立有公证遗嘱,民法典施行后又立有新遗嘱,其死亡后,因该数份遗嘱内容相抵触发生争议的,适用民法典第一千一百四十二条第三款的规定。

第二十四条　侵权行为发生在民法典施行前,但是损害后果出现在民法典施行后的民事纠纷案件,适用民法典的规定。

第二十五条　民法典施行前成立的合同,当时的法律、司法解释没有规定且当事人没有约定解除权行使期限,对方当事人也未催告的,解除权人在民法典施行前知道或者应当知道解除事由,自民法典施行之日起一年内不行使的,人民法院应当依法认定该解除权消灭;解除权人在民法典施行后知道或者应当知道解除事由的,适用民法典第五百六十四条第二款关于解除权行使期限的规定。

第二十六条 当事人以民法典施行前受胁迫结婚为由请求人民法院撤销婚姻的，撤销权的行使期限适用民法典第一千零五十二条第二款的规定。

第二十七条 民法典施行前成立的保证合同，当事人对保证期间约定不明确，主债务履行期限届满至民法典施行之日不满二年，当事人主张保证期间为主债务履行期限届满之日起二年的，人民法院依法予以支持；当事人对保证期间没有约定，主债务履行期限届满至民法典施行之日不满六个月，当事人主张保证期间为主债务履行期限届满之日起六个月的，人民法院依法予以支持。

四、附　则

第二十八条 本规定自 2021 年 1 月 1 日起施行。

本规定施行后，人民法院尚未审结的一审、二审案件适用本规定。

婚姻登记条例[①]

（2003 年 8 月 8 日中华人民共和国国务院令第 387 号公布　根据 2024 年 12 月 6 日《国务院关于修改和废止部分行政法规的决定》修订）

第一章　总　则

第一条　为了规范婚姻登记工作，保障婚姻自由、一夫一妻、男女平等的婚姻制度的实施，保护婚姻当事人的合法权益，根据《中华人民共和国民法典》（以下简称民法典），制定本条例。

第二条　内地居民办理婚姻登记的机关是县级人民政府民政部

[①] 2025 年 3 月 21 日国务院常务会议审议通过《婚姻登记条例（修订草案）》，请读者注意。

门或者乡（镇）人民政府，省、自治区、直辖市人民政府可以按照便民原则确定农村居民办理婚姻登记的具体机关。

中国公民同外国人，内地居民同香港特别行政区居民（以下简称香港居民）、澳门特别行政区居民（以下简称澳门居民）、台湾地区居民（以下简称台湾居民）、华侨办理婚姻登记的机关是省、自治区、直辖市人民政府民政部门或者省、自治区、直辖市人民政府民政部门确定的机关。

第三条 婚姻登记机关的婚姻登记员应当接受婚姻登记业务培训，经考核合格，方可从事婚姻登记工作。

婚姻登记机关办理婚姻登记，除按收费标准向当事人收取工本费外，不得收取其他费用或者附加其他义务。

第二章 结婚登记

第四条 内地居民结婚，男女双方应当共同到一方当事人常住户口所在地的婚姻登记机关办理结婚登记。

中国公民同外国人在中国内地结婚的，内地居民同香港居民、澳门居民、台湾居民、华侨在中国内地结婚的，男女双方应当共同到内地居民常住户口所在地的婚姻登记机关办理结婚登记。

第五条 办理结婚登记的内地居民应当出具下列证件和证明材料：

（一）本人的户口簿、身份证；

（二）本人无配偶以及与对方当事人没有直系血亲和三代以内旁系血亲关系的签字声明。

办理结婚登记的香港居民、澳门居民、台湾居民应当出具下列证件和证明材料：

（一）本人的有效通行证、身份证；

（二）经居住地公证机构公证的本人无配偶以及与对方当事人没有直系血亲和三代以内旁系血亲关系的声明。

办理结婚登记的华侨应当出具下列证件和证明材料：

（一）本人的有效护照；

（二）居住国公证机构或者有权机关出具的、经中华人民共和国驻该国使（领）馆认证的本人无配偶以及与对方当事人没有直系血亲和三代以内旁系血亲关系的证明，或者中华人民共和国驻该国使（领）馆出具的本人无配偶以及与对方当事人没有直系血亲和三代以内旁系血亲关系的证明。中华人民共和国缔结或者参加的国际条约另有规定的，按照国际条约规定的证明手续办理。

办理结婚登记的外国人应当出具下列证件和证明材料：

（一）本人的有效护照或者其他有效的国际旅行证件；

（二）所在国公证机构或者有权机关出具的、经中华人民共和国驻该国使（领）馆认证或者该国驻华使（领）馆认证的本人无配偶的证明，或者所在国驻华使（领）馆出具的本人无配偶的证明。中华人民共和国缔结或者参加的国际条约另有规定的，按照国际条约规定的证明手续办理。

办理结婚登记的当事人对外国主管机关依据本条第三款、第四款提及的国际条约出具的证明文书的真实性负责，签署书面声明，并承担相应法律责任。

第六条 办理结婚登记的当事人有下列情形之一的，婚姻登记机关不予登记：

（一）未到法定结婚年龄的；

（二）非双方自愿的；

（三）一方或者双方已有配偶的；

（四）属于直系血亲或者三代以内旁系血亲的。

第七条 婚姻登记机关应当对结婚登记当事人出具的证件、证明材料进行审查并询问相关情况。对当事人符合结婚条件的，应当当场予以登记，发给结婚证；对当事人不符合结婚条件不予登记的，应当向当事人说明理由。

第八条 男女双方补办结婚登记的，适用本条例结婚登记的规定。

第九条 因胁迫结婚的，受胁迫的当事人可以依据民法典第一千零五十二条的规定向人民法院请求撤销婚姻。一方当事人患有重大疾病的，应当在结婚登记前如实告知另一方当事人；不如实告知的,另一方当事人可以依据民法典第一千零五十三条的规定向人民法院请求撤销婚姻。

第三章 离婚登记

第十条 内地居民自愿离婚的,男女双方应当共同到一方当事人常住户口所在地的婚姻登记机关办理离婚登记。

中国公民同外国人在中国内地自愿离婚的,内地居民同香港居民、澳门居民、台湾居民、华侨在中国内地自愿离婚的,男女双方应当共同到内地居民常住户口所在地的婚姻登记机关办理离婚登记。

第十一条 办理离婚登记的内地居民应当出具下列证件和证明材料:

(一) 本人的户口簿、身份证;

(二) 本人的结婚证;

(三) 双方当事人共同签署的离婚协议书。

办理离婚登记的香港居民、澳门居民、台湾居民、华侨、外国人除应当出具前款第(二)项、第(三)项规定的证件、证明材料外,香港居民、澳门居民、台湾居民还应当出具本人的有效通行证、身份证,华侨、外国人还应当出具本人的有效护照或者其他有效国际旅行证件。

离婚协议书应当载明双方当事人自愿离婚的意思表示以及对子女抚养、财产及债务处理等事项协商一致的意见。

第十二条 办理离婚登记的当事人有下列情形之一的,婚姻登记机关不予受理:

(一) 未达成离婚协议的;

(二) 属于无民事行为能力人或者限制民事行为能力人的;

(三) 其结婚登记不是在中国内地办理的。

第十三条 婚姻登记机关应当对离婚登记当事人出具的证件、证明材料进行审查并询问相关情况。对当事人确属自愿离婚,并已对子女抚养、财产、债务等问题达成一致处理意见的,应当当场予以登记,发给离婚证。

第十四条 离婚的男女双方自愿恢复夫妻关系的,应当到婚姻登记机关办理复婚登记。复婚登记适用本条例结婚登记的规定。

第四章 婚姻登记档案和婚姻登记证

第十五条 婚姻登记机关应当建立婚姻登记档案。婚姻登记档案应当长期保管。具体管理办法由国务院民政部门会同国家档案管理部门规定。

第十六条 婚姻登记机关收到人民法院宣告婚姻无效或者撤销婚姻的判决书副本后,应当将该判决书副本收入当事人的婚姻登记档案。

第十七条 结婚证、离婚证遗失或者损毁的,当事人可以持户口簿、身份证向原办理婚姻登记的机关或者一方当事人常住户口所在地的婚姻登记机关申请补领。婚姻登记机关对当事人的婚姻登记档案进行查证,确认属实的,应当为当事人补发结婚证、离婚证。

第五章 罚则

第十八条 婚姻登记机关及其婚姻登记员有下列行为之一的,对直接负责的主管人员和其他直接责任人员依法给予行政处分:
(一)为不符合婚姻登记条件的当事人办理婚姻登记的;
(二)玩忽职守造成婚姻登记档案损失的;
(三)办理婚姻登记或者补发结婚证、离婚证超过收费标准收取费用的。
违反前款第(三)项规定收取的费用,应当退还当事人。

第六章 附则

第十九条 中华人民共和国驻外使(领)馆可以依照本条例的有关规定,为男女双方均居住于驻在国的中国公民办理婚姻登记。

第二十条 本条例规定的婚姻登记证由国务院民政部门规定式

样并监制。

第二十一条 当事人办理婚姻登记或者补领结婚证、离婚证应当交纳工本费。工本费的收费标准由国务院价格主管部门会同国务院财政部门规定并公布。

第二十二条 本条例自 2003 年 10 月 1 日起施行。1994 年 1 月 12 日国务院批准、1994 年 2 月 1 日民政部发布的《婚姻登记管理条例》同时废止。

民政部关于贯彻落实《中华人民共和国民法典》中有关婚姻登记规定的通知

(2020 年 11 月 24 日 民发〔2020〕116 号)

各省、自治区、直辖市民政厅（局），各计划单列市民政局，新疆生产建设兵团民政局：

《中华人民共和国民法典》（以下简称《民法典》）将于 2021 年 1 月 1 日起施行。根据《民法典》规定，对婚姻登记有关程序等作出如下调整：

一、婚姻登记机关不再受理因胁迫结婚请求撤销业务

《民法典》第一千零五十二条第一款规定："因胁迫结婚的，受胁迫的一方可以向人民法院请求撤销婚姻。"因此，婚姻登记机关不再受理因胁迫结婚的撤销婚姻申请，《婚姻登记工作规范》第四条第三款、第五章废止，删除第十四条第（五）项中"及可撤销婚姻"、第二十五条第（二）项中"撤销受胁迫婚姻"及第七十二条第（二）项中"撤销婚姻"表述。

二、调整离婚登记程序

根据《民法典》第一千零七十六条、第一千零七十七条和第一千零七十八条规定，离婚登记按如下程序办理：

（一）申请。夫妻双方自愿离婚的，应当签订书面离婚协议，共同到有管辖权的婚姻登记机关提出申请，并提供以下证件和证明材料：

1. 内地婚姻登记机关或者中国驻外使（领）馆颁发的结婚证；

2. 符合《婚姻登记工作规范》第二十九条至第三十五条规定的有效身份证件；

3. 在婚姻登记机关现场填写的《离婚登记申请书》。

（二）受理。婚姻登记机关按照《婚姻登记工作规范》有关规定对当事人提交的上述材料进行初审。

申请办理离婚登记的当事人有一本结婚证丢失的，当事人应当书面声明遗失，婚姻登记机关可以根据另一本结婚证受理离婚登记申请；申请办理离婚登记的当事人两本结婚证都丢失的，当事人应当书面声明结婚证遗失并提供加盖查档专用章的结婚登记档案复印件，婚姻登记机关可根据当事人提供的上述材料受理离婚登记申请。

婚姻登记机关对当事人提交的证件和证明材料初审无误后，发给《离婚登记申请受理回执单》。不符合离婚登记申请条件的，不予受理。当事人要求出具《不予受理离婚登记申请告知书》的，应当出具。

（三）冷静期。自婚姻登记机关收到离婚登记申请并向当事人发放《离婚登记申请受理回执单》之日起三十日内（自婚姻登记机关收到离婚登记申请之日的次日开始计算期间，期间的最后一日是法定休假日的，以法定休假日结束的次日为期间的最后一日），任何一方不愿意离婚的，可以持本人有效身份证件和《离婚登记申请受理回执单》（遗失的可不提供，但需书面说明情况），向受理离婚登记申请的婚姻登记机关撤回离婚登记申请，并亲自填写《撤回离婚登记申请书》。经婚姻登记机关核实无误后，发给《撤回离婚登记申请确认单》，并将《离婚登记申请书》、《撤回离婚登记申请书》与《撤回离婚登记申请确认单（存根联）》一并存档。

自离婚冷静期届满后三十日内（自冷静期届满日的次日开始计算期间，期间的最后一日是法定休假日的，以法定休假日结束的次日为期间的最后一日），双方未共同到婚姻登记机关申请发给离婚证的，视为撤回离婚登记申请。

（四）审查。自离婚冷静期届满后三十日内（自冷静期届满日的次日开始计算期间，期间的最后一日是法定休假日的，以法定休假日结束的次日为期间的最后一日），双方当事人应当持《婚姻登记工作规范》第五十五条第（四）至（七）项规定的证件和材料，共同到婚姻登记机关申请发给离婚证。

婚姻登记机关按照《婚姻登记工作规范》第五十六条和第五十七条规定的程序和条件执行和审查。婚姻登记机关对不符合离婚登记条件的，不予办理。当事人要求出具《不予办理离婚登记告知书》的，应当出具。

（五）登记（发证）。婚姻登记机关按照《婚姻登记工作规范》第五十八条至六十条规定，予以登记，发给离婚证。

离婚协议书一式三份，男女双方各一份并自行保存，婚姻登记机关存档一份。婚姻登记机关在当事人持有的两份离婚协议书上加盖"此件与存档件一致，涂改无效。××××婚姻登记处××××年××月××日"的长方形红色印章并填写日期。多页离婚协议书同时在骑缝处加盖此印章，骑缝处不填写日期。当事人亲自签订的离婚协议书原件存档。婚姻登记机关在存档的离婚协议书加盖"××××婚姻登记处存档件××××年××月××日"的长方形红色印章并填写日期。

三、离婚登记档案归档

婚姻登记机关应当按照《婚姻登记档案管理办法》规定建立离婚登记档案，形成电子档案。

归档材料应当增加离婚登记申请环节所有材料（包括撤回离婚登记申请和视为撤回离婚登记申请的所有材料）。

四、工作要求

（一）加强宣传培训。要将本《通知》纳入信息公开的范围，将更新后的婚姻登记相关规定和工作程序及时在相关网站、婚姻登记场所公开，让群众知悉婚姻登记的工作流程和工作要求，最大限度做到便民利民。要抓紧开展教育培训工作，使婚姻登记员及时掌握《通知》的各项规定和要求，确保婚姻登记工作依法依规开展。

（二）做好配套衔接。加快推进本地区相关配套制度的"废改立"工作，确保与本《通知》的规定相一致。做好婚姻登记信息系统的升级，及时将离婚登记的申请、撤回等环节纳入信息系统，确保与婚姻登记程序有效衔接。

（三）强化风险防控。要做好分析研判，对《通知》实施过程中可能出现的风险和问题要有应对措施，确保矛盾问题得到及时处置。要健全请示报告制度，在《通知》执行过程中遇到的重要问题和有关情况，及时报告民政部。

本通知自 2021 年 1 月 1 日起施行。《民政部关于印发〈婚姻登记工作规范〉的通知》（民发〔2015〕230 号）中与本《通知》不一致的，以本《通知》为准。

婚姻登记工作规范

（2015 年 12 月 8 日民政部公布　根据 2020 年 11 月 24 日《民政部关于贯彻落实〈中华人民共和国民法典〉中有关婚姻登记规定的通知》修订）

第一章　总　　则

第一条　为加强婚姻登记规范化管理，维护婚姻当事人的合法权益，根据《中华人民共和国婚姻法》和《婚姻登记条例》，制定本规范。

第二条　各级婚姻登记机关应当依照法律、法规及本规范，认真履行职责，做好婚姻登记工作。

第二章 婚姻登记机关

第三条 婚姻登记机关是依法履行婚姻登记行政职能的机关。

第四条 婚姻登记机关履行下列职责：

（一）办理婚姻登记；

（二）补发婚姻登记证；

（三）建立和管理婚姻登记档案；

（四）宣传婚姻法律法规，倡导文明婚俗。

第五条 婚姻登记管辖按照行政区域划分。

（一）县、不设区的市、市辖区人民政府民政部门办理双方或者一方常住户口在本行政区域内的内地居民之间的婚姻登记。

省级人民政府可以根据实际情况，规定乡（镇）人民政府办理双方或者一方常住户口在本乡（镇）的内地居民之间的婚姻登记。

（二）省级人民政府民政部门或者其确定的民政部门，办理一方常住户口在辖区内的涉外和涉香港、澳门、台湾居民以及华侨的婚姻登记。

办理经济技术开发区、高新技术开发区等特别区域内居民婚姻登记的机关由省级人民政府民政部门提出意见报同级人民政府确定。

（三）现役军人由部队驻地、入伍前常住户口所在地或另一方当事人常住户口所在地婚姻登记机关办理婚姻登记。

婚姻登记机关不得违反上述规定办理婚姻登记。

第六条 具有办理婚姻登记职能的县级以上人民政府民政部门和乡（镇）人民政府应当按照本规范要求设置婚姻登记处。

省级人民政府民政部门设置、变更或撤销婚姻登记处，应当形成文件并对外公布；市、县（市、区）人民政府民政部门、乡（镇）人民政府设置、变更或撤销婚姻登记处，应当形成文件，对外公布并逐级上报省级人民政府民政部门。省级人民政府民政部门应当相应调整婚姻登记信息系统使用相关权限。

第七条 省、市、县（市、区）人民政府民政部门和乡镇人民政府设置的婚姻登记处分别称为：

××省（自治区、直辖市）民政厅（局）婚姻登记处，××市民政局婚姻登记处，××县（市）民政局婚姻登记处；

××市××区民政局婚姻登记处；

××县（市、区）××乡（镇）人民政府婚姻登记处。

县、不设区的市、市辖区人民政府民政部门设置多个婚姻登记处的，应当在婚姻登记处前冠其所在地的地名。

第八条 婚姻登记处应当在门外醒目处悬挂婚姻登记处标牌。标牌尺寸不得小于1500mm×300mm或550mm×450mm。

第九条 婚姻登记处应当按照民政部要求，使用全国婚姻登记工作标识。

第十条 具有办理婚姻登记职能的县级以上人民政府民政部门和乡（镇）人民政府应当刻制婚姻登记工作业务专用印章和钢印。专用印章和钢印为圆形，直径35mm。

婚姻登记工作业务专用印章和钢印，中央刊"★"，"★"外围刊婚姻登记处所属民政厅（局）或乡（镇）人民政府名称，如："××省民政厅"、"××市民政局"、"××市××区民政局"、"××县民政局"或者"××县××乡（镇）人民政府"。

"★"下方刊"婚姻登记专用章"。民政局设置多个婚姻登记处的，"婚姻登记专用章"下方刊婚姻登记处序号。

第十一条 婚姻登记处应当有独立的场所办理婚姻登记，并设有候登大厅、结婚登记区、离婚登记室和档案室。结婚登记区、离婚登记室可合并为相应数量的婚姻登记室。

婚姻登记场所应当宽敞、庄严、整洁，设有婚姻登记公告栏。

婚姻登记处不得设在婚纱摄影、婚庆服务、医疗等机构场所内，上述服务机构不得设置在婚姻登记场所内。

第十二条 婚姻登记处应当配备以下设备：

（一）复印机；

（二）传真机；

（三）扫描仪；

（四）证件及纸张打印机；

（五）计算机；

（六）身份证阅读器。

第十三条 婚姻登记处可以安装具有音频和视频功能的设备，并妥善保管音频和视频资料。

婚姻登记场所应当配备必要的公共服务设施，婚姻登记当事人应当按照要求合理使用。

第十四条 婚姻登记处实行政务公开，下列内容应当在婚姻登记处公开展示：

（一）本婚姻登记处的管辖权及依据；

（二）婚姻法的基本原则以及夫妻的权利、义务；

（三）结婚登记、离婚登记的条件与程序；

（四）补领婚姻登记证的条件与程序；

（五）无效婚姻的规定；

（六）收费项目与收费标准；

（七）婚姻登记员职责及其照片、编号；

（八）婚姻登记处办公时间和服务电话，设置多个婚姻登记处的，应当同时公布，巡回登记的，应当公布巡回登记时间和地点；

（九）监督电话。

第十五条 婚姻登记处应当备有《中华人民共和国婚姻法》、《婚姻登记条例》及其他有关文件，供婚姻当事人免费查阅。

第十六条 婚姻登记处在工作日应当对外办公，办公时间在办公场所外公告。

第十七条 婚姻登记处应当通过省级婚姻登记信息系统开展实时联网登记，并将婚姻登记电子数据实时传送给民政部婚姻登记信息系统。

各级民政部门应当为本行政区域内婚姻登记管理信息化建设创造条件，并制定婚姻登记信息化管理制度。

婚姻登记处应当将保存的本辖区未录入信息系统的婚姻登记档案录入婚姻登记历史数据补录系统。

第十八条　婚姻登记处应当按照《婚姻登记档案管理办法》的规定管理婚姻登记档案。

第十九条　婚姻登记处应当制定婚姻登记印章、证书、纸制档案、电子档案等管理制度，完善业务学习、岗位责任、考评奖惩等制度。

第二十条　婚姻登记处应当开通婚姻登记网上预约功能和咨询电话，电话号码在当地114查询台登记。

具备条件的婚姻登记处应当开通互联网网页，互联网网页内容应当包括：办公时间、办公地点；管辖权限；申请结婚登记的条件、办理结婚登记的程序；申请离婚登记的条件、办理离婚登记的程序；申请补领婚姻登记证的程序和需要的证明材料、撤销婚姻的程序等内容。

第二十一条　婚姻登记处可以设立婚姻家庭辅导室，通过政府购买服务或公开招募志愿者等方式聘用婚姻家庭辅导员，并在坚持群众自愿的前提下，开展婚姻家庭辅导服务。婚姻家庭辅导员应当具备以下资格之一：

（一）社会工作师；

（二）心理咨询师；

（三）律师；

（四）其他相应专业资格。

第二十二条　婚姻登记处可以设立颁证厅，为有需要的当事人颁发结婚证。

第三章　婚姻登记员

第二十三条　婚姻登记机关应当配备专职婚姻登记员。婚姻登记员人数、编制可以参照《婚姻登记机关等级评定标准》确定。

第二十四条　婚姻登记员由本级民政部门考核、任命。

婚姻登记员应当由设区的市级以上人民政府民政部门进行业务培训，经考核合格，取得婚姻登记员培训考核合格证明，方可从事婚姻登记工作。其他人员不得从事本规范第二十五条规定的工作。

婚姻登记员培训考核合格证明由省级人民政府民政部门统一印制。

婚姻登记员应当至少每 2 年参加一次设区的市级以上人民政府民政部门举办的业务培训,取得业务培训考核合格证明。

婚姻登记处应当及时将婚姻登记员上岗或离岗信息逐级上报省级人民政府民政部门,省级人民政府民政部门应当根据上报的信息及时调整婚姻登记信息系统使用相关权限。

第二十五条 婚姻登记员的主要职责:

(一)负责对当事人有关婚姻状况声明的监誓;

(二)审查当事人是否具备结婚、离婚、补发婚姻登记证的条件;

(三)办理婚姻登记手续,签发婚姻登记证;

(四)建立婚姻登记档案。

第二十六条 婚姻登记员应当熟练掌握相关法律法规,熟练使用婚姻登记信息系统,文明执法,热情服务。婚姻登记员一般应具有大学专科以上学历。

婚姻登记员上岗应当佩带标识并统一着装。

第四章 结婚登记

第二十七条 结婚登记应当按照初审—受理—审查—登记(发证)的程序办理。

第二十八条 受理结婚登记申请的条件是:

(一)婚姻登记处具有管辖权;

(二)要求结婚的男女双方共同到婚姻登记处提出申请;

(三)当事人男年满 22 周岁,女年满 20 周岁;

(四)当事人双方均无配偶(未婚、离婚、丧偶);

(五)当事人双方没有直系血亲和三代以内旁系血亲关系;

(六)双方自愿结婚;

(七)当事人提交 3 张 2 寸双方近期半身免冠合影照片;

（八）当事人持有本规范第二十九条至第三十五条规定的有效证件。

第二十九条 内地居民办理结婚登记应当提交本人有效的居民身份证和户口簿，因故不能提交身份证的可以出具有效的临时身份证。

居民身份证与户口簿上的姓名、性别、出生日期、公民身份号码应当一致；不一致的，当事人应当先到有关部门更正。

户口簿上的婚姻状况应当与当事人声明一致。不一致的，当事人应当向登记机关提供能够证明其声明真实性的法院生效司法文书、配偶居民死亡医学证明（推断）书等材料；不一致且无法提供相关材料的，当事人应当先到有关部门更正。

当事人声明的婚姻状况与婚姻登记档案记载不一致的，当事人应当向登记机关提供能够证明其声明真实性的法院生效司法文书、配偶居民死亡医学证明（推断）书等材料。

第三十条 现役军人办理结婚登记应当提交本人的居民身份证、军人证件和部队出具的军人婚姻登记证明。

居民身份证、军人证件和军人婚姻登记证明上的姓名、性别、出生日期、公民身份号码应当一致；不一致的，当事人应当先到有关部门更正。

第三十一条 香港居民办理结婚登记应当提交：

（一）港澳居民来往内地通行证或者港澳同胞回乡证；

（二）香港居民身份证；

（三）经香港委托公证人公证的本人无配偶以及与对方当事人没有直系血亲和三代以内旁系血亲关系的声明。

第三十二条 澳门居民办理结婚登记应当提交：

（一）港澳居民来往内地通行证或者港澳同胞回乡证；

（二）澳门居民身份证；

（三）经澳门公证机构公证的本人无配偶以及与对方当事人没有直系血亲和三代以内旁系血亲关系的声明。

第三十三条 台湾居民办理结婚登记应当提交：

（一）台湾居民来往大陆通行证或者其他有效旅行证件；

（二）本人在台湾地区居住的有效身份证；

（三）经台湾公证机构公证的本人无配偶以及与对方当事人没有直系血亲和三代以内旁系血亲关系的声明。

第三十四条 华侨办理结婚登记应当提交：

（一）本人的有效护照；

（二）居住国公证机构或者有权机关出具的、经中华人民共和国驻该国使（领）馆认证的本人无配偶以及与对方当事人没有直系血亲和三代以内旁系血亲关系的证明，或者中华人民共和国驻该国使（领）馆出具的本人无配偶以及与对方当事人没有直系血亲和三代以内旁系血亲关系的证明。

与中国无外交关系的国家出具的有关证明，应当经与该国及中国均有外交关系的第三国驻该国使（领）馆和中国驻第三国使（领）馆认证，或者经第三国驻华使（领）馆认证。

第三十五条 外国人办理结婚登记应当提交：

（一）本人的有效护照或者其他有效的国际旅行证件；

（二）所在国公证机构或者有权机关出具的、经中华人民共和国驻该国使（领）馆认证或者该国驻华使（领）馆认证的本人无配偶的证明，或者所在国驻华使（领）馆出具的本人无配偶证明。

与中国无外交关系的国家出具的有关证明，应当经与该国及中国均有外交关系的第三国驻该国使（领）馆和中国驻第三国使（领）馆认证，或者经第三国驻华使（领）馆认证。

第三十六条 婚姻登记员受理结婚登记申请，应当按照下列程序进行：

（一）询问当事人的结婚意愿；

（二）查验本规范第二十九条至第三十五条规定的相应证件和材料；

（三）自愿结婚的双方各填写一份《申请结婚登记声明书》；《申请结婚登记声明书》中"声明人"一栏的签名必须由声明人在监誓人面前完成并按指纹；

（四）当事人现场复述声明书内容，婚姻登记员作监誓人并在监誓人一栏签名。

第三十七条 婚姻登记员对当事人提交的证件、证明、声明进行审查，符合结婚条件的，填写《结婚登记审查处理表》和结婚证。

第三十八条 《结婚登记审查处理表》的填写：

（一）《结婚登记审查处理表》项目的填写，按照下列规定通过计算机完成：

1. "申请人姓名"：当事人是中国公民的，使用中文填写；当事人是外国人的，按照当事人护照上的姓名填写。

2. "出生日期"：使用阿拉伯数字，按照身份证件上的出生日期填写为"××××年××月××日"。

3. "身份证件号"：当事人是内地居民的，填写居民身份证号；当事人是香港、澳门、台湾居民的，填写香港、澳门、台湾居民身份证号，并在号码后加注"（香港）"、"（澳门）"或者"（台湾）"；当事人是华侨的，填写护照或旅行证件号；当事人是外国人的，填写当事人的护照或旅行证件号。

证件号码前面有字符的，应当一并填写。

4. "国籍"：当事人是内地居民、香港居民、澳门居民、台湾居民、华侨的，填写"中国"；当事人是外国人的，按照护照上的国籍填写；无国籍人，填写"无国籍"。

5. "提供证件情况"：应当将当事人提供的证件、证明逐一填写，不得省略。

6. "审查意见"：填写"符合结婚条件，准予登记"。

7. "结婚登记日期"：使用阿拉伯数字，填写为："××××年××月××日"。填写的日期应当与结婚证上的登记日期一致。

8. "结婚证字号"填写式样按照民政部相关规定执行，填写规则见附则。

9. "结婚证印制号"填写颁发给当事人的结婚证上印制的号码。

10. "承办机关名称"：填写承办该结婚登记的婚姻登记处的名称。

（二）"登记员签名"：由批准该结婚登记的婚姻登记员亲笔签名，不得使用个人印章或者计算机打印。

（三）在"照片"处粘贴当事人提交的照片，并在骑缝处加盖钢印。

第三十九条 结婚证的填写：

（一）结婚证上"结婚证字号""姓名""性别""出生日期""身份证件号""国籍""登记日期"应当与《结婚登记审查处理表》中相应项目完全一致。

（二）"婚姻登记员"：由批准该结婚登记的婚姻登记员使用黑色墨水钢笔或签字笔亲笔签名，签名应清晰可辨，不得使用个人印章或者计算机打印。

（三）在"照片"栏粘贴当事人双方合影照片。

（四）在照片与结婚证骑缝处加盖婚姻登记工作业务专用钢印。

（五）"登记机关"：盖婚姻登记工作业务专用印章（红印）。

第四十条 婚姻登记员在完成结婚证填写后，应当进行认真核对、检查。对填写错误、证件被污染或者损坏的，应当将证件报废处理，重新填写。

第四十一条 颁发结婚证，应当在当事人双方均在场时按照下列步骤进行：

（一）向当事人双方询问核对姓名、结婚意愿；

（二）告知当事人双方领取结婚证后的法律关系以及夫妻权利、义务；

（三）见证当事人本人亲自在《结婚登记审查处理表》上的"当事人领证签名并按指纹"一栏中签名并按指纹；

"当事人领证签名并按指纹"一栏不得空白，不得由他人代为填写、代按指纹。

（四）将结婚证分别颁发给结婚登记当事人双方，向双方当事人宣布：取得结婚证，确立夫妻关系；

（五）祝贺新人。

第四十二条 申请补办结婚登记的，当事人填写《申请补办结婚登记声明书》，婚姻登记机关按照结婚登记程序办理。

第四十三条 申请复婚登记的，当事人填写《申请结婚登记声明书》，婚姻登记机关按照结婚登记程序办理。

第四十四条 婚姻登记员每办完一对结婚登记，应当依照《婚姻登记档案管理办法》，对应当存档的材料进行整理、保存，不得出现原始材料丢失、损毁情况。

第四十五条 婚姻登记机关对不符合结婚登记条件的，不予受理。当事人要求出具《不予办理结婚登记告知书》的，应当出具。

第五章　离　婚　登　记①

第四十六条 离婚登记按照初审—受理—审查—登记（发证）的程序办理。

第四十七条 受理离婚登记申请的条件是：

（一）婚姻登记处具有管辖权；
（二）要求离婚的夫妻双方共同到婚姻登记处提出申请；
（三）双方均具有完全民事行为能力；
（四）当事人持有离婚协议书，协议书中载明双方自愿离婚的意思表示以及对子女抚养、财产及债务处理等事项协商一致的意见；
（五）当事人持有内地婚姻登记机关或者中国驻外使（领）馆颁发的结婚证；
（六）当事人各提交2张2寸单人近期半身免冠照片；
（七）当事人持有本规范第二十九条至第三十五条规定的有效身份证件。

第四十八条 婚姻登记员受理离婚登记申请，应当按照下列程序进行：

（一）分开询问当事人的离婚意愿，以及对离婚协议内容的意愿，并进行笔录，笔录当事人阅后签名。
（二）查验本规范第四十七条规定的证件和材料。申请办理离婚登记的当事人有一本结婚证丢失的，当事人应当书面声明遗失，婚姻登记机关可以根据另一本结婚证办理离婚登记；申请办理离婚登

---

① 离婚登记的程序有调整，具体参见《民政部关于贯彻落实〈中华人民共和国民法典〉中有关婚姻登记规定的通知》。

记的当事人两本结婚证都丢失的，当事人应当书面声明结婚证遗失并提供加盖查档专用章的结婚登记档案复印件，婚姻登记机关可根据当事人提供的上述材料办理离婚登记。

（三）双方自愿离婚且对子女抚养、财产及债务处理等事项协商一致的，双方填写《申请离婚登记声明书》；

《申请离婚登记声明书》中"声明人"一栏的签名必须由声明人在监誓人面前完成并按指纹；

婚姻登记员作监誓人并在监誓人一栏签名。

（四）夫妻双方应当在离婚协议上现场签名；婚姻登记员可以在离婚协议书上加盖"此件与存档件一致，涂改无效。××××婚姻登记处××年××月××日"的长方形印章。协议书夫妻双方各一份，婚姻登记处存档一份。当事人因离婚协议书遗失等原因，要求婚姻登记机关复印其离婚协议书的，按照《婚姻登记档案管理办法》的规定查阅婚姻登记档案。

离婚登记完成后，当事人要求更换离婚协议书或变更离婚协议内容的，婚姻登记机关不予受理。

第四十九条 婚姻登记员对当事人提交的证件、《申请离婚登记声明书》、离婚协议书进行审查，符合离婚条件的，填写《离婚登记审查处理表》和离婚证。

《离婚登记审查处理表》和离婚证分别参照本规范第三十八条、第三十九条规定填写。

第五十条 婚姻登记员在完成离婚证填写后，应当进行认真核对、检查。对打印或者书写错误、证件被污染或者损坏的，应当将证件报废处理，重新填写。

第五十一条 颁发离婚证，应当在当事人双方均在场时按照下列步骤进行：

（一）向当事人双方询问核对姓名、出生日期、离婚意愿；

（二）见证当事人本人亲自在《离婚登记审查处理表》"当事人领证签名并按指纹"一栏中签名并按指纹；

"当事人领证签名并按指纹"一栏不得空白，不得由他人代为填写、代按指纹；

（三）在当事人的结婚证上加盖条型印章，其中注明"双方离婚，证件失效。××婚姻登记处"。注销后的结婚证复印存档，原件退还当事人。

（四）将离婚证颁发给离婚当事人。

第五十二条　婚姻登记员每办完一对离婚登记，应当依照《婚姻登记档案管理办法》，对应当存档的材料进行整理、保存，不得出现原始材料丢失、损毁情况。

第五十三条　婚姻登记机关对不符合离婚登记条件的，不予受理。当事人要求出具《不予办理离婚登记告知书》的，应当出具。

第六章　补领婚姻登记证

第五十四条　当事人遗失、损毁婚姻登记证，可以向原办理该婚姻登记的机关或者一方常住户口所在地的婚姻登记机关申请补领。有条件的省份，可以允许本省居民向本辖区内负责内地居民婚姻登记的机关申请补领婚姻登记证。

第五十五条　婚姻登记机关为当事人补发结婚证、离婚证，应当按照初审—受理—审查—发证程序进行。

第五十六条　受理补领结婚证、离婚证申请的条件是：

（一）婚姻登记处具有管辖权；

（二）当事人依法登记结婚或者离婚，现今仍然维持该状况；

（三）当事人持有本规范第二十九条至第三十五条规定的身份证件；

（四）当事人亲自到婚姻登记处提出申请，填写《申请补领婚姻登记证声明书》。

当事人因故不能到婚姻登记处申请补领婚姻登记证的，有档案可查且档案信息与身份信息一致的，可以委托他人办理。委托办理应当提交当事人的户口簿、身份证和经公证机关公证的授权委托书。委托书应当写明当事人姓名、身份证件号码、办理婚姻登记的时间及承办机关、目前的婚姻状况、委托事由、受委托人的姓名和身份证件号码。受委托人应当同时提交本人的身份证件。

当事人结婚登记档案查找不到的，当事人应当提供充分证据证明婚姻关系，婚姻登记机关经过严格审查，确认当事人存在婚姻关系的，可以为其补领结婚证。

第五十七条 婚姻登记员受理补领婚姻登记证申请，应当按照下列程序进行：

（一）查验本规范第五十六条规定的相应证件和证明材料；

（二）当事人填写《申请补领婚姻登记证声明书》，《申请补领婚姻登记证声明书》中"声明人"一栏的签名必须由声明人在监誓人面前完成并按指纹；

（三）婚姻登记员作监誓人并在监誓人一栏签名；

（四）申请补领结婚证的，双方当事人提交3张2寸双方近期半身免冠合影照片；申请补领离婚证的当事人提交2张2寸单人近期半身免冠照片。

第五十八条 婚姻登记员对当事人提交的证件、证明进行审查，符合补发条件的，填写《补发婚姻登记证审查处理表》和婚姻登记证。《补发婚姻登记证审查处理表》参照本规范第三十八条规定填写。

第五十九条 补发婚姻登记证时，应当向当事人询问核对姓名、出生日期，见证当事人本人亲自在《补发婚姻登记证审查处理表》"当事人领证签名并按指纹"一栏中签名并按指纹，将婚姻登记证发给当事人。

第六十条 当事人的户口簿上以曾用名的方式反映姓名变更的，婚姻登记机关可以采信。

当事人办理结婚登记时未达到法定婚龄，通过非法手段骗取婚姻登记，其在申请补领时仍未达法定婚龄的，婚姻登记机关不得补发结婚证；其在申请补领时已达法定婚龄的，当事人应对结婚登记情况作出书面说明，婚姻登记机关补发的结婚证登记日期为当事人达到法定婚龄之日。

第六十一条 当事人办理过结婚登记，申请补领时的婚姻状况因离婚或丧偶发生改变的，不予补发结婚证；当事人办理过离婚登记的，申请补领时的婚姻状况因复婚发生改变的，不予补发离婚证。

第六十二条　婚姻登记机关对不具备补发结婚证、离婚证受理条件的，不予受理。

第七章　监督与管理

第六十三条　各级民政部门应当建立监督检查制度，定期对本级民政部门设立的婚姻登记处和下级婚姻登记机关进行监督检查。

第六十四条　婚姻登记机关及其婚姻登记员有下列行为之一的，对直接负责的主管人员和其他直接责任人员依法给予行政处分：

（一）为不符合婚姻登记条件的当事人办理婚姻登记的；

（二）违反程序规定办理婚姻登记、发放婚姻登记证的；

（三）要求当事人提交《婚姻登记条例》和本规范规定以外的证件材料的；

（四）擅自提高收费标准或者增加收费项目的；

（五）玩忽职守造成婚姻登记档案损毁的；

（六）购买使用伪造婚姻证书的；

（七）违反规定应用婚姻登记信息系统的。

第六十五条　婚姻登记员违反规定办理婚姻登记，给当事人造成严重后果的，应当由婚姻登记机关承担对当事人的赔偿责任，并对承办人员进行追偿。

第六十六条　婚姻登记证使用单位不得使用非上级民政部门提供的婚姻登记证。各级民政部门发现本行政区域内有使用非上级民政部门提供的婚姻登记证的，应当予以没收，并追究相关责任人的法律责任和行政责任。

第六十七条　婚姻登记机关发现婚姻登记证有质量问题时，应当及时书面报告省级人民政府民政部门或者国务院民政部门。

第六十八条　人民法院作出与婚姻相关的判决、裁定和调解后，当事人将生效司法文书送婚姻登记机关的，婚姻登记机关应当将司法文书复印件存档并将相关信息录入婚姻登记信息系统。

婚姻登记机关应当加强与本地区人民法院的婚姻信息共享工作，完善婚姻信息数据库。

第八章 附 则

第六十九条 本规范规定的当事人无配偶声明或者证明，自出具之日起6个月内有效。

第七十条 县级或县级以上人民政府民政部门办理婚姻登记的，"结婚证字号"填写式样为"Jaaaaaa-bbbb-cccccc"（其中"aaaaaa"为6位行政区划代码，"bbbb"为当年年号，"cccccc"为当年办理婚姻登记的序号）。"离婚证字号"开头字符为"L"。"补发结婚证字号"开头字符为"BJ"。"补发离婚证字号"开头字符为"BL"。

县级人民政府民政部门设立多个婚姻登记巡回点的，由县级人民政府民政部门明确字号使用规则，规定各登记点使用号段。

乡（镇）人民政府办理婚姻登记的，行政区划代码由6位改为9位（在县级区划代码后增加三位乡镇代码），其他填写方法与上述规定一致。

对为方便人民群众办理婚姻登记、在行政区划单位之外设立的婚姻登记机关，其行政区划代码由省级人民政府民政部门按照前四位取所属地级市行政区划代码前四位，五六位为序号（从61开始，依次为62、63、……、99）的方式统一编码。

第七十一条 当事人向婚姻登记机关提交的"本人无配偶证明"等材料是外国语言文字的，应当翻译成中文。当事人未提交中文译文的，视为未提交该文件。婚姻登记机关可以接受中国驻外国使领馆或有资格的翻译机构出具的翻译文本。

第七十二条 本规范自2016年2月1日起实施。

附件：

1. 申请结婚登记声明书（略）
2. 结婚登记审查处理表（略）
3. 申请补办结婚登记声明书（略）

4.5 不予办理结婚登记告知书（略）
5. 撤销婚姻申请书（略）
6. 关于撤销×××与×××婚姻的决定（略）
7. 申请离婚登记声明书（略）
8. 离婚登记审查处理表（略）
9. 不予办理离婚登记告知书（略）
10. 申请补领婚姻登记证声明书（略）
11. 补发婚姻登记证审查处理表（略）

中国边民与毗邻国边民婚姻登记办法

（2012年8月8日民政部令第45号公布 自2012年10月1日起施行）

第一条 为规范边民婚姻登记工作，保护婚姻当事人的合法婚姻权益，根据《中华人民共和国婚姻法》、《婚姻登记条例》，制定本办法。

第二条 本办法所称边民是指中国与毗邻国边界线两侧县级行政区域内有当地常住户口的中国公民和外国人。中国与毗邻国就双方国家边境地区和边民的范围达成有关协议的，适用协议的规定。

第三条 本办法适用于中国边民与毗邻国边民在中国边境地区办理婚姻登记。

第四条 边民办理婚姻登记的机关是边境地区县级人民政府民政部门。

边境地区婚姻登记机关应当按照便民原则在交通不便的乡（镇）巡回登记。

第五条 中国边民与毗邻国边民在中国边境地区结婚，男女双方应当共同到中国一方当事人常住户口所在地的婚姻登记机关办理结婚登记。

第六条 办理结婚登记的中国边民应当出具下列证件、证明材料：

（一）本人的居民户口簿、居民身份证；

（二）本人无配偶以及与对方当事人没有直系血亲和三代以内旁系血亲关系的签字声明。

办理结婚登记的毗邻国边民应当出具下列证明材料：

（一）能够证明本人边民身份的有效护照、国际旅行证件或者边境地区出入境通行证件；

（二）所在国公证机构或者有权机关出具的、经中华人民共和国驻该国使（领）馆认证或者该国驻华使（领）馆认证的本人无配偶的证明，或者所在国驻华使（领）馆出具的本人无配偶的证明，或者由毗邻国边境地区与中国乡（镇）人民政府同级的政府出具的本人无配偶证明。

第七条 办理结婚登记的当事人有下列情形之一的，婚姻登记机关不予登记：

（一）未到中国法定结婚年龄的；

（二）非双方自愿的；

（三）一方或者双方已有配偶的；

（四）属于直系血亲或者三代以内旁系血亲的；

（五）患有医学上认为不应当结婚的疾病的。

第八条 婚姻登记机关应当对结婚登记当事人出具的证件、证明材料进行审查并询问相关情况，对当事人符合结婚条件的，应当当场予以登记，发给结婚证。对当事人不符合结婚条件不予登记的，应当向当事人说明理由。

第九条 男女双方补办结婚登记的，适用本办法关于结婚登记的规定。

第十条 未到婚姻登记机关办理结婚登记以夫妻名义同居生活的，不成立夫妻关系。

第十一条 因受胁迫结婚的，受胁迫的边民可以依据《中华人民共和国婚姻法》第十一条的规定向婚姻登记机关请求撤销其婚姻。受胁迫方应当出具下列证件、证明材料：

（一）本人的身份证件；
（二）结婚证；
（三）要求撤销婚姻的书面申请；
（四）公安机关出具或者人民法院作出的能够证明当事人被胁迫结婚的证明材料。

受胁迫方为毗邻国边民的，其身份证件包括能够证明边民身份的有效护照、国际旅行证件或者边境地区出入境通行证件。

婚姻登记机关经审查认为受胁迫结婚的情况属实且不涉及子女抚养、财产及债务问题的，应当撤销该婚姻，宣告结婚证作废。

第十二条 中国边民与毗邻国边民在中国边境地区自愿离婚的，应当共同到中国边民常住户口所在地的婚姻登记机关办理离婚登记。

第十三条 办理离婚登记的双方当事人应当出具下列证件、证明材料：
（一）本人的结婚证；
（二）双方当事人共同签署的离婚协议书。

除上述材料外，办理离婚登记的中国边民还需要提供本人的居民户口簿和居民身份证，毗邻国边民还需要提供能够证明边民身份的有效护照、国际旅行证件或者边境地区出入境通行证件。

离婚协议书应当载明双方当事人自愿离婚的意思表示以及对子女抚养、财产及债务处理等事项协商一致的意见。

第十四条 办理离婚登记的当事人有下列情形之一的，婚姻登记机关不予受理：
（一）未达成离婚协议的；
（二）属于无民事行为能力或者限制民事行为能力人的；
（三）其结婚登记不是在中国内地办理的。

第十五条 婚姻登记机关应当对离婚登记当事人出具的证件、证明材料进行审查并询问相关情况。对当事人确属自愿离婚，并已对子女抚养、财产、债务等问题达成一致处理意见的，应当当场予以登记，发给离婚证。

第十六条 离婚的男女双方自愿恢复夫妻关系的，应当到婚姻登记机关办理复婚登记。复婚登记适用本办法关于结婚登记的规定。

第十七条 结婚证、离婚证遗失或者损毁的，中国边民可以持居民户口簿、居民身份证，毗邻国边民可以持能够证明边民身份的有效护照、国际旅行证件或者边境地区出入境通行证向原办理婚姻登记的机关或者中国一方当事人常住户口所在地的婚姻登记机关申请补领。婚姻登记机关对当事人的婚姻登记档案进行查证，确认属实的，应当为当事人补发结婚证、离婚证。

第十八条 本办法自2012年10月1日起施行。1995年颁布的《中国与毗邻国边民婚姻登记管理试行办法》（民政部令第1号）同时废止。

最高人民法院关于当事人申请承认澳大利亚法院出具的离婚证明书人民法院应否受理问题的批复

（2005年7月11日最高人民法院审判委员会第1359次会议通过 根据2008年12月16日公布的《最高人民法院关于调整司法解释等文件中引用〈中华人民共和国民事诉讼法〉条文序号的决定》第一次修正 根据2020年12月23日最高人民法院审判委员会第1823次会议通过的《最高人民法院关于修改〈最高人民法院关于人民法院民事调解工作若干问题的规定〉等十九件民事诉讼类司法解释的决定》第二次修正 2020年12月29日最高人民法院公告公布 该修正自2021年1月1日起施行 法释〔2020〕20号）

广东省高级人民法院：

你院报送的粤高法民一他字〔2004〕9号"关于当事人申请承认澳大利亚法院出具的离婚证明书有关问题"的请示收悉。经研究，答复如下：

当事人持澳大利亚法院出具的离婚证明书向人民法院申请承认其效力的，人民法院应予受理，并依照《中华人民共和国民事诉讼法》第二百八十一条和第二百八十二条以及最高人民法院《关于中国公民申请承认外国法院离婚判决程序问题的规定》的有关规定进行审查，依法作出承认或者不予承认的裁定。

此复。

最高人民法院关于人民法院受理申请承认外国法院离婚判决案件有关问题的规定

（1999年12月1日最高人民法院审判委员会第1090次会议通过 根据2020年12月23日最高人民法院审判委员会第1823次会议通过的《最高人民法院关于修改〈最高人民法院关于人民法院民事调解工作若干问题的规定〉等十九件民事诉讼类司法解释的决定》修正 2020年12月29日最高人民法院公告公布 该修正自2021年1月1日起施行 法释〔2020〕20号）

1998年9月17日，我院以法〔1998〕86号通知印发了《关于人民法院受理申请承认外国法院离婚判决案件几个问题的意见》，现根据新的情况，对人民法院受理申请承认外国法院离婚判决案件的有关问题重新作如下规定：

一、中国公民向人民法院申请承认外国法院离婚判决，人民法院不应以其未在国内缔结婚姻关系而拒绝受理；中国公民申请承认外国法院在其缺席情况下作出的离婚判决，应同时向人民法院提交作出该判决的外国法院已合法传唤其出庭的有关证明文件。

二、外国公民向人民法院申请承认外国法院离婚判决,如果其离婚的原配偶是中国公民的,人民法院应予受理;如果其离婚的原配偶是外国公民的,人民法院不予受理,但可告知其直接向婚姻登记机关申请结婚登记。

三、当事人向人民法院申请承认外国法院离婚调解书效力的,人民法院应予受理,并根据《关于中国公民申请承认外国法院离婚判决程序问题的规定》进行审查,作出承认或不予承认的裁定。

自本规定公布之日起,我院法〔1998〕86号通知印发的《关于人民法院受理申请承认外国法院离婚判决案件几个问题的意见》同时废止。

最高人民法院关于中国公民申请承认外国法院离婚判决程序问题的规定

(1991年7月5日最高人民法院审判委员会第503次会议通过 根据2020年12月23日最高人民法院审判委员会第1823次会议通过的《最高人民法院关于修改〈最高人民法院关于人民法院民事调解工作若干问题的规定〉等十九件民事诉讼类司法解释的决定》修正 2020年12月29日最高人民法院公告公布 该修正自2021年1月1日起施行 法释〔2020〕20号)

第一条 对与我国没有订立司法协助协议的外国法院作出的离婚判决,中国籍当事人可以根据本规定向人民法院申请承认该外国法院的离婚判决。

对与我国有司法协助协议的外国法院作出的离婚判决,按照协议的规定申请承认。

第二条 外国法院离婚判决中的夫妻财产分割、生活费负担、子女抚养方面判决的承认执行，不适用本规定。

第三条 向人民法院申请承认外国法院的离婚判决，申请人应提出书面申请书，并须附有外国法院离婚判决书正本及经证明无误的中文译本。否则，不予受理。

第四条 申请书应记明以下事项：

（一）申请人姓名、性别、年龄、工作单位和住址；
（二）判决由何国法院作出，判决结果、时间；
（三）受传唤及应诉的情况；
（四）申请理由及请求；
（五）其他需要说明的情况。

第五条 申请由申请人住所地中级人民法院受理。申请人住所地与经常居住地不一致的，由经常居住地中级人民法院受理。

申请人不在国内的，由申请人原国内住所地中级人民法院受理。

第六条 人民法院接到申请书，经审查，符合本规定的受理条件的，应当在7日内立案；不符合的，应当在7日内通知申请人不予受理，并说明理由。

第七条 人民法院审查承认外国法院离婚判决的申请，由三名审判员组成合议庭进行，作出的裁定不得上诉。

第八条 人民法院受理申请后，对于外国法院离婚判决书没有指明已生效或生效时间的，应责令申请人提交作出判决的法院出具的判决已生效的证明文件。

第九条 外国法院作出离婚判决的原告为申请人的，人民法院应责令其提交作出判决的外国法院已合法传唤被告出庭的有关证明文件。

第十条 按照第八条、第九条要求提供的证明文件，应经该外国公证部门公证和我国驻该国使、领馆认证，或者履行中华人民共和国与该所在国订立的有关条约中规定的证明手续。同时应由申请人提供经证明无误的中文译本。

第十一条 居住在我国境内的外国法院离婚判决的被告为申请

人,提交第八条、第十条所要求的证明文件和公证、认证有困难的,如能提交外国法院的应诉通知或出庭传票的,可推定外国法院离婚判决书为真实和已经生效。

第十二条 经审查,外国法院的离婚判决具有下列情形之一的,不予承认:

(一)判决尚未发生法律效力;

(二)作出判决的外国法院对案件没有管辖权;

(三)判决是在被告缺席且未得到合法传唤情况下作出的;

(四)该当事人之间的离婚案件,我国法院正在审理或已作出判决,或者第三国法院对该当事人之间作出的离婚案件判决已为我国法院所承认;

(五)判决违反我国法律的基本原则或者危害我国国家主权、安全和社会公共利益。

第十三条 对外国法院的离婚判决的承认,以裁定方式作出。没有第十二条规定的情形的,裁定承认其法律效力;具有第十二条规定的情形之一的,裁定驳回申请人的申请。

第十四条 裁定书以"中华人民共和国××中级人民法院"名义作出,由合议庭成员署名,加盖人民法院印章。

第十五条 裁定书一经送达,即发生法律效力。

第十六条 申请承认外国法院的离婚判决,申请人应向人民法院交纳案件受理费人民币100元。

第十七条 申请承认外国法院的离婚判决,委托他人代理的,必须向人民法院提交由委托人签名或盖章的授权委托书。委托人在国外出具的委托书,必须经我国驻该国的使、领馆证明,或者履行中华人民共和国与该所在国订立的有关条约中规定的证明手续。

第十八条 人民法院受理离婚诉讼后,原告一方变更请求申请承认外国法院离婚判决,或者被告一方另提出承认外国法院离婚判决申请的,其申请均不受理。

第十九条 人民法院受理承认外国法院离婚判决的申请后,对方当事人向人民法院起诉离婚的，人民法院不予受理。

第二十条 当事人之间的婚姻虽经外国法院判决，但未向人民法院申请承认的，不妨碍当事人一方另行向人民法院提出离婚诉讼。

第二十一条 申请人的申请为人民法院受理后，申请人可以撤回申请，人民法院以裁定准予撤回。申请人撤回申请后，不得再提出申请，但可以另向人民法院起诉离婚。

第二十二条 申请人的申请被驳回后，不得再提出申请，但可以另行向人民法院起诉离婚。

国务院关于同意在部分地区开展内地居民婚姻登记"跨省通办"试点的批复

(2021年4月30日　国函〔2021〕48号)

民政部：

你部关于在部分地区开展内地居民婚姻登记"跨省通办"试点工作的请示收悉。现批复如下：

为加快推进政务服务"跨省通办"，满足群众在非户籍地办理婚姻登记的需求，推进婚姻登记制度改革，增强人民群众获得感、幸福感，同意在辽宁省、山东省、广东省、重庆市、四川省实施结婚登记和离婚登记"跨省通办"试点，在江苏省、河南省、湖北省武汉市、陕西省西安市实施结婚登记"跨省通办"试点。在试点地区，相应暂时调整实施《婚姻登记条例》第四条第一款、第十条第一款的有关规定（目录附后）。调整后，双方均非本地户籍的婚姻登记当事人可以凭一方居住证和双方户口簿、身份证，在居住证发放地婚姻登记机关申请办理婚姻登记，或者自行选择在一方常住户口所在地办理婚姻登记。试点期限为2年，自2021年6月1日起至2023年

5月31日止。

附件：国务院决定在内地居民婚姻登记"跨省通办"试点地区暂时调整实施《婚姻登记条例》有关规定目录

附件

国务院决定在内地居民婚姻登记"跨省通办"试点地区暂时调整实施《婚姻登记条例》有关规定目录

《婚姻登记条例》	调整实施情况
第四条第一款 内地居民结婚，男女双方应当共同到一方当事人常住户口所在地的婚姻登记机关办理结婚记。 第十条第一款 内地居民自愿离婚的，男女双方应当共同到一方当事人常住户口所在地的婚姻登记机关办理离婚登记。	调整后，双方均非本地户籍的婚姻登记当事人可以凭一方居住证和双方户口簿、身份证，在居住证发放地婚姻登记机关申请办理婚姻登记，或者自行选择在一方常住户口所在地办理婚姻登记。 试点过程中，民政部要指导试点地区进一步加强婚姻登记管理信息系统升级改造，着力提升婚姻登记信息化水平；充分发挥全国一体化政务服务平台公共支撑作用，强化部门间信息共享，完善婚姻登记信息数据库，确保婚姻登记的准确性；编制婚姻登记办事指南，开展婚姻登记"跨省通办"实务培训，依法有序开展试点工作；加强宣传引导和政策解读，营造良好的社会氛围；加强调查研究，及时发现和解决突出问题，防范和化解各种风险。

民政部办公厅关于开展婚姻登记"跨省通办"试点工作的通知

(2021年5月17日 民办发〔2021〕8号)

各省、自治区、直辖市民政厅（局），新疆生产建设兵团民政局：

为深入贯彻落实《国务院关于同意在部分地区开展内地居民婚姻登记"跨省通办"试点的批复》（国函〔2021〕48号），现就在部分地区开展内地居民婚姻登记"跨省通办"试点工作有关事项通知如下：

一、指导思想

以习近平新时代中国特色社会主义思想为指导，全面贯彻党的十九大和十九届二中、三中、四中、五中全会精神，进一步落实党中央、国务院关于深化"放管服"改革决策部署，坚持以人民为中心的发展思想，坚持新发展理念，主动适应经济社会发展新形势新要求，以人民群众需求为导向，以创新服务供给方式为途径，以优化服务资源配置为手段，稳妥有序推进婚姻登记"跨省通办"试点工作，为广大人民群众提供便捷高效的婚姻登记服务，为建设人民满意的服务型政府提供有力保障。

二、总体目标

发挥试点地区的先行先试作用，形成一批可复制可推广的政策措施和制度机制，为全国范围内实施婚姻登记"跨省通办"积累实践经验，为改革完善婚姻登记服务管理体制探索可行路径。

三、试点地区和试点期限

（一）试点地区。辽宁省、山东省、广东省、重庆市、四川省实施内地居民结婚登记和离婚登记"跨省通办"试点，江苏省、河南省、湖北省武汉市、陕西省西安市实施内地居民结婚登记"跨省通办"试点。

（二）试点期限。试点期限为2年，自2021年6月1日起至2023年5月31日止。

四、试点内容

（一）涉及调整实施的行政法规相关规定。在试点地区，暂时调整实施《婚姻登记条例》第四条第一款有关"内地居民结婚，男女双方应当共同到一方当事人常住户口所在地的婚姻登记机关办理结婚登记"的规定，第十条第一款有关"内地居民自愿离婚的，男女双方应当共同到一方当事人常住户口所在地的婚姻登记机关办理离婚登记"的规定。

在试点地区，将内地居民结（离）婚登记由一方当事人常住户口所在地的婚姻登记机关办理，扩大到一方当事人常住户口所在地或者经常居住地婚姻登记机关办理。调整后，双方均非本地户籍的婚姻登记当事人可以凭一方居住证和双方户口簿、身份证，在居住证发放地婚姻登记机关申请办理婚姻登记，或者自行选择在一方常住户口所在地办理婚姻登记。

（二）当事人需要提交的证件。按照试点要求，当事人选择在一方经常居住地申请办理婚姻登记的，除按照《婚姻登记条例》第五条和第十一条规定当事人需要提交的证件外，还应当提交一方当事人经常居住地的有效居住证。

五、工作要求

（一）加强组织领导。各试点地区要高度重视，成立试点工作领导小组，抓紧研究制定实施方案。积极争取把婚姻登记"跨省通办"试点工作纳入地方党委和政府的重要议事日程，落实好人员、场地、经费等保障。要加强具体指导、过程管理，跟踪评估实施效果，及时发现和解决突出问题。

（二）完善配套政策措施。要根据婚姻登记"跨省通办"试点工作要求，及时修订出台本地区的婚姻登记工作规范，编制婚姻登记办事指南，列明受理条件、证件材料要求、办理流程等内容，并及时在相关网站、婚姻登记场所公开，扩大试点工作社会知晓度，让群众广泛知悉。

（三）推进婚姻登记信息化建设。试点地区要在2021年5月底前完成登记窗口个人生物特征信息（人脸、指纹）采集、个人身份信息采集（身份证读卡器等）、文件档案电子化（高拍仪、扫描仪等）等外接设备的配置；非试点地区要在2021年底前完成相关设备配置。不论是试点地区还是非试点地区，都要在2021年底前完成1978年以来缺失婚姻登记历史档案的补充和完善工作，在2022年底前完成全部缺失婚姻登记历史档案的补充和完善工作，并同步实现历史纸质档案的电子化。要建立健全部省数据交换核对机制，确保部省数据实时交换、信息准确。

（四）加强干部队伍建设。及时开展婚姻登记"跨省通办"试点实务培训，确保婚姻登记员及时掌握"跨省通办"的各项规定和工作要求，确保婚姻登记工作依法依规开展。加强网络在线学习平台建设，提升教育培训的覆盖面和便捷性。加强窗口制度建设，认真落实窗口服务规范、工作纪律，打造高质量服务型婚姻登记机关。积极提升婚姻登记员的保障水平，改善工作环境，保持婚姻登记员队伍的稳定性。

（五）加强宣传引导。加强政策宣传和政策解读，引导公众全面、客观看待婚姻登记"跨省通办"试点工作，形成正确的社会预期。要协调新闻媒体加大对婚姻登记"跨省通办"试点工作实施情况的宣传报道，创造良好的社会氛围。要及时回应社会关切，正确引导舆论，为婚姻登记"跨省通办"试点工作创造良好的舆论环境。

各地在《通知》执行过程中遇到的重大问题，及时报告民政部。

最高人民法院、最高人民检察院、公安部、民政部关于印发《关于妥善处理以冒名顶替或者弄虚作假的方式办理婚姻登记问题的指导意见》的通知

(2021年11月18日　高检发办字〔2021〕109号)

各省、自治区、直辖市高级人民法院、人民检察院、公安厅（局）、民政厅（局），新疆维吾尔自治区高级人民法院生产建设兵团分院，新疆生产建设兵团人民检察院、公安局、民政局：

为妥善有效处理以冒名顶替或者弄虚作假的方式办理婚姻登记引发的各类纠纷，维护婚姻登记秩序和当事人合法权益，节约行政成本和司法资源，根据《中华人民共和国民法典》《中华人民共和国行政诉讼法》《婚姻登记条例》等规定，最高人民法院、最高人民检察院、公安部、民政部制定了《关于妥善处理以冒名顶替或者弄虚作假的方式办理婚姻登记问题的指导意见》，现予印发，请结合实际贯彻执行。

关于妥善处理以冒名顶替或者弄虚作假的方式办理婚姻登记问题的指导意见

一、人民法院办理当事人冒名顶替或者弄虚作假婚姻登记类行政案件，应当根据案情实际，以促进问题解决、维护当事人合法权益为目的，依法立案、审理并作出裁判。

人民法院对当事人冒名顶替或者弄虚作假办理婚姻登记类行政案件，应当结合具体案情依法认定起诉期限；对被冒名顶替者或者其他当事人不属于其自身的原因耽误起诉期限的，被耽误的时间不计算在起诉期限内，但最长不得超过《中华人民共和国行政诉讼法》第四十六条第二款规定的起诉期限。

人民法院对相关事实进行调查认定后认为应当撤销婚姻登记的，应当及时向民政部门发送撤销婚姻登记的司法建议书。

二、人民检察院办理当事人冒名顶替或者弄虚作假婚姻登记类行政诉讼监督案件，应当依法开展调查核实，认为人民法院生效行政裁判确有错误的，应当依法提出监督纠正意见。可以根据案件实际情况，开展行政争议实质性化解工作。发现相关个人涉嫌犯罪的，应当依法移送线索、监督立案查处。

人民检察院根据调查核实认定情况、监督情况，认为婚姻登记存在错误应当撤销的，应当及时向民政部门发送检察建议书。

三、公安机关应当及时受理当事人冒名顶替或者弄虚作假婚姻登记的报案、举报，有证据证明存在违法犯罪事实，符合立案条件的，应当依法立案侦查。经调查属实的，依法依规认定处理并出具相关证明材料。

四、民政部门对于当事人反映身份信息被他人冒用办理婚姻登记，或者婚姻登记的一方反映另一方系冒名顶替、弄虚作假骗取婚姻登记的，应当及时将有关线索转交公安、司法等部门，配合相关部门做好调查处理。

民政部门收到公安、司法等部门出具的事实认定相关证明、情况说明、司法建议书、检察建议书等证据材料，应当对相关情况进行审核，符合条件的及时撤销相关婚姻登记。

民政部门决定撤销或者更正婚姻登记的，应当将撤销或者更正婚姻登记决定书于作出之日起15个工作日内送达当事人及利害关系人，同时抄送人民法院、人民检察院或者公安机关。

民政部门作出撤销或者更正婚姻登记决定后，应当及时在婚姻登记管理信息系统中备注说明情况并在附件中上传决定书。同时参照婚姻登记档案管理相关规定存档保管相关文书和证据材料。

五、民政部门应当根据《关于对婚姻登记严重失信当事人开展联合惩戒的合作备忘录》等文件要求,及时将使用伪造、变造或者冒用他人身份证件、户口簿、无配偶证明及其他证件、证明材料办理婚姻登记的当事人纳入婚姻登记领域严重失信当事人名单,由相关部门进行联合惩戒。

六、本指导意见所指当事人包括:涉案婚姻登记行为记载的自然人,使用伪造、变造的身份证件或者冒用他人身份证件办理婚姻登记的自然人,被冒用身份证件的自然人,其他利害关系人。

七、本指导意见自印发之日起施行。法律法规、规章、司法解释有新规定的,从其规定。

最高人民法院关于内地与香港特别行政区法院相互认可和执行婚姻家庭民事案件判决的安排

(2017年5月22日由最高人民法院审判委员会第1718次会议通过 2022年2月14日最高人民法院公告公布 自2022年2月15日起施行 法释〔2022〕4号)

根据《中华人民共和国香港特别行政区基本法》第九十五条的规定,最高人民法院与香港特别行政区政府经协商,现就婚姻家庭民事案件判决的认可和执行问题作出如下安排。

第一条 当事人向香港特别行政区法院申请认可和执行内地人民法院就婚姻家庭民事案件作出的生效判决,或者向内地人民法院申请认可和执行香港特别行政区法院就婚姻家庭民事案件作出的生效判决的,适用本安排。

当事人向香港特别行政区法院申请认可内地民政部门所发的离

婚证，或者向内地人民法院申请认可依据《婚姻制度改革条例》（香港法例第178章）第V部、第VA部规定解除婚姻的协议书、备忘录的，参照适用本安排。

第二条 本安排所称生效判决：

（一）在内地，是指第二审判决，依法不准上诉或者超过法定期限没有上诉的第一审判决，以及依照审判监督程序作出的上述判决；

（二）在香港特别行政区，是指终审法院、高等法院上诉法庭及原讼法庭和区域法院作出的已经发生法律效力的判决，包括依据香港法律可以在生效后作出更改的命令。

前款所称判决，在内地包括判决、裁定、调解书，在香港特别行政区包括判决、命令、判令、讼费评定证明书、定额讼费证明书，但不包括双方依据其法律承认的其他国家和地区法院作出的判决。

第三条 本安排所称婚姻家庭民事案件：

（一）在内地是指：

1. 婚内夫妻财产分割纠纷案件；

2. 离婚纠纷案件；

3. 离婚后财产纠纷案件；

4. 婚姻无效纠纷案件；

5. 撤销婚姻纠纷案件；

6. 夫妻财产约定纠纷案件；

7. 同居关系子女抚养纠纷案件；

8. 亲子关系确认纠纷案件；

9. 抚养纠纷案件；

10. 扶养纠纷案件（限于夫妻之间扶养纠纷）；

11. 确认收养关系纠纷案件；

12. 监护权纠纷案件（限于未成年子女监护权纠纷）；

13. 探望权纠纷案件；

14. 申请人身安全保护令案件。

（二）在香港特别行政区是指：

1. 依据香港法例第179章《婚姻诉讼条例》第III部作出的离婚

绝对判令；

2. 依据香港法例第179章《婚姻诉讼条例》第IV部作出的婚姻无效绝对判令；

3. 依据香港法例第192章《婚姻法律程序与财产条例》作出的在讼案待决期间提供赡养费令；

4. 依据香港法例第13章《未成年人监护条例》、第16章《分居令及赡养令条例》、第192章《婚姻法律程序与财产条例》第II部、第IIA部作出的赡养令；

5. 依据香港法例第13章《未成年人监护条例》、第192章《婚姻法律程序与财产条例》第II部、第IIA部作出的财产转让及出售财产令；

6. 依据香港法例第182章《已婚者地位条例》作出的有关财产的命令；

7. 依据香港法例第192章《婚姻法律程序与财产条例》在双方在生时作出的修改赡养协议的命令；

8. 依据香港法例第290章《领养条例》作出的领养令；

9. 依据香港法例第179章《婚姻诉讼条例》、第429章《父母与子女条例》作出的父母身份、婚生地位或者确立婚生地位的宣告；

10. 依据香港法例第13章《未成年人监护条例》、第16章《分居令及赡养令条例》、第192章《婚姻法律程序与财产条例》作出的管养令；

11. 就受香港法院监护的未成年子女作出的管养令；

12. 依据香港法例第189章《家庭及同居关系暴力条例》作出的禁制骚扰令、驱逐令、重返令或者更改、暂停执行就未成年子女的管养令、探视令。

第四条 申请认可和执行本安排规定的判决：

（一）在内地向申请人住所地、经常居住地或者被申请人住所地、经常居住地、财产所在地的中级人民法院提出；

（二）在香港特别行政区向区域法院提出。

申请人应当向符合前款第一项规定的其中一个人民法院提出申

请。向两个以上有管辖权的人民法院提出申请的，由最先立案的人民法院管辖。

第五条 申请认可和执行本安排第一条第一款规定的判决的，应当提交下列材料：

（一）申请书；

（二）经作出生效判决的法院盖章的判决副本；

（三）作出生效判决的法院出具的证明书，证明该判决属于本安排规定的婚姻家庭民事案件生效判决；

（四）判决为缺席判决的，应当提交法院已经合法传唤当事人的证明文件，但判决已经对此予以明确说明或者缺席方提出申请的除外；

（五）经公证的身份证件复印件。

申请认可本安排第一条第二款规定的离婚证或者协议书、备忘录的，应当提交下列材料：

（一）申请书；

（二）经公证的离婚证复印件，或者经公证的协议书、备忘录复印件；

（三）经公证的身份证件复印件。

向内地人民法院提交的文件没有中文文本的，应当提交准确的中文译本。

第六条 申请书应当载明下列事项：

（一）当事人的基本情况，包括姓名、住所、身份证件信息、通讯方式等；

（二）请求事项和理由，申请执行的，还需提供被申请人的财产状况和财产所在地；

（三）判决是否已在其他法院申请执行和执行情况。

第七条 申请认可和执行判决的期间、程序和方式，应当依据被请求方法律的规定。

第八条 法院应当尽快审查认可和执行的请求，并作出裁定或者命令。

第九条 申请认可和执行的判决，被申请人提供证据证明有下列情形之一的，法院审查核实后，不予认可和执行：

（一）根据原审法院地法律，被申请人未经合法传唤，或者虽经合法传唤但未获得合理的陈述、辩论机会的；

（二）判决是以欺诈方法取得的；

（三）被请求方法院受理相关诉讼后，请求方法院又受理就同一争议提起的诉讼并作出判决的；

（四）被请求方法院已经就同一争议作出判决，或者已经认可和执行其他国家和地区法院就同一争议所作出的判决的。

内地人民法院认为认可和执行香港特别行政区法院判决明显违反内地法律的基本原则或者社会公共利益，香港特别行政区法院认为认可和执行内地人民法院判决明显违反香港特别行政区法律的基本原则或者公共政策的，不予认可和执行。

申请认可和执行的判决涉及未成年子女的，在根据前款规定审查决定是否认可和执行时，应当充分考虑未成年子女的最佳利益。

第十条 被请求方法院不能对判决的全部判项予以认可和执行时，可以认可和执行其中的部分判项。

第十一条 对于香港特别行政区法院作出的判决，一方当事人已经提出上诉，内地人民法院审查核实后，可以中止认可和执行程序。经上诉，维持全部或者部分原判决的，恢复认可和执行程序；完全改变原判决的，终止认可和执行程序。

内地人民法院就已经作出的判决裁定再审的，香港特别行政区法院审查核实后，可以中止认可和执行程序。经再审，维持全部或者部分原判决的，恢复认可和执行程序；完全改变原判决的，终止认可和执行程序。

第十二条 在本安排下，内地人民法院作出的有关财产归一方所有的判项，在香港特别行政区将被视为命令一方向另一方转让该财产。

第十三条 被申请人在内地和香港特别行政区均有可供执行财产的，申请人可以分别向两地法院申请执行。

两地法院执行财产的总额不得超过判决确定的数额。应对方法院要求，两地法院应当相互提供本院执行判决的情况。

第十四条 内地与香港特别行政区法院相互认可和执行的财产给付范围，包括判决确定的给付财产和相应的利息、迟延履行金、诉讼费，不包括税收、罚款。

前款所称诉讼费，在香港特别行政区是指讼费评定证明书、定额讼费证明书核定或者命令支付的费用。

第十五条 被请求方法院就认可和执行的申请作出裁定或者命令后，当事人不服的，在内地可以于裁定送达之日起十日内向上一级人民法院申请复议，在香港特别行政区可以依据其法律规定提出上诉。

第十六条 在审理婚姻家庭民事案件期间，当事人申请认可和执行另一地法院就同一争议作出的判决的，应当受理。受理后，有关诉讼应当中止，待就认可和执行的申请作出裁定或者命令后，再视情终止或者恢复诉讼。

第十七条 审查认可和执行判决申请期间，当事人就同一争议提起诉讼的，不予受理；已经受理的，驳回起诉。

判决获得认可和执行后，当事人又就同一争议提起诉讼的，不予受理。

判决未获认可和执行的，申请人不得再次申请认可和执行，但可以就同一争议向被请求方法院提起诉讼。

第十八条 被请求方法院在受理认可和执行判决的申请之前或者之后，可以依据其法律规定采取保全或者强制措施。

第十九条 申请认可和执行判决的，应当依据被请求方有关诉讼收费的法律和规定交纳费用。

第二十条 内地与香港特别行政区法院自本安排生效之日起作出的判决，适用本安排。

第二十一条 本安排在执行过程中遇有问题或者需要修改的，由最高人民法院和香港特别行政区政府协商解决。

第二十二条 本安排自 2022 年 2 月 15 日起施行。

中华人民共和国家庭教育促进法

(2021年10月23日第十三届全国人民代表大会常务委员会第三十一次会议通过 2021年10月23日中华人民共和国主席令第98号公布 自2022年1月1日起施行)

第一章 总 则

第一条 【立法目的】为了发扬中华民族重视家庭教育的优良传统，引导全社会注重家庭、家教、家风，增进家庭幸福与社会和谐，培养德智体美劳全面发展的社会主义建设者和接班人，制定本法。

第二条 【家庭教育定义】本法所称家庭教育，是指父母或者其他监护人为促进未成年人全面健康成长，对其实施的道德品质、身体素质、生活技能、文化修养、行为习惯等方面的培育、引导和影响。

第三条 【根本任务】家庭教育以立德树人为根本任务，培育和践行社会主义核心价值观，弘扬中华民族优秀传统文化、革命文化、社会主义先进文化，促进未成年人健康成长。

第四条 【相关主体职责】未成年人的父母或者其他监护人负责实施家庭教育。

国家和社会为家庭教育提供指导、支持和服务。

国家工作人员应当带头树立良好家风，履行家庭教育责任。

案例 未成年被告人邹某寻衅滋事及家庭教育令案——未成年被告人父母怠于履行职责，跨域接受家庭教育指导（2022年3月1日最高人民法院发布九起未成年人权益司法保护典型案例）

案件适用要点：法院经审理认为，邹某的行为构成寻衅滋事罪，判处有期徒刑一年两个月。在审理过程中，承办法官发现邹某在B

省生活、学习的时间并不长,对新的生活环境还在适应过程中,邹某的父母因为工作原因,疏于对邹某的管理教育,也缺乏正确实施家庭教育的方法,遂决定向邹某的父母签发《家庭教育令》,责令其限期到"家庭教育爱心指导站"接受家庭教育指导,并联合当地检察院、教委等部门,邀请邹某之前生活地社区的网格员召开谈心会,制定详细计划,共同对邹某的父母进行有针对性的家庭教育指导。目前邹某的父母已接受家庭教育指导三次,效果良好。

家庭教育缺失是未成年人犯罪的重要原因之一。随着《家庭教育促进法》的正式实施,人民法院在办理未成年人犯罪案件时,发现监护人怠于履行家庭教育职责,或不正确实施家庭教育侵害未成年人合法权益的情形,通过发出家庭教育令,引导其正确履行家庭教育职责,能够为未成年人健康成长营造良好的家庭环境,从源头上预防和消除未成年人再次违法犯罪。本案审理中,法院联合检察、公安、司法、教育等部门,成立了"家庭教育爱心指导站",借助两地力量,凝聚工作合力,为家庭教育失范的邹某父母进行指导,帮助他们树立家庭教育主体责任意识,积极履行家庭教育职责。跨域家庭教育指导,是落实《家庭教育促进法》的有益探索,展现了人民法院的责任担当。

第五条 【家庭教育的原则】 家庭教育应当符合以下要求:

(一)尊重未成年人身心发展规律和个体差异;

(二)尊重未成年人人格尊严,保护未成年人隐私权和个人信息,保障未成年人合法权益;

(三)遵循家庭教育特点,贯彻科学的家庭教育理念和方法;

(四)家庭教育、学校教育、社会教育紧密结合、协调一致;

(五)结合实际情况采取灵活多样的措施。

第六条 【家庭教育工作机制】 各级人民政府指导家庭教育工作,建立健全家庭学校社会协同育人机制。县级以上人民政府负责妇女儿童工作的机构,组织、协调、指导、督促有关部门做好家庭教育工作。

教育行政部门、妇女联合会统筹协调社会资源,协同推进覆盖城乡的家庭教育指导服务体系建设，并按照职责分工承担家庭教育工作的日常事务。

县级以上精神文明建设部门和县级以上人民政府公安、民政、司法行政、人力资源和社会保障、文化和旅游、卫生健康、市场监督管理、广播电视、体育、新闻出版、网信等有关部门在各自的职责范围内做好家庭教育工作。

第七条 【支持保障措施】县级以上人民政府应当制定家庭教育工作专项规划，将家庭教育指导服务纳入城乡公共服务体系和政府购买服务目录，将相关经费列入财政预算，鼓励和支持以政府购买服务的方式提供家庭教育指导。

第八条 【人民法院、人民检察院的职能作用】人民法院、人民检察院发挥职能作用，配合同级人民政府及其有关部门建立家庭教育工作联动机制，共同做好家庭教育工作。

第九条 【群团组织提供社会支持】工会、共产主义青年团、残疾人联合会、科学技术协会、关心下一代工作委员会以及居民委员会、村民委员会等应当结合自身工作，积极开展家庭教育工作，为家庭教育提供社会支持。

第十条 【鼓励、支持社会各方面开展活动】国家鼓励和支持企业事业单位、社会组织及个人依法开展公益性家庭教育服务活动。

第十一条 【鼓励家庭教育研究和人才培养】国家鼓励开展家庭教育研究，鼓励高等学校开设家庭教育专业课程，支持师范院校和有条件的高等学校加强家庭教育学科建设，培养家庭教育服务专业人才，开展家庭教育服务人员培训。

第十二条 【捐赠、志愿服务、表彰、奖励】国家鼓励和支持自然人、法人和非法人组织为家庭教育事业进行捐赠或者提供志愿服务，对符合条件的，依法给予税收优惠。

国家对在家庭教育工作中做出突出贡献的组织和个人，按照有关规定给予表彰、奖励。

第十三条 【全国家庭教育宣传周】每年5月15日国际家庭日所在周为全国家庭教育宣传周。

第二章 家庭责任

第十四条 【家庭教育的主体责任】父母或者其他监护人应当树立家庭是第一个课堂、家长是第一任老师的责任意识，承担对未成年人实施家庭教育的主体责任，用正确思想、方法和行为教育未成年人养成良好思想、品行和习惯。

共同生活的具有完全民事行为能力的其他家庭成员应当协助和配合未成年人的父母或者其他监护人实施家庭教育。

第十五条 【注重家庭建设】未成年人的父母或者其他监护人及其他家庭成员应当注重家庭建设，培育积极健康的家庭文化，树立和传承优良家风，弘扬中华民族家庭美德，共同构建文明、和睦的家庭关系，为未成年人健康成长营造良好的家庭环境。

第十六条 【家庭教育的内容】未成年人的父母或者其他监护人应当针对不同年龄段未成年人的身心发展特点，以下列内容为指引，开展家庭教育：

（一）教育未成年人爱党、爱国、爱人民、爱集体、爱社会主义，树立维护国家统一的观念，铸牢中华民族共同体意识，培养家国情怀；

（二）教育未成年人崇德向善、尊老爱幼、热爱家庭、勤俭节约、团结互助、诚信友爱、遵纪守法，培养其良好社会公德、家庭美德、个人品德意识和法治意识；

（三）帮助未成年人树立正确的成才观，引导其培养广泛兴趣爱好、健康审美追求和良好学习习惯，增强科学探索精神、创新意识和能力；

（四）保证未成年人营养均衡、科学运动、睡眠充足、身心愉悦，引导其养成良好生活习惯和行为习惯，促进其身心健康发展；

（五）关注未成年人心理健康，教导其珍爱生命，对其进行交通出行、健康上网和防欺凌、防溺水、防诈骗、防拐卖、防性侵等方面的安全知识教育，帮助其掌握安全知识和技能，增强其自我保护

的意识和能力;

（六）帮助未成年人树立正确的劳动观念,参加力所能及的劳动,提高生活自理能力和独立生活能力,养成吃苦耐劳的优秀品格和热爱劳动的良好习惯。

注释 教育主要分为家庭教育、学校教育和社会教育。社会教育主要是指社会环境对儿童成长的影响,例如我国未成年人保护法中社会保护的内容涉及社会教育。学校教育是学校根据国家相关教育制度和要求对学生进行的教育。家庭教育和学校教育、社会教育存在明显的区别,但也有一定范围的交叉。特别是家庭教育和学校教育在教育内容等方面存在许多重叠,实践中许多家庭实施家庭教育的内容有着明显的"偏科",过于关注孩子学习,对孩子的道德教育、心理健康发展和个性化满足未给予充分重视。如何厘清家庭教育和学校教育的关系,是家庭教育促进法的重点和难点。本条对家庭教育内容作了规定,为家长开展家庭教育提供了内容方面的指引。

一些地方性法规设有专门条款列举了家庭教育的内容,总结起来包括:中国特色社会主义理想信念、社会主义核心价值观、中华优秀传统文化、爱国主义、集体主义、社会公德、家庭美德、个人品德、生活常识、安全知识、科学知识、法律知识、劳动素养、行为习惯、心理健康、生活技能、其他有益未成年人健康成长和全面发展的教育。

第十七条 【家庭教育的方式方法】未成年人的父母或者其他监护人实施家庭教育,应当关注未成年人的生理、心理、智力发展状况,尊重其参与相关家庭事务和发表意见的权利,合理运用以下方式方法:

（一）亲自养育,加强亲子陪伴;

（二）共同参与,发挥父母双方的作用;

（三）相机而教,寓教于日常生活之中;

（四）潜移默化,言传与身教相结合;

（五）严慈相济,关心爱护与严格要求并重;

（六）尊重差异，根据年龄和个性特点进行科学引导；
（七）平等交流，予以尊重、理解和鼓励；
（八）相互促进，父母与子女共同成长；
（九）其他有益于未成年人全面发展、健康成长的方式方法。

第十八条　【监护人学习家庭教育知识】未成年人的父母或者其他监护人应当树立正确的家庭教育理念，自觉学习家庭教育知识，在孕期和未成年人进入婴幼儿照护服务机构、幼儿园、中小学校等重要时段进行有针对性的学习，掌握科学的家庭教育方法，提高家庭教育的能力。

注释　1. 监护人学习家庭教育知识

家庭教育内容涉及个人生活、学习等社会活动的各个方面，家庭教育方式方法也是因家庭和个人而异，家庭教育是一个长期的、不容松懈的过程，只有在科学理念的指导下，运用正确的方式方法，才能做好家庭教育。对于如何实施家庭教育，大多数监护人通常没有经过专业学习和培训，因此需要不断去学习，提高自身实施家庭教育的能力。家长可以通过多种渠道和方式学习家庭教育知识，包括学习家庭教育促进法、未成年人保护法、《全国家庭教育指导大纲》、《家长家庭教育基本行为规范》中关于家庭教育的理念、内容、方式方法等的规定；参加家庭教育指导服务机构、家长学校组织提供的家庭教育课程、家庭教育讲座以及家庭教育实践活动；通过广播、电视、网络等渠道，学习家庭教育知识；通过相关家庭教育教材等学习家庭教育知识等。

2. 在重要时段进行有针对性的学习

家庭教育学习存在于未成年人成长的各个阶段，在一些重要的时间节点，尤其要加强对家庭教育知识的学习。一是在孕期学习相关知识。根据《全国家庭教育指导大纲》的规定，孕妇需要掌握优生优育知识，配合医院进行孕期筛查和产前诊断；避免有毒有害等物质和因素的影响；科学增加营养，合理作息，适度运动，进行心理调适，促进胎儿健康发育；做好产前医学健康咨询及诊断；做好情绪调节，统一家庭教育观念，营造安全、温馨的家庭环境。

二是在未成年人进入婴幼儿照护服务机构、幼儿园、中小学校的时段，加强有关家庭教育知识的学习，做好家庭教育。例如，在进入幼儿园前，要有意识地培养儿童一定的生活自理能力及对简单规则的理解能力，进入幼儿园后，家长要与幼儿园教师积极沟通，共同帮助儿童适应入托环境，平稳度过入园分离焦虑期。在进入小学前，重视儿童幼儿园与小学过渡期的衔接适应，充分尊重和保护儿童的好奇心和学习兴趣；帮助儿童形成良好的任务意识、规则意识、时间观念，学会控制情绪，正确表达自己的主张；逐步培育儿童通过沟通解决同伴问题的意识和能力。

第十九条 【家校社相互配合】未成年人的父母或者其他监护人应当与中小学校、幼儿园、婴幼儿照护服务机构、社区密切配合，积极参加其提供的公益性家庭教育指导和实践活动，共同促进未成年人健康成长。

第二十条 【父母分居或离异时的家庭教育】未成年人的父母分居或者离异的，应当相互配合履行家庭教育责任，任何一方不得拒绝或者怠于履行；除法律另有规定外，不得阻碍另一方实施家庭教育。

注释 1. 父母应当相互配合履行家庭教育责任

父母是履行家庭教育的责任主体，即使在分居或离异的情况下，仍应当对未成年人依法履行监护、抚养、家庭教育等责任。《中华人民共和国民法典》第二十六条规定，父母对未成年子女负有抚养、教育和保护的义务。第一千零八十四条规定，父母与子女间的关系，不因父母离婚而消除。离婚后，子女无论由父或者母直接抚养，仍是父母双方的子女。离婚后，父母对于子女仍有抚养、教育、保护的权利和义务。全国家庭教育指导大纲》对离异和重组家庭的家庭教育作了特别的规定。家长需要正确认识和处理婚姻存续与教养职责之间的关系，对儿童的教养责任不因夫妻离异而消除。家长需要学会调节和控制情绪，避免将自身婚姻失败与情感压力迁怒于儿童；不能简单粗暴或者无原则地迁就、溺爱儿童；让非直接抚养的一方定期与孩子见面，强化孩子心目中父（母）亲的形象和情感。

2. 不得拒绝、怠于或阻碍实施家庭教育

一是不得拒绝、怠于履行家庭教育责任。拒绝履行家庭教育责任，是指不对孩子进行基本的、必要的家庭教育，例如在离异后未与孩子共同生活的一方，完全不对孩子进行探望，也不通过其他方式和孩子进行联系交流。怠于履行家庭教育责任，是指不认真履行家庭教育责任，对孩子疏于教育，例如对于孩子不正确的行为甚至不良行为等不进行及时和必要的干预和纠正等。

二是除法律另有规定外，不得阻碍另一方实施家庭教育。《中华人民共和国民法典》第一千零八十六条规定，离婚后，不直接抚养子女的父或者母，有探望子女的权利，另一方有协助的义务。《中华人民共和国未成年人保护法》第二十四条规定，未成年人的父母离婚时，应当妥善处理未成年子女的抚养、教育、探望、财产等事宜，听取有表达意愿能力未成年人的意见。不得以抢夺、藏匿未成年子女等方式争夺抚养权。未成年人的父母离婚后，不直接抚养未成年子女的一方应当依照协议、人民法院判决或者调解确定的时间和方式，在不影响未成年人学习、生活的情况下探望未成年子女，直接抚养的一方应当配合，但被人民法院依法中止探望权的除外。阻碍另一方实施家庭教育，主要是在没有正当理由的情况下，藏匿孩子、拒绝另一方探望孩子或者正常与孩子联系等。

本法第四十八条规定，未成年人住所地的居民委员会、村民委员会、妇女联合会，未成年人的父母或者其他监护人所在单位，以及中小学校、幼儿园等有关密切接触未成年人的单位，发现父母或者其他监护人拒绝、怠于履行家庭教育责任，或者非法阻碍其他监护人实施家庭教育的，应当予以批评教育、劝诫制止，必要时督促其接受家庭教育指导。

案例 胡某诉陈某变更抚养权纠纷案——发出全国首份家庭教育令（2022年3月1日最高人民法院发布九起未成年人权益司法保护典型案例）

案件适用要点：法院经审理认为，原告胡某与被告陈某协议离婚后，对未成年女儿胡小某仍负有抚养、教育和保护的义务。本案原、被告双方都存在怠于履行抚养义务和承担监护职责的行为，忽视了胡小某的生理、心理与情感需求。鉴于胡小某表达出更愿意和其母亲即被告一起共同生活的主观意愿，法院判决驳回原告的诉讼请求。同时，法院认为，被告陈某在无正当理由的情况下由原告委托保姆单独照护年幼的女儿，属于怠于履行家庭教育责任的行为，根据《家庭教育促进法》的相关规定，应予以纠正。裁定要求陈某多关注胡小某的生理、心理状况和情感需求，与学校老师多联系、多沟通，了解胡小某的详细状况，并要求陈某与胡小某同住，由自己或近亲属亲自养育与陪伴胡小某，切实履行监护职责，承担起家庭教育的主体责任，不得让胡小某单独与保姆居住生活。

《家庭教育促进法》作为我国家庭教育领域的第一部专门立法，将家庭教育由传统的"家事"，上升为新时代的"国事"，开启了父母"依法带娃"的时代，对于全面保护未成年人健康成长具有重大而深远的意义。《家庭教育促进法》规定，父母应当加强亲子陪伴，即使未成年人的父母分居或者离异，也应当相互配合履行家庭教育责任，任何一方不得拒绝或者怠于履行。鉴于本案被告未能按照协议切实履行抚养义务、承担监护职责，人民法院在综合考虑胡小某本人意愿的基础上依法作出判决，并依照《家庭教育促进法》，向被告发出了全国第一份家庭教育令，责令家长切实履行监护职责。家庭教育令发出后，取得了良好的社会反响。发布本案例，旨在提醒广大家长，《家庭教育促进法》明确规定，"父母或者其他监护人应当树立家庭是第一个课堂、家长是第一任老师的责任意识，承担对未成年人实施家庭教育的主体责任，用正确思想、方法和行为教育未成年人养成良好思想、品行和习惯。"希望广大家长认真学习这部重要法律，认真履行为人父母的重大责任，加强家庭家教家风建设，努力为未成年人健康成长营造良好的家庭环境。

第二十一条 【委托照护下的家庭教育】未成年人的父母或者其他监护人依法委托他人代为照护未成年人的，应当与被委托人、未成年人保持联系，定期了解未成年人学习、生活情况和心理状况，与被委托人共同履行家庭教育责任。

第二十二条 【合理安排未成年人活动时间】未成年人的父母

或者其他监护人应当合理安排未成年人学习、休息、娱乐和体育锻炼的时间，避免加重未成年人学习负担，预防未成年人沉迷网络。

注释 1. 合理安排时间、避免加重学习负担

家长应当树立正确的教育观念，理性确定对未成年人的成长预期，合理对待未成年人的学习成绩，不宜给未成年人施加过大的学习压力，不能过度重视学习成绩而忽视其他方面的健康成长。不能为了追求学习成绩而挤压未成年人休息、娱乐和体育锻炼的时间，过度安排未成年人参加课外学科培训等。《中央办公厅、国务院办公厅关于进一步减轻义务教育阶段学生作业负担和校外培训负担的意见》对提升学校育人水平、规范校外培训作了规定，家长开展家庭教育，也要加强和学校的协同，共同发挥作用，统筹安排好课余学习生活，注重帮助孩子养成良好学习生活习惯，提升孩子学习质量，避免加重学习负担。

2. 预防未成年人沉迷网络

在网络社会，互联网是未成年人获取知识的重要渠道，但是未成年人自控能力较弱，过多使用或依赖网络也可能产生网络沉迷。家长应当积极采取措施预防未成年人沉迷网络。一是家长要提高自身网络素养，自己主动学习和掌握网络相关知识，例如正确认识网络对未成年人的负面影响，掌握可以规范未成年人使用网络的措施等；同时，还要规范自身使用网络的行为，为孩子合理使用网络树立好的榜样。二是对未成年人进行网络素养宣传教育，增强未成年人科学、文明、安全、合理使用网络的意识和能力，提醒鼓励未成年人在使用网络的过程中学会自我保护、自我尊重、自我发展。三是了解未成年人使用网络的习惯，合理控制未成年人使用网络的行为。包括在智能终端产品上安装未成年人网络保护软件，对未成年人使用网络进行时间管理，合理安排未成年人的上网时段、时长，及时发现、制止和干预未成年人沉迷网络和不当消费行为。

第二十三条 【家庭教育有关禁止性规定】未成年人的父母或者其他监护人不得因性别、身体状况、智力等歧视未成年人，不得

实施家庭暴力，不得胁迫、引诱、教唆、纵容、利用未成年人从事违反法律法规和社会公德的活动。

注释 1. 未成年人的父母或者其他监护人不得歧视未成年人

未成年人平等享有权利，不受歧视。我国宪法规定，中华人民共和国公民在法律面前一律平等。我国各个部门法从不同方面、不同领域，都对法律地位平等、平等享有权利和承担义务作出了规定。这些权利不仅包括宪法规定的公民基本权利，也包括其他法律规定的具体权利，同时包括本法规定的各项权利。平等享有权利，也就是不受歧视。根据联合国《儿童权利公约》的规定，非歧视（平等保护）原则是指，儿童所享有的权利不因儿童或其父母或法定监护人的种族、肤色、性别、语言、宗教、政治或其他见解、民族、族裔或社会出身、财产、伤残、出生或其他身份而有任何差别。《中华人民共和国未成年人保护法》第三条规定："国家保障未成年人的生存权、发展权、受保护权、参与权等权利。未成年人依法平等地享有各项权利，不因本人及其父母或者其他监护人的民族、种族、性别、户籍、职业、宗教信仰、教育程度、家庭状况、身心健康状况等受到歧视"。

2. 未成年人的父母或者其他监护人不得对未成年人实施家庭暴力

根据本条规定，未成年人的父母或者其他监护人在实施家庭教育的过程中不得对未成年人实施家庭暴力。

①家庭暴力的界定

所谓家庭暴力，根据《中华人民共和国反家庭暴力法》第二条规定，是指家庭成员之间以殴打、捆绑、残害、限制人身自由以及经常性谩骂、恐吓等方式实施的身体、精神等侵害行为。家庭暴力主要包括身体暴力和精神暴力。身体暴力是最典型的家庭暴力，主要表现为殴打、捆绑、残害受害人，限制人身自由，以饿冻、有病不给治疗等方式虐待受害人，遗弃没有独立生活能力的未成年人、老人、残疾人、重病患者，在家庭教育中以暴力方式管教儿童等。精神暴力主要表现为对受害人进行侮辱、谩骂、诽谤、宣扬隐私、无端指责、人格贬损，恐吓、威胁、跟踪、骚扰受害人及其近亲属等。精神暴力通常会使受害人产生自卑、恐惧、焦虑、抑郁等心理、精神方面的伤害。精神暴力的发生率仅次于身体暴力。另外，家庭成员使未成年人目睹家庭暴力行为，虽然不是直接针对未成年人的身体暴力，但与恐吓、威胁等行为类似，也会给未成年人带来精神伤害，在一些情况下也可能构成针对未成年人的精神暴力。

②禁止家庭暴力

禁止家庭暴力是《儿童权利公约》中的儿童保护原则和我国法律关于家庭保护的重要内容。《儿童权利公约》规定："缔约国应采取一切适当的立法、行政、社会和教育措施，保护儿童在受父母、法定监护人或其他任何负责照管儿童的人的照料时，不致

受到任何形式的身心摧残、伤害或凌辱，忽视或照料不周，虐待或剥削，包括性侵犯"。《中华人民共和国民法典》第一千零四十二条明确禁止家庭暴力，禁止家庭成员间的虐待和遗弃。《中华人民共和国未成年人保护法》第十七条规定了未成年人的父母或者其他监护人不得虐待、遗弃、非法送养未成年人或者对未成年人实施家庭暴力。《中华人民共和国反家庭暴力法》第十二条规定，未成年人的监护人应当以文明的方式进行家庭教育，依法履行监护和教育职责，不得实施家庭暴力。因此，本条关于"不得实施家庭暴力"的规定是对公约和上述法律精神的重申和再次强化，明确了父母或者其他监护人实施家庭教育的底线义务，同时在本法第五十三条规定："未成年人的父母或者其他监护人在家庭教育过程中对未成年人实施家庭暴力的，依照《中华人民共和国未成年人保护法》、《中华人民共和国反家庭暴力法》等法律的规定追究法律责任。"授权适用其他相关法律条款中规定的违反这项义务的处置措施和法律责任，使禁止对未成年人实施家庭暴力的原则具有了现实可操作性，如强制报告制度、救助安置措施、人身安全保护令等。

③应当采取科学文明的方法

父母或者其他监护人应当以科学的方法和文明的方式进行家庭教育。受中国传统"棍棒之下出孝子""孩子不打不成才"等错误观念影响，很多父母误以为当孩子犯错时进行打骂、过度体罚、羞

辱是正确的家庭教育方式，殊不知用简单粗暴的方式管教孩子具有严重的危害性。从身心健康来看，有很多研究表明，人在幼年时期遭受的伤害不仅影响心理健康，还会损害脑神经的发育，而且不可逆转、难以疗愈；从人格发育来看，在童年遭受粗暴教育的孩子在性格上容易形成讨好型人格或逆反型人格，在社会交往中表现出唯唯诺诺或恃强凌弱，自尊感较低，缺乏自信；从行为习惯来看，儿童自幼习得以粗暴方式发泄情绪、解决问题，成年后不善于用文明、正确的方式处理人际关系，容易引起家庭关系紧张，引发家庭矛盾，影响家庭乃至社会的和谐稳定。父母或者其他监护人有义务学习科学的家庭教育知识，正确履行监护职责，抚养教育未成年人。在此基础上，为顺应社会文明进步的要求，纠正传统观念中的误区。

3. 未成年人的父母或者其他监护人不得胁迫、引诱、教唆、纵容、利用未成年人从事违反法律法规和社会公德的活动

未成年人意志力薄弱，对违法犯罪行为缺乏认识，容易被不法分子利用，从事违法犯罪活动。而未成年人的父母或者其他监护人是未成年人最亲近、最信任的人，他们对未成年孩子施加的影响力也是最大的。因此本条明确禁止未成年人的父母或者其他监护人胁迫、引诱、教唆、纵容、利用未成年人从事违反法律法规的活动，包括禁止他们胁迫、引诱、教唆未成年孩子从事违法犯罪活动。胁迫、引诱、教唆未成年人从事违法犯罪活动的，应当承担相应的法律责任。《中华人民共和国刑法》第二十九条规定，教唆他人犯罪的，应当按照他在共同犯罪中所起的作用处罚，教唆不满十八周岁的人犯罪的，应当从重处罚。第二百六十二条之二规定，组织未成年人进行盗窃、诈骗、抢夺、敲诈勒索等违反治安管理活动的，处三年以下有期徒刑或者拘役，并处罚金；情节严重的，处三年以上七年以下有期徒刑，并处罚金。第三百零一条、第三百四十七条和第三百五十三条规定，引诱未成年人参加聚众淫乱活动的，利用、教唆未成年人走私、贩卖、运输、制造毒品或者向未成年人出售毒品的，引诱、教唆、欺骗或者强迫未成年人吸食、注射毒品的，从重处罚。

对于未成年人的父母或者其他监护人胁迫、引诱、教唆、纵容、

利用未成年人从事违反社会公德或者社会公共秩序的活动的，构成违反治安管理处罚法的，依照该法有关规定处罚。《中华人民共和国治安管理处罚法》第十七条规定，教唆、胁迫、诱骗他人违反治安管理的，按照其教唆、胁迫、诱骗的行为处罚。该法第四十条规定，组织、胁迫、诱骗不满十六周岁的人或者残疾人进行恐怖、残忍表演的，处十日以上十五日以下拘留，并处五百元以上一千元以下罚款；情节较轻的，处五日以上十日以下拘留，并处二百元以上五百元以下罚款。第四十一条规定，胁迫、诱骗或者利用他人乞讨的，处十日以上十五日以下拘留，可以并处一千元以下罚款。《中华人民共和国刑法》第二百六十二条之一规定，以暴力、胁迫手段组织残疾人或者不满十四周岁的未成年人乞讨的，处三年以下有期徒刑或者拘役，并处罚金；情节严重的，处三年以上七年以下有期徒刑，并处罚金。

第三章 国家支持

第二十四条 【家庭教育指导大纲、读本及相关规范】国务院应当组织有关部门制定、修订并及时颁布全国家庭教育指导大纲。

省级人民政府或者有条件的设区的市级人民政府应当组织有关部门编写或者采用适合当地实际的家庭教育指导读本，制定相应的家庭教育指导服务工作规范和评估规范。

第二十五条 【线上家庭教育指导服务】省级以上人民政府应当组织有关部门统筹建设家庭教育信息化共享服务平台，开设公益性网上家长学校和网络课程，开通服务热线，提供线上家庭教育指导服务。

第二十六条 【家校配合减轻负担】县级以上地方人民政府应当加强监督管理，减轻义务教育阶段学生作业负担和校外培训负担，畅通学校家庭沟通渠道，推进学校教育和家庭教育相互配合。

第二十七条 【专业人才队伍建设】县级以上地方人民政府及有关部门组织建立家庭教育指导服务专业队伍，加强对专业人员的培养，鼓励社会工作者、志愿者参与家庭教育指导服务工作。

第二十八条 【家庭教育指导机构的确定和职责】县级以上地方人民政府可以结合当地实际情况和需要,通过多种途径和方式确定家庭教育指导机构。

家庭教育指导机构对辖区内社区家长学校、学校家长学校及其他家庭教育指导服务站点进行指导,同时开展家庭教育研究、服务人员队伍建设和培训、公共服务产品研发。

第二十九条 【家庭教育指导服务】家庭教育指导机构应当及时向有需求的家庭提供服务。

对于父母或者其他监护人履行家庭教育责任存在一定困难的家庭,家庭教育指导机构应当根据具体情况,与相关部门协作配合,提供有针对性的服务。

第三十条 【对留守、困境未成年人家庭提供支持】设区的市、县、乡级人民政府应当结合当地实际采取措施,对留守未成年人和困境未成年人家庭建档立卡,提供生活帮扶、创业就业支持等关爱服务,为留守未成年人和困境未成年人的父母或者其他监护人实施家庭教育创造条件。

教育行政部门、妇女联合会应当采取有针对性的措施,为留守未成年人和困境未成年人的父母或者其他监护人实施家庭教育提供服务,引导其积极关注未成年人身心健康状况、加强亲情关爱。

注释 1. 政府为监护人实施家庭教育创造条件

一是,要为留守未成年人和困境未成年人家庭建档立卡,建立留守未成年人、困境未成年人的信息档案。《未成年人保护法》第四十三条规定了居民委员会、村民委员会应当设建立留守未成年人、困境未成年人的信息档案。为留守未成年人和困境未成年人家庭建档立卡,建立留守未成年人、困境未成年人的信息档案,是对未成年人进行关爱帮扶的前提和基础。居民委员会、村民委员会应当全面排查、掌握本辖区留守未成年人、困境未成年人的家庭情况、监护情况和就学情况等基本信息,做到一人一档,动态管理,精准帮扶。

二是,要提供生活帮扶、创业就业支持等关爱服务。设区的市、县、乡级人民政府应当结合当地实际采取措施，加强对留守未成年人家庭和困境未成年人家庭的关爱帮扶，提升家庭抚育和教育能力，帮助其解决实际困难。要为农民工家庭提供更多帮扶支持。各地要大力推进农民工市民化，为其监护照料未成年子女创造更好条件。符合落户条件的要有序推进其本人及家属落户。符合住房保障条件的要纳入保障范围，通过实物配租公共租赁住房或发放租赁补贴等方式，满足其家庭的基本居住需求。不符合上述条件的，要在生活居住、日间照料、义务教育、医疗卫生等方面提供帮助。倡导用工单位、社会组织和专业社会工作者、志愿者队伍等社会力量，为其照料未成年子女提供便利条件和更多帮助。公办义务教育学校要普遍对农民工未成年子女开放，要通过政府购买服务等方式支持农民工未成年子女接受义务教育；完善和落实符合条件的农民工子女在输入地参加中考、高考政策。

2. 教育行政部门、妇女联合会有针对性地提供服务

所谓有针对性的措施，即本法第二十九条规定的措施，即对于父母或者其他监护人履行家庭教育责任存在一定困难的家庭，家庭教育指导机构应当根据具体情况，与相关部门协作配合，提供有针对性的服务。如留守未成年人和困境未成年人自身的身心状况或者其家庭存在特殊情形，父母或者其他监护人履行家庭教育责任存在一定困难的，教育行政部门或者妇女联合会可以通过购买服务的方式，指派有关家庭教育指导机构或者家庭教育指导专业人员根据留守未成年人和困境未成年人自身的身心状况及其家庭存在特殊情形，帮助家长了解国家对留守未成年人和困境未成年人及相应家庭的支持政策，帮助并引导家长学会获取有关家庭支持的社会公共服务和福利，引导家长关注未成年人身心健康状况、加强亲情关爱、改善亲子关系，引导家长接受未成年人的身心状况及家庭现状并调整心态和合理期望，等。

第三十一条 【家庭教育指导机构非营利性规定】家庭教育指导机构开展家庭教育指导服务活动，不得组织或者变相组织营利性教育培训。

注释 [不得组织或者变相组织营利性教育培训]

根据本条规定,家庭教育指导机构开展家庭教育指导服务活动,不得组织或者变相组织营利性教育培训。家庭教育指导机构承担的公共服务职能,体现了国家意志,应当充分体现公共服务的公平性和公益性。由于家庭教育指导机构的职能主要体现为业务指导或者业务培训,如果其同时开展营利性的家庭教育指导服务;其教育培训活动则会与其公益性的家庭教育指导公共服务职能相冲突,因此不适宜同时再向社会公众开展营利性的教育培训,更不能变相向未成年人开展各类营利性的教育培训,特别是违反国家"双减"政策精神的学科类教育培训。

所谓营利性,一般而言,是以营利为目的,即以取得利润并分配给举办者、出资人或者有关成员为目的。区别营利性和非营利性,不是看是否取得利润,而是看利润是否分配给举办者、出资人或者有关成员。实践中,一些家庭教育指导机构将举办教育培训取得的利润以不合理的方式作为薪资分配给单位高管或者员工,这应当视为变相地以营利为目的。当然,家庭教育指导机构面向社会公众开展家庭教育指导业务培训,适当收取一定费用,用于开办辅导班的成本支持或者维持本单位的基本运营支出,只要不是以营利或者变相以营利为目的,本法是不禁止的。

第三十二条 【婚姻登记和收养登记机构的职责】婚姻登记机构和收养登记机构应当通过现场咨询辅导、播放宣传教育片等形式,向办理婚姻登记、收养登记的当事人宣传家庭教育知识,提供家庭教育指导。

第三十三条 【儿童福利、未成年人救助保护机构的职责】儿童福利机构、未成年人救助保护机构应当对本机构安排的寄养家庭、接受救助保护的未成年人的父母或者其他监护人提供家庭教育指导。

第三十四条 【人民法院的职责】人民法院在审理离婚案件时,应当对有未成年子女的夫妻双方提供家庭教育指导。

第三十五条 【妇联的职责】妇女联合会发挥妇女在弘扬中华民族家庭美德、树立良好家风等方面的独特作用,宣传普及家庭教育知识,通过家庭教育指导机构、社区家长学校、文明家庭建设等多种渠道组织开展家庭教育实践活动,提供家庭教育指导服务。

第三十六条 【家庭教育服务机构的设立、培育、指导和监督】自然人、法人和非法人组织可以依法设立非营利性家庭教育服务机构。

县级以上地方人民政府及有关部门可以采取政府补贴、奖励激励、购买服务等扶持措施,培育家庭教育服务机构。

教育、民政、卫生健康、市场监督管理等有关部门应当在各自职责范围内,依法对家庭教育服务机构及从业人员进行指导和监督。

第三十七条 【家庭教育融入单位文化建设及精神文明创建】国家机关、企业事业单位、群团组织、社会组织应当将家风建设纳入单位文化建设,支持职工参加相关的家庭教育服务活动。

文明城市、文明村镇、文明单位、文明社区、文明校园和文明家庭等创建活动,应当将家庭教育情况作为重要内容。

第四章 社会协同

第三十八条 【居民委员会、村民委员会的职责】居民委员会、村民委员会可以依托城乡社区公共服务设施,设立社区家长学校等家庭教育指导服务站点,配合家庭教育指导机构组织面向居民、村民的家庭教育知识宣传,为未成年人的父母或者其他监护人提供家庭教育指导服务。

第三十九条 【中小学校、幼儿园制定计划和开展培训】中小学校、幼儿园应当将家庭教育指导服务纳入工作计划,作为教师业务培训的内容。

第四十条 【学校家长学校的设立和职责】中小学校、幼儿园可以采取建立家长学校等方式,针对不同年龄段未成年人的特点,定期组织公益性家庭教育指导服务和实践活动,并及时联系、督促未成年人的父母或者其他监护人参加。

第四十一条 【中小学校、幼儿园开展家庭教育指导服务】中小学校、幼儿园应当根据家长的需求,邀请有关人员传授家庭教育理念、知识和方法，组织开展家庭教育指导服务和实践活动，促进家庭与学校共同教育。

第四十二条 【中小学校、幼儿园为家庭教育指导提供支持】具备条件的中小学校、幼儿园应当在教育行政部门的指导下，为家庭教育指导服务站点开展公益性家庭教育指导服务活动提供支持。

第四十三条 【学校对违规违纪学生的家庭提供指导】中小学校发现未成年学生严重违反校规校纪的，应当及时制止、管教，告知其父母或者其他监护人，并为其父母或者其他监护人提供有针对性的家庭教育指导服务；发现未成年学生有不良行为或者严重不良行为的，按照有关法律规定处理。

第四十四条 【婴幼儿照护和早期教育服务机构的职责】婴幼儿照护服务机构、早期教育服务机构应当为未成年人的父母或者其他监护人提供科学养育指导等家庭教育指导服务。

第四十五条 【医疗保健机构的职责】医疗保健机构在开展婚前保健、孕产期保健、儿童保健、预防接种等服务时，应当对有关成年人、未成年人的父母或者其他监护人开展科学养育知识和婴幼儿早期发展的宣传和指导。

第四十六条 【社会公共服务机构及新闻媒体的职责】图书馆、博物馆、文化馆、纪念馆、美术馆、科技馆、体育场馆、青少年宫、儿童活动中心等公共文化服务机构和爱国主义教育基地每年应当定期开展公益性家庭教育宣传、家庭教育指导服务和实践活动，开发家庭教育类公共文化服务产品。

广播、电视、报刊、互联网等新闻媒体应当宣传正确的家庭教育知识，传播科学的家庭教育理念和方法，营造重视家庭教育的良好社会氛围。

第四十七条 【行业自律管理】家庭教育服务机构应当加强自律管理，制定家庭教育服务规范，组织从业人员培训，提高从业人员的业务素质和能力。

第五章 法律责任

第四十八条 【监护人、被委托人的法律责任】 未成年人住所地的居民委员会、村民委员会、妇女联合会,未成年人的父母或者其他监护人所在单位,以及中小学校、幼儿园等有关密切接触未成年人的单位,发现父母或者其他监护人拒绝、怠于履行家庭教育责任,或者非法阻碍其他监护人实施家庭教育的,应当予以批评教育、劝诫制止,必要时督促其接受家庭教育指导。

未成年人的父母或者其他监护人依法委托他人代为照护未成年人,有关单位发现被委托人不依法履行家庭教育责任的,适用前款规定。

第四十九条 【司法机关对不履行家庭教育责任的处理】 公安机关、人民检察院、人民法院在办理案件过程中,发现未成年人存在严重不良行为或者实施犯罪行为,或者未成年人的父母或者其他监护人不正确实施家庭教育侵害未成年人合法权益的,根据情况对父母或者其他监护人予以训诫,并可以责令其接受家庭教育指导。

注释 [予以训诫]

训诫,是指公安机关、人民检察院、人民法院对有轻微违法行为的人进行批评教育,并责令其改正、不得再犯的一种处罚方式。训诫作为一种非刑罚的处理方法,可以产生感化、教育效应,进而预防和减少犯罪。在司法实践中,训诫通常针对违法犯罪情节轻微免予处罚、妨害诉讼活动、违反法庭规则等行为。根据情况,对父母或者其他监护人进行训诫,可以起到警示的效果,提示行为人改正错误。在训诫过程中,公安机关、人民检察院、人民法院应严肃地指出行为人的违法行为,分析其危害性,并责令其努力改正。

[可以责令其接受家庭教育指导]

为了从根本上纠正父母或者其他监护人的行为,责令其接受家庭教育指导是一种有效的方式。家庭教育指导的主要目的,是教育和引导未成年人的父母或者其他监护人加强自我约束,为子女健康成长营造良好的家庭环境。责令接受家庭教育指导,就是要求未成年人父母及其他监护人到提供教育服务的家长学校，以及有关国家机关、人民团体、企业事业单位和社会组织，接受教育指导，更新家庭教育观念，提高做好监护人的意识和能力，以更好地对未成年人进行家庭保护。

第五十条 【**有关政府部门和机构的法律责任**】负有家庭教育工作职责的政府部门、机构有下列情形之一的，由其上级机关或者主管单位责令限期改正；情节严重的，对直接负责的主管人员和其他直接责任人员依法予以处分：

（一）不履行家庭教育工作职责；

（二）截留、挤占、挪用或者虚报、冒领家庭教育工作经费；

（三）其他滥用职权、玩忽职守或者徇私舞弊的情形。

第五十一条 【**家庭教育指导机构、中小学校、幼儿园等的法律责任**】家庭教育指导机构、中小学校、幼儿园、婴幼儿照护服务机构、早期教育服务机构违反本法规定，不履行或者不正确履行家庭教育指导服务职责的，由主管部门责令限期改正；情节严重的，对直接负责的主管人员和其他直接责任人员依法予以处分。

第五十二条 【**家庭教育服务机构的法律责任**】家庭教育服务机构有下列情形之一的，由主管部门责令限期改正；拒不改正或者情节严重的，由主管部门责令停业整顿、吊销营业执照或者撤销登记：

（一）未依法办理设立手续；

（二）从事超出许可业务范围的行为或作虚假、引人误解宣传，产生不良后果；

（三）侵犯未成年人及其父母或者其他监护人合法权益。

第五十三条 【**监护人实施家庭暴力的法律责任**】未成年人的父母或者其他监护人在家庭教育过程中对未成年人实施家庭暴力的，依照《中华人民共和国未成年人保护法》、《中华人民共和国反家庭暴力法》等法律的规定追究法律责任。

第五十四条 【**治安管理和刑事处罚**】违反本法规定，构成违反治安管理行为的，由公安机关依法予以治安管理处罚；构成犯罪的，依法追究刑事责任。

第六章 附　　则

第五十五条　【施行日期】本法自2022年1月1日起施行。

中华人民共和国反家庭暴力法

（2015年12月27日第十二届全国人民代表大会常务委员会第十八次会议通过　2015年12月27日中华人民共和国主席令第37号公布　自2016年3月1日起施行）

第一章　总　　则

第一条　为了预防和制止家庭暴力，保护家庭成员的合法权益，维护平等、和睦、文明的家庭关系，促进家庭和谐、社会稳定，制定本法。

第二条　本法所称家庭暴力，是指家庭成员之间以殴打、捆绑、残害、限制人身自由以及经常性谩骂、恐吓等方式实施的身体、精神等侵害行为。

第三条　家庭成员之间应当互相帮助，互相关爱，和睦相处，履行家庭义务。

反家庭暴力是国家、社会和每个家庭的共同责任。

国家禁止任何形式的家庭暴力。

第四条　县级以上人民政府负责妇女儿童工作的机构，负责组织、协调、指导、督促有关部门做好反家庭暴力工作。

县级以上人民政府有关部门、司法机关、人民团体、社会组织、居民委员会、村民委员会、企业事业单位，应当依照本法和有关法律规定，做好反家庭暴力工作。

各级人民政府应当对反家庭暴力工作给予必要的经费保障。

第五条　反家庭暴力工作遵循预防为主，教育、矫治与惩处相结合原则。

反家庭暴力工作应当尊重受害人真实意愿,保护当事人隐私。

未成年人、老年人、残疾人、孕期和哺乳期的妇女、重病患者遭受家庭暴力的,应当给予特殊保护。

第二章 家庭暴力的预防

第六条 国家开展家庭美德宣传教育,普及反家庭暴力知识,增强公民反家庭暴力意识。

工会、共产主义青年团、妇女联合会、残疾人联合会应当在各自工作范围内,组织开展家庭美德和反家庭暴力宣传教育。

广播、电视、报刊、网络等应当开展家庭美德和反家庭暴力宣传。

学校、幼儿园应当开展家庭美德和反家庭暴力教育。

第七条 县级以上人民政府有关部门、司法机关、妇女联合会应当将预防和制止家庭暴力纳入业务培训和统计工作。

医疗机构应当做好家庭暴力受害人的诊疗记录。

第八条 乡镇人民政府、街道办事处应当组织开展家庭暴力预防工作,居民委员会、村民委员会、社会工作服务机构应当予以配合协助。

第九条 各级人民政府应当支持社会工作服务机构等社会组织开展心理健康咨询、家庭关系指导、家庭暴力预防知识教育等服务。

第十条 人民调解组织应当依法调解家庭纠纷,预防和减少家庭暴力的发生。

第十一条 用人单位发现本单位人员有家庭暴力情况的,应当给予批评教育,并做好家庭矛盾的调解、化解工作。

第十二条 未成年人的监护人应当以文明的方式进行家庭教育,依法履行监护和教育职责,不得实施家庭暴力。

第三章 家庭暴力的处置

第十三条 家庭暴力受害人及其法定代理人、近亲属可以向加害人或者受害人所在单位、居民委员会、村民委员会、妇女联合会等单位投诉、反映或者求助。有关单位接到家庭暴力投诉、反映或者求助后,应当给予帮助、处理。

家庭暴力受害人及其法定代理人、近亲属也可以向公安机关报案或者依法向人民法院起诉。

单位、个人发现正在发生的家庭暴力行为,有权及时劝阻。

第十四条 学校、幼儿园、医疗机构、居民委员会、村民委员会、社会工作服务机构、救助管理机构、福利机构及其工作人员在工作中发现无民事行为能力人、限制民事行为能力人遭受或者疑似遭受家庭暴力的,应当及时向公安机关报案。公安机关应当对报案人的信息予以保密。

第十五条 公安机关接到家庭暴力报案后应当及时出警,制止家庭暴力,按照有关规定调查取证,协助受害人就医、鉴定伤情。

无民事行为能力人、限制民事行为能力人因家庭暴力身体受到严重伤害、面临人身安全威胁或者处于无人照料等危险状态的,公安机关应当通知并协助民政部门将其安置到临时庇护场所、救助管理机构或者福利机构。

第十六条 家庭暴力情节较轻,依法不给予治安管理处罚的,由公安机关对加害人给予批评教育或者出具告诫书。

告诫书应当包括加害人的身份信息、家庭暴力的事实陈述、禁止加害人实施家庭暴力等内容。

第十七条 公安机关应当将告诫书送交加害人、受害人,并通知居民委员会、村民委员会。

居民委员会、村民委员会、公安派出所应当对收到告诫书的加害人、受害人进行查访,监督加害人不再实施家庭暴力。

第十八条 县级或者设区的市级人民政府可以单独或者依托救助管理机构设立临时庇护场所,为家庭暴力受害人提供临时生活帮助。

第十九条 法律援助机构应当依法为家庭暴力受害人提供法律援助。

人民法院应当依法对家庭暴力受害人缓收、减收或者免收诉讼费用。

第二十条 人民法院审理涉及家庭暴力的案件，可以根据公安机关出警记录、告诫书、伤情鉴定意见等证据，认定家庭暴力事实。

第二十一条 监护人实施家庭暴力严重侵害被监护人合法权益的，人民法院可以根据被监护人的近亲属、居民委员会、村民委员会、县级人民政府民政部门等有关人员或者单位的申请，依法撤销其监护人资格，另行指定监护人。

被撤销监护人资格的加害人，应当继续负担相应的赡养、扶养、抚养费用。

第二十二条 工会、共产主义青年团、妇女联合会、残疾人联合会、居民委员会、村民委员会等应当对实施家庭暴力的加害人进行法治教育，必要时可以对加害人、受害人进行心理辅导。

第四章 人身安全保护令

第二十三条 当事人因遭受家庭暴力或者面临家庭暴力的现实危险，向人民法院申请人身安全保护令的，人民法院应当受理。

当事人是无民事行为能力人、限制民事行为能力人，或者因受到强制、威吓等原因无法申请人身安全保护令的，其近亲属、公安机关、妇女联合会、居民委员会、村民委员会、救助管理机构可以代为申请。

第二十四条 申请人身安全保护令应当以书面方式提出；书面申请确有困难的，可以口头申请，由人民法院记入笔录。

第二十五条 人身安全保护令案件由申请人或者被申请人居住地、家庭暴力发生地的基层人民法院管辖。

第二十六条 人身安全保护令由人民法院以裁定形式作出。

第二十七条 作出人身安全保护令，应当具备下列条件：

（一）有明确的被申请人；

（二）有具体的请求；

（三）有遭受家庭暴力或者面临家庭暴力现实危险的情形。

第二十八条 人民法院受理申请后，应当在七十二小时内作出人身安全保护令或者驳回申请；情况紧急的，应当在二十四小时内作出。

第二十九条 人身安全保护令可以包括下列措施：

（一）禁止被申请人实施家庭暴力；

（二）禁止被申请人骚扰、跟踪、接触申请人及其相关近亲属；

（三）责令被申请人迁出申请人住所；

（四）保护申请人人身安全的其他措施。

第三十条 人身安全保护令的有效期不超过六个月，自作出之日起生效。人身安全保护令失效前，人民法院可以根据申请人的申请撤销、变更或者延长。

第三十一条 申请人对驳回申请不服或者被申请人对人身安全保护令不服的，可以自裁定生效之日起五日内向作出裁定的人民法院申请复议一次。人民法院依法作出人身安全保护令的，复议期间不停止人身安全保护令的执行。

第三十二条 人民法院作出人身安全保护令后，应当送达申请人、被申请人、公安机关以及居民委员会、村民委员会等有关组织。人身安全保护令由人民法院执行，公安机关以及居民委员会、村民委员会等应当协助执行。

第五章 法律责任

第三十三条 加害人实施家庭暴力，构成违反治安管理行为的，依法给予治安管理处罚；构成犯罪的，依法追究刑事责任。

第三十四条 被申请人违反人身安全保护令，构成犯罪的，依法追究刑事责任；尚不构成犯罪的，人民法院应当给予训诫，可以根据情节轻重处以一千元以下罚款、十五日以下拘留。

第三十五条 学校、幼儿园、医疗机构、居民委员会、村民委员会、社会工作服务机构、救助管理机构、福利机构及其工作人员未依照本法第十四条规定向公安机关报案，造成严重后果的，由上级主管部门或者本单位对直接负责的主管人员和其他直接责任人员依法给予处分。

第三十六条 负有反家庭暴力职责的国家工作人员玩忽职守、滥用职权、徇私舞弊的，依法给予处分；构成犯罪的，依法追究刑事责任。

第六章 附 则

第三十七条 家庭成员以外共同生活的人之间实施的暴力行为，参照本法规定执行。

第三十八条 本法自2016年3月1日起施行。

最高人民法院、全国妇联、教育部、公安部、民政部、司法部、卫生健康委关于加强人身安全保护令制度贯彻实施的意见

（2022年3月3日 法发〔2022〕10号）

为进一步做好预防和制止家庭暴力工作，依法保护家庭成员特别是妇女、未成年人、老年人、残疾人的合法权益，维护平等、和睦、文明的家庭关系，促进家庭和谐、社会稳定，现就加强人身安全保护令制度贯彻实施提出如下意见：

一、坚持以习近平新时代中国特色社会主义思想为指导。深入贯彻习近平法治思想和习近平总书记关于注重家庭家教家风建设的重要论述精神，在家庭中积极培育和践行社会主义核心价值观，涵养优良家风，弘扬家庭美德，最大限度预防和制止家庭暴力。

二、坚持依法、及时、有效保护受害人原则。各部门在临时庇

护、法律援助、司法救助等方面要持续加大对家庭暴力受害人的帮扶力度，建立多层次、多样化、立体式的救助体系。要深刻认识家庭暴力的私密性、突发性特点，提高家庭暴力受害人证据意识，指导其依法及时保存、提交证据。

三、坚持尊重受害人真实意愿原则。各部门在接受涉家庭暴力投诉、反映、求助以及受理案件、转介处置等工作中，应当就采取何种安全保护措施、是否申请人身安全保护令、对加害人的处理方式等方面听取受害人意见，加大对受害人的心理疏导。

四、坚持保护当事人隐私原则。各部门在受理案件、协助执行、履行强制报告义务等工作中应当注重保护当事人尤其是未成年人的隐私。受害人已搬离与加害人共同住所的，不得将受害人的行踪或者联系方式告知加害人，不得在相关文书、回执中列明受害人的现住所。人身安全保护令原则上不得公开。

五、推动建立各部门协同的反家暴工作机制。积极推动将家庭暴力防控纳入社会治安综合治理体系，发挥平安建设考评机制作用。完善人民法院、公安机关、民政部门、司法行政部门、教育部门、卫生部门和妇女联合会等单位共同参与的反家暴工作体系。充分利用信息化建设成果，加强各部门间数据的协同共享。探索通过专案专档、分级预警等方式精准跟踪、实时监督。

六、公安机关应当强化依法干预家庭暴力的观念和意识，加大家庭暴力警情处置力度，强化对加害人的告诫，依法依规出具家庭暴力告诫书。注重搜集、固定证据，积极配合人民法院依职权调取证据，提供出警记录、告诫书、询（讯）问笔录等。有条件的地方可以与人民法院、民政部门、妇女联合会等建立家暴警情联动机制和告诫通报机制。

七、民政部门应当加强对居民委员会、村民委员会、社会工作服务机构、救助管理机构、福利机构等的培训和指导。居民委员会、村民委员会、社会工作服务机构、救助管理机构、福利机构及其工作人员在工作中发现无民事行为能力人、限制民事行为能力人遭受或者疑似遭受家庭暴力的，应当及时向公安机关报案。贯彻落实

《关于做好家庭暴力受害人庇护救助工作的指导意见》，加强临时庇护场所建设和人员、资金配备，为家庭暴力受害人及时提供转介安置、法律援助、婚姻家庭纠纷调解等救助服务。

八、司法行政部门应当加大对家庭暴力受害人的法律援助力度，畅通法律援助申请渠道，健全服务网络。各地可以根据实际情况依托当地妇女联合会等建立法律援助工作站或者联络点，方便家庭暴力受害人就近寻求法律援助。加强对反家庭暴力法、未成年人保护法、妇女权益保障法、老年人权益保障法等法律法规的宣传。充分发挥人民调解优势作用，扎实做好婚姻家庭纠纷排查化解工作，预防家庭暴力发生。

九、医疗机构在诊疗过程中，发现可能遭受家庭暴力的伤者，要详细做好伤者的信息登记和诊疗记录，将伤者的主诉、伤情和治疗过程，准确、客观、全面地记录于病历资料。建立医警联动机制，在诊疗过程中发现无民事行为能力人或者限制民事行为能力人遭受或者疑似遭受家庭暴力的，应当及时向公安机关报案，并积极配合公安机关做好医疗诊治资料收集工作。

十、学校、幼儿园应当加强对未成年人保护法、预防未成年人犯罪法、反家庭暴力法等法律法规的宣传教育。注重家校、家园协同。在发现未成年人遭受或者疑似遭受家庭暴力的，应当根据《未成年人学校保护规定》，及时向公安、民政、教育等有关部门报告。注重保护未成年人隐私，加强心理疏导、干预力度。

十一、人民法院应当建立人身安全保护令案件受理"绿色通道"，加大依职权调取证据力度，依法及时作出人身安全保护令。各基层人民法院及其派出人民法庭应当在立案大厅或者诉讼服务中心为当事人申请人身安全保护令提供导诉服务。

十二、坚持最有利于未成年人原则。各部门就家庭暴力事实听取未成年人意见或制作询问笔录时，应当充分考虑未成年人身心特点，提供适宜的场所环境，采取未成年人能够理解的问询方式，保护其隐私和安全。必要时，可安排心理咨询师或社会工作者协助开展工作。未成年人作为受害人的人身安全保护令案件中，人民法院可以通知法律援助机构为其提供法律援助。未成年子女作为证人提供证言的，可不出庭作证。

十三、各部门在接受涉家庭暴力投诉、反映、求助或者处理婚姻家庭纠纷过程中，发现当事人遭受家庭暴力或者面临家庭暴力现实危险的，应当主动告知其可以向人民法院申请人身安全保护令。

十四、人民法院在作出人身安全保护令后，应当在24小时内向当事人送达，同时送达当地公安派出所、居民委员会、村民委员会，也可以视情况送达当地妇女联合会、学校、未成年人保护组织、残疾人联合会、依法设立的老年人组织等。

十五、人民法院在送达人身安全保护令时，应当注重释明和说服教育，督促被申请人遵守人身安全保护令，告知其违反人身安全保护令的法律后果。被申请人不履行或者违反人身安全保护令的，申请人可以向人民法院申请强制执行。被申请人违反人身安全保护令，尚不构成犯罪的，人民法院应当给予训诫，可以根据情节轻重处以一千元以下罚款、十五日以下拘留。

十六、人民法院在送达人身安全保护令时，可以向当地公安派出所、居民委员会、村民委员会、妇女联合会、学校等一并送达协助执行通知书，协助执行通知书中应当明确载明协助事项。相关单位应当按照协助执行通知书的内容予以协助。

十七、人身安全保护令有效期内，公安机关协助执行的内容可以包括：协助督促被申请人遵守人身安全保护令；在人身安全保护令有效期内，被申请人违反保护令的，公安机关接警后应当及时出警，制止违法行为；接到报警后救助、保护受害人，并搜集、固定证据；发现被申请人违反人身安全保护令的，将情况通报人民法院等。

十八、人身安全保护令有效期内，居民委员会、村民委员会、妇女联合会、学校等协助执行的内容可以包括：在人身安全保护令有效期内进行定期回访、跟踪记录等，填写回访单或记录单，期满由当事人签字后向人民法院反馈；发现被申请人违反人身安全保护令的，应当对其进行批评教育、填写情况反馈表，帮助受害人及时与人民法院、公安机关联系；对加害人进行法治教育，必要时对加害人、受害人进行心理辅导等。

十九、各部门在接受涉家庭暴力投诉、反映、求助或者处理婚姻家庭纠纷过程中，可以探索引入社会工作和心理疏导机制，缓解受害人以及未成年子女的心理创伤，矫治施暴者认识行为偏差，避免暴力升级，从根本上减少恶性事件发生。

二十、各部门应当充分认识人身安全保护令制度的重要意义，加大学习培训力度，熟悉人身安全保护令申请主体、作出程序以及协助执行的具体内容等，加强人身安全保护令制度普法宣传。

民政部、全国妇联关于做好家庭暴力受害人庇护救助工作的指导意见

（2015年9月24日 民发〔2015〕189号）

为加大反对家庭暴力工作力度，依法保护家庭暴力受害人，特别是遭受家庭暴力侵害的妇女、未成年人、老年人等弱势群体的人身安全和其他合法权益，根据《中华人民共和国妇女权益保障法》、《中华人民共和国未成年人保护法》、《中华人民共和国老年人权益保障法》、《社会救助暂行办法》等有关规定，现就民政部门和妇联组织做好家庭暴力受害人（以下简称受害人）庇护救助工作提出以下指导意见：

一、工作对象

家庭暴力受害人庇护救助工作对象是指常住人口及流动人口中，因遭受家庭暴力导致人身安全受到威胁，处于无处居住等暂时生活困境，需要进行庇护救助的未成年人和寻求庇护救助的成年受害人。寻求庇护救助的妇女可携带需要其照料的未成年子女同时申请庇护。

二、工作原则

（一）未成年人特殊、优先保护原则。为遭受家庭暴力侵害的未成年人提供特殊、优先保护，积极主动庇护救助未成年受害人。依法干预处置监护人侵害未成年人合法权益的行为，切实保护未成年人合法权益。

（二）依法庇护原则。依法为受害人提供临时庇护救助服务，充分尊重受害人合理意愿，严格保护其个人隐私。积极运用家庭暴力告诫书、人身安全保护裁定、调解诉讼等法治手段，保障受害人人身安全，维护其合法权益。

（三）专业化帮扶原则。积极购买社会工作、心理咨询等专业服务，鼓励受害人自主接受救助方案和帮扶方式，协助家庭暴力受害人克服心理阴影和行为障碍，协调解决婚姻、生活、学习、工作等方面的实际困难，帮助其顺利返回家庭、融入社会。

（四）社会共同参与原则。在充分发挥民政部门和妇联组织职能职责和工作优势的基础上，动员引导多方面社会力量参与受害人庇护救助服务和反对家庭暴力宣传等工作，形成多方参与、优势互补、共同协作的工作合力。

三、工作内容

（一）及时受理求助。妇联组织要及时接待受害人求助请求或相关人员的举报投诉，根据调查了解的情况向公安机关报告，请公安机关对家庭暴力行为进行调查处置。妇联组织、民政部门发现未成年人遭受虐待、暴力伤害等家庭暴力情形的，应当及时报请公安机关进行调查处置和干预保护。民政部门及救助管理机构应当及时接收公安机关、妇联等有关部门护送或主动寻求庇护救助的受害人，办理入站登记手续，根据性别、年龄实行分类分区救助，妥善安排食宿等临时救助服务并做好隐私保护工作。救助管理机构庇护救助成年受害人期限一般不超过10天，因特殊情况需要延长的，报主管民政部门备案。城乡社区服务机构可以为社区内遭受家庭暴力的居民提供应急庇护救助服务。

（二）按需提供转介服务。民政部门及救助管理机构和妇联组织可以通过与社会工作服务机构、心理咨询机构等专业力量合作方式对受害人进行安全评估和需求评估，根据受害人的身心状况和客观需求制定个案服务方案。要积极协调人民法院、司法行政、人力资源社会保障、卫生等部门、社会救助经办机构、医院和社会组织，为符合条件的受害人提供司法救助、法律援助、婚姻家庭纠纷调解、就业援助、医疗救助、心理康复等转介服务。对于实施家庭暴力的未成年人监护人，应通过家庭教育指导、监护监督等多种方式，督促监护人改善监护方式，提升监护能力；对于目睹家庭暴力的未成年人，要提供心理辅导和关爱服务。

（三）加强受害人人身安全保护。民政部门及救助管理机构或妇联组织可以根据需要协助受害人或代表未成年受害人向人民法院申请人身安全保护裁定，依法保护受害人的人身安全，避免其再次受到家庭暴力的侵害。成年受害人在庇护期间自愿离开救助管理机构的，应提出书面申请，说明离开原因，可自行离开、由受害人亲友接回或由当地村（居）民委员会、基层妇联组织护送回家。其他监护人、近亲属前来接领未成年受害人的，经公安机关或村（居）民委员会确认其身份后，救助管理机构可以将未成年受害人交由其照料，并与其办理书面交接手续。

（四）强化未成年受害人救助保护。民政部门和救助管理机构要按照《最高人民法院、最高人民检察院、公安部、民政部关于依法处理监护人侵害未成年人权益行为若干问题的意见》（法发〔2014〕24号）要求，做好未成年受害人临时监护、调查评估、多方会商等工作。救助管理机构要将遭受家庭暴力侵害的未成年受害人安排在专门区域进行救助保护。对于年幼的未成年受害人，要安排专业社会工作者或专人予以陪护和精心照料，待其情绪稳定后可根据需要安排到爱心家庭寄养。未成年受害人接受司法机关调查时，民政部门或救助管理机构要安排专职社会工作者或专人予以陪伴，必要时请妇联组织派员参加，避免其受到"二次伤害"。对于遭受严重家庭暴力侵害的未成年人，民政部门或救助管理机构、妇联组织可以向人民法院提出申请，要求撤销施暴人监护资格，依法另行指定监护人。

四、工作要求

（一）健全工作机制。民政部门和妇联组织要建立有效的信息沟通渠道，建立健全定期会商、联合作业、协同帮扶等联动协作机制，细化具体任务职责和合作流程，共同做好受害人的庇护救助和权益维护工作。民政部门及救助管理机构要为妇联组织、司法机关开展受害人维权服务、司法调查等工作提供设施场所、业务协作等便利。妇联组织要依法为受害人提供维权服务。

（二）加强能力建设。民政部门及救助管理机构和妇联组织要选派政治素质高、业务能力强的工作人员参与受害人庇护救助工作，加强对工作人员的业务指导和能力培训。救助管理机构应开辟专门服务区域设立家庭暴力庇护场所，实现与流浪乞讨人员救助服务区域的相对隔离，有条件的地方可充分利用现有设施设置生活居室、社会工作室、心理访谈室、探访会客室等，设施陈列和环境布置要温馨舒适。救助管理机构要加强家庭暴力庇护工作的管理服务制度建设，建立健全来访会谈、出入登记、隐私保护、信息查阅等制度。妇联组织要加强"12338"法律维权热线和维权队伍建设，为受害人主动求助、法律咨询和依法维权提供便利渠道和服务。

（三）动员社会参与。民政部门和救助管理机构可以通过购买服务、项目合作、志愿服务等多种方式，鼓励支持社会组织、社会工作服务机构、法律服务机构参与家庭暴力受害人庇护救助服务，提供法律政策咨询、心理疏导、婚姻家庭纠纷调解、家庭关系辅导、法律援助等服务，并加强对社会力量的统筹协调。妇联组织可以发挥政治优势、组织优势和群众工作优势，动员引导爱心企业、爱心家庭和志愿者等社会力量通过慈善捐赠、志愿服务等方式参与家庭暴力受害人庇护救助服务。

（四）强化宣传引导。各级妇联组织和民政部门要积极调动舆论资源，主动借助新兴媒体，切实运用各类传播阵地，公布家庭暴力救助维权热线电话，开设反对家庭暴力专题栏目，传播介绍反对家庭暴力的法律法规；加强依法处理家庭暴力典型事例（案例）的法律解读、政策释义和宣传报道，引导受害人及时保存证据，依法维护自身合法权益；城乡社区服务机构要积极开展反对家庭暴力宣传，提高社区居民参与反对家庭暴力工作的意识，鼓励社区居民主动发现和报告监护人虐待未成年人等家庭暴力线索。

最高人民法院关于审理人身损害赔偿案件适用法律若干问题的解释

（2003年12月4日最高人民法院审判委员会第1299次会议通过　根据2020年12月23日最高人民法院审判委员会第1823次会议通过的《最高人民法院关于修改〈最高人民法院关于在民事审判工作中适用《中华人民共和国工会法》若干问题的解释〉等二十七件民事类司法解释的决定》第一次修正　根据2022年2月15日最高人民法院审判委员会第1864次会议通过的《最高人民法院关于修改〈最高人民法院关于审理人身损害赔偿案件适用法律若干问题的解释〉的决定》第二次修正　2022年4月24日最高人民法院公告公布　该修正自2022年5月1日起施行　法释〔2022〕14号）

为正确审理人身损害赔偿案件，依法保护当事人的合法权益，根据《中华人民共和国民法典》《中华人民共和国民事诉讼法》等有关法律规定，结合审判实践，制定本解释。

第一条　因生命、身体、健康遭受侵害，赔偿权利人起诉请求赔偿义务人赔偿物质损害和精神损害的，人民法院应予受理。

本条所称"赔偿权利人"，是指因侵权行为或者其他致害原因直接遭受人身损害的受害人以及死亡受害人的近亲属。

本条所称"赔偿义务人",是指因自己或者他人的侵权行为以及其他致害原因依法应当承担民事责任的自然人、法人或者非法人组织。

第二条 赔偿权利人起诉部分共同侵权人的,人民法院应当追加其他共同侵权人作为共同被告。赔偿权利人在诉讼中放弃对部分共同侵权人的诉讼请求的,其他共同侵权人对被放弃诉讼请求的被告应当承担的赔偿份额不承担连带责任。责任范围难以确定的,推定各共同侵权人承担同等责任。

人民法院应当将放弃诉讼请求的法律后果告知赔偿权利人,并将放弃诉讼请求的情况在法律文书中叙明。

第三条 依法应当参加工伤保险统筹的用人单位的劳动者,因工伤事故遭受人身损害,劳动者或者其近亲属向人民法院起诉请求用人单位承担民事赔偿责任的,告知其按《工伤保险条例》的规定处理。

因用人单位以外的第三人侵权造成劳动者人身损害,赔偿权利人请求第三人承担民事赔偿责任的,人民法院应予支持。

第四条 无偿提供劳务的帮工人,在从事帮工活动中致人损害的,被帮工人应当承担赔偿责任。被帮工人承担赔偿责任后向有故意或者重大过失的帮工人追偿的,人民法院应予支持。被帮工人明确拒绝帮工的,不承担赔偿责任。

第五条 无偿提供劳务的帮工人因帮工活动遭受人身损害的,根据帮工人和被帮工人各自的过错承担相应的责任;被帮工人明确拒绝帮工的,被帮工人不承担赔偿责任,但可以在受益范围内予以适当补偿。

帮工人在帮工活动中因第三人的行为遭受人身损害的,有权请求第三人承担赔偿责任,也有权请求被帮工人予以适当补偿。被帮工人补偿后,可以向第三人追偿。

第六条 医疗费根据医疗机构出具的医药费、住院费等收款凭证,结合病历和诊断证明等相关证据确定。赔偿义务人对治疗的必要性和合理性有异议的,应当承担相应的举证责任。

医疗费的赔偿数额,按照一审法庭辩论终结前实际发生的数额确定。器官功能恢复训练所必要的康复费、适当的整容费以及其他后续治疗费,赔偿权利人可以待实际发生后另行起诉。但根据医疗证明或者鉴定结论确定必然发生的费用,可以与已经发生的医疗费一并予以赔偿。

第七条 误工费根据受害人的误工时间和收入状况确定。

误工时间根据受害人接受治疗的医疗机构出具的证明确定。受害人因伤致残持续误工的,误工时间可以计算至定残日前一天。

受害人有固定收入的,误工费按照实际减少的收入计算。受害人无固定收入的,按照其最近三年的平均收入计算;受害人不能举证证明其最近三年的平均收入状况的,可以参照受诉法院所在地相同或者相近行业上一年度职工的平均工资计算。

第八条 护理费根据护理人员的收入状况和护理人数、护理期限确定。

护理人员有收入的,参照误工费的规定计算;护理人员没有收入或者雇佣护工的,参照当地护工从事同等级别护理的劳务报酬标准计算。护理人员原则上为一人,但医疗机构或者鉴定机构有明确意见的,可以参照确定护理人员人数。

护理期限应计算至受害人恢复生活自理能力时止。受害人因残疾不能恢复生活自理能力的,可以根据其年龄、健康状况等因素确定合理的护理期限,但最长不超过二十年。

受害人定残后的护理,应当根据其护理依赖程度并结合配制残疾辅助器具的情况确定护理级别。

第九条 交通费根据受害人及其必要的陪护人员因就医或者转院治疗实际发生的费用计算。交通费应当以正式票据为凭;有关凭据应当与就医地点、时间、人数、次数相符合。

第十条 住院伙食补助费可以参照当地国家机关一般工作人员的出差伙食补助标准予以确定。

受害人确有必要到外地治疗,因客观原因不能住院,受害人本人及其陪护人员实际发生的住宿费和伙食费,其合理部分应予赔偿。

第十一条 营养费根据受害人伤残情况参照医疗机构的意见确定。

第十二条 残疾赔偿金根据受害人丧失劳动能力程度或者伤残等级，按照受诉法院所在地上一年度城镇居民人均可支配收入标准，自定残之日起按二十年计算。但六十周岁以上的，年龄每增加一岁减少一年；七十五周岁以上的，按五年计算。

受害人因伤致残但实际收入没有减少，或者伤残等级较轻但造成职业妨害严重影响其劳动就业的，可以对残疾赔偿金作相应调整。

第十三条 残疾辅助器具费按照普通适用器具的合理费用标准计算。伤情有特殊需要的，可以参照辅助器具配制机构的意见确定相应的合理费用标准。

辅助器具的更换周期和赔偿期限参照配制机构的意见确定。

第十四条 丧葬费按照受诉法院所在地上一年度职工月平均工资标准，以六个月总额计算。

第十五条 死亡赔偿金按照受诉法院所在地上一年度城镇居民人均可支配收入标准，按二十年计算。但六十周岁以上的，年龄每增加一岁减少一年；七十五周岁以上的，按五年计算。

第十六条 被扶养人生活费计入残疾赔偿金或者死亡赔偿金。

第十七条 被扶养人生活费根据扶养人丧失劳动能力程度，按照受诉法院所在地上一年度城镇居民人均消费支出标准计算。被扶养人为未成年人的，计算至十八周岁；被扶养人无劳动能力又无其他生活来源的，计算二十年。但六十周岁以上的，年龄每增加一岁减少一年；七十五周岁以上的，按五年计算。

被扶养人是指受害人依法应当承担扶养义务的未成年人或者丧失劳动能力又无其他生活来源的成年近亲属。被扶养人还有其他扶养人的，赔偿义务人只赔偿受害人依法应当负担的部分。被扶养人有数人的，年赔偿总额累计不超过上一年度城镇居民人均消费支出额。

第十八条 赔偿权利人举证证明其住所地或者经常居住地城镇居民人均可支配收入高于受诉法院所在地标准的，残疾赔偿金或者死亡赔偿金可以按照其住所地或者经常居住地的相关标准计算。

被扶养人生活费的相关计算标准，依照前款原则确定。

第十九条 超过确定的护理期限、辅助器具费给付年限或者残疾赔偿金给付年限，赔偿权利人向人民法院起诉请求继续给付护理费、辅助器具费或者残疾赔偿金的，人民法院应予受理。赔偿权利人确需继续护理、配制辅助器具，或者没有劳动能力和生活来源的，人民法院应当判令赔偿义务人继续给付相关费用五至十年。

第二十条 赔偿义务人请求以定期金方式给付残疾赔偿金、辅助器具费的，应当提供相应的担保。人民法院可以根据赔偿义务人的给付能力和提供担保的情况，确定以定期金方式给付相关费用。但是，一审法庭辩论终结前已经发生的费用、死亡赔偿金以及精神损害抚慰金，应当一次性给付。

第二十一条 人民法院应当在法律文书中明确定期金的给付时间、方式以及每期给付标准。执行期间有关统计数据发生变化的，给付金额应当适时进行相应调整。

定期金按照赔偿权利人的实际生存年限给付，不受本解释有关赔偿期限的限制。

第二十二条 本解释所称"城镇居民人均可支配收入""城镇居民人均消费支出""职工平均工资"，按照政府统计部门公布的各省、自治区、直辖市以及经济特区和计划单列市上一年度相关统计数据确定。

"上一年度"，是指一审法庭辩论终结时的上一统计年度。

第二十三条 精神损害抚慰金适用《最高人民法院关于确定民事侵权精神损害赔偿责任若干问题的解释》予以确定。

第二十四条 本解释自2022年5月1日起施行。施行后发生的侵权行为引起的人身损害赔偿案件适用本解释。

本院以前发布的司法解释与本解释不一致的，以本解释为准。

最高人民法院关于确定民事侵权精神损害赔偿责任若干问题的解释

（2001年2月26日最高人民法院审判委员会第1161次会议通过 根据2020年12月23日最高人民法院审判委员会第1823次会议通过的《最高人民法院关于修改〈最高人民法院关于在民事审判工作中适用《中华人民共和国工会法》若干问题的解释〉等二十七件民事类司法解释的决定》修正 2020年12月29日最高人民法院公告公布 该修正自2021年1月1日起施行 法释〔2020〕17号）

为在审理民事侵权案件中正确确定精神损害赔偿责任，根据《中华人民共和国民法典》等有关法律规定，结合审判实践，制定本解释。

第一条 因人身权益或者具有人身意义的特定物受到侵害，自然人或者其近亲属向人民法院提起诉讼请求精神损害赔偿的，人民法院应当依法予以受理。

第二条 非法使被监护人脱离监护，导致亲子关系或者近亲属间的亲属关系遭受严重损害，监护人向人民法院起诉请求赔偿精神损害的，人民法院应当依法予以受理。

第三条 死者的姓名、肖像、名誉、荣誉、隐私、遗体、遗骨等受到侵害，其近亲属向人民法院提起诉讼请求精神损害赔偿的，人民法院应当依法予以支持。

第四条 法人或者非法人组织以名誉权、荣誉权、名称权遭受侵害为由，向人民法院起诉请求精神损害赔偿的，人民法院不予支持。

第五条 精神损害的赔偿数额根据以下因素确定：

（一）侵权人的过错程度，但是法律另有规定的除外；
（二）侵权行为的目的、方式、场合等具体情节；
（三）侵权行为所造成的后果；
（四）侵权人的获利情况；
（五）侵权人承担责任的经济能力；
（六）受理诉讼法院所在地的平均生活水平。

第六条　在本解释公布施行之前已经生效施行的司法解释，其内容有与本解释不一致的，以本解释为准。

最高人民法院关于人身安全保护令案件相关程序问题的批复

（2016年6月6日最高人民法院审判委员会第1686次会议通过　2016年7月11日最高人民法院公告公布　自2016年7月13日起施行　法释〔2016〕15号）

北京市高级人民法院：

你院《关于人身安全保护令案件相关程序问题的请示》（京高法〔2016〕45号）收悉。经研究，批复如下：

一、关于人身安全保护令案件是否收取诉讼费的问题。同意你院倾向性意见，即向人民法院申请人身安全保护令，不收取诉讼费用。

二、关于申请人身安全保护令是否需要提供担保的问题。同意你院倾向性意见，即根据《中华人民共和国反家庭暴力法》请求人民法院作出人身安全保护令的，申请人不需要提供担保。

三、关于人身安全保护令案件适用程序等问题。人身安全保护令案件适用何种程序，反家庭暴力法中没有作出直接规定。人民法院可以比照特别程序进行审理。家事纠纷案件中的当事人向人民法院申请人身安全保护令的，由审理该案的审判组织作出是否发出人身安全保护令的裁定；如果人身安全保护令的申请人在接受其申请的人民法院并无正在进行的家事案件诉讼，由法官以独任审理的方式审理。至于是否需要就发出人身安全保护令问题听取被申请人的意见，则由承办法官视案件的具体情况决定。

四、关于复议问题。对于人身安全保护令的被申请人提出的复议申请和人身安全保护令的申请人就驳回裁定提出的复议申请，可以由原审判组织进行复议；人民法院认为必要的，也可以另行指定审判组织进行复议。

此复。

最高人民法院、最高人民检察院、公安部、司法部关于依法办理家庭暴力犯罪案件的意见

(2015年3月2日　法发〔2015〕4号)

发生在家庭成员之间，以及具有监护、扶养、寄养、同居等关系的共同生活人员之间的家庭暴力犯罪，严重侵害公民人身权利，破坏家庭关系，影响社会和谐稳定。人民法院、人民检察院、公安机关、司法行政机关应当严格履行职责，充分运用法律，积极预防和有效惩治各种家庭暴力犯罪，切实保障人权，维护社会秩序。为此，根据刑法、刑事诉讼法、婚姻法、未成年人保护法、老年人权益保障法、妇女权益保障法等法律，结合司法实践经验，制定本意见。

一、基本原则

1. 依法及时、有效干预。针对家庭暴力持续反复发生，不断恶化升级的特点，人民法院、人民检察院、公安机关、司法行政机关

对已发现的家庭暴力,应当依法采取及时、有效的措施,进行妥善处理,不能以家庭暴力发生在家庭成员之间,或者属于家务事为由而置之不理,互相推诿。

2. 保护被害人安全和隐私。办理家庭暴力犯罪案件,应当首先保护被害人的安全。通过对被害人进行紧急救治、临时安置,以及对施暴人采取刑事强制措施、判处刑罚、宣告禁止令等措施,制止家庭暴力并防止再次发生,消除家庭暴力的现实侵害和潜在危险。对与案件有关的个人隐私,应当保密,但法律有特别规定的除外。

3. 尊重被害人意愿。办理家庭暴力犯罪案件,既要严格依法进行,也要尊重被害人的意愿。在立案、采取刑事强制措施、提起公诉、判处刑罚、减刑、假释时,应当充分听取被害人意见,在法律规定的范围内作出合情、合理的处理。对法律规定可以调解、和解的案件,应当在当事人双方自愿的基础上进行调解、和解。

4. 对未成年人、老年人、残疾人、孕妇、哺乳期妇女、重病患者特殊保护。办理家庭暴力犯罪案件,应当根据法律规定和案件情况,通过代为告诉、法律援助等措施,加大对未成年人、老年人、残疾人、孕妇、哺乳期妇女、重病患者的司法保护力度,切实保障他们的合法权益。

二、案件受理

5. 积极报案、控告和举报。依照刑事诉讼法第一百零八条第一款"任何单位和个人发现有犯罪事实或者犯罪嫌疑人,有权利也有义务向公安机关、人民检察院或者人民法院报案或者举报"的规定,家庭暴力被害人及其亲属、朋友、邻居、同事,以及村(居)委会、人民调解委员会、妇联、共青团、残联、医院、学校、幼儿园等单位、组织,发现家庭暴力,有权利也有义务及时向公安机关、人民检察院、人民法院报案、控告或者举报。

公安机关、人民检察院、人民法院对于报案人、控告人和举报人不愿意公开自己的姓名和报案、控告、举报行为的,应当为其保守秘密,保护报案人、控告人和举报人的安全。

6. 迅速审查、立案和转处。公安机关、人民检察院、人民法院接到家庭暴力的报案、控告或者举报后,应当立即问明案件的初步情况,制作笔录,迅速进行审查,按照刑事诉讼法关于立案的规定,根据自己的管辖范围,决定是否立案。对于符合立案条件的,要及时立案。对于可能构成犯罪但不属于自己管辖的,应当移送主管机关处理,并且通知报案人、控告人或者举报人;对于不属于自己管辖而又必须采取紧急措施的,应当先采取紧急措施,然后移送主管机关。

经审查,对于家庭暴力行为尚未构成犯罪,但属于违反治安管理行为的,应当将案件移送公安机关,依照治安管理处罚法的规定进行处理,同时告知被害人可以向人民调解委员会提出申请,或者向人民法院提起民事诉讼,要求施暴人承担停止侵害、赔礼道歉、赔偿损失等民事责任。

7. 注意发现犯罪案件。公安机关在处理人身伤害、虐待、遗弃等行政案件过程中,人民法院在审理婚姻家庭、继承、侵权责任纠纷等民事案件过程中,应当注意发现可能涉及的家庭暴力犯罪。一旦发现家庭暴力犯罪线索,公安机关应当将案件转为刑事案件办理,人民法院应当将案件移送公安机关;属于自诉案件的,公安机关、人民法院应当告知被害人提起自诉。

8. 尊重被害人的程序选择权。对于被害人有证据证明的轻微家庭暴力犯罪案件,在立案审查时,应当尊重被害人选择公诉或者自诉的权利。被害人要求公安机关处理的,公安机关应当依法立案、侦查。在侦查过程中,被害人不再要求公安机关处理或者要求转为自诉案件的,应当告知被害人向公安机关提交书面申请。经审查确系被害人自愿提出的,公安机关应当依法撤销案件。被害人就这类案件向人民法院提起自诉的,人民法院应当依法受理。

9. 通过代为告诉充分保障被害人自诉权。对于家庭暴力犯罪自诉案件,被害人无法告诉或者不能亲自告诉的,其法定代理人、近亲属可以告诉或者代为告诉;被害人是无行为能力人、限制行为能力人,其法定代理人、近亲属没有告诉或代为告诉的,人民检察院可以告诉;侮辱、暴力干涉婚姻自由等告诉才处理的案件,被害人因受强制、威吓无法告诉的，人民检察院也可以告诉。人民法院对告诉或者代为告诉的，应当依法受理。

10. 切实加强立案监督。人民检察院要切实加强对家庭暴力犯罪案件的立案监督，发现公安机关应当立案而不立案的，或者被害人及其法定代理人、近亲属，有关单位、组织就公安机关不予立案向人民检察院提出异议的，人民检察院应当要求公安机关说明不立案的理由。人民检察院认为不立案理由不成立的，应当通知公安机关立案，公安机关接到通知后应当立案；认为不立案理由成立的，应当将理由告知提出异议的被害人及其法定代理人、近亲属或者有关单位、组织。

11. 及时、全面收集证据。公安机关在办理家庭暴力案件时，要充分、全面地收集、固定证据，除了收集现场的物证、被害人陈述、证人证言等证据外，还应当注意及时向村（居）委会、人民调解委员会、妇联、共青团、残联、医院、学校、幼儿园等单位、组织的工作人员，以及被害人的亲属、邻居等收集涉及家庭暴力的处理记录、病历、照片、视频等证据。

12. 妥善救治、安置被害人。人民法院、人民检察院、公安机关等负有保护公民人身安全职责的单位和组织，对因家庭暴力受到严重伤害需要紧急救治的被害人，应当立即协助联系医疗机构救治；对面临家庭暴力严重威胁，或者处于无人照料等危险状态，需要临时安置的被害人或者相关未成年人，应当通知并协助有关部门进行安置。

13. 依法采取强制措施。人民法院、人民检察院、公安机关对实施家庭暴力的犯罪嫌疑人、被告人，符合拘留、逮捕条件的，可以依法拘留、逮捕；没有采取拘留、逮捕措施的，应当通过走访、打电话等方式与被害人或者其法定代理人、近亲属联系，了解被害人的人身安全状况。对于犯罪嫌疑人、被告人再次实施家庭暴力的，应当根据情况，依法采取必要的强制措施。

人民法院、人民检察院、公安机关决定对实施家庭暴力的犯罪嫌疑人、被告人取保候审的，为了确保被害人及其子女和特定亲属的安全，可以依照刑事诉讼法第六十九条第二款的规定，责令犯罪嫌疑人、被告人不得再次实施家庭暴力；不得侵扰被害人的生活、工作、学习；不得进行酗酒、赌博等活动；经被害人申请且有必要的，责令不得接近被害人及其未成年子女。

14. 加强自诉案件举证指导。家庭暴力犯罪案件具有案发周期较长、证据难以保存，被害人处于相对弱势、举证能力有限，相关事实难以认定等特点。有些特点在自诉案件中表现得更为突出。因此，人民法院在审理家庭暴力自诉案件时，对于因当事人举证能力不足等原因，难以达到法律规定的证据要求的，应当及时对当事人进行举证指导，告知需要收集的证据及收集证据的方法。对于因客观原因不能取得的证据，当事人申请人民法院调取的，人民法院应当认真审查，认为确有必要的，应当调取。

15. 加大对被害人的法律援助力度。人民检察院自收到移送审查起诉的案件材料之日起三日内，人民法院自受理案件之日起三日内，应当告知被害人及其法定代理人或者近亲属有权委托诉讼代理人，如果经济困难，可以向法律援助机构申请法律援助；对于被害人是未成年人、老年人、重病患者或者残疾人等，因经济困难没有委托诉讼代理人的，人民检察院、人民法院应当帮助其申请法律援助。

法律援助机构应当依法为符合条件的被害人提供法律援助，指派熟悉反家庭暴力法律法规的律师办理案件。

三、定罪处罚

16. 依法准确定罪处罚。对故意杀人、故意伤害、强奸、猥亵儿童、非法拘禁、侮辱、暴力干涉婚姻自由、虐待、遗弃等侵害公民人身权利的家庭暴力犯罪，应当根据犯罪的事实、犯罪的性质、情节和对社会的危害程度，严格依照刑法的有关规定判处。对于同一行为同时触犯多个罪名的，依照处罚较重的规定定罪处罚。

17. 依法惩处虐待犯罪。采取殴打、冻饿、强迫过度劳动、限制人身自由、恐吓、侮辱、谩骂等手段，对家庭成员的身体和精神进行摧残、折磨，是实践中较为多发的虐待性质的家庭暴力。根据司法实践，具有虐待持续时间较长、次数较多；虐待手段残忍；虐待造成被害人轻微伤或者患较严重疾病；对未成年人、老年人、残疾人、孕妇、哺乳期妇女、重病患者实施较为严重的虐待行为等情形，属于刑法第二百六十条第一款规定的虐待"情节恶劣"，应当依法以虐待罪定罪处罚。

准确区分虐待犯罪致人重伤、死亡与故意伤害、故意杀人犯罪致人重伤、死亡的界限，要根据被告人的主观故意、所实施的暴力手段与方式、是否立即或者直接造成被害人伤亡后果等进行综合判断。对于被告人主观上不具有侵害被害人健康或者剥夺被害人生命的故意，而是出于追求被害人肉体和精神上的痛苦，长期或者多次实施虐待行为，逐渐造成被害人身体损害，过失导致被害人重伤或者死亡的；或者因虐待致使被害人不堪忍受而自残、自杀，导致重伤或者死亡的，属于刑法第二百六十条第二款规定的虐待"致使被害人重伤、死亡"，应当以虐待罪定罪处罚。对于被告人虽然实施家庭暴力呈现出经常性、持续性、反复性的特点，但其主观上具有希望或者放任被害人重伤或者死亡的故意，持凶器实施暴力，暴力手段残忍，暴力程度较强，直接或者立即造成被害人重伤或者死亡的，应当以故意伤害罪或者故意杀人罪定罪处罚。

依法惩处遗弃犯罪。负有扶养义务且有扶养能力的人，拒绝扶养年幼、年老、患病或者其他没有独立生活能力的家庭成员，是危害严重的遗弃性质的家庭暴力。根据司法实践，具有对被害人长期不予照顾、不提供生活来源；驱赶、逼迫被害人离家，致使被害人流离失所或者生存困难；遗弃患严重疾病或者生活不能自理的被害人；遗弃致使被害人身体严重损害或者造成其他严重后果等情形，属于刑法第二百六十一条规定的遗弃"情节恶劣"，应当依法以遗弃罪定罪处罚。

准确区分遗弃罪与故意杀人罪的界限，要根据被告人的主观故意、所实施行为的时间与地点、是否立即造成被害人死亡，以及被害人对被告人的依赖程度等进行综合判断。对于只是为了逃避扶养义务，并不希望或者放任被害人死亡，将生活不能自理的被害人弃置在福利院、医院、派出所等单位或者广场、车站等行人较多的场所，希望被害人得到他人救助的，一般以遗弃罪定罪处罚。对于希望或者放任被害人死亡，不履行必要的扶养义务，致使被害人因缺乏生活照料而死亡，或者将生活不能自理的被害人带至荒山野岭等人迹罕至的场所扔弃，使被害人难以得到他人救助的，应当以故意杀人罪定罪处罚。

18. 切实贯彻宽严相济刑事政策。对于实施家庭暴力构成犯罪的，应当根据罪刑法定、罪刑相适应原则，兼顾维护家庭稳定、尊重被害人意愿等因素综合考虑，宽严并用，区别对待。根据司法实践，对于实施家庭暴力手段残忍或者造成严重后果；出于恶意侵占财产等卑劣动机实施家庭暴力；因酗酒、吸毒、赌博等恶习而长期或者多次实施家庭暴力；曾因实施家庭暴力受到刑事处罚、行政处罚；或者具有其他恶劣情形的，可以酌情从重处罚。对于实施家庭暴力犯罪情节较轻，或者被告人真诚悔罪，获得被害人谅解，从轻处罚有利于被扶养人的，可以酌情从轻处罚；对于情节轻微不需要判处刑罚的，人民检察院可以不起诉，人民法院可以判处免予刑事处罚。

对于实施家庭暴力情节显著轻微危害不大不构成犯罪的，应当撤销案件、不起诉，或者宣告无罪。

人民法院、人民检察院、公安机关应当充分运用训诫，责令施暴人保证不再实施家庭暴力，或者向被害人赔礼道歉、赔偿损失等非刑罚处罚措施，加强对施暴人的教育与惩戒。

19. 准确认定对家庭暴力的正当防卫。为了使本人或者他人的人身权利免受不法侵害，对正在进行的家庭暴力采取制止行为，只要符合刑法规定的条件，就应当依法认定为正当防卫，不负刑事责任。防卫行为造成施暴人重伤、死亡，且明显超过必要限度，属于防卫过当，应当负刑事责任，但是应当减轻或者免除处罚。

认定防卫行为是否"明显超过必要限度"，应当以足以制止并使防卫人免受家庭暴力不法侵害的需要为标准，根据施暴人正在实施家庭暴力的严重程度、手段的残忍程度，防卫人所处的环境、面临的危险程度、采取的制止暴力的手段、造成施暴人重大损害的程度，以及既往家庭暴力的严重程度等进行综合判断。

20. 充分考虑案件中的防卫因素和过错责任。对于长期遭受家庭暴力后，在激愤、恐惧状态下为了防止再次遭受家庭暴力，或者为了摆脱家庭暴力而故意杀害、伤害施暴人，被告人的行为具有防卫因素，施暴人在案件起因上具有明显过错或者直接责任的，可以酌情从宽处罚。对于因遭受严重家庭暴力，身体、精神受到重大损害而故意杀害施暴人；或者因不堪忍受长期家庭暴力而故意杀害施暴人，犯罪情节不是特别恶劣，手段不是特别残忍的，可以认定为刑法第二百三十二条规定的故意杀人"情节较轻"。在服刑期间确有悔改表现的，可以根据其家庭情况，依法放宽减刑的幅度，缩短减刑的起始时间与间隔时间；符合假释条件的，应当假释。被杀害施暴人的近亲属表示谅解的，在量刑、减刑、假释时应当予以充分考虑。

四、其他措施

21. 充分运用禁止令措施。人民法院对实施家庭暴力构成犯罪被判处管制或者宣告缓刑的犯罪分子，为了确保被害人及其子女和特定亲属的人身安全，可以依照刑法第三十八条第二款、第七十二条第二款的规定，同时禁止犯罪分子再次实施家庭暴力，侵扰被害人的生活、工作、学习，进行酗酒、赌博等活动；经被害人申请且有必要的，禁止接近被害人及其未成年子女。

22. 告知申请撤销施暴人的监护资格。人民法院、人民检察院、公安机关对于监护人实施家庭暴力，严重侵害被监护人合法权益的，在必要时可以告知被监护人及其他有监护资格的人员、单位，向人民法院提出申请，要求撤销监护人资格，依法另行指定监护人。

23. 充分运用人身安全保护措施。人民法院为了保护被害人的人身安全，避免其再次受到家庭暴力的侵害，可以根据申请，依照民事诉讼法等法律的相关规定，作出禁止施暴人再次实施家庭暴力、禁止接近被害人、迁出被害人的住所等内容的裁定。对于施暴人违反裁定的行为，如对被害人进行威胁、恐吓、殴打、伤害、杀害，或者未经被害人同意拒不迁出住所的，人民法院可以根据情节轻重予以罚款、拘留；构成犯罪的，应当依法追究刑事责任。

24. 充分运用社区矫正措施。社区矫正机构对因实施家庭暴力构成犯罪被判处管制、宣告缓刑、假释或者暂予监外执行的犯罪分子，应当依法开展家庭暴力行为矫治，通过制定有针对性的监管、教育和帮助措施，矫正犯罪分子的施暴心理和行为恶习。

25. 加强反家庭暴力宣传教育。人民法院、人民检察院、公安机关、司法行政机关应当结合本部门工作职责，通过以案说法、社区普法、针对重点对象法制教育等多种形式，开展反家庭暴力宣传教育活动，有效预防家庭暴力，促进平等、和睦、文明的家庭关系，维护社会和谐、稳定。

最高人民检察院关于印发依法惩治家庭暴力犯罪典型案例的通知

（2021年4月28日）

各级人民检察院：

为进一步引导检察机关依法妥善办理家庭暴力犯罪案件，推动开展反家庭暴力宣传教育，促进建立平等、和睦、文明的家庭关系，维护社会和谐稳定，现将张某某虐待案等六件依法惩治家庭暴力犯罪典型案例印发你们，供办案时参考借鉴。

案例一　张某某虐待案

【基本案情】

被告人张某某，男，1979年1月出生。

被害人李某某，女，殁年41岁。

二人2004年底结婚。张某某酗酒后经常因李某某婚前感情问题对其殴打，曾致李某某受伤住院、跳入水塘意图自杀。

2020年2月24日凌晨3时左右,张某某酗酒后在家中再次殴打李某某,用手抓住李某某头发,多次打其耳光,用拳头击打其胸部、背部。李某某被打后带着儿子前往其父亲李某华家躲避,将儿子放在父亲家后,在村西侧河道内投河自杀。后村民发现李某某的尸体报警。经鉴定,李某某系溺水致死。

山东省平原县公安局于2020年2月24日立案侦查,3月9日移送检察机关审查起诉。

2020年3月11日,山东省平原县人民检察院以涉嫌虐待罪对张某某决定逮捕,4月9日,对其提起公诉。

2020年8月28日,山东省平原县人民法院以虐待罪判处张某某有期徒刑六年。一审宣判后,张某某未上诉。

【检察机关履职情况】

(一)介入侦查,引导取证。因张某某在村外居住,村民对李某某是否被殴打不知情,张某某的父母也有包庇思想,被害人尸体无明显外伤,侦查初期证据收集较困难。检察机关介入侦查后,提出以殴打持续时间较长、次数较多作为取证方向。侦查机关根据李某某曾被殴打住院的线索,调取李某某就诊的书证,李某某的父亲、母亲、儿子、医生的证言等证据,证实张某某多次殴打李某某的事实。

(二)自行侦查,完善证据。审查起诉阶段,张某某辩解虽殴打过李某某,但李某某系迷信寻死,其殴打行为不是李某某自杀原因。检察机关开展自行侦查:一是询问李某某父亲,证实李某某案发当日口唇破裂、面部青肿;二是讯问张某某、询问李某某的儿子,证实李某某自杀前流露出悲观厌世的想法,被殴打后精神恍惚;三是询问张某某父母,因张某某被取保候审后殴打其父母,其父母不再包庇如实作证,证实张某某酗酒后经常殴打李某某。

(三)开展救助,解决当事人未成年子女生活问题。案发后,父亲被羁押,母亲离世,被害人未成年儿子生活无着。检察机关派员多次看望,为其申请司法救助,并向民政部门申请社会救助,使其基本生活得到保障。同时,依托省检察院与省妇联保护妇女儿童权益工作合作机制,经多方共同努力,使其进入职业技术学校学习劳动技能。

【典型意义】

（一）介入侦查、自行侦查，提升办案质效。发生在家庭成员间的犯罪，往往存在取证难、定性难等问题。检察机关通过介入侦查、自行侦查，围绕虐待持续时间和次数，虐待手段，造成的后果以及因果关系等取证，从源头提高办案质量。

（二）准确适用虐待罪"致使被害人重伤、死亡"情节。"两高两部"《关于依法办理家庭暴力犯罪案件的意见》规定，因虐待致使被害人不堪忍受而自残、自杀，导致重伤或者死亡的，属于刑法第二百六十条第二款规定的虐待"致使被害人重伤、死亡"。

（三）延伸检察职能，关爱家暴案件未成年子女。夫妻间发生的虐待案件，一方因虐待致死，一方被定罪服刑，往往造成未成年子女精神创伤、失管失教、生活困难。检察机关办案过程中，注重协同相关部门和社会力量，对未成年人提供心理辅导、家庭教育指导、经济帮扶等，助力未成年人健康成长。

案例二 胡某某虐待案

【基本案情】

被告人胡某某，女，1989年11月出生。

被害人曹某某，女，殁年6岁，系胡某某次女。

曹某某生前主要跟爷爷奶奶生活，后因上学搬来与母亲同住。2019年2月至4月间，胡某某照顾曹某某日常生活、学习中，经常因曹某某"尿裤子""不听话""不好好写作业"等以罚跪、"蹲马步"等方式体罚曹某某，并多次使用苍蝇拍把手、衣撑、塑料拖鞋等殴打曹某某。

2019年4月2日早7时许，胡某某又因曹某某尿裤子对其责骂，并使用塑料拖鞋对其殴打，后胡某某伸手去拉曹某某，曹某某后退躲避，从二楼楼梯口处摔下，经抢救无效当日死亡。经检验，曹某某头部、面部、背臀部、胸腹部及四肢等多处表皮剥脱、伴皮下出血。其中，右大腿中段前侧两处皮肤缺损，达到轻伤二级程度。

河南省淮滨县公安局于2019年4月3日立案侦查，6月17日移送检察机关审查起诉。

2019年9月6日，淮滨县人民检察院以胡某某涉嫌虐待罪提起公诉。

2020年1月6日，淮滨县人民法院以虐待罪判处胡某某有期徒刑四年六个月。一审宣判后，胡某某未上诉。

【检察机关履职情况】

（一）提前介入，引导侦查。检察机关第一时间介入侦查提出建议：一是全面提取案发现场的客观性证据，如拖鞋、苍蝇拍等，以印证胡某某的供述；二是围绕死者生活、学习轨迹，走访学校、亲属等，查明死者案发前生活、学习及平时被虐待的情况；三是通过尸检报告、伤情鉴定、理化检验报告等，查明死者损伤原因及死因。经侦查查明胡某某虐待致曹某某周身多处损伤、死亡的犯罪事实。

（二）准确适用法律，充分释法说理。被害人的父亲曹某飞及其他近亲属提出，曹某某是被伤害致死，为此多次上访。检察机关就定性、法律适用问题开展听证，邀请曹某某的近亲属、人大代表、政协委员、人民监督员、律师代表等参与。检察机关对胡某某的行为性质及可能受到的处罚进行了论证说理。通过听证，曹某某的近亲属对检察机关的意见表示理解、认同。

（三）推动制度落实，形成保护合力。检察机关以本案为契机，结合近五年辖区内发生的侵害未成年人刑事案件调研分析，针对相关部门在落实强制报告制度过程中的薄弱环节，向相关部门发出检察建议。在检察机关推动下，由政法委牵头，检察机关联合公安、教育、民政等部门建立预防侵害未成年人权益联席会议制度，有效筑牢未成年人权益保护的"防护墙"。

【典型意义】

（一）通过引导取证，查清事实准确定性。未成年人的监护人在较长一段时期内持续殴打、体罚子女，情节恶劣的，应当依法以虐待罪定罪处罚。检察机关通过介入侦查，引导侦查机关在案发初期及时固定证据，为案件性质认定筑牢事实、证据基础。

（二）准确区分故意伤害致人死亡、虐待致人死亡、意外事件的界限。根据"两高两部"《关于依法办理家庭暴力犯罪案件的意见》规定，被告人主观上不具有侵害被害人健康或者剥夺被害人生命的故意，而是出于追求被害人肉体和精神上的痛苦，长期或者多次实施虐待行为，逐渐造成被害人身体损害，过失导致被害人重伤或者死亡的，属于虐待"致使被害人重伤、死亡"，应以虐待罪定罪处罚。本案被害人的死亡结果虽然不是虐待行为本身所导致，但被害人的后退躲避行为是基于被告人的虐待行为产生的合理反应，死亡结果仍应归责于被告人，属于虐待"致使被害人重伤、死亡"，不属于意外事件。

（三）注重发挥各方作用，构建联动保护机制。检察机关推动家暴案事件报告制度落实落细，堵塞管理漏洞。加强与相关部门联动，促进完善制度机制，形成司法保护、家庭保护、学校保护、政府保护、社会保护的有效衔接。

案例三　张某某虐待案

【基本案情】

被告人张某某，男，1981年6月出生。

被害人王某某，女，殁年65岁，系张某某的母亲。

被告人张某某与父母共同居住。2018年5月7日，其母亲王某某因精神疾病发作离家，被张某某及其家人接回家中。同年5月7日至5月10日间，张某某因王某某不睡觉多次持木棒打王某某，致其腿部、头部受伤。同月10日下午，王某某在家中死亡。张某某的父亲张某品报案。经鉴定，王某某额部擦挫伤、四肢软组织挫伤，属轻微伤，死因系肺动脉栓塞死亡。另查，张某某亦曾多次殴打其父亲。

贵州省织金县公安局于2018年5月18日立案侦查，6月25日移送检察机关审查起诉。

2018年9月5日，贵州省织金县人民检察院以张某某涉嫌虐待罪提起公诉。9月14日，织金县人民法院以虐待罪判处张某某有期徒刑一年六个月。一审宣判后，张某某未上诉。

【检察机关履职情况】

（一）完善证据、强化审查，准确认定事实。检察机关派员到案发地走访调查，当地群众反映"王某某被张某某活活打死。"检察机关引导公安机关进一步调查取证，证实张某某在母亲精神病发后未送医，而是持续多天持木棒殴打，造成其轻微伤。检察机关结合张某某供述及证人证言，与鉴定人沟通，咨询法医，确定被告人的虐待行为并非被害人致死原因。最终，检察机关认定被告人的行为构成虐待罪，但不属于虐待"致使被害人死亡"。

（二）听取被害人近亲属意见，开展释法说理。检察机关主动听取死者近亲属张某品的意见，并释明审查认定的事实、证据采信、法律适用等问题，消除其疑惑。宣判后，张某品未提出异议。经回访，张某某刑满释放后，返回家中与其父亲张某品共同居住，未再出现打骂老人的现象。

（三）推动在案发地公开庭审，开展法治宣传。检察机关与法院、当地政府沟通，在案发地公开审理。数百名群众旁听庭审，检察机关结合案件特点阐述了虐待罪的构成、法律适用及本案的警示意义。法院当庭宣判后，群众表示，通过旁听庭审，直观了解了司法机关办案程序，消除了对被害人死因的误解。

【典型意义】

（一）准确把握虐待行为与被害人死亡之间的因果关系。"两高两部"《关于依法办理家庭暴力犯罪案件的意见》规定，因长期或者多次实施虐待行为，逐渐造成被害人身体损害，过失导致被害人死亡的，属于虐待"致使被害人死亡"。被告人虽然实施了虐待行为，但被害人非因上述虐待行为造成死亡，不能认定为因虐待"致使被害人死亡"。

（二）运用事实、证据释法说理，提升司法公信。检察机关主动听取被害人近亲属对案件处理的意见，释明检察机关认定事实、适用法律的依据，让其感受到检察办案的客观公正。

（三）深入落实"谁执法谁普法"责任制。检察机关推动案件到案发地公开庭审，强化以案释法，通过"看得见""听得到"的普法形式，促进群众学法知法懂法，弘扬尊老美德，普及反家暴知识，增强公民反家暴意识。

案例四　毛某某故意伤害案

【基本案情】

被不起诉人毛某某，女，1994年12月出生。

被害人王某某，男，1981年10月出生。

二人系夫妻，均系聋哑人。王某某酗酒，经常酒后打骂毛某某。2019年6月25日中午，王某某得知毛某某将自己被打的事情告诉了朋友，说晚上回家要砍断毛某某的脚。于是，毛某某买了一把刀，藏在卧室衣柜内。当晚，王某某回家后在客厅一边喝酒一边打毛某某，并将菜刀放到饭桌上。后因孩子哭闹，毛某某回卧室哄孩子。王某某酒后进入房间，继续打毛某某，说要用菜刀砍断毛某某的脚，并走出房间拿菜刀。毛某某从衣柜拿出刀向王某某身上乱砍，分别砍在王某某头顶、手臂、腹部等处。王某某夺下刀后，受伤倒地。毛某某到王某某的二姐王某娟家求助，王某娟的丈夫报警。经鉴定，王某某损伤程度为重伤二级，毛某某为轻微伤。

浙江省江山市公安局于2019年6月26日立案侦查，8月6日移送检察机关审查起诉。

2019年12月2日，浙江省江山市人民检察院依据刑事诉讼法第一百七十七条第二款的规定对毛某某作出不起诉决定。

【检察机关履职情况】

（一）全面了解案件情况。检察机关派员多次走访，了解到王某某一家6口生活困难，王某某的父母年迈患病无劳动能力；王某某案发前在当地务工，被砍伤后没有收入；毛某某在家照顾两个孩子，低保补助是家庭主要经济来源。村民反映，王某某经常酒后对毛某某实施家暴，还多次殴打亲友、邻居，认为毛某某的行为是反抗家暴，希望对其从轻处理。

（二）准确定性，依法妥善处理。检察机关认为，毛某某面对现实、紧迫的人身危险取刀反击，属于正当防卫，虽事先准备刀具，但不影响防卫性质。王某某徒手殴打，实施的是一般暴力行为，虽声称要拿菜刀砍毛某某，但在尚未使用可能危及生命或可能造成重伤的工具或高强度手段时，毛某某用刀砍王某某，其防卫手段及损害后果与不法侵害明显失衡，属于防卫过当。鉴于本案系家庭矛盾引发，毛某某有自首情节，依法决定对毛某某不起诉。

（三）开展司法救助和跟踪回访。针对王某某一家经济困难情况，检察机关为其申请司法救助，并与村委会沟通，由村委会监督司法救助款的使用，以管束王某某不再实施家暴。作出不起诉决定后，检察机关对二人进行动态跟踪教育，经回访，王某某未再对毛某某实施家暴。

【典型意义】

（一）正确认定因家庭暴力引发的故意伤害犯罪与正当防卫。"两高两部"《关于依法办理家庭暴力犯罪案件的意见》规定，为使本人或者他人的人身权利免受不法侵害，对正在进行的家庭暴力采取制止行为，符合刑法第二十条第一款规定的，应当认定为正当防卫。防卫行为明显超过必要限度，造成施暴人重伤、死亡的，属于防卫过当，应当负刑事责任，但应当减轻或者免除处罚。是否"明显超过必要限度"，应当以足以制止并使防卫人免受家庭暴力不法侵害的需要为标准，根据施暴人正在实施家庭暴力的严重程度、手段的残忍程度、防卫人所处的环境、面临的危险程度、采取的制止暴力手段、造成施暴人重大损害的程度，以及既往家庭暴力的严重程度等综合判断。

（二）妥善把握家庭暴力引发刑事案件的特殊性。家暴引发的刑事案件不同于其他案件,有家庭因素牵涉其中,要兼顾维护家庭稳定、修复被损坏的家庭关系、尊重被害人意愿。对犯罪嫌疑人具有防卫性质、自首等法定情节,获得被害人谅解的,可以依法从宽处理。

(三)依法履行司法救助职能。对符合司法救助条件的,检察机关要积极开展司法救助,彰显司法人文关怀,帮助被救助人解决面临的生活困难、安抚心灵创伤,避免"因案致贫""因案返贫",促进家庭、社会和谐稳定。

案例五 武某某、陈某某、傅某某故意杀人案

【基本案情】

被告人武某某,女,1971年7月出生,系被害人之妻。

被告人陈某某,男,1996年5月出生,系被害人女婿。

被告人傅某某,女,案发时17周岁,系被害人之女。

被害人傅某明,男,殁年54岁。

武某某与傅某明系夫妻,二人生育一女(案发时6周岁)。傅某明与前妻养育一女傅某某。傅某某与陈某某生育一女(案发时3个月)。上述6人共同生活。

傅某明酗酒后经常打骂家人。2010年,傅某明和武某某结婚,婚后仍经常酗酒、打骂武某某,社区民警、村干部曾多次前往劝解。

2018年7月5日21时许,傅某明在家中酗酒,与武某某、傅某某发生争吵,并欲打傅某某,被陈某某挡下。傅某明到厨房拿起菜刀欲砍傅某某,陈某某在阻拦过程中被傅某明划伤手臂。傅某某、陈某某、武某某合力将傅某明按倒将刀夺下。武某某捡起半截扁担击打傅某明头部,致傅某明昏倒。傅某明清醒后往屋外逃跑,并大声呼救。武某某担心日后被继续施暴,遂提议将傅某明抓住打死。傅某某与陈某某一同追出,将傅某明按倒,武某某从家里拿出尼龙绳套在傅某明脖子上,勒颈后松开,见傅某明未断气,要求陈某某、

傅某某帮忙拉绳直至傅某明断气。武某某让傅某某报警，三人在家等待，到案后如实供述罪行。经鉴定，傅某明系他人勒颈窒息死亡。

2018年7月6日，四川省泸县公安局以武某某、陈某某、傅某某涉嫌故意杀人罪移送检察机关审查起诉。

2018年11月22日，四川省泸县人民检察院以涉嫌故意杀人罪对三被告人提起公诉。

2019年4月1日，四川省泸县人民法院以故意杀人罪判处武某某有期徒刑五年，判处陈某某有期徒刑三年二个月，判处傅某某有期徒刑三年，缓刑四年。一审宣判后，三被告人均未上诉。

【检察机关履职情况】

（一）落实宽严相济刑事政策，依法适用认罪认罚从宽制度。傅某某作案时系未成年人，具有自首、从犯情节，且处于哺乳期，家中有3个月的女儿和6岁的妹妹需照顾，检察机关介入侦查后建议公安机关对其采取非羁押性强制措施。审查起诉阶段，武某某担心家中孩子无人照料意图包揽全部罪责，检察机关释法说理，使武某某放下思想包袱，如实供述犯罪事实。同时，联系法律援助机构为三被告人指定辩护人，保障辩护权。检察机关认为，本案是典型的家暴被害人因不堪忍受家暴杀死施暴者的刑事案件，傅某明有重大过错，结合三被告人的自首、从犯、未成年等量刑情节，听取被告人及其辩护人意见后，对武某某提出有期徒刑五年至八年的量刑建议，对陈某某提出有期徒刑三年至五年的量刑建议，对傅某某提出有期徒刑三年、缓刑四年的量刑建议。

（二）协同各方力量，妥善解决被告人服刑期间家庭问题。检察机关利用专业力量对未成年被告人傅某某及妹妹进行心理辅导，修复突发暴力事件造成的心理创伤。同时，发放司法救助金，联系镇村将其列为最低生活保障对象，并联系一位志愿者，为他们提供长期物质帮助，联系教育部门解决幼儿异地就学问题。

（三）利用公开庭审，开展反家暴普法宣传。检察机关与县妇联共同开展"以案说法，维护妇女权益"普法，在法院配合下，邀请县妇联、镇村妇联维权干部旁听武某某、陈某某案庭审。同时，检察机关与妇联会签文件,加强协作配合,共同推动妇女维权工作的开展。

【典型意义】

(一)依法妥善办理家庭暴力引发的刑事案件。"两高两部"《关于依法办理家庭暴力犯罪案件的意见》规定,对长期遭受家庭暴力后,在激愤、恐惧状态下为防止再次遭受家庭暴力,或者为摆脱家庭暴力而故意杀害、伤害施暴人,被告人的行为具有防卫因素,施暴人在案件起因上具有明显过错或者直接责任的,可以酌情从宽处罚。

(二)注重研究解决案件衍生的社会问题。因家暴引发的刑事案件中,家庭成员或致伤、致死,或入狱服刑,家中多出现需要被抚养、赡养的人失去生活来源或无人照料。检察机关积极与村(居)委会、民政、教育等部门对接,通过司法救助、社会帮扶、心理疏导等,妥善解决涉案家庭生活保障、监护保障、教育保障问题。

(三)通过以案释法,增强全民法治观念。检察机关注重在办案中普法,组织旁听庭审,将符合公开条件的庭审作为法治宣传公开课,教育公民尊法、学法、守法、用法,充分发挥"办理一个案件、警示教育一片"的作用。

案例六　杨某某故意伤害案

【基本案情】

被不起诉人杨某某,女,1973年3月出生。

被害人朱某某,男,1970年6月出生。

二人1995年结婚后,因朱某某赌博及赡养老人等问题时常吵架,朱某某多次殴打杨某某。杨某某也多次提出离婚,并于2020年7月向法院起诉离婚,后经调解撤诉。

2019年1月8日23时许,杨某某怀疑朱某某给其他女性发暧昧短信,二人在家中再次发生争执,杨某某用菜刀将朱某某左手手指砍伤，经鉴定为轻伤二级。

2020年8月14日，朱某某报案，公安机关对杨某某故意伤害案立案侦查，9月30日将杨某某逮捕。

2020年10月19日，云南省会泽县公安局将杨某某故意伤害案移送检察机关审查起诉。

云南省会泽县人民检察院审查后，于2020年11月18日，依据刑事诉讼法第一百七十七条第二款，对杨某某作出不起诉决定。

【检察机关履职情况】

（一）查清事实，开展羁押必要性审查。在审查逮捕阶段，因杨某某不认罪，检察机关作出批准逮捕决定。审查起诉阶段，通过检察机关释法说理，杨某某自愿认罪认罚。检察机关进行羁押必要性审查，认为对杨某某无继续羁押的必要，依法变更强制措施为取保候审。

（二）组织公开听证，听取各方意见。检察机关认为，本案系家庭矛盾激化引发，杨某某自愿认罪认罚，取得被害人谅解，考虑到家暴因素牵涉其中，且二人婚姻关系紧张，为依法妥善处理本案，遂邀请人大代表、政协委员、人民监督员，在朱某某、杨某某和二人的女儿在场下对拟不起诉公开听证，听取各方意见。双方均表示接受处理意见并妥善处理婚姻问题。

（三）进行回访，加强反家暴延伸工作。检察机关根据办案中反映出的朱某某家暴行为，对朱某某进行训诫，朱某某表示愿意积极改善家庭关系。检察机关作出不起诉决定后，通过回访提示杨某某，如再次遭受家暴，要留存、收集证据并及时报案。

【典型意义】

（一）对因遭受家暴而实施的伤害犯罪要坚持依法少捕慎诉理念。在犯罪嫌疑人的犯罪行为与其长期遭受家暴的事实密不可分的情况下，检察机关不能简单批捕、起诉，要全面细致审查证据，查清案件事实、起因，充分考虑其长期遭受家暴的因素。

（二）注意听取当事人意见。"两高两部"《关于依法办理家庭暴力犯罪案件的意见》规定，办理家庭暴力犯罪案件，既要严格依法进行，也要听取当事人双方的意见，尊重被害人的意愿。在采取刑事强制措施、提起公诉时，更应充分听取被害人意见，依法作出处理。

（三）注重犯罪预防工作。对家庭暴力的施暴者可以运用训诫等措施，责令施暴人保证不再实施家庭暴力。对家暴的受害者可以加强举证引导，告知其必要时可以根据《中华人民共和国反家庭暴力法》的规定向法院申请人身安全保护令。

收养、寄养

中华人民共和国民法典（节录）

（2020年5月28日第十三届全国人民代表大会第三次会议通过 2020年5月28日中华人民共和国主席令第45号公布 自2021年1月1日起施行）

……

第五编 婚姻家庭

……

第五章 收 养

第一节 收养关系的成立

第一千零九十三条 【被收养人的条件】下列未成年人，可以被收养：

（一）丧失父母的孤儿；

（二）查找不到生父母的未成年人；

（三）生父母有特殊困难无力抚养的子女。

注释 1. 丧失父母的孤儿。此处的"丧失"应指被收养人的父母已经死亡或者被宣告死亡。"父母"不仅包括生父母，还包括养父母以及有扶养关系的继父母。该项不包括父母被宣告失踪的情形。如果父母因查找不到而被宣告失踪，可以考虑适用本条第二项的规定，从而作为"查找不到生父母的未成年人"适用收养。

2. 查找不到生父母的未成年人。"查找不到"是指通过各种方式均无法找到。虽然未对"查找不到"附加时间上的限制，但从维护收养关系稳定的角度，在操作方面应当有一个合理期间的限制，个人或者有关机关经过一定期间仍查找不到生父母的未成年人，可以作为被收养人。此外，需要强调的是，对于暂时脱离生父母，但嗣后又被找回的未成年人，不属于此处的"查找不到"，不应当成为被收养的对象。

3. 生父母有特殊困难无力抚养的子女。与前两项相比，该项当中可作为被收养人的主体是由于生父母自身不具备抚养子女的能力，从而产生被收养的需要。"有特殊困难"属于一个包容性较强的表述，既包括生父母因经济困难无力抚养，也包括生父母因身体或者精神原因自身不具备抚养能力等。

第一千零九十四条　【送养人的条件】下列个人、组织可以作送养人：

（一）孤儿的监护人；

（二）儿童福利机构；

（三）有特殊困难无力抚养子女的生父母。

参见　《民政部关于在办理收养登记中严格区分孤儿与查找不到生父母的弃婴的通知》第1条

第一千零九十五条　【监护人送养未成年人的情形】未成年人的父母均不具备完全民事行为能力且可能严重危害该未成年人的，该未成年人的监护人可以将其送养。

注释　在父母尚存的情况下，对于监护人送养未成年人的条件要求是非常严格的。

首先，要求未成年人的父母双方均不具备完全民事行为能力。根据本法总则编对民事行为能力的分类，自然人可以分为完全民事行为能力人、限制行为能力人以及无行为能力人。如果未成年人的父母任何一方属于完全民事行为能力人，一般情况下意味着其具有抚养、教育未成年人的能力，在这种情况下，监护人不得将未成年人送养;只有未成年人的父母双方均不具备完全民事行为能力,即双方均为限制行为能力或者无行为能力人时,监护人才有可能被允许送养。

其次,未成年人的父母必须存在可能严重危害该未成年人的情形时,监护人才可将未成年人送养。所谓可能严重危害该未成年人,主要是指其父母存在危害该未成年人的现实危险,且达到严重程度的情形。

第三,此种情况下的送养主体,只能是该未成年人的监护人。根据本法第1094条的规定,可以担任送养人的主体原则上只包括三类,即孤儿的监护人、儿童福利机构以及有特殊困难无力抚养子女的生父母。而在未成年人的父母均不具备完全民事行为能力且可能严重危害该未成年人时,上述三类主体均无法成为适格的送养主体。此时,根据本条规定,能够成为送养主体的,是该未成年人的监护人。监护人作为实际承担监护职责的人,对该未成年人的情况最为熟悉,由其担任送养人与收养人成立收养法律关系,较为合适。

第一千零九十六条 【监护人送养孤儿的限制及变更监护人】
监护人送养孤儿的,应当征得有抚养义务的人同意。有抚养义务的人不同意送养、监护人不愿意继续履行监护职责的,应当依照本法第一编的规定另行确定监护人。

注释 根据本条规定,监护人送养孤儿的,应当征得有抚养义务的人同意。这里的"有抚养义务的人",是指孤儿的有负担能力的祖父母、外祖父母、兄、姐。本法第1074条规定,有负担能力的祖父母、外祖父母,对于父母已经死亡或者父母无力抚养的未成年孙子女、外孙子女,有抚养的义务。第1075条规定,有负担能力的兄、姐,对于父母已经死亡或者父母无力抚养的未成年弟、妹,有扶养的义务。如果上述主体不同意监护人对孤儿进行送养,而监护人又不愿意继续履行监护职责的,为使被监护人不致处于无人监护的状态,应当依照本法总则编的规定另行确定监护人。

参见 《民法典》第27条、第36条;《中国公民收养子女登记办法》第4条;《收养登记工作规范》第17条

第一千零九十七条 【生父母送养子女的原则要求与例外】生父母送养子女，应当双方共同送养。生父母一方不明或者查找不到的，可以单方送养。

注释 理解本条，需要明确以下几点：

第一，生父母送养子女应当双方共同送养，这是原则要求。基于父母双方对于抚养子女的平等地位，送养应当双方共同进行。在实践操作层面，可以双方共同表示送养的意思，也可以由一方表达出送养意愿，另一方表示同意。在后一种情况下，这种同意的表示应是明确的、具体的。

第二，生父母送养子女可以单方送养，这是例外规定，应当严格限于法律规定的两种情形，即生父母一方不明或者查找不到。所谓"生父母一方不明"，是指不能确认被送养人的生父或者生母为谁的情况。所谓"查找不到"，是指经过一定期间，无法查找到生父或者生母的情况。

第一千零九十八条 【收养人条件】收养人应当同时具备下列条件：

（一）无子女或者只有一名子女；
（二）有抚养、教育和保护被收养人的能力；
（三）未患有在医学上认为不应当收养子女的疾病；
（四）无不利于被收养人健康成长的违法犯罪记录；
（五）年满三十周岁。

注释 ［无子女或者只有一名子女］

此处的"无子女"包括多种情况，主要是指夫妻双方或者一方因不愿生育或不能生育而无子女，或者因所生子女死亡而失去子女，或者指收养人因无配偶而没有子女的情况，即收养人没有亲生子女，同时也没有养子女及形成抚养教育关系的继子女。需要强调的是，这里的"无子女"不能简单地理解为没有生育能力，如果此前生育过子女，但子女因故死亡，也属于"无子女"。

［有抚养、教育和保护被收养人的能力］

此处的"抚养、教育和保护被收养人的能力"，主要是指收养人应当具有完全民事行为能力,在身体、智力、经济、道德品行以及教育子女等各个方面均有能力实现对未成年子女的抚养、教育和保护,能够履行父母对子女应尽的义务。收养人是否具备抚养、教育和保护被收养人能力,并不是单纯的主观判断问题,需要结合收养人家庭的具体状况、收入水平、心理健康程度等进行严格审查。

[未患有在医学上认为不应当收养子女的疾病]

在适用"未患有在医学上认为不应当收养子女的疾病"这一规定处理具体问题时,要特别注意须有充分科学的依据,必要时通过专门的医学鉴定加以确定,切不可随意适用该项条件拒绝特定主体的收养要求。一般而言,患有一些精神类疾病和传染性疾病可以被认为不适宜收养,如精神分裂症、躁狂抑郁型精神病、艾滋病、淋病、梅毒等。在判定某种疾病是否属于不应当收养子女的疾病时,除考虑疾病本身的严重性之外,重点还要考虑此种疾病对于收养关系的影响,对于被收养人可能存在的影响等,综合以上因素,谨慎认定。

[无不利于被收养人健康成长的违法犯罪记录]

这是本次编纂《民法典》新增加的内容。收养人从事过与未成年人健康成长有关的违法犯罪的,才会因该违法犯罪记录而被限制收养。比如,收养人曾有过对未成年人的强奸、猥亵犯罪的。假如收养人的违法犯罪与未成年人无关,则不受该项条件的限制。

为了加强收养登记管理,规范收养评估工作,根据《民法典》,为保障被收养人的合法权益,民政部制定《收养评估办法(试行)》。

收养评估,是指民政部门对收养申请人是否具备抚养、教育和保护被收养人的能力进行调查、评估,并出具评估报告的专业服务行为。收养评估应当遵循最有利于被收养人的原则,独立、客观、公正地对收养申请人进行评估,依法保护个人信息和隐私。

民政部门进行收养评估,可以自行组织,也可以委托第三方机构开展。委托第三方机构开展收养评估的,民政部门应当与受委托的第三方机构签订委托协议。民政部门自行组织开展收养评估的,应当组建收养评估小组。收养评估小组应有2名以上熟悉收养相关法律法规和政策的在编人员。受委托的第三方机构应当同时具备下列条件：(1) 具有法人资格；(2) 组织机构健全，内部管理规范；(3) 业务范围包含社会调查或者评估，或者具备评估相关经验；(4) 有5名以上具有社会工作、医学、心理学等专业背景或者从事相关工作2年以上的专职工作人员；(5) 开展评估工作所需的其他条件。

收养评估内容包括收养申请人以下情况：收养动机、道德品行、受教育程度、健康状况、经济及住房条件、婚姻家庭关系、共同生活家庭成员意见、抚育计划、邻里关系、社区环境、与被收养人融合情况等。

收养评估流程包括书面告知、评估准备、实施评估、出具评估报告。

(1) 书面告知。民政部门收到收养登记申请有关材料后，经初步审查收养申请人、送养人、被收养人符合《中华人民共和国民法典》、《中国公民收养子女登记办法》要求的，应当书面告知收养申请人将对其进行收养评估。委托第三方机构开展评估的，民政部门应当同时书面告知受委托的第三方机构。

(2) 评估准备。收养申请人确认同意进行收养评估的，第三方机构应当选派2名以上具有社会工作、医学、心理学等专业背景或者从事相关工作2年以上的专职工作人员开展评估活动。民政部门自行组织收养评估的，由收养评估小组开展评估活动。

(3) 实施评估。评估人员根据评估需要，可以采取面谈、查阅资料、实地走访等多种方式进行评估，全面了解收养申请人的情况。

(4) 出具报告。收养评估小组和受委托的第三方机构应当根据评估情况制作书面收养评估报告。收养评估报告包括正文和附件两部分：正文部分包括评估工作的基本情况、评估内容分析、评估结论等；附件部分包括记载评估过程的文字、语音、照片、影像等资料。委托第三方机构评估的，收养评估报告应当由参与评估人员签名，并加盖机构公章。民政部门自行组织评估的，收养评估报告应当由收养评估小组成员共同签名。

参见　《人口与计划生育法》第18条；《中国公民收养子女登记办法》；《收养评估办法（试行）》

第一千零九十九条 【三代以内旁系同辈血亲的收养】收养三代以内旁系同辈血亲的子女,可以不受本法第一千零九十三条第三项、第一千零九十四条第三项和第一千一百零二条规定的限制。

华侨收养三代以内旁系同辈血亲的子女,还可以不受本法第一千零九十八条第一项规定的限制。

注释 [收养三代以内旁系同辈血亲的子女]

如果收养三代以内旁系同辈血亲的子女,可以在收养基本条件的基础上,不受以下几项条件的限制:

一是,被收养人生父母有特殊困难无力抚养子女。根据本法第1093条的规定,除丧失父母的孤儿以及查找不到生父母的未成年人外,只有生父母有特殊困难无力抚养未成年子女时,该子女才能被纳入被收养人的范围。而根据本条规定,收养人如果收养的是三代以内旁系同辈血亲的子女,可以不受这一限制,即便该子女的父母并未因特殊困难丧失抚养能力,该子女仍可以成为被收养的对象。

二是,有特殊困难无力抚养子女的生父母。根据本法第1094条规定,除孤儿的监护人、儿童福利机构外,未成年人的生父母只有在有特殊困难无力抚养子女时,才能成为送养人。而根据本条规定,收养三代以内旁系同辈血亲的子女,即使未成年人的生父母并未因特殊困难而丧失抚养能力,其仍可以成为适格的送养人,因此成立的收养关系仍然有效。

三是,无配偶者收养异性子女的,收养人与被收养人的年龄应当相差四十周岁以上。根据本法第1102条的规定,无配偶者收养异性子女的,需要受到收养人与被收养人四十周岁年龄差的限制。而根据本条规定,收养三代以内旁系同辈血亲的子女,即使收养人与被收养人的年龄相差不到四十周岁,依然可以成立有效的收养关系。

[华侨收养三代以内旁系同辈血亲的子女]

一是,华侨收养三代以内旁系同辈血亲的子女,首先与一般主体收养三代以内旁系同辈血亲的子女的要求一致,即被收养人可以不受生父母有特殊困难无力抚养的子女限制、送养人可以不受有特殊困难无力抚养子女的限制以及无配偶者收养异性子女须与被收养人存在四十周岁年龄差的限制。

二是，在上述基础上，对于华侨收养，本法进一步放宽限制，还可以不受收养人须无子女或者只有一名子女的限制。也就是说，对于已拥有两名以上子女的华侨而言，其还可以通过收养这一方式形成与三代以内旁系同辈血亲的子女之间的亲子关系。

参见 《民法典》第1093条、第1094条、第1098条、第1102条

第一千一百条 【收养人收养子女数量】无子女的收养人可以收养两名子女；有子女的收养人只能收养一名子女。

收养孤儿、残疾未成年人或者儿童福利机构抚养的查找不到生父母的未成年人，可以不受前款和本法第一千零九十八条第一项规定的限制。

参见 《民法典》第1098条、第1099条、第1103条

第一千一百零一条 【共同收养】有配偶者收养子女，应当夫妻共同收养。

注释 这里的"共同收养"，既可以是夫妻双方共同为收养的意思表示，也可以是一方有收养子女的意思表示，另一方对此表示明确同意。

第一千一百零二条 【无配偶者收养异性子女的限制】无配偶者收养异性子女的，收养人与被收养人的年龄应当相差四十周岁以上。

注释 在无配偶者收养子女的情况下，收养人与被收养人须有四十周岁以上年龄差的限制已经不仅限于收养人为男性、被收养人为女性的情况。在收养人为无配偶女性、被收养人为未成年男性的情况下，同样应当受到收养人与被收养人须年龄相差四十周岁以上的限制。

第一千一百零三条 【收养继子女的特别规定】继父或者继母经继子女的生父母同意，可以收养继子女，并可以不受本法第一千

零九十三条第三项、第一千零九十四条第三项、第一千零九十八条和第一千一百条第一款规定的限制。

第一千一百零四条 【收养自愿原则】收养人收养与送养人送养，应当双方自愿。收养八周岁以上未成年人的，应当征得被收养人的同意。

> 参见 《民法典》第 19 条

第一千一百零五条 【收养登记、收养协议、收养公证及收养评估】收养应当向县级以上人民政府民政部门登记。收养关系自登记之日起成立。

收养查找不到生父母的未成年人的，办理登记的民政部门应当在登记前予以公告。

收养关系当事人愿意签订收养协议的，可以签订收养协议。

收养关系当事人各方或者一方要求办理收养公证的，应当办理收养公证。

县级以上人民政府民政部门应当依法进行收养评估。

> 参见 《中国公民收养子女登记办法》第 8 条；《收养登记工作规范》

> 案例 冯某诉蔡某解除收养关系纠纷案（最高人民法院公布 49 起婚姻家庭纠纷典型案例）

案件适用要点：我国有不少收养关系并非签订书面收养协议，也不办理收养登记手续，而是事实收养关系，如果收养事实发生在《收养法》颁布之后，这样的收养关系是否有效？

1999 年实行的新修改收养法时已经将收养关系的成立限定在"收养应当向县级以上人民政府民政部门登记。合法有效的收养关系应当是经过民政部门的登记。同样，对于收养法施行前成立的收养关系也予以默认，《收养法》颁布后没有经过登记的收养是不受到法律保护的。

第一千一百零六条 【收养后的户口登记】收养关系成立后，公安机关应当按照国家有关规定为被收养人办理户口登记。

第一千一百零七条 【亲属、朋友的抚养】孤儿或者生父母无力抚养的子女,可以由生父母的亲属、朋友抚养;抚养人与被抚养人的关系不适用本章规定。

第一千一百零八条 【祖父母、外祖父母优先抚养权】配偶一方死亡,另一方送养未成年子女的,死亡一方的父母有优先抚养的权利。

注释 关于本条,需要明确以下几个问题:

一是,优先抚养权产生于生存一方配偶送养未成年子女之时,即当生存一方配偶作出送养其未成年子女的意思表示之时,死亡一方配偶的父母的优先抚养权即产生。优先抚养权作为死亡一方配偶的父母享有的一项民事权利,其可以根据权利自由处分的原则对优先抚养权表示放弃。在放弃的具体方式上,可以分为"明示放弃"与"默示放弃"。前者是指优先抚养权人在送养人送养未成年子女时,明确地表示自己不抚养该子女;后者则是指优先抚养权人明知送养人要送养未成年子女,但其既不作出优先抚养的直接、明确的意思表示,也没有阻止他人收养该子女,据此可以推定优先抚养权人放弃了优先抚养权。

二是,优先抚养权并不绝对,在有的情况下,从有利于未成年人利益最大化的角度出发,可以考虑限制甚至剥夺优先抚养权人的优先抚养权。比如,优先抚养权人存在严重危害未成年人身心健康的现实危险、优先抚养权人不具备实际的抚养能力等。此外,如果未成年人属于八周岁以上的限制行为能力人,在确定抚养权人时还要充分听取未成年人的意愿。

三是,在有的情况下,如死亡一方配偶的父母离婚,但两人同时主张优先抚养权的,需要首先审查他们是否同时具备优先抚养权。如果同时具备优先抚养权,就要综合考虑各种因素,并可以听取送养人的意见,确定由其中一人抚养未成年人。

四是,优先抚养权的产生具有先决条件,即必须是在配偶一方死亡,另一方送养子女时,死亡一方配偶的父母才可主张。换言之,如果配偶一方死亡,另一方并无送养子女的意思表示,该方作为子女的生父或者生母,仍然是未成年子女的监护人和法定代理人,由其继续承担对于子女的抚养、教育及保护义务,死亡一方配偶的父母无权主张优先抚养。

第一千一百零九条 【涉外收养】外国人依法可以在中华人民共和国收养子女。

外国人在中华人民共和国收养子女,应当经其所在国主管机关依照该国法律审查同意。收养人应当提供由其所在国有权机构出具的有关其年龄、婚姻、职业、财产、健康、有无受过刑事处罚等状况的证明材料,并与送养人签订书面协议,亲自向省、自治区、直辖市人民政府民政部门登记。

前款规定的证明材料应当经收养人所在国外交机关或者外交机关授权的机构认证,并经中华人民共和国驻该国使领馆认证,但是国家另有规定的除外。

注释 [外国人依法可以在中华人民共和国收养子女的实质要件]

按照本章有关被收养人、送养人以及收养人条件的规定,外国人在我国收养子女的,必须符合这些实质性条件的要求。

1. 被收养人方面,丧失父母的孤儿、查找不到生父母的未成年人以及生父母有特殊困难无力抚养的子女这三类主体,均可以作为涉外收养的被收养人由外国人收养。

2. 送养人方面,根据本法第1094条规定,孤儿的监护人、儿童福利机构以及有特殊困难无力抚养子女的生父母,均可以作为送养人送养未成年人。

3. 收养人条件方面,本法第1098条规定了收养人应当同时具备的条件,包括无子女或者只有一名子女,有抚养、教育和保护被收养人的能力,未患有在医学上认为不应当收养子女的疾病,无不利于被收养人健康成长的违法犯罪记录,年满三十周岁等。当然,在有的情形下,个别条件允许适当放宽。

[外国人依法可以在中华人民共和国收养子女的形式要件]

收养人应当提供由其所在国有权机构出具的有关其年龄、婚姻、职业、财产、健康、有无受过刑事处罚等状况的证明材料,并与送养人订立书面协议,亲自向省、自治区、直辖市人民政府民政部门登记。

参见 《外国人在中华人民共和国收养子女登记办法》第4条;《华侨以及居住在香港、澳门、台湾地区的中国公民办理收养登记的管辖以及所需要出具的证件和证明材料的规定》

第一千一百一十条 【保守收养秘密】收养人、送养人要求保守收养秘密的,其他人应当尊重其意愿,不得泄露。

第二节 收养的效力

第一千一百一十一条 【收养的效力】自收养关系成立之日起,养父母与养子女间的权利义务关系,适用本法关于父母子女关系的规定;养子女与养父母的近亲属间的权利义务关系,适用本法关于子女与父母的近亲属关系的规定。

养子女与生父母以及其他近亲属间的权利义务关系,因收养关系的成立而消除。

注释 首先,关于养父母与养子女间的权利义务关系。根据本条规定,自收养关系成立之日起,养父母与养子女间的权利义务关系,适用本法关于父母子女关系的规定。

其次,关于养子女与养父母的近亲属间的权利义务关系。由于收养关系成立后,养父母子女之间同父母子女关系并无二致,因此,在养子女与养父母近亲属关系方面,也同样适用本法关于子女与父母的近亲属之间关系的规定。比如,根据本法第1074条规定,有负担能力的祖父母、外祖父母,对于父母已经死亡或者父母无力抚养的未成年孙子女、外孙子女,有抚养的义务。假如养父母与养子女形成收养关系后,养父母双双死亡或者丧失抚养能力,那么养父母的父母作为其近亲属,应当在有负担能力的情况下,承担起对于孙子女、外孙子女的抚养义务,尽管孙子女、外孙子女系其子女通过收养而来。

最后,本条第2款规定了收养关系成立后,养子女与生父母以及其他近亲属间的权利义务关系相应得以消除。

第一千一百一十二条　【养子女的姓氏】养子女可以随养父或者养母的姓氏，经当事人协商一致，也可以保留原姓氏。

第一千一百一十三条　【收养行为的无效】有本法第一编关于民事法律行为无效规定情形或者违反本编规定的收养行为无效。

无效的收养行为自始没有法律约束力。

> **注释**　根据本条规定，在两种情形之下，收养行为将被认定为无效。

第一，有本法总则编关于民事法律行为无效规定的情形。本法总则编第六章民事法律行为专设第三节规定了民事法律行为的效力。第143条首先从正面规定了民事法律行为有效应当具备的条件，包括行为人具有相应的民事行为能力、意思表示真实，以及不违反法律、行政法规的强制性规定，不违背公序良俗。在此基础上，如果不具备或者不完全具备这些条件的民事法律行为，其效力将受到影响，具体可导致无效、可撤销、效力待定等多种效力形态。其中，属于无效民事法律行为的情形包括：（1）无民事行为能力人实施的民事法律行为无效；（2）行为人与相对人以虚假的意思表示实施的民事法律行为无效；（3）违反法律、行政法规的强制性规定的民事法律行为无效，但是，该强制性规定不导致该民事法律行为无效的除外；（4）违背公序良俗的民事法律行为无效；（5）行为人与相对人恶意串通，损害他人合法权益的民事法律行为无效。从总则编的规定看，这些无效情形涵盖了行为人行为能力欠缺、意思表示不真实、违法性等各个方面，是总则编对于民事法律行为效力否定性评价的主要依据。收养作为具有人身性质的民事法律行为，自然应当受到总则编有关民事法律行为效力评价规定的约束。如果送养人与收养人之间的收养行为具有上述情形的，则行为人应属无效。

第二，违反本编规定的收养行为无效。除具有总则编无效情形的收养行为应属无效收养之外，如果收养行为违反了婚姻家庭编的规定，也应属于无效的收养行为。例如，收养行为违反了有关被收养人、送养人、收养人的条件，以及收养人数的限制、无配偶者收养异性子女的年龄限制等。又如，未依法向县级以上民政部门办理收养登记。再如，违反有关收养应当遵循最有利于被收养人的原则，保障被收养人和收养人的合法权益的规定，违反禁止借收养名义买卖未成年人的规定等，均为无效收养。

本条第 2 款规定，无效的收养行为自始没有法律约束力。根据本法第 155 条规定，无效的民事法律行为自始没有法律约束力。收养作为具有人身性质的民事法律行为，也应遵循法律行为制度的基本原理，一旦被认定无效，也应当是从行为一开始便没有法律约束力。

第三节 收养关系的解除

第一千一百一十四条 【收养关系的协议解除与诉讼解除】 收养人在被收养人成年以前，不得解除收养关系，但是收养人、送养人双方协议解除的除外。养子女八周岁以上的，应当征得本人同意。

收养人不履行抚养义务，有虐待、遗弃等侵害未成年养子女合法权益行为的，送养人有权要求解除养父母与养子女间的收养关系。送养人、收养人不能达成解除收养关系协议的，可以向人民法院提起诉讼。

注释 ［协议解除收养关系］

从本条第 1 款规定看，协议解除收养关系存在以下特点，需要准确把握：一是，原则上，在被收养人成年以前，收养人不得单方解除收养关系。这一规定主要是出于对未成年人利益的保护，防止因收养人推卸责任而致使未成年人无人抚养的状况出现。二是，收养人与送养人经协商一致，可以解除收养关系。在收养人不得随意解除收养关系的原则要求之下，如果收养人与送养人能够协商一致，意味着对未成年人的抚养不会出现问题，从尊重双方当事人意思自治的角度出发，可以允许解除收养关系。三是，养子女八周岁以上的，应当征得其同意。在送养人、收养人就解除收养关系达成一致的前提下，如果养子女属于八周岁以上的限制行为能力人，则还需要征得养子女的同意才可解除收养关系。这是因为，收养关系的解除不能只考虑送养人、收养人的意愿。养子女八周岁以上的，能够基于被抚养经历及情感联系选择最有利于自己的成长环境，此时就需要征得其同意方可解除收养关系。四是，收养人、送养人协商解除收养关系只能通过协议解除的方式，不能通过诉讼方式解除。

[诉讼解除收养关系]

本条第2款是通过诉讼解除收养关系的规定。理解本款需要注意以下几点：一是，适用本款规定的前提是被收养人尚未成年。二是，本款适用的对象仅为送养人，不适用于收养人或者被收养人。其立法初衷在于，为保护被收养人的合法权益，赋予送养人在一定条件下提起解除收养关系之诉的权利。三是，本款的适用情形有严格限制，即收养人不履行抚养义务，有虐待、遗弃等侵害未成年养子女合法权益的行为。如果收养人不存在这些行为，则送养人无权提起解除收养关系的诉讼。

第一千一百一十五条 【养父母与成年养子女解除收养关系】

养父母与成年养子女关系恶化、无法共同生活的，可以协议解除收养关系。不能达成协议的，可以向人民法院提起诉讼。

注释　正确理解和适用本条，需要注意以下几点：

第一，本条解决的是养父母与成年养子女关系恶化、无法共同生活时收养关系的解除，不包括养子女为未成年人时的情形。

第二，本条所规范的养父母与成年养子女之间收养关系的解除，既包括协议解除，也包括诉讼解除。当养父母与成年养子女双方关系恶化、无法共同生活时，可以由一方提出解除收养关系的意思表示，另一方如果同意，则双方就可以协议解除。如果一方提出解除，另一方不同意解除或者对解除收养关系的具体内容不认可，则可以通过向法院提起诉讼的方式解除收养关系。无论是养父母还是成年养子女，均享有诉权。

第三，养父母与成年养子女解除收养关系的原因是双方关系恶化、无法共同生活，至于引起关系恶化的具体原因在所不问。

对于解除收养关系后养父母的生活保障，本法第1118条作了规定，即经养父母抚养的成年养子女，对缺乏劳动能力又缺乏生活来源的养父母，应当给付生活费。

案例 韦某娟与韦某和等收养纠纷案——养女成年后要求解除收养关系案

案件适用要点： 孝敬父母是中国传统伦理基石，是中华民族的传统美德。本案中，原告自幼即被被告夫妇收养，双方共同生活二十余年。被告作为养父母，不仅尽到了抚养原告的法定义务，更在法定义务之外力所能及地给予了原告经济、生活帮助。随着被告逐渐年迈，正是原告应尽赡养义务的时候，若允许原告随意解除收养关系，或致被告老无所养，显然有失公允及公德，不利于弘扬良好的社会风尚。

第一千一百一十六条 【解除收养关系的登记】 当事人协议解除收养关系的，应当到民政部门办理解除收养关系登记。

注释 理解本条，需要注意以下几点：

第一，本条的规范对象是协议解除收养关系。根据本法第1114条、第1115条的规定，协议解除收养关系包括以下几种情形：一是收养人与送养人协议解除收养关系。如果被收养人八周岁以上的，解除收养关系还须得到被收养人本人的同意。二是收养人不履行抚养义务，有虐待、遗弃等侵害未成年养子女合法权益行为的，送养人有权要求解除养父母与养子女之间的收养关系。此种情况下，送养人与收养人也可以通过协议的方式解除收养关系。三是养父母与成年养子女关系恶化、无法共同生活的，养父母与成年养子女可以通过协议的方式解除收养关系。因此，在上述三种情形下，如果双方达成了解除收养关系的协议，应当到民政部门办理解除收养关系登记。

第二，按照有关程序要求，双方应携带必要的材料，共同到民政部门办理解除收养关系登记。同收养关系成立一样，收养关系的协议解除体现的也是双方的共同合意，只有双方同时到民政部门办理解除收养关系登记，才便于民政部门准确查明双方合意，正确办理登记。

第三，民政部门查明双方的协议解除符合有关规定，依法办理登记，收养关系自登记之日起解除。民政部门在办理解除收养关系登记时，应当按照收养的有关规定进行审核，只有符合规定的，才可以办理解除登记。同时，与收养关系自登记之日起成立一样，收养关系的解除效力也应自解除收养关系登记之日起算。

参见 《中国公民收养子女登记办法》第11条、第12条

第一千一百一十七条 【收养关系解除的法律后果】收养关系解除后，养子女与养父母以及其他近亲属间的权利义务关系即行消除，与生父母以及其他近亲属间的权利义务关系自行恢复。但是，成年养子女与生父母以及其他近亲属间的权利义务关系是否恢复，可以协商确定。

第一千一百一十八条 【收养关系解除后生活费、抚养费支付】收养关系解除后，经养父母抚养的成年养子女，对缺乏劳动能力又缺乏生活来源的养父母，应当给付生活费。因养子女成年后虐待、遗弃养父母而解除收养关系的，养父母可以要求养子女补偿收养期间支出的抚养费。

生父母要求解除收养关系的，养父母可以要求生父母适当补偿收养期间支出的抚养费；但是，因养父母虐待、遗弃养子女而解除收养关系的除外。

注释 正确理解和适用本条，需要注意以下几点：

一是，收养关系解除后，成年养子女应对抚养过自己的缺乏劳动能力又缺乏生活来源的养父母给付生活费。这里不区分协议解除还是诉讼解除，只要养父母尽了对于养子女的抚养义务，养子女成年后，对于缺乏劳动能力又缺乏生活来源的养父母，都应当给付生活费。这里需要满足几项条件：（1）收养关系已经解除。既包括协议解除，也包括诉讼解除。（2）养父母须实际抚养过养子女。如果收养关系成立后，养父母并未对养子女尽抚养义务，则其无权在养子女成年后要求支付生活费。这里体现的，仍然是权利义务相对等的原则。（3）养父母具有缺乏劳动能力又缺乏生活来源的情形。由于收养关系解除后，养父母与养子女间已经不再具有父母子女关系，此时，要求成年养子女向养父母给付生活费，更多的是基于养父母之前的抚养事实。因此，这一情形应该加以限制，即只有在养父母既缺乏劳动能力又缺乏生活来源时，成年养子女才有给付生活费的义务。

二是，根据本法第 1115 条规定，养父母与成年养子女关系恶化、无法共同生活的，既可以协议解除收养关系，也可以通过诉讼方式解除收养关系。此种情况下收养关系的解除，既可能因双方生活观念不符所致，也可能是因成年养子女虐待、遗弃养父母而解除。在后一种情况下，尽管收养关系最终解除，但养父母可以要求养子女补偿收养期间支出的抚养费。这种补偿，一方面是考虑权利义务的对等；另一方面也是体现对养子女虐待、遗弃养父母行为的一种惩戒，是合理的。

三是，生父母提出解除收养关系要求的，养父母可以要求生父母适当补偿收养期间支出的抚养费。在生父母提出解除收养关系要求的情形下，考虑到养父母对于养子女的成长付出了经济、时间等各方面的巨大成本，赋予养父母对生父母抚养费的补偿请求权是合适的，但这种请求权有两方面限制：第一，养父母可以要求适当补偿抚养费支出。在长期的收养关系存续期间，养父母的具体支出是难以准确计算的。因此，养父母可以结合自己抚养教育养子女的具体情况，提出一个适当、大致的补偿标准。第二，解除收养关系的请求虽由生父母提出，但原因在于养父母虐待、遗弃养子女的，由于养父母自身存在过错，其无权提出补偿抚养费的请求。

……

中国公民收养子女登记办法

(1999 年 5 月 12 日国务院批准　1999 年 5 月 25 日民政部令第 14 号发布　根据 2019 年 3 月 2 日《国务院关于修改部分行政法规的决定》第一次修订　根据 2023 年 7 月 20 日《国务院关于修改和废止部分行政法规的决定》第二次修订)

第一条　为了规范收养登记行为，根据《中华人民共和国民法典》（以下简称民法典），制定本办法。

第二条 中国公民在中国境内收养子女或者协议解除收养关系的,应当依照本办法的规定办理登记。

办理收养登记的机关是县级人民政府民政部门。

第三条 收养登记工作应当坚持中国共产党的领导,遵循最有利于被收养人的原则,保障被收养人和收养人的合法权益。

第四条 收养社会福利机构抚养的查找不到生父母的弃婴、儿童和孤儿的,在社会福利机构所在地的收养登记机关办理登记。

收养非社会福利机构抚养的查找不到生父母的弃婴和儿童的,在弃婴和儿童发现地的收养登记机关办理登记。

收养生父母有特殊困难无力抚养的子女或者由监护人监护的孤儿的,在被收养人生父母或者监护人常住户口所在地(组织作监护人的,在该组织所在地)的收养登记机关办理登记。

收养三代以内同辈旁系血亲的子女,以及继父或者继母收养继子女的,在被收养人生父或者生母常住户口所在地的收养登记机关办理登记。

第五条 收养关系当事人应当亲自到收养登记机关办理成立收养关系的登记手续。

夫妻共同收养子女的,应当共同到收养登记机关办理登记手续;一方因故不能亲自前往的,应当书面委托另一方办理登记手续,委托书应当经过村民委员会或者居民委员会证明或者经过公证。

第六条 收养人应当向收养登记机关提交收养申请书和下列证件、证明材料:

(一)收养人的居民户口簿和居民身份证;

(二)由收养人所在单位或者村民委员会、居民委员会出具的本人婚姻状况和抚养教育被收养人的能力等情况的证明,以及收养人出具的子女情况声明;

(三)县级以上医疗机构出具的未患有在医学上认为不应当收养子女的疾病的身体健康检查证明。

收养查找不到生父母的弃婴、儿童的,并应当提交收养人经常居住地卫生健康主管部门出具的收养人生育情况证明;其中收养非社会福利机构抚养的查找不到生父母的弃婴、儿童的，收养人应当提交下列证明材料：

（一）收养人经常居住地卫生健康主管部门出具的收养人生育情况证明；

（二）公安机关出具的捡拾弃婴、儿童报案的证明。

收养继子女的，可以只提交居民户口簿、居民身份证和收养人与被收养人生父或者生母结婚的证明。

对收养人出具的子女情况声明，登记机关可以进行调查核实。

第七条 送养人应当向收养登记机关提交下列证件和证明材料：

（一）送养人的居民户口簿和居民身份证（组织作监护人的，提交其负责人的身份证件）；

（二）民法典规定送养时应当征得其他有抚养义务的人同意的，并提交其他有抚养义务的人同意送养的书面意见。

社会福利机构为送养人的，并应当提交弃婴、儿童进入社会福利机构的原始记录，公安机关出具的捡拾弃婴、儿童报案的证明，或者孤儿的生父母死亡或者宣告死亡的证明。

监护人为送养人的，并应当提交实际承担监护责任的证明，孤儿的父母死亡或者宣告死亡的证明，或者被收养人生父母无完全民事行为能力并对被收养人有严重危害的证明。

生父母为送养人，有特殊困难无力抚养子女的，还应当提交送养人有特殊困难的声明；因丧偶或者一方下落不明由单方送养的，还应当提交配偶死亡或者下落不明的证明。对送养人有特殊困难的声明，登记机关可以进行调查核实；子女由三代以内同辈旁系血亲收养的，还应当提交公安机关出具的或者经过公证的与收养人有亲属关系的证明。

被收养人是残疾儿童的，并应当提交县级以上医疗机构出具的该儿童的残疾证明。

第八条 收养登记机关收到收养登记申请书及有关材料后，应当自次日起30日内进行审查。对符合民法典规定条件的，为当事人办理收养登记，发给收养登记证，收养关系自登记之日起成立；对不符合民法典规定条件的,不予登记,并对当事人说明理由。

收养查找不到生父母的弃婴、儿童的,收养登记机关应当在登记前公告查找其生父母;自公告之日起满60日,弃婴、儿童的生父母或者其他监护人未认领的,视为查找不到生父母的弃婴、儿童。公告期间不计算在登记办理期限内。

第九条 收养关系成立后,需要为被收养人办理户口登记或者迁移手续的,由收养人持收养登记证到户口登记机关按照国家有关规定办理。

第十条 收养关系当事人协议解除收养关系的,应当持居民户口簿、居民身份证、收养登记证和解除收养关系的书面协议,共同到被收养人常住户口所在地的收养登记机关办理解除收养关系登记。

第十一条 收养登记机关收到解除收养关系登记申请书及有关材料后,应当自次日起30日内进行审查;对符合民法典规定的,为当事人办理解除收养关系的登记,收回收养登记证,发给解除收养关系证明。

第十二条 为收养关系当事人出具证明材料的组织,应当如实出具有关证明材料。出具虚假证明材料的,由收养登记机关没收虚假证明材料,并建议有关组织对直接责任人员给予批评教育,或者依法给予行政处分、纪律处分。

第十三条 收养关系当事人弄虚作假骗取收养登记的,收养关系无效,由收养登记机关撤销登记,收缴收养登记证。

第十四条 本办法规定的收养登记证、解除收养关系证明的式样,由国务院民政部门制订。

第十五条 华侨以及居住在香港、澳门、台湾地区的中国公民在内地收养子女的,申请办理收养登记的管辖以及所需要出具的证件和证明材料,按照国务院民政部门的有关规定执行。

第十六条 本办法自发布之日起施行。

外国人在中华人民共和国收养子女登记办法

（1999年5月12日国务院批准　1999年5月25日民政部令第15号发布　根据2024年12月6日《国务院关于修改和废止部分行政法规的决定》修订）

第一条　为了规范涉外收养登记行为，根据《中华人民共和国民法典》（以下简称民法典），制定本办法。

第二条　外国人在中华人民共和国境内收养子女（以下简称外国人在华收养子女），应当依照本办法办理登记。

收养人夫妻一方为外国人，在华收养子女，也应当依照本办法办理登记。

第三条　外国人在华收养子女，应当符合中国有关收养法律的规定，并应当符合收养人所在国有关收养法律的规定；因收养人所在国法律的规定与中国法律的规定不一致而产生的问题，由两国政府有关部门协商处理。

第四条　外国人在华收养子女，应当通过所在国政府或者政府委托的收养组织（以下简称外国收养组织）向中国政府委托的收养组织（以下简称中国收养组织）转交收养申请并提交收养人的家庭情况报告和证明。

前款规定的收养人的收养申请、家庭情况报告和证明，是指由其所在国有权机构出具，经其所在国外交机关或者外交机关授权的机构认证，并经中华人民共和国驻该国使馆或者领馆认证的，或者履行中华人民共和国缔结或者参加的国际条约规定的证明手续的下列文件：

（一）跨国收养申请书；

（二）出生证明；

（三）婚姻状况证明；

（四）职业、经济收入和财产状况证明；

（五）身体健康检查证明；

（六）有无受过刑事处罚的证明；

（七）收养人所在国主管机关同意其跨国收养子女的证明；

（八）家庭情况报告，包括收养人的身份、收养的合格性和适当性、家庭状况和病史、收养动机以及适合于照顾儿童的特点等。

在华工作或者学习连续居住一年以上的外国人在华收养子女，应当提交前款规定的除身体健康检查证明以外的文件，并应当提交在华所在单位或者有关部门出具的婚姻状况证明，职业、经济收入或者财产状况证明，有无受过刑事处罚证明以及县级以上医疗机构出具的身体健康检查证明。

第五条 送养人应当向省、自治区、直辖市人民政府民政部门提交本人的居民户口簿和居民身份证（社会福利机构作送养人的，应当提交其负责人的身份证件）、被收养人的户籍证明等情况证明，并根据不同情况提交下列有关证明材料：

（一）被收养人的生父母（包括已经离婚的）为送养人的，应当提交生父母有特殊困难无力抚养的证明和生父母双方同意送养的书面意见；其中，被收养人的生父或者生母因丧偶或者一方下落不明，由单方送养的，并应当提交配偶死亡或者下落不明的证明以及死亡的或者下落不明的配偶的父母不行使优先抚养权的书面声明；

（二）被收养人的父母均不具备完全民事行为能力，由被收养人的其他监护人作送养人的，应当提交被收养人的父母不具备完全民事行为能力且对被收养人有严重危害的证明以及监护人有监护权的证明；

（三）被收养人的父母均已死亡，由被收养人的监护人作送养人的，应当提交其生父母的死亡证明、监护人实际承担监护责任的证明，以及其他有抚养义务的人同意送养的书面意见；

（四）由社会福利机构作送养人的，应当提交弃婴、儿童被遗弃和发现的情况证明以及查找其父母或者其他监护人的情况证明；被收养人是孤儿的，应当提交孤儿父母的死亡或者宣告死亡证明，以及有抚养孤儿义务的其他人同意送养的书面意见。

送养残疾儿童的，还应当提交县级以上医疗机构出具的该儿童的残疾证明。

第六条 省、自治区、直辖市人民政府民政部门应当对送养人提交的证件和证明材料进行审查，对查找不到生父母的弃婴和儿童公告查找其生父母；认为被收养人、送养人符合民法典规定条件的，将符合民法典规定的被收养人、送养人名单通知中国收养组织，同时转交下列证件和证明材料：

（一）送养人的居民户口簿和居民身份证（社会福利机构作送养人的，为其负责人的身份证件）复制件；

（二）被收养人是弃婴或者孤儿的证明、户籍证明、成长情况报告和身体健康检查证明的复制件及照片。

省、自治区、直辖市人民政府民政部门查找弃婴或者儿童生父母的公告应当在省级地方报纸上刊登。自公告刊登之日起满60日，弃婴和儿童的生父母或者其他监护人未认领的，视为查找不到生父母的弃婴和儿童。

第七条 中国收养组织对外国收养人的收养申请和有关证明进行审查后，应当在省、自治区、直辖市人民政府民政部门报送的符合民法典规定条件的被收养人中，参照外国收养人的意愿，选择适当的被收养人，并将该被收养人及其送养人的有关情况通过外国政府或者外国收养组织送交外国收养人。外国收养人同意收养的，中国收养组织向其发出来华收养子女通知书，同时通知有关的省、自治区、直辖市人民政府民政部门向送养人发出被收养人已被同意收养的通知。

第八条 外国人来华收养子女，应当亲自来华办理登记手续。夫妻共同收养的，应当共同来华办理收养手续；一方因故不能来华的，应当书面委托另一方。委托书应当经所在国公证和认证。中华人民共和国缔结或者参加的国际条约另有规定的，按照国际条约规定的证明手续办理。

收养人对外国主管机关依据本办法第四条第二款和前款提及的国际条约出具的证明文书的真实性负责，签署书面声明，并承担相应法律责任。

第九条 外国人来华收养子女，应当与送养人订立书面收养协议。协议一式三份，收养人、送养人各执一份，办理收养登记手续时收养登记机关收存一份。

书面协议订立后，收养关系当事人应当共同到被收养人常住户口所在地的省、自治区、直辖市人民政府民政部门办理收养登记。

第十条 收养关系当事人办理收养登记时，应当填写外国人来华收养子女登记申请书并提交收养协议，同时分别提供有关材料。

收养人应当提供下列材料：

（一）中国收养组织发出的来华收养子女通知书；

（二）收养人的身份证件和照片。

送养人应当提供下列材料：

（一）省、自治区、直辖市人民政府民政部门发出的被收养人已被同意收养的通知；

（二）送养人的居民户口簿和居民身份证（社会福利机构作送养人的，为其负责人的身份证件）、被收养人的照片。

第十一条 收养登记机关收到外国人来华收养子女登记申请书和收养人、被收养人及其送养人的有关材料后，应当自次日起7日内进行审查，对符合本办法第十条规定的，为当事人办理收养登记，发给收养登记证书。收养关系自登记之日起成立。

收养登记机关应当将登记结果通知中国收养组织。

第十二条 收养关系当事人办理收养登记后，各方或者一方要求办理收养公证的，应当到收养登记地的具有办理涉外公证资格的公证机构办理收养公证。

第十三条 被收养人出境前，收养人应当凭收养登记证书到收养登记地的公安机关为被收养人办理出境手续。

第十四条 外国人在华收养子女，应当向登记机关交纳登记费。

登记费的收费标准按照国家有关规定执行。

中国收养组织是非营利性公益事业单位，为外国收养人提供收养服务，可以收取服务费。服务费的收费标准按照国家有关规定执行。

为抚养在社会福利机构生活的弃婴和儿童，国家鼓励外国收养人、外国收养组织向社会福利机构捐赠。受赠的社会福利机构必须将捐赠财物全部用于改善所抚养的弃婴和儿童的养育条件，不得挪作它用，并应当将捐赠财物的使用情况告知捐赠人。受赠的社会福利机构还应当接受有关部门的监督，并应当将捐赠的使用情况向社会公布。

第十五条　中国收养组织的活动受国务院民政部门监督。

第十六条　本办法自发布之日起施行。1993年11月3日国务院批准，1993年11月10日司法部、民政部发布的《外国人在中华人民共和国收养子女实施办法》同时废止。

收养登记档案管理暂行办法

（2003年12月18日民政部公布　根据2020年10月20日《民政部关于修改部分规范性文件的公告》修订）

第一条　为了加强收养登记档案的规范化管理，更好地为收养工作服务，根据《中华人民共和国民法典》、《中华人民共和国档案法》、《中国公民收养子女登记办法》、《外国人在中华人民共和国收养子女登记办法》、《华侨以及居住在香港、澳门、台湾地区的中国公民办理收养登记的管辖以及所需要出具的证件和证明材料的规定》等法律、法规，制定本办法。

第二条　收养登记档案是指收养登记机关在依法办理收养登记过程中形成的记载收养当事人收养情况、具有保存价值的各种文字、图表、声像等不同形式的历史记录。

收养登记档案是各级民政部门全部档案的重要组成部分。

第三条 收养登记档案由各级民政部门实行集中统一管理，任何个人不得据为己有。

第四条 收养登记档案工作在业务上接受上级民政部门和同级档案行政管理部门的指导、监督和检查。

第五条 收养登记文件材料的归档范围是：

（一）成立收养关系登记材料：

1. 收养登记申请书；

2. 询问笔录；

3. 收养登记审批表；

4.《中国公民收养子女登记办法》第五、六条，《华侨以及居住在香港、澳门、台湾地区的中国公民办理收养登记的管辖以及所需要出具的证件和证明材料的规定》第三、四、五、六、七条，《外国人在中华人民共和国收养子女登记办法》第十条规定的各项证明材料；

5. 收养登记证复印件；

6. 收养协议；

7. 其他有关材料。

（二）解除收养关系登记材料：

1.《中国公民收养子女登记办法》第九条规定的各项证明材料；

2. 解除收养关系证明复印件；

3. 其他有关材料。

（三）撤销收养登记材料：

1. 收缴的收养登记证或者因故无法收缴收养登记证而出具的相关证明材料；

2. 其他有关材料。

第六条 收养登记文件材料的归档应当符合以下要求：

（一）凡应当归档的文件材料必须齐全完整。

（二）归档的文件材料中有照片或复印件的，应当图像清晰。

（三）在收养登记工作中形成的电子文件，应当按照《电子文件归档和管理规范》（GB/T18894-2002）进行整理归档，同时应当打印出纸质文件一并归档。

（四）收养登记文件材料应当在登记手续办理完毕后60日内归档。

（五）归档的文件材料除居民身份证、户籍证明、回乡证、旅行证件、护照等身份证明和收养登记证为原件的复印件外，其余均为原件。

第七条 收养登记文件材料的整理应当符合以下规则：

（一）成立收养关系登记类文件材料、解除收养关系登记类文件材料和撤销收养登记类文件材料均以卷为单位整理编号，一案一卷。

（二）每卷收养登记文件材料按照以下顺序排列：

1. 文件目录；
2. 收养登记申请书；
3. 询问笔录；
4. 收养登记审批表；
5. 撤销收养登记材料；
6. 收养人证明材料；
7. 被收养人证明材料；
8. 送养人证明材料；
9. 其他有关材料；
10. 备考表。

第八条 收养登记档案的分类和类目设置为：收养登记档案一般按照年度—国籍（居住地）—收养登记性质来分类。其中，国籍（居住地）分为内地（大陆）公民，华侨，居住在香港、澳门、台湾地区的中国公民，外国人等类别；收养登记性质分为成立收养关系登记类、解除收养关系登记类和撤销收养登记类。

第九条 收养登记档案的保管期限为永久。

第十条 收养登记档案主要供收养登记管理机关使用；其他单位、组织或个人因特殊原因需要查借阅时，须经主管领导批准，并办理查借阅手续。

第十一条 对查借阅的档案严禁损毁、涂改、抽换、圈划、批注、污染等，如发生上述情况时，依据有关法律、法规进行处罚。

第十二条 档案管理人员要严格遵守《中华人民共和国档案法》和《中华人民共和国保守国家秘密法》的有关规定，严密保管档案，同时维护当事人的隐私权，不得泄露档案内容，未经批准不得擅自扩大查借阅范围。

第十三条 在办理外国人来华收养子女登记手续之前，形成的外国收养人档案，以及国内送养人和被送养人档案的管理由民政部另行规定。

第十四条 各省（自治区、直辖市）民政部门可根据当地实际情况制定本办法的具体实施细则。

第十五条 本办法自发布之日起施行。

收养登记工作规范

（2008年8月25日民政部公布　根据2020年10月20日《民政部关于修改部分规范性文件的公告》修订）

为了规范收养登记工作，根据《中华人民共和国民法典》、《外国人在中华人民共和国收养子女登记办法》、《中国公民收养子女登记办法》和《华侨以及居住在香港、澳门、台湾地区的中国公民办理收养登记的管辖以及所需要出具的证件和证明材料的规定》，制定本规范。

第一章　收养登记机关和登记员

第一条 收养登记机关是依法履行收养登记行政职能的各级人民政府民政部门。

收养登记机关应当依照法律、法规及本规范，认真履行职责，做好收养登记工作。

第二条 收养登记机关的职责：

（一）办理收养登记；

（二）办理解除收养登记；

（三）撤销收养登记；

（四）补发收养登记证和解除收养关系证明；

（五）出具收养关系证明；

（六）办理寻找弃婴（弃儿）生父母公告；

（七）建立和保管收养登记档案；

（八）宣传收养法律法规。

第三条 收养登记的管辖按照《外国人在中华人民共和国收养子女登记办法》、《中国公民收养子女登记办法》和《华侨以及居住在香港、澳门、台湾地区的中国公民办理收养登记的管辖以及所需要出具的证件和证明材料的规定》的有关规定确定。

第四条 收养登记机关办理收养登记应当使用民政厅或者民政局公章。

收养登记机关应当按照有关规定刻制收养登记专用章。

第五条 收养登记机关应当设置有专门的办公场所，并在醒目位置悬挂收养登记处（科）标识牌。

收养登记场所应当庄严、整洁，设有收养登记公告栏。

第六条 收养登记实行政务公开，应当在收养登记场所公开展示下列内容：

（一）本收养登记机关的管辖权及依据；

（二）收养法的基本原则以及父母和子女的权利、义务；

（三）办理收养登记、解除收养登记的条件与程序；

（四）补领收养登记证的条件与程序；

（五）无效收养及可撤销收养的规定；

（六）收费项目与收费标准、依据；

（七）收养登记员职责及其照片、编号；

（八）办公时间和服务电话（电话号码在当地114查询台登记）；

（九）监督电话。

收养登记场所应当备有《中华人民共和国民法典》、《外国人在中华人民共和国收养子女登记办法》、《中国公民收养子女登记办法》和《华侨以及居住在香港、澳门、台湾地区的中国公民办理收养登记的管辖以及所需要出具的证件和证明材料的规定》，及其他有关文件供收养当事人免费查阅。

收养登记机关对外办公时间应当为国家法定办公时间。

第七条 收养登记机关应当实行计算机管理。各级民政部门应当为本行政区域内收养登记管理信息化建设创造条件。

第八条 收养登记机关应当配备收养登记员。收养登记员由本级民政部门考核、任免。

第九条 收养登记员的主要职责：

（一）解答咨询；

（二）审查当事人是否具备收养登记、解除收养登记、补发收养登记证、撤销收养登记的条件；

（三）颁发收养登记证；

（四）出具收养登记证明；

（五）及时将办理完毕的收养登记材料收集、整理、归档。

第十条 收养登记员应当熟练掌握相关法律法规和计算机操作，依法行政，热情服务，讲求效率。

收养登记员应当尊重当事人的意愿，保守收养秘密。

第十一条 收养登记员办理收养登记及相关业务应当按照申请—受理—审查—报批—登记—颁证的程序办理。

第十二条 收养登记员在完成表格和证书、证明填写后，应当进行认真核对、检查，并复印存档。对打印或者书写错误、证件被污染或者损坏的，应当作废处理，重新填写。

第二章　收养登记

第十三条 受理收养登记申请的条件是：

（一）收养登记机关具有管辖权；

（二）收养登记当事人提出申请；

（三）当事人持有的证件、证明材料符合规定。

收养人和被收养人应当提交2张2寸近期半身免冠合影照片。送养人应当提交2张2寸近期半身免冠合影或者单人照片，社会福利机构送养的除外。

第十四条 收养登记员受理收养登记申请，应当按照下列程序进行：

（一）区分收养登记类型，查验当事人提交的证件和证明材料、照片是否符合此类型的要求；

（二）询问或者调查当事人的收养意愿、目的和条件，告知收养登记的条件和弄虚作假的后果；

（三）见证当事人在《收养登记申请书》（附件1）上签名；

（四）将当事人的信息输入计算机应当用程序，并进行核查；

（五）复印当事人的身份证件、户口簿。单身收养的应当复印无婚姻登记记录证明、离婚证或者配偶死亡证明；夫妻双方共同收养的应当复印结婚证。

第十五条 《收养登记申请书》的填写：

（一）当事人"姓名"：当事人是中国公民的，使用中文填写；当事人是外国人的，按照当事人护照上的姓名填写；

（二）"出生日期"：使用阿拉伯数字，按照身份证件上的出生日期填写为"××××年××月××日"；

（三）"身份证件号"：当事人是内地居民的，填写公民身份号码；当事人是香港、澳门、台湾居民中的中国公民的，填写香港、澳门、台湾居民身份证号，并在号码后加注"（香港）"、"（澳门）"或者"（台湾）"；当事人是华侨的，填写护照号；当事人是外国人的，填写护照号。

证件号码前面有字符的，应当一并填写；

（四）"国籍"：当事人是内地居民、华侨以及居住在香港、澳门、台湾地区的中国公民的，填写"中国"；当事人是外国人的，按照护照上的国籍填写；

（五）"民族"、"职业"和"文化程度"，按照《中华人民共和

国国家标准》填写;

（六）"健康状况"填写"健康"、"良好"、"残疾"或者其他疾病;

（七）"婚姻状况"填写"未婚"、"已婚"、"离婚"、"丧偶";

（八）"家庭收入"填写家庭年收入总和;

（九）"住址"填写户口簿上的家庭住址;

（十）送养人是社会福利机构的,填写"送养人情况（1）",经办人应当是社会福利机构工作人员。送养人是非社会福利机构的,填写"送养人情况（2）","送养人和被收养人关系"是亲属关系的,应当写明具体亲属关系;不是亲属关系的,应当写明"非亲属"。

收养非社会福利机构抚养的查找不到生父母的儿童的,送养人有关内容不填;

（十一）"被收养后改名为"填写被收养人被收养后更改的姓名。未更改姓名的,此栏不填;

（十二）被收养人"身份类别"分别填写"孤儿"、"社会福利机构抚养的查找不到生父母的儿童"、"非社会福利机构抚养的查找不到生父母的儿童"、"生父母有特殊困难无力抚养的子女"、"继子女"。收养三代以内同辈旁系血亲的子女,应当写明具体亲属关系;

（十三）继父母收养继子女的,要同时填写收养人和送养人有关内容。单身收养后,收养人结婚,其配偶要求收养继子女的;送养人死亡或者被人民法院宣告死亡的,送养人有关内容不填;

（十四）《收养登记申请书》中收养人、被收养人和送养人（送养人是社会福利机构的经办人）的签名必须由当事人在收养登记员当面完成;

当事人没有书写能力的,由当事人口述,收养登记员代为填写。收养登记员代当事人填写完毕后,应当宣读,当事人认为填写内容无误,在当事人签名处按指纹。当事人签名一栏不得空白,也不得由他人代为填写、代按指纹。

第十六条 收养登记员要分别询问或者调查收养人、送养人、周岁以上的被收养人和其他应当询问或者调查的人。

询问或者调查的重点是被询问人或者被调查人的姓名、年龄、健康状况、经济和教育能力、收养人、送养人和被收养人之间的关系、收养的意愿和目的。特别是对年满10周岁以上的被收养人应当询问是否同意被收养和有关协议内容。

询问或者调查结束后,要将笔录给被询问人或者被调查人阅读。被询问人或者被调查人要写明"已阅读询问(或者调查)笔录,与本人所表示的意思一致(或者调查情况属实)",并签名。被询问人或者被调查人没有书写能力的,可由收养登记员向被询问或者被调查人宣读所记录的内容,并注明"由收养登记员记录,并向当事人宣读,被询问人(被调查人)在确认所记录内容正确无误后按指纹。"然后请被询问人或者被调查人在注明处按指纹。

第十七条 收养查找不到生父母的弃婴、弃儿的,收养登记机关应当根据《中国公民收养子女登记办法》第七条的规定,在登记前公告查找其生父母(附件2)。

公告应当刊登在收养登记机关所在地设区的市(地区)级以上地方报纸上。公告要有查找不到生父母的弃婴、弃儿的照片。办理公告时收养登记员要保存捡拾证明和捡拾地派出所出具的报案证明。派出所出具的报案证明应当有出具该证明的警员签名和警号。

第十八条 办理内地居民收养登记和华侨收养登记,以及香港、澳门、台湾居民中的中国公民的收养登记,收养登记员收到当事人提交的申请书及有关材料后,应当自次日起30日内进行审查。对符合收养条件的,为当事人办理收养登记,填写《收养登记审查处理表》(附件3),报民政局主要领导或者分管领导批准,并填发收养登记证。

办理涉外收养登记,收养登记员收到当事人提交的申请书及有关材料后,应当自次日起7日内进行审查。对符合收养条件的,为当事人办理收养登记,填写《收养登记审查处理表》,报民政厅(局)主要领导或者分管领导批准,并填发收养登记证。

第十九条 《收养登记审查处理表》和收养登记证由计算机打

印，未使用计算机进行收养登记的，应当使用蓝黑、黑色墨水的钢笔或者签字笔填写。

第二十条 《收养登记审查处理表》的填写：

（一）"提供证件情况"：应当对当事人提供的证件、证明材料核实后填写"齐全"；

（二）"审查意见"：填写"符合收养条件，准予登记"；

（三）"主要领导或者分管领导签名"：由批准该收养登记的民政厅（局）主要领导或者分管领导亲笔签名，不得使用个人印章或者计算机打印；

（四）"收养登记员签名"：由办理该收养登记的收养登记员亲笔签名，不得使用个人印章或者计算机打印；

（五）"收养登记日期"：使用阿拉伯数字，填写为："××××年××月××日"。填写的日期应当与收养登记证上的登记日期一致；

（六）"承办机关名称"：填写承办单位名称；

（七）"收养登记证字号"填写式样为"（XXXX）AB收字YYYYY"（AB为收养登记机关所在省级和县级或者市级和区级的行政区域简称，XXXX为年号，YYYYY为当年办理收养登记的序号）；

（八）"收养登记证印制号"填写颁发给当事人的收养登记证上印制的号码。

第二十一条 收养登记证的填写按照《民政部办公厅关于启用新式〈收养登记证〉的通知》（民办函〔2006〕203号）的要求填写。

收养登记证上收养登记字号、姓名、性别、国籍、出生日期、身份证件号、住址、被收养人身份、更改的姓名，以及登记日期应当与《收养登记申请书》和《收养登记审查处理表》中相应项目一致。

无送养人的，"送养人姓名（名称）"一栏不填。

第二十二条 颁发收养登记证，应当在当事人在场时按照下列步骤进行：

（一）核实当事人姓名和收养意愿；

（二）告知当事人领取收养登记证后的法律关系以及父母和子女的权利、义务；

（三）见证当事人本人亲自在附件3上的"当事人领证签名或者按指纹"一栏中签名；当事人没有书写能力的，应当按指纹。"当事人领证签名或者按指纹"一栏不得空白，不得由他人代为填写、代按指纹；

（四）将收养登记证颁发给收养人，并向当事人宣布：取得收养登记证，确立收养关系。

第二十三条 收养登记机关对不符合收养登记条件的，不予受理，但应当向当事人出具《不予办理收养登记通知书》（附件4），并将当事人提交的证件和证明材料全部退还当事人。对于虚假证明材料，收养登记机关予以没收。

第三章 解除收养登记

第二十四条 受理解除收养关系登记申请的条件是：

（一）收养登记机关具有管辖权；

（二）收养人、送养人和被收养人共同到被收养人常住户口所在地的收养登记机关提出申请；

（三）收养人、送养人自愿解除收养关系并达成协议。被收养人年满8周岁的，已经征得其同意；

（四）持有收养登记机关颁发的收养登记证。经公证机构公证确立收养关系的，应当持有公证书；

（五）收养人、送养人和被收养人各提交2张2寸单人近期半身免冠照片，社会福利机构送养的除外；

（六）收养人、送养人和被收养人持有身份证件、户口簿。

送养人是社会福利机构的，要提交社会福利机构法定代表人居民身份证复印件。

养父母与成年养子女协议解除收养关系的，无需送养人参与。

第二十五条 收养登记员受理解除收养关系登记申请，应当按照下列程序进行：

（一）查验当事人提交的照片、证件和证明材料。

当事人提供的收养登记证上的姓名、出生日期、公民身份号码与身份证、户口簿不一致的，当事人应当书面说明不一致的原因；

（二）向当事人讲明收养法关于解除收养关系的条件；

（三）询问当事人的解除收养关系意愿以及对解除收养关系协议内容的意愿；

（四）收养人、送养人和被收养人参照本规范第十五条的相关内容填写《解除收养登记申请书》（附件5）；

（五）将当事人的信息输入计算机应当用程序，并进行核查；

（六）复印当事人的身份证件、户口簿。

第二十六条 收养登记员要分别询问收养人、送养人、8周岁以上的被收养人和其他应当询问的人。

询问的重点是被询问人的姓名、年龄、健康状况、民事行为能力、收养人、送养人和被收养人之间的关系、解除收养登记的意愿。对8周岁以上的被收养人应当询问是否同意解除收养登记和有关协议内容。

对未成年的被收养人，要询问送养人同意解除收养登记后接纳被收养人和有关协议内容。

询问结束后，要将笔录给被询问人阅读。被询问人要写明"已阅读询问笔录，与本人所表示的意思一致"，并签名。被询问人没有书写能力的，可由收养登记员向被询问人宣读所记录的内容，并注明"由收养登记员记录，并向当事人宣读，被询问人在确认所记录内容正确无误后按指纹。"然后请被询问人在注明处按指纹。

第二十七条 收养登记员收到当事人提交的证件、申请解除收养关系登记申请书、解除收养关系协议书后，应当自次日起30日内进行审查。对符合解除收养条件的，为当事人办理解除收养关系登记，填写《解除收养登记审查处理表》（附件6），报民政厅（局）主要领导或者分管领导批准，并填发《解除收养关系证明》。

"解除收养关系证明字号"填写式样为"（XXXX）AB解字

YYYYY"（AB 为收养登记机关所在省级和县级或者市级和区级的行政区域简称，XXXX 为年号，YYYYY 为当年办理解除收养登记的序号）。

第二十八条 颁发解除收养关系证明，应当在当事人均在场时按照下列步骤进行：

（一）核实当事人姓名和解除收养关系意愿；

（二）告知当事人领取解除收养关系证明后的法律关系；

（三）见证当事人本人亲自在《解除收养登记审查处理表》"领证人签名或者按指纹"一栏中签名；当事人没有书写能力的，应当按指纹。

"领证人签名或者按指纹"一栏不得空白，不得由他人代为填写、代按指纹；

（四）收回收养登记证，收养登记证遗失应当提交查档证明；

（五）将解除收养关系证明一式两份分别颁发给解除收养关系的收养人和被收养人，并宣布：取得解除收养关系证明，收养关系解除。

第二十九条 收养登记机关对不符合解除收养关系登记条件的，不予受理，但应当向当事人出具《不予办理解除收养登记通知书》（附件 7），将当事人提交的证件和证明材料全部退还当事人。对于虚假证明材料，收养登记机关予以没收。

第四章　撤销收养登记

第三十条 收养关系当事人弄虚作假骗取收养登记的，按照《中国公民收养子女登记办法》第十二条的规定，由利害关系人、有关单位或者组织向原收养登记机关提出，由收养登记机关撤销登记，收缴收养登记证。

第三十一条 收养登记员受理撤销收养登记申请，应当按照下列程序进行：

（一）查验申请人提交的证件和证明材料；

（二）申请人在收养登记员面前亲自填写《撤销收养登记申请

书》(附件8),并签名。

申请人没有书写能力的,可由当事人口述,第三人代为填写,当事人在"申请人"一栏按指纹。

第三人应当在申请书上注明代写人的姓名、公民身份号码、住址、与申请人的关系。

收养登记机关工作人员不得作为第三人代申请人填写;

(三)申请人宣读本人的申请书,收养登记员作见证人并在见证人一栏签名;

(四)调查涉案当事人的收养登记情况。

第三十二条 符合撤销条件的,收养登记机关拟写《关于撤销×××与×××收养登记决定书》(附件9),报民政厅(局)主要领导或者分管领导批准,并印发撤销决定。

第三十三条 收养登记机关应当将《关于撤销×××与×××收养登记决定书》送达每位当事人,收缴收养登记证,并在收养登记机关的公告栏公告30日。

第三十四条 收养登记机关对不符合撤销收养条件的,应当告知当事人不予撤销的原因,并告知当事人可以向人民法院起诉。

第五章 补领收养登记证、解除收养关系证明

第三十五条 当事人遗失、损毁收养证件,可以向原收养登记机关申请补领。

第三十六条 受理补领收养登记证、解除收养关系证明申请的条件是:

(一)收养登记机关具有管辖权;

(二)依法登记收养或者解除收养关系,目前仍然维持该状况;

(三)收养人或者被收养人亲自到收养登记机关提出申请。

收养人或者被收养人因故不能到原收养登记机关申请补领收养登记证的,可以委托他人办理。委托办理应当提交经公证机关公证的当事人的身份证件复印件和委托书。委托书应当写明当事人

办理收养登记的时间及承办机关、目前的收养状况、委托事由、受委托人的姓名和身份证件号码。受委托人应当同时提交本人的身份证件。

夫妻双方共同收养子女的，应当共同到收养登记机关提出申请，一方不能亲自到场的，应当书面委托另一方，委托书应当经过村（居）民委员会证明或者经过公证。外国人的委托书应当经所在国公证和认证。夫妻双方一方死亡的，另一方应当出具配偶死亡的证明；离婚的出具离婚证件，可以一方提出申请。

被收养人未成年的，可由监护人提出申请。监护人要提交监护证明；

（四）申请人持有身份证件、户口簿；

（五）申请人持有查档证明。

收养登记档案遗失的，申请人应当提交能够证明其收养状况的证明。户口本上父母子女关系的记载，单位、村（居）民委员会或者近亲属出具的写明当事人收养状况的证明可以作为当事人收养状况证明使用；

（六）收养人和被收养人的2张2寸合影或者单人近期半身免冠照片。

监护人提出申请的，要提交监护人1张2寸合影或者单人近期半身免冠照片。监护人为单位的，要提交单位法定代表人身份证件复印件和经办人1张2寸单人近期半身免冠照片。

第三十七条　收养登记员受理补领收养登记证、解除收养关系证明，应当按照下列程序进行：

（一）查验申请人提交的照片、证件和证明材料。

申请人出具的身份证、户口簿上的姓名、年龄、公民身份号码与原登记档案不一致的，申请人应当书面说明不一致的原因，收养登记机关可根据申请人出具的身份证件补发收养登记证；

（二）向申请人讲明补领收养登记证、解除收养关系证明的条件；

（三）询问申请人当时办理登记的情况和现在的收养状况。

对于没有档案可查的，收养登记员要对申请人进行询问。询问结束后，要将笔录给被询问人阅读。被询问人要写明"已阅读询问笔录，与本人所表示的意思一致"，并签名。被询问人没有书写能力的，可由收养登记员向被询问人宣读所记录的内容，并注明"由收养登记员记录，并向被询问人宣读，被询问人在确认所记录内容正确无误后按指纹。"然后请被询问人在注明处按指纹；

（四）申请人参照本规范第十五条相关规定填写《补领收养登记证申请书》（附件10）；

（五）将申请人的信息输入计算机应当用程序，并进行核查；

（六）向出具查档证明的机关进行核查；

（七）复印当事人的身份证件、户口簿。

第三十八条 收养登记员收到申请人提交的证件、证明后，应当自次日起30日内进行审查，符合补发条件的，填写《补发收养登记证审查处理表》（附件11），报民政厅（局）主要领导或者分管领导批准，并填发收养登记证、解除收养关系证明。

《补发收养登记证审查处理表》和收养登记证按照《民政部办公厅关于启用新式〈收养登记证〉的通知》（民办函〔2006〕203号）和本规范相关规定填写。

第三十九条 补发收养登记证、解除收养关系证明，应当在申请人或者委托人在场时按照下列步骤进行：

（一）向申请人或者委托人核实姓名和原登记日期；

（二）见证申请人或者委托人在《补发收养登记证审查处理表》"领证人签名或者按指纹"一栏中签名；申请人或者委托人没有书写能力的，应当按指纹。

"领证人签名或者按指纹"一栏不得空白，不得由他人代为填写、代按指纹；

（三）将补发的收养登记证、解除收养登记证发给申请人或者委托人，并告知妥善保管。

第四十条 收养登记机关对不具备补发收养登记证、解除收养关系证明受理条件的，不予受理，并告知原因和依据。

第四十一条 当事人办理过收养或者解除收养关系登记，申请补领时的收养状况因解除收养关系或者收养关系当事人死亡发生改变的，不予补发收养登记证，可由收养登记机关出具收养登记证明。

收养登记证明不作为收养人和被收养人现在收养状况的证明。

第四十二条 出具收养登记证明的申请人范围和程序与补领收养登记证相同。申请人向原办理该收养登记的机关提出申请，并填写《出具收养登记证明申请书》（附件12）。收养登记员收到当事人提交的证件、证明后，应当自次日起30日内进行审查，符合出证条件的，填写《出具收养登记证明审查处理表》（附件13），报民政厅（局）主要领导或者分管领导批准，并填写《收养登记证明书》（附件14），发给申请人。

第四十三条 "收养登记证明字号"填写式样为"（XXXX）AB证字YYYYY"（AB为收养登记机关所在省级和县级或者市级和区级的行政区域简称，XXXX为年号，YYYYY为当年出具收养登记证明的序号）。

第六章 收养档案和证件管理

第四十四条 收养登记机关应当按照《收养登记档案管理暂行办法》（民发〔2003〕181号）的规定，制定立卷、归档、保管、移交和使用制度，建立和管理收养登记档案，不得出现原始材料丢失、损毁情况。

第四十五条 收养登记机关不得购买非上级民政部门提供的收养证件。各级民政部门发现本行政区域内有购买、使用非上级民政部门提供的收养证件的，应当予以没收，并追究相关责任人的法律责任和行政责任。

收养登记机关已将非法购制的收养证件颁发给收养当事人的，应当追回，并免费为当事人换发符合规定的收养登记证、解除收养关系证明。

报废的收养证件由收养登记机关登记造册，统一销毁。

收养登记机关发现收养证件有质量问题时,应当及时书面报告省(自治区、直辖市)人民政府民政部门。

第七章 监督与管理

第四十六条 各级民政部门应当建立监督检查制度,定期对本级民政部门设立的收养登记处(科)和下级收养登记机关进行监督检查,发现问题,及时纠正。

第四十七条 收养登记机关应当按规定到指定的物价部门办理收费许可证,按照国家规定的标准收取收养登记费,并使用财政部门统一制定的收费票据。

第四十八条 收养登记机关及其收养登记员有下列行为之一的,对直接负责的主管人员和其他直接责任人员依法给予行政处分:

(一)为不符合收养登记条件的当事人办理收养登记的;

(二)依法应当予以登记而不予登记的;

(三)违反程序规定办理收养登记、解除收养关系登记、撤销收养登记及其他证明的;

(四)要求当事人提交《中华人民共和国收养法》、《中国公民收养子女登记办法》、《华侨以及居住在香港、澳门、台湾地区的中国公民办理收养登记的管辖以及所需要出具的证件和证明材料的规定》、《外国人在中华人民共和国收养子女登记办法》和本规范规定以外的证件和证明材料的;

(五)擅自提高收费标准、增加收费项目或者不使用规定收费票据的;

(六)玩忽职守造成收养登记档案损毁的;

(七)泄露当事人收养秘密并造成严重后果的;

(八)购买使用伪造收养证书的。

第四十九条 收养登记员违反规定办理收养登记,给当事人造成严重后果的,应当由收养登记机关承担对当事人的赔偿责任,并对承办人员进行追偿。

第八章 附 则

第五十条 收养查找不到生父母的弃婴、儿童的公告费,由收养人缴纳。

第五十一条 收养登记当事人提交的居民身份证与常住户口簿上的姓名、性别、出生日期应当一致;不一致的,当事人应当先到公安部门更正。

居民身份证或者常住户口簿丢失,当事人应当先到公安户籍管理部门补办证件。当事人无法提交居民身份证的,可提交有效临时身份证办理收养登记。当事人无法提交居民户口簿的,可提交公安部门或者有关户籍管理机构出具的加盖印章的户籍证明办理收养登记。

第五十二条 收养登记当事人提交的所在单位或者村民委员会、居民委员会、县级以上医疗机构、人口计生部门出具的证明,以及本人的申请,有效期6个月。

第五十三条 人民法院依法判决或者调解结案的收养案件,确认收养关系效力或者解除收养关系的,不再办理收养登记或者解除收养登记。

第五十四条 《中华人民共和国收养法》公布施行以前所形成的收养关系,收养关系当事人申请办理收养登记的,不予受理。

附件(略)

家庭寄养管理办法

(2014年9月24日民政部令第54号公布 自2014年12月1日起施行)

第一章 总 则

第一条 为了规范家庭寄养工作,促进寄养儿童身心健康成长,根据《中华人民共和国未成年人保护法》和国家有关规定，制定本办法。

第二条 本办法所称家庭寄养，是指经过规定的程序，将民政部门监护的儿童委托在符合条件的家庭中养育的照料模式。

第三条 家庭寄养应当有利于寄养儿童的抚育、成长，保障寄养儿童的合法权益不受侵犯。

第四条 国务院民政部门负责全国家庭寄养监督管理工作。

县级以上地方人民政府民政部门负责本行政区域内家庭寄养监督管理工作。

第五条 县级以上地方人民政府民政部门设立的儿童福利机构负责家庭寄养工作的组织实施。

第六条 县级以上人民政府民政部门应当会同有关部门采取措施，鼓励、支持符合条件的家庭参与家庭寄养工作。

第二章 寄养条件

第七条 未满十八周岁、监护权在县级以上地方人民政府民政部门的孤儿、查找不到生父母的弃婴和儿童，可以被寄养。

需要长期依靠医疗康复、特殊教育等专业技术照料的重度残疾儿童，不宜安排家庭寄养。

第八条 寄养家庭应当同时具备下列条件：

（一）有儿童福利机构所在地的常住户口和固定住所。寄养儿童入住后，人均居住面积不低于当地人均居住水平；

（二）有稳定的经济收入，家庭成员人均收入在当地处于中等水平以上；

（三）家庭成员未患有传染病或者精神疾病，以及其他不利于寄养儿童抚育、成长的疾病；

（四）家庭成员无犯罪记录，无不良生活嗜好，关系和睦，与邻里关系融洽；

（五）主要照料人的年龄在三十周岁以上六十五周岁以下，身体健康，具有照料儿童的能力、经验，初中以上文化程度。

具有社会工作、医疗康复、心理健康、文化教育等专业知识的家庭和自愿无偿奉献爱心的家庭，同等条件下优先考虑。

第九条 每个寄养家庭寄养儿童的人数不得超过二人，且该家庭无未满六周岁的儿童。

第十条 寄养残疾儿童，应当优先在具备医疗、特殊教育、康复训练条件的社区中为其选择寄养家庭。

第十一条 寄养年满十周岁以上儿童的，应当征得寄养儿童的同意。

第三章 寄养关系的确立

第十二条 确立家庭寄养关系，应当经过以下程序：

（一）申请。拟开展寄养的家庭应当向儿童福利机构提出书面申请，并提供户口簿、身份证复印件，家庭经济收入和住房情况、家庭成员健康状况以及一致同意申请等证明材料；

（二）评估。儿童福利机构应当组织专业人员或者委托社会工作服务机构等第三方专业机构对提出申请的家庭进行实地调查，核实申请家庭是否具备寄养条件和抚育能力，了解其邻里关系、社会交往、有无犯罪记录、社区环境等情况，并根据调查结果提出评估意见；

（三）审核。儿童福利机构应当根据评估意见对申请家庭进行审核，确定后报主管民政部门备案；

（四）培训。儿童福利机构应当对寄养家庭主要照料人进行培训；

（五）签约。儿童福利机构应当与寄养家庭主要照料人签订寄养协议，明确寄养期限、寄养双方的权利义务、寄养家庭的主要照料人、寄养融合期限、违约责任及处理等事项。家庭寄养协议自双方签字（盖章）之日起生效。

第十三条 寄养家庭应当履行下列义务：

（一）保障寄养儿童人身安全，尊重寄养儿童人格尊严；

（二）为寄养儿童提供生活照料，满足日常营养需要，帮助其提高生活自理能力；

（三）培养寄养儿童健康的心理素质，树立良好的思想道德观念；

（四）按照国家规定安排寄养儿童接受学龄前教育和义务教育。负责与学校沟通，配合学校做好寄养儿童的学校教育；

（五）对患病的寄养儿童及时安排医治。寄养儿童发生急症、重症等情况时，应当及时进行医治，并向儿童福利机构报告；

（六）配合儿童福利机构为寄养的残疾儿童提供辅助矫治、肢体功能康复训练、聋儿语言康复训练等方面的服务；

（七）配合儿童福利机构做好寄养儿童的送养工作；

（八）定期向儿童福利机构反映寄养儿童的成长状况，并接受其探访、培训、监督和指导；

（九）及时向儿童福利机构报告家庭住所变更情况；

（十）保障寄养儿童应予保障的其他权益。

第十四条　儿童福利机构主要承担以下职责：

（一）制定家庭寄养工作计划并组织实施；

（二）负责寄养家庭的招募、调查、审核和签约；

（三）培训寄养家庭中的主要照料人，组织寄养工作经验交流活动；

（四）定期探访寄养儿童，及时处理存在的问题；

（五）监督、评估寄养家庭的养育工作；

（六）建立家庭寄养服务档案并妥善保管；

（七）根据协议规定发放寄养儿童所需款物；

（八）向主管民政部门及时反映家庭寄养工作情况并提出建议。

第十五条　寄养协议约定的主要照料人不得随意变更。确需变更的，应当经儿童福利机构同意，经培训后在家庭寄养协议主要照料人一栏中变更。

第十六条　寄养融合期的时间不得少于六十日。

第十七条　寄养家庭有协议约定的事由在短期内不能照料寄养儿童的，儿童福利机构应当为寄养儿童提供短期养育服务。短期养育服务时间一般不超过三十日。

第十八条 寄养儿童在寄养期间不办理户口迁移手续，不改变与民政部门的监护关系。

第四章 寄养关系的解除

第十九条 寄养家庭提出解除寄养关系的，应当提前一个月向儿童福利机构书面提出解除寄养关系的申请，儿童福利机构应当予以解除。但在融合期内提出解除寄养关系的除外。

第二十条 寄养家庭有下列情形之一的，儿童福利机构应当解除寄养关系：

（一）寄养家庭及其成员有歧视、虐待寄养儿童行为的；

（二）寄养家庭成员的健康、品行不符合本办法第八条第（三）和（四）项规定的；

（三）寄养家庭发生重大变故，导致无法履行寄养义务的；

（四）寄养家庭变更住所后不符合本办法第八条规定的；

（五）寄养家庭借机对外募款敛财的；

（六）寄养家庭不履行协议约定的其他情形。

第二十一条 寄养儿童有下列情形之一的，儿童福利机构应当解除寄养关系：

（一）寄养儿童与寄养家庭关系恶化，确实无法共同生活的；

（二）寄养儿童依法被收养、被亲生父母或者其他监护人认领的；

（三）寄养儿童因就医、就学等特殊原因需要解除寄养关系的。

第二十二条 解除家庭寄养关系，儿童福利机构应当以书面形式通知寄养家庭，并报其主管民政部门备案。家庭寄养关系的解除以儿童福利机构批准时间为准。

第二十三条 儿童福利机构拟送养寄养儿童时，应当在报送被送养人材料的同时通知寄养家庭。

第二十四条 家庭寄养关系解除后，儿童福利机构应当妥善安置寄养儿童，并安排社会工作、医疗康复、心理健康教育等专业技术人员对其进行辅导、照料。

第二十五条　符合收养条件、有收养意愿的寄养家庭，可以依法优先收养被寄养儿童。

第五章　监督管理

第二十六条　县级以上地方人民政府民政部门对家庭寄养工作负有以下监督管理职责：

（一）制定本地区家庭寄养工作政策；
（二）指导、检查本地区家庭寄养工作；
（三）负责寄养协议的备案，监督寄养协议的履行；
（四）协调解决儿童福利机构与寄养家庭之间的争议；
（五）与有关部门协商，及时处理家庭寄养工作中存在的问题。

第二十七条　开展跨县级或者设区的市级行政区域的家庭寄养，应当经过共同上一级人民政府民政部门同意。

不得跨省、自治区、直辖市开展家庭寄养。

第二十八条　儿童福利机构应当聘用具有社会工作、医疗康复、心理健康教育等专业知识的专职工作人员。

第二十九条　家庭寄养经费，包括寄养儿童的养育费用补贴、寄养家庭的劳务补贴和寄养工作经费等。

寄养儿童养育费用补贴按照国家有关规定列支。寄养家庭劳务补贴、寄养工作经费等由当地人民政府予以保障。

第三十条　家庭寄养经费必须专款专用，儿童福利机构不得截留或者挪用。

第三十一条　儿童福利机构可以依法通过与社会组织合作、通过接受社会捐赠获得资助。

与境外社会组织或者个人开展同家庭寄养有关的合作项目，应当按照有关规定办理手续。

第六章　法律责任

第三十二条　寄养家庭不履行本办法规定的义务，或者未经同意变更主要照料人的，儿童福利机构可以督促其改正，情节严重的，可以解除寄养协议。

寄养家庭成员侵害寄养儿童的合法权益，造成人身财产损害的，依法承担民事责任；构成犯罪的，依法追究刑事责任。

第三十三条 儿童福利机构有下列情形之一的，由设立该机构的民政部门进行批评教育，并责令改正；情节严重的，对直接负责的主管人员和其他直接责任人员依法给予处分：

（一）不按照本办法的规定承担职责的；

（二）在办理家庭寄养工作中牟取利益，损害寄养儿童权益的；

（三）玩忽职守导致寄养协议不能正常履行的；

（四）跨省、自治区、直辖市开展家庭寄养，或者未经上级部门同意擅自开展跨县级或者设区的市级行政区域家庭寄养的；

（五）未按照有关规定办理手续，擅自与境外社会组织或者个人开展家庭寄养合作项目的。

第三十四条 县级以上地方人民政府民政部门不履行家庭寄养工作职责，由上一级人民政府民政部门责令其改正。情节严重的，对直接负责的主管人员和其他直接责任人员依法给予处分。

第七章　附　　则

第三十五条 对流浪乞讨等生活无着未成年人承担临时监护责任的未成年人救助保护机构开展家庭寄养，参照本办法执行。

第三十六条 尚未设立儿童福利机构的，由县级以上地方人民政府民政部门负责本行政区域内家庭寄养的组织实施，具体工作参照本办法执行。

第三十七条 本办法自2014年12月1日起施行，2003年颁布的《家庭寄养管理暂行办法》（民发〔2003〕144号）同时废止。

继　承

中华人民共和国民法典（节录）

（2020年5月28日第十三届全国人民代表大会第三次会议通过　2020年5月28日中华人民共和国主席令第45号公布　自2021年1月1日起施行）

……

第六编　继　承

第一章　一般规定

第一千一百一十九条　【继承编的调整范围】本编调整因继承产生的民事关系。

注释　本条是关于继承编调整范围的规定。

《民法典》第124条规定，自然人依法享有继承权。自然人合法的私有财产，可以依法继承。

继承是指继承人对死者生前的财产权利和义务的承受，又称为财产继承，即自然人死亡时，其遗留的个人合法财产归死者生前在法定范围内指定的或者法定的亲属承受的民事法律关系。在继承法律关系中，生前享有的财产因其死亡而移转给他人的死者为被继承人，被继承人死亡时遗留的个人合法财产为遗产，依法承受被继承人遗产的法定范围内的人为继承人。以继承人继承财产的方式为标准，可以将继承分为遗嘱继承和法定继承，这是对继承的基本分类。

继承的法律特征如下：（1）继承因作为被继承人的自然人死亡而发生；（2）继承中的继承人与被继承人存在特定亲属身份关系；

(3) 继承是处理死者遗产的法律关系;(4) 继承是继承人概括承受被继承人财产权利和义务的法律制度。

参见　《宪法》第13条;《妇女权益保障法》第58条

第一千一百二十条　【继承权的保护】国家保护自然人的继承权。

注释　本条是关于国家保护自然人继承权原则的规定。本条的法律依据是《宪法》第13条关于"国家依照法律规定保护公民的私有财产权和继承权"的规定。

这一基本原则包含两个方面的含义:(1) 法律保护自然人享有依法继承遗产的权利,任何人不得干涉;(2) 自然人的继承权受到他人非法侵害时,有权依照法律规定请求予以救济,国家以其强制力予以保护。

继承权是指自然人按照被继承人所立的合法有效遗嘱或法律的直接规定享有的继承被继承人遗产的权利。其法律特征是:(1) 在继承权的主体方面,继承权只能是自然人享有的权利。(2) 在取得根据方面,继承权是自然人依照合法有效的遗嘱或者法律的直接规定而享有的权利。(3) 继承权的客体是被继承人生前的财产权利。(4) 继承权的本质是独立的民事权利。

与继承法的规定相比,《民法典继承编》将继承相关条文中的"公民"改为了自然人,表述更科学。公民是一种政治上的身份,简单来说,就是具有某个国家国籍的人。有国籍后便享有公民权,可以参加国家政治生活。同一个人,在参加政治生活的时候被称为公民,在参加民事生活的时候被称为自然人。

参见　《宪法》第13条;《最高人民法院民事审判庭关于钱伯春能否继承和尚钱定安遗产的电话答复》

第一千一百二十一条　【继承的开始时间和死亡时间的推定】继承从被继承人死亡时开始。

相互有继承关系的数人在同一事件中死亡,难以确定死亡时间的,推定没有其他继承人的人先死亡。都有其他继承人,辈份不同的,推定长辈先死亡;辈份相同的,推定同时死亡,相互不发生继承。

注释 本条是关于继承开始时间的规定。

对被继承人死亡时间的确定,包括自然死亡和宣告死亡两种死亡情形。

[自然死亡时间的确定]

司法实践中,对自然人的死亡确定,是以呼吸停止和心脏搏动停止为生理死亡的时间。自然人的死亡时间,以死亡证明记载的时间为准;没有死亡证明的,以户籍登记或者其他有效身份登记记载的时间为准;有其他证据足以推翻以上记载时间的,以该证据证明的时间为准。

[宣告死亡时间的确定]

宣告死亡的,根据《民法典》第48条规定确定的死亡日期,为继承开始的时间。即,人民法院宣告死亡的判决作出之日视为其死亡的日期;因意外事件下落不明宣告死亡的,意外事件发生之日视为其死亡的日期。

自然人下落不明满二年的,利害关系人可以向人民法院申请宣告该自然人为失踪人。自然人下落不明的时间自其失去音讯之日起计算,战争期间下落不明的,下落不明的时间自战争结束之日或者有关机关确定的下落不明之日起计算。自然人有下列情形之一的,利害关系人可以向人民法院申请宣告该自然人死亡:(1)下落不明满四年;(2)因意外事件,下落不明满二年。因意外事件下落不明,经有关机关证明该自然人不可能生存的,申请宣告死亡不受二年时间的限制。

被宣告死亡的人重新出现,经本人或者利害关系人申请,人民法院应当撤销死亡宣告。被撤销死亡宣告的人有权请求依照民法典继承编取得其财产的民事主体返还财产;无法返还的,应当给予适当补偿。

参见 《民事诉讼法》第34条;《最高人民法院关于适用〈中华人民共和国民法典〉继承编的解释(一)》(以下简称《民法典继承编解释》)第1条

第一千一百二十二条 【遗产的范围】遗产是自然人死亡时遗留的个人合法财产。

依照法律规定或者根据其性质不得继承的遗产,不得继承。

注释 本条是关于遗产范围的规定。

遗产范围是指被继承人在其死亡时遗留的可以作为遗产被继承人继承的财产范围。遗产包括死者遗留下来的财产和财产权利。遗产是继承权的客体，只存在于继承开始后到遗产处理结束之前这段时间内。

具体而言，遗产包括自然人的收入；房屋、储蓄和生活用品；林木、牲畜和家禽；文物、图书资料；法律允许公民所有的生产资料；著作权、专利权中的财产权利等个人合法财产。

此外，《保险法》第42条规定："被保险人死亡后，有下列情形之一的，保险金作为被保险人的遗产，由保险人依照《中华人民共和国继承法》的规定履行给付保险金的义务：（一）没有指定受益人，或者受益人指定不明无法确定的；（二）受益人先于被保险人死亡，没有其他受益人的；（三）受益人依法丧失受益权或者放弃受益权，没有其他受益人的。受益人与被保险人在同一事件中死亡，且不能确定死亡先后顺序的，推定受益人死亡在先。"

由国家或者集体组织供给生活费用的烈属和享受社会救济的自然人，其遗产仍应准许合法继承人继承。

本条规定的"依照法律规定不能继承的财产"，如国有资源的使用权，自然人可以依法取得和享有，但不得作为遗产继承，继承人要从事被继承人原来从事的事业，须取得国有资源使用权的，应当重新申请并经主管部门核准，不能基于继承权而当然取得。"根据其性质不得继承的财产"，如与自然人人身不可分离的具有抚恤、救济性质的财产权利，如抚恤金、补助金、残疾补助金、救济金、最低生活保障金等，专属于自然人个人，不能作为遗产由其继承人继承。

夫妻共同所有的财产，除有约定的外，遗产分割时，应当先将共同所有的财产的一半分出为配偶所有，其余的为被继承人的遗产。遗产在家庭共有财产之中的，遗产分割时，应当先分出他人的财产。

参见 《民法典继承编解释》第2、39条；《公司法》第90条；《保险法》第42条；《合伙企业法》第50条；《个人独资企业法》第17条；《最高人民法院关于空难死亡赔偿金能否作为遗产处理的复函》;《最高人民法院关于产权人生前已处分的房屋死后不宜认定为遗产的批复》;《最高人民法院民事审判庭关于盲人刘春和生前从事"算命"所积累的财产死后可否视为非法所得加以没收的电话答复》;《最高人民法院关于父母的房屋遗产由兄弟姐妹中一人领取了房屋产权证并视为已有发生纠纷应如何处理的批复》;《最高人民法院关于冯钢百遗留的油画等应如何处理的批复》;《最高人民法院民事审判庭关于招远县陆许氏遗产应由谁继承的电话答复》;《最高人民法院关于高原生活补助费能否作为夫妻共同财产继承的批复》;《最高人民法院关于对遗产中文物如何处理问题的批复》;《住房公积金管理条例》第24条第3款

案例 1. 路某某与某出版社等侵犯著作权纠纷案(北京市高级人民法院〔2006〕高民终字第780号)

案件适用要点:(1)被继承人死亡后,其著作权中的财产权利属于遗产范围。(2)被继承人死亡后,其著作权中的财产权利依法由其继承人共同所有。

2. 李某祥诉李某梅继承权纠纷案(《中华人民共和国最高人民法院公报》2009年第12期)

案件适用要点:根据《农村土地承包法》第15条的规定,农村土地家庭承包的,承包方是本集体经济组织的农户,其本质特征是以本集体经济组织内部的农户家庭为单位实行农村土地承包经营。家庭承包方式的农村土地承包经营权属于农户家庭,而不属于某一个家庭成员。除林地外的家庭承包,当承包农地的农户家庭中的一人或几人死亡,承包经营仍然是以户为单位,承包地仍由该农户的其他家庭成员继续承包经营;当承包经营农户家庭的成员全部死亡,由于承包经营权的取得是以集体成员权为基础,该土地承包经营权归于消灭,不能由该农户家庭成员的继承人继续承包经营,更不能作为该农户家庭成员的遗产处理。

3. 周某与赵某等房屋租赁合同纠纷案(北京市第三中级人民法院〔2014〕三中民终字第09703号)

案件适用要点:出租人出卖租赁房屋的,应当在出卖之前的合理期限内通知承租人,承租人享有以同等条件优先购买的权利。但是，房屋共有人行使优先购买权或者出租人将房屋出卖给近亲属的除外。承租人优先购买权是基于租赁关系产生的专属于承租人的权利，不能单独转让或继承。

4. 马某1与马某3等法定继承纠纷案（〔2020〕京民申1736号）

案件适用要点：诉争房屋为张某、马某4的遗产，虽曾过户至马某1夫妇名下，但过户所依据的合同已被确认无效，故仍为遗产，应当依法在马某2、马某1与马某3之间分割。

第一千一百二十三条 【法定继承、遗嘱继承、遗赠和遗赠扶养协议的效力】 继承开始后，按照法定继承办理；有遗嘱的，按照遗嘱继承或者遗赠办理；有遗赠扶养协议的，按照协议办理。

注释 本条是关于法定继承、遗嘱继承、遗赠、遗赠扶养协议关系的规定。它们之间的继承顺序是：遗赠扶养协议>遗嘱继承、遗赠>法定继承。遗嘱继承优先于法定继承：当被继承人留有有效遗嘱的，遗嘱继承排斥法定继承，按照被继承人的遗嘱进行继承；被继承人生前与他人订有遗赠扶养协议，同时又立有遗嘱的，继承开始后，如果遗赠扶养协议与遗嘱没有抵触，遗产分别按协议和遗嘱处理；如果有抵触，按协议处理，与协议抵触的遗嘱全部或者部分无效。

［法定继承］

法定继承是指被继承人死亡时没有留下遗嘱，其个人合法遗产的继承由法律规定的继承人范围、顺序和分配原则进行遗产继承的一种继承方式。

［遗嘱继承］

遗嘱继承与法定继承相对称，是指遗嘱中所指定的继承人，根据遗嘱对其应当继承的遗产种类、数额等规定，继承被继承人遗产的一种继承方式。

［遗赠］

遗赠是指公民以遗嘱方式将个人财产赠与国家、集体或法定继承人以外的人，于其死亡时发生法律效力的民事行为。立遗嘱的自然人为遗赠人，接受遗赠的人为受遗赠人。

[遗赠扶养协议]

遗赠扶养协议是指遗赠人和扶养人为明确相互间遗赠和扶养的权利义务关系所订立的协议。需要他人扶养，并愿意将自己的个人财产全部或部分遗赠给扶养人的为遗赠人；对遗赠人尽生养死葬义务并接受遗赠的人为扶养人。

参见 《民法典》第1042条；《司法部关于在部分公证处开展要素式公证书格式试点工作的通知》；《民法典继承编解释》第3条

案例 张某等诉杨某继承纠纷案（2016年3月10日最高人民法院公布10起弘扬社会主义核心价值观典型案例）

案件适用要点："远亲不如近邻"。邻里关系是人们生活中的重要关系，邻里之间互帮互助，是我国社会的优良传统和善良风俗。倡导、培育和维护良好的邻里关系，是互相关照、互相理解、和谐相处的社区建设的重要内容。本案中，杨某的父亲长期受到张某夫妇及其儿子的照顾，杨某的父亲将其房产遗赠给张某的儿子，于法有据，于情合理，人民法院依法予以支持。

第一千一百二十四条 【继承和遗赠的接受和放弃】 继承开始后，继承人放弃继承的，应当在遗产处理前，以书面形式作出放弃继承的表示；没有表示的，视为接受继承。

受遗赠人应当在知道受遗赠后六十日内，作出接受或者放弃受遗赠的表示；到期没有表示的，视为放弃受遗赠。

注释 本条是关于接受继承和放弃继承的规定。

以继承人承担有限责任为原则，民法典不认可继承权的单纯承认，即限定承认方式，其效力主要体现在以下三个方面：(1) 继承人参与继承法律关系，取得继承既得权，可以实际参与继承法律关系，对遗产进行占有、管理，并有权请求分割遗产。(2) 继承人仅需以因继承所得的财产为限，对全部遗产债务承担清偿责任。(3) 继承人固有财产与遗产分离，各自享有独立的法律地位。

继承权放弃是指继承人不接受被继承人遗产的意思表示，该意思表示应当在继承开始后、遗产处理前的这段时间里作出,且必须以书面形式向遗产管理人或者其他继承人表示。

对于继承权的承认或者放弃,规则是:继承开始后,继承人放弃继承的,应当在遗产分割前,以书面形式作出放弃继承的表示。没有表示的,视为接受继承。遗产分割后表示放弃的不再是继承权,而是所有权。遗产处理前或者在诉讼进行中,继承人对放弃继承反悔的,由人民法院根据其提出的具体理由,决定是否承认。遗产处理后,继承人对放弃继承反悔的,不予承认。放弃继承的效力,追溯到继承开始的时间。在诉讼中,继承人向人民法院以口头方式表示放弃继承的,要制作笔录,由放弃继承的人签名。继承人因放弃继承权,致其不能履行法定义务的,放弃继承权的行为无效。

对于遗赠,承认或者放弃的规则是:受遗赠人应当在知道受遗赠后60日内,作出接受或者放弃受遗赠的表示。到期没有表示的,视为放弃受遗赠。继承开始后,受遗赠人表示接受遗赠,并于遗产分割前死亡的,其接受遗赠的权利转移给他的继承人。

参见 《民法典》第230条;《民法典继承编解释》第32-38条;《最高人民法院关于继承开始时继承人未表示放弃继承遗产又未分割的可按析产案件处理的批复》;《最高人民法院关于向勋珍与叶学枝房屋纠纷案的复函》;《最高人民法院关于费宝珍诉周福祥房屋析产案的批复》;《最高人民法院关于未成年的养子女,其养父在国外死亡后回生母处生活,仍有权继承其养父的遗产的批复》

第一千一百二十五条 【继承权的丧失】继承人有下列行为之一的,丧失继承权:

(一)故意杀害被继承人;

(二)为争夺遗产而杀害其他继承人;

(三)遗弃被继承人,或者虐待被继承人情节严重;

(四)伪造、篡改、隐匿或者销毁遗嘱,情节严重;

(五)以欺诈、胁迫手段迫使或者妨碍被继承人设立、变更或者撤回遗嘱,情节严重。

继承人有前款第三项至第五项行为,确有悔改表现,被继承人表示宽恕或者事后在遗嘱中将其列为继承人的,该继承人不丧失继承权。

受遗赠人有本条第一款规定行为的,丧失受遗赠权。

注释 本条是关于继承权的丧失及宽宥、受遗赠权的丧失的规定。在遗产继承中,继承人之间因是否丧失继承权发生纠纷,向人民法院提起诉讼的,由人民法院依据本条的规定,判决确认其是否丧失继承权。

[故意杀害被继承人]

继承人故意杀害被继承人的,不论是既遂还是未遂,均应当确认其丧失继承权。继承人有本条第1款第1项或者第2项所列之行为,即故意杀害被继承人或为争夺遗产而杀害其他继承人,而被继承人以遗嘱将遗产指定由该继承人继承的,可以确认遗嘱无效,并确认该继承人丧失继承权。

[为争夺遗产而杀害其他继承人]

这是指继承人中的一人或数人出于争夺遗产的动机,而杀害居于其之前或者与其处于同一继承顺序的其他继承人,或者杀害被继承人在遗嘱中指定的继承人。实施杀害行为的继承人误认为后一顺序的继承人会妨碍他继承全部遗产而杀害了后一顺序继承人,也丧失继承权。

[遗弃被继承人的,或者虐待被继承人情节严重]

遗弃被继承人是指继承人对被继承人故意不尽扶养义务,而使被继承人处于危难或困境中。但是,应将遗弃行为同继承人因为继承人的错误而与之分居或来往不密切严格区分开来。

虐待是指对共同生活的家庭成员经常地进行精神上和肉体上的折磨、摧残,如经常打骂、冻饿、禁闭、有病不给治疗、强迫从事过度体力劳动等。是否符合"虐待被继承人情节严重",可以从实施虐待行为的时间、手段、后果和社会影响等方面认定。虐待被继承人情节严重的,不论是否追究刑事责任,均可确认其丧失继承权。

[伪造、篡改或者销毁遗嘱,情节严重]

继承人实施这类行为多是从利己的目的出发,为使自己多得或者独得遗产，而侵害其他继承人的合法利益。伪造遗嘱是指被继承人本来没有立遗嘱而继承人故意以被继承人名义制作假遗嘱，或者被继承人本来有遗嘱，继承人将其销毁或者隐匿后又另造假遗嘱。篡改遗嘱是指继承人故意改变遗嘱的内容。销毁遗嘱是指继承人故意将遗嘱毁灭。继承人实施了伪造、篡改、销毁遗嘱的行为，并且情节严重的，丧失继承权。

继承人伪造、篡改、隐匿或者销毁遗嘱，侵害了缺乏劳动能力又无生活来源的继承人的利益，并造成其生活困难的，应当认定为本条第1款第4项规定的"情节严重"。

[以欺诈或者胁迫手段迫使或妨碍被继承人设立、变更或撤销遗嘱，情节严重]

这种行为比较多见，须具有情节严重的要件。

[继承权宽宥]

以法定继承权的丧失为前提，宽宥特指被继承人在情感上对继承人的故意或过失行为的谅解或者宽恕。本条第2款规定，遗弃被继承人的，或者虐待被继承人情节严重的，或者伪造、篡改、隐匿或者销毁遗嘱，情节严重的，或者以欺诈、胁迫手段迫使或者妨碍被继承人设立、变更或者撤回遗嘱，情节严重的，确有悔改表现，被继承人表示宽恕或者事后在遗嘱中将其列为继承人的，即宽宥，该继承人恢复继承权。宽宥作为被继承人的单方意思表示，不需要相对方即继承人做出任何意思表示便产生法律效力。

参见 《民法典继承编解释》第5—9条

案例 杨某等与李某等法定继承纠纷上诉案（山东省东营市中级人民法院〔2005〕东民一终字第112号）

案件适用要点：一方主张另一方丧失继承权，应当承担举证责任，不能充分证明对方存在丧失继承权的事实的，另一方依法享有继承权。

第二章 法定继承

第一千一百二十六条 【继承权男女平等原则】继承权男女平等。

注释 本条是关于继承权男女平等原则的规定。

在法定继承中,继承权男女平等,是继承权平等原则的核心和基本表现。继承权男女平等的含义是:(1)男女具有平等的继承权,不因性别差异而有所不同。(2)夫妻在继承上有平等的权利,有相互继承遗产的权利,如夫妻一方死亡后另一方再婚的,有权处分所继承的财产,任何人不得干涉。(3)在继承人的范围和法定继承的顺序上,男女亲等相同,父系亲与母系亲平等。(4)在代位继承中,男女有平等的代位继承权,适用于父系的代位继承,同样适用于母系。

参见 《宪法》第49条;《妇女权益保障法》第2、58-59条

第一千一百二十七条 【继承人的范围及继承顺序】 遗产按照下列顺序继承:

(一)第一顺序:配偶、子女、父母;

(二)第二顺序:兄弟姐妹、祖父母、外祖父母。

继承开始后,由第一顺序继承人继承,第二顺序继承人不继承;没有第一顺序继承人继承的,由第二顺序继承人继承。

本编所称子女,包括婚生子女、非婚生子女、养子女和有扶养关系的继子女。

本编所称父母,包括生父母、养父母和有扶养关系的继父母。

本编所称兄弟姐妹,包括同父母的兄弟姐妹、同父异母或者同母异父的兄弟姐妹、养兄弟姐妹、有扶养关系的继兄弟姐妹。

注释 本条是关于法定继承顺序的规定。

本条规定了两个继承顺序:

1. 配偶、子女、父母为第一顺序法定继承人。其中,配偶是指因合法的婚姻关系而确立夫妻身份的男女双方;子女包括婚生子女、非婚生子女、养子女、有扶养关系的继子女;父母,包括生父母、养父母和有扶养关系的继父母。丧偶儿媳对公婆,丧偶女婿对岳父母尽了主要赡养义务的,作为第一顺序继承人。

被收养人对养父母尽了赡养义务,同时又对生父母扶养较多的,除可以依照本条规定继承养父母的遗产外,还可以依照第1131条的

规定分得生父母适当的遗产。

继子女继承了继父母遗产的，不影响其继承生父母的遗产。继父母继承了继子女遗产的，不影响其继承生子女的遗产。

2. 兄弟姐妹、祖父母、外祖父母为第二顺序法定继承人。其中，兄弟姐妹包括同父母的兄弟姐妹、同父异母或者同母异父的兄弟姐妹、养兄弟姐妹、有扶养关系的继兄弟姐妹。

养子女与生子女之间、养子女与养子女之间，系养兄弟姐妹，可以互为第二顺序继承人。被收养人与其亲兄弟姐妹之间的权利义务关系，因收养关系的成立而消除，不能互为第二顺序继承人。

继兄弟姐妹之间的继承权，因继兄弟姐妹之间的扶养关系而发生。没有扶养关系的，不能互为第二顺序继承人。继兄弟姐妹之间相互继承了遗产的，不影响其继承亲兄弟姐妹的遗产。

参见　《民法典》第1070、1071条；《老年人权益保障法》第22条；《民法典继承编解释》第10-13条

第一千一百二十八条　【代位继承】被继承人的子女先于被继承人死亡的，由被继承人的子女的直系晚辈血亲代位继承。

被继承人的兄弟姐妹先于被继承人死亡的，由被继承人的兄弟姐妹的子女代位继承。

代位继承人一般只能继承被代位继承人有权继承的遗产份额。

注释　本条是关于代位继承的规定。

代位继承是指继承人的子女先于被继承人死亡时，由被继承人的继承人的晚辈直系血亲代替先死亡的被继承人的子女继承被继承人遗产的一项法定继承制度，又称为间接继承。先于被继承人死亡的继承人，叫作被代位继承人，简称被代位人。代替被代位人继承遗产的人，叫作代位继承人，简称代位人。代位人代替被代位人继承遗产的权利，叫作代位继承权。

本条规定了两种代位继承：一是被继承人的子女的直系晚辈血亲的代位继承；二是被继承人的兄弟姐妹的子女的代位继承。代位继承产生的法律效力，主要为代位人可以继承被代位人的应继份，即被代位人有权继承的遗产份额。

被继承人的孙子女、外孙子女、曾孙子女、外曾孙子女都可以代位继承,代位继承人不受辈数的限制。

被继承人的养子女、已形成扶养关系的继子女的生子女可以代位继承;被继承人亲生子女的养子女可以代位继承;被继承人养子女的养子女可以代位继承;与被继承人已形成扶养关系的继子女的养子女也可以代位继承。

代位继承人缺乏劳动能力又没有生活来源,或者对被继承人尽过主要赡养义务的,分配遗产时,可以多分。

继承人丧失继承权的,其晚辈直系血亲不得代位继承。如该代位继承人缺乏劳动能力又没有生活来源,或者对被继承人尽赡养义务较多的,可以适当分给遗产。

参见 《民法典继承编解释》第14-18条

第一千一百二十九条 【丧偶儿媳、女婿的继承权】丧偶儿媳对公婆,丧偶女婿对岳父母,尽了主要赡养义务的,作为第一顺序继承人。

注释 本条是关于丧偶儿媳、丧偶女婿作为第一顺序继承人的规定。

对被继承人生活提供了主要经济来源,或者在劳务等方面给予了主要扶助的,应当认定其尽了主要赡养义务或主要扶养义务。

另外,丧偶儿媳对公婆、丧偶女婿对岳父母,无论其是否再婚,依照第1129条规定作为第一顺序继承人时,不影响其子女代位继承。

参见 《民法典继承编解释》第18、19条;《妇女权益保障法》第59条

案例 吴某1、中国人民财产保险股份有限公司大连市分公司机动车交通事故责任纠纷案(〔2019〕辽02民终9043号)

案件适用要点:杨某在其丈夫去世后,与邱某1夫妻共同生活,邱某1年龄接近七十岁,已无劳动能力,杨某在日常生活、生病就医等方面对其给予了主要扶助,符合法律及司法解释规定的丧偶儿媳对公婆尽了主要赡养义务的情形。

第一千一百三十条 【遗产分配规则】同一顺序继承人继承遗产的份额,一般应当均等。

对生活有特殊困难又缺乏劳动能力的继承人,分配遗产时,应当予以照顾。

对被继承人尽了主要扶养义务或者与被继承人共同生活的继承人,分配遗产时,可以多分。

有扶养能力和有扶养条件的继承人,不尽扶养义务的,分配遗产时,应当不分或者少分。

继承人协商同意的,也可以不均等。

注释 本条是关于同一顺序法定继承人分割遗产方法的规定。

法定继承人分割遗产的具体方法是:

(1) 同一顺序继承人之间遗产应当均等分配。这是对同一顺序继承人的继承权的平等保护。同一顺序的法定继承人的法律地位是平等的,不分男女老幼,不论是有血缘关系还是拟制的血缘关系,都平等地享有继承被继承人遗产的权利,并应该均等地获得遗产。

(2) 对生活有特殊困难又缺乏劳动能力的继承人,应当予以适当照顾,适当多分。

(3) 对被继承人尽了主要扶养义务或者与被继承人共同生活的继承人,可以多分财产。继承人有扶养能力和扶养条件,愿意尽扶养义务,但被继承人因有固定收入和劳动能力,明确表示不要求其扶养的,分配遗产时,一般不应因此而影响其继承份额。有扶养能力和扶养条件的继承人虽然与被继承人共同生活,但对需要扶养的被继承人不尽扶养义务,分配遗产时,可以少分或者不分。

(4) 对于有扶养能力和扶养条件却不尽扶养义务的继承人,可以不分或少分。

(5) 各继承人协商同意不均等分割的,也可以不均等分割。

遗嘱继承人依遗嘱取得遗产后,仍有权依照本条的规定取得遗嘱未处分的遗产。

人民法院对故意隐匿、侵吞或者争抢遗产的继承人,可以酌情减少其应继承的遗产。

参见 《民法典继承编解释》第 4、20-23 条；《老年人权益保障法》第 13-24 条

案例 孙某与陈某 2 等分家析产纠纷案（〔2020〕京民申 1071 号）

案件适用要点：同一顺序继承人继承遗产的份额，一般应当均等。陈某 3、宗某较为长期与陈某 6 共同生活，与陈某 1 一并对被继承人之赡养尽到较为主要的义务，故在分割被继承人财产时适当予以多分。因陈某 2 所尽赡养义务较少，故在分割被继承人遗产时，对其分得的继承份额适当予以减少。

第一千一百三十一条 【酌情分得遗产权】对继承人以外的依靠被继承人扶养的人，或者继承人以外的对被继承人扶养较多的人，可以分给适当的遗产。

注释 本条是关于酌分遗产的规定。

可以酌分遗产的人有两种：(1) 对继承人以外的依靠被继承人扶养的人。(2) 继承人以外的对被继承人扶养较多的人。

养子女对其生父母尽了主要赡养义务的，可以依据这一规定适当分得其生父母的遗产。

依照民法典本条规定可以分给适当遗产的人，分给他们遗产时，按具体情况可以多于或者少于继承人。

依照本条规定可以分给适当遗产的人，在其依法取得被继承人遗产的权利受到侵犯时，本人有权以独立的诉讼主体资格向人民法院提起诉讼。

参见 《民法典继承编解释》第 10、20、21、41 条；《最高人民法院关于毛玉堂与毛新国的收养关系能否成立的复函》；《最高人民法院关于对从香港调回的被继承人的遗产如何处理的函》；《最高人民法院关于林泽莘等诉林丛析产纠纷案的复函》；《办理继承公证的指导意见》

案例 高某翔诉高甲、高乙、高丙继承纠纷案——自愿赡养老人继承遗产案（2020 年 5 月 13 日最高人民法院发布人民法院大力弘扬社会主义核心价值观十大典型民事案例）

案件适用要点：遗产继承处理的不仅是当事人之间的财产关系，还关系到家庭伦理和社会道德风尚，继承人应当本着互谅互让、和睦团结的精神消除误会，积极修复亲情关系，共促良好家风。本案中，高某翔虽然没有赡养祖父母的法定义务，但其能专职侍奉生病的祖父母多年直至老人病故，是良好社会道德风尚的具体体现，应当予以鼓励。本案裁判结合继承法的规定对高某翔的赡养行为给予高度肯定，确定了其作为非法定继承人享有第一顺位的继承权利，并结合其赡养行为对高某翔适当继承遗产的范围进行合理认定，实现了情理法的有机融合，弘扬了团结友爱、孝老爱亲的中华民族传统美德。

第一千一百三十二条 【继承的处理方式】继承人应当本着互谅互让、和睦团结的精神，协商处理继承问题。遗产分割的时间、办法和份额，由继承人协商确定；协商不成的，可以由人民调解委员会调解或者向人民法院提起诉讼。

注释 本条是关于确定处理继承方法的规定。

人民调解委员会是在基层人民政府和基层人民法院指导下，调解民间纠纷的群众性组织，并依照法律规定，根据自愿原则进行调解。当事人对调解达成的协议应当履行；不愿调解、调解不成或者反悔的，可以向人民法院起诉。

参见 《民事诉讼法》第34条；《最高人民法院关于适用〈中华人民共和国民事诉讼法〉的解释》第70条；《人民调解法》；《最高人民法院关于产权人生前已处分的房屋死后不宜认定为遗产的批复》

案例 严某泰等诉严某平等继承纠纷案（2013年1月10日最高人民法院关于印发全国法院优秀调解案例的通知）

案件适用要点：本案是因继承遗产而引发的典型家庭纠纷。被继承人是上海当地名人，继承人人数众多且分居世界各地，矛盾重重，纷争已久，办理难度很大。本案的成功调解，对人民法院审理继承等家庭案件具有很好的示范作用：一是立足亲情，准确寻找调解突破口。法院从亲情着手，耐心释法引导，唤起其对和睦家庭的回忆和向往，并借助当事人的亲戚做说服教育工作，以亲情感化了各方当事人，消除了各方之间的对立，为调解成功奠定了坚实的基础。二是找准调解难点,创新调解方法。法院准确把握确定继承份额和巨额不动产遗产案变现分配两个难点,创新地采取继承人内部竞价的方式成功变现了房屋,确保了调解成功。三是最大限度实现当事人权益。法院调解化解纠纷,既实现了当事人的继承权利,更维护了亲情和家庭和睦这一更高的"利益",同时弘扬了"和为贵"的家庭伦理和社会价值。

第三章 遗嘱继承和遗赠

第一千一百三十三条 【遗嘱处分个人财产】 自然人可以依照本法规定立遗嘱处分个人财产,并可以指定遗嘱执行人。

自然人可以立遗嘱将个人财产指定由法定继承人中的一人或者数人继承。

自然人可以立遗嘱将个人财产赠与国家、集体或者法定继承人以外的组织、个人。

自然人可以依法设立遗嘱信托。

注释 本条是关于遗嘱继承的一般规定。

遗嘱继承是指于继承开始后,继承人按照被继承人合法有效的遗嘱,继承被继承人遗产的继承方式。遗嘱是遗嘱人生前按照自己的意思和想法处分自己财产的行为,体现的是遗嘱人的真实意志。生前立有遗嘱的被继承人称为遗嘱人或立遗嘱人,依照遗嘱的指定享有遗产继承权的人为遗嘱继承人。遗嘱继承所指向的客体为被继承人指定的遗产份额。

自然人可以依照民法典的规定,用立遗嘱的方法,处分个人在死后的遗产,并且可以指定遗嘱执行人,由遗嘱执行人执行自己的遗嘱。在遗嘱中,可以将个人死后的遗产指定由法定继承人中的一人或者数人继承。自然人也可以立遗嘱将个人财产赠给国家、集体或者法定继承人以外的人,即遗赠。设立遗赠也使其他继承人丧失或者部分丧失继承被继承人遗产的权利。

参见 《信托法》第13条;《最高人民法院关于向美琼、熊伟浩、熊萍与张凤霞、张旭、张林录、冯树义执行遗嘱代理合同纠纷一案的请示的复函》;《最高人民法院关于强毓芬等诉强锡麟继承一案的函》;《最高人民法院关于继承开始时继承人未表示放弃继承遗产又未分割的可按析产案件处理的批复》;《最高人民法院关于中国公民接受外侨遗赠法律程序问题的批复》;《最高人民法院关于冯钢百遗留的油画等应如何处理的批复》;《最高人民法院关于财产共有人立遗嘱处分自己的财产部分有效处分他人的财产部分无效的批复》;《最高人民法院关于对分家析产的房屋再立遗嘱变更产权,其遗嘱是否有效的批复》;《最高人民法院关于张阿凤遗嘱公证部分有效问题的批复》

案例 向某琼等人诉张某霞等人执行遗嘱代理协议纠纷案(《最高人民法院公报》2004年第1期)

案件适用要点: 遗嘱执行人在遗嘱人没有明确其执行遗嘱所得报酬的情况下,与继承人就执行遗嘱相关事项自愿签订代理协议,并按照协议约定收取遗嘱执行费,不属于《律师法》第34条(现行2017年修正版中为第39条)禁止的律师在同一案件中为双方当事人代理的情形,应认定代理协议有效。

第一千一百三十四条 【自书遗嘱】自书遗嘱由遗嘱人亲笔书写,签名,注明年、月、日。

注释 本条是关于自书遗嘱的规定。

遗嘱有六种表现形式:自书遗嘱;代书遗嘱;打印遗嘱;录音录像遗嘱;口头遗嘱;公证遗嘱。

遗嘱人自己书写的遗嘱,称为自书遗嘱。自书遗嘱应当由遗嘱人亲笔书写,签名,注明年、月、日。需要注意的是,根据《民法典继承编解释》第27条的规定,自然人在遗书中涉及死后个人财产处分的内容,确为死者的真实意思表示,有本人签名并注明了年、月、日,又无相反证据的,可以按自书遗嘱对待。自书遗嘱不需要证人就当然地具有遗嘱的效力,这一点不同于代书遗嘱需要证人来证明。

第一千一百三十五条 【代书遗嘱】代书遗嘱应当有两个以上见证人在场见证,由其中一人代书,并由遗嘱人、代书人和其他见证人签名,注明年、月、日。

注释 本条是关于代书遗嘱的规定。

代书遗嘱是由他人代笔书写的遗嘱。代书遗嘱通常是在遗嘱人不会写字或因病不能写字的情况下不得已而为之的。

代书遗嘱须符合以下要求：(1) 须由遗嘱人口授遗嘱内容，并由一个见证人代书。(2) 须有两个以上见证人在场见证。(3) 须代书人、其他见证人和遗嘱人在遗嘱上签名，并注明年、月、日。

参见 《司法部公证律师司对〈关于香港居民为处理在港财产所立代书遗嘱应如何处理的请示〉的批复》

案例 何甲等与何乙等继承纠纷上诉案（广东省广州市中级人民法院〔2008〕穗中法民一终字第1814号）

案件适用要点：代书遗嘱违反应当有两个以上见证人在场见证的规定，应属无效。

第一千一百三十六条 【打印遗嘱】打印遗嘱应当有两个以上见证人在场见证。遗嘱人和见证人应当在遗嘱每一页签名，注明年、月、日。

注释 本条是关于打印遗嘱的规定。

打印遗嘱是指遗嘱人通过电脑制作，用打印机打印出来的遗嘱。

打印遗嘱有效的要件是：(1) 遗嘱为电脑制作、打印机打印出来的文本形式。(2) 打印遗嘱应当有两个以上见证人在场见证，并在打印遗嘱文本的每一页都签名。(3) 遗嘱人在遗嘱文本的每一页都签名。(4) 注明年、月、日。具备这些要件，打印遗嘱发生遗嘱效力。

第一千一百三十七条 【录音录像遗嘱】以录音录像形式立的遗嘱，应当有两个以上见证人在场见证。遗嘱人和见证人应当在录音录像中记录其姓名或者肖像，以及年、月、日。

注释 本条是关于录音录像遗嘱的规定。

录音录像遗嘱，是一种新型的遗嘱方式，是指以录音或者录像方式录制下来的遗嘱人的口述遗嘱，其实就是视听遗嘱。录音录像遗嘱应当符合下列要件：(1) 有两个以上见证人在场见证，见证人应当把各自的姓名、性别、年龄、籍贯、职业、所在工作单位和家庭住址等基本情况予以说明。(2) 由遗嘱人亲自叙述遗嘱的内容，内容应当具体，对有关财产的处分，应当说明财产的基本情况，说明财产归什么人承受。(3) 遗嘱人、见证人将有关视听资料封存，并签名、注明日期，以确定遗嘱的订立时间。(4) 当众开启录音录像遗嘱，在继承开始后，在参加制作遗嘱的见证人和全体继承人到场的情况下，当众启封，维护录音录像遗嘱的真实性。具备这些要件的录音录像遗嘱，发生法律效力。

参见 《司法部律师公证工作指导司对〈关于遗嘱公证能否因未录音或录像而被撤销的请示〉的复函》

第一千一百三十八条 【口头遗嘱】 遗嘱人在危急情况下，可以立口头遗嘱。口头遗嘱应当有两个以上见证人在场见证。危急情况消除后，遗嘱人能够以书面或者录音录像形式立遗嘱的，所立的口头遗嘱无效。

注释 本条是关于口头遗嘱的规定。

口头遗嘱是由遗嘱人口头表达并不以任何方式记载的遗嘱。口头遗嘱完全靠见证人表述证明，极其容易发生纠纷。因此，法律规定遗嘱人只能在危急的情况下才可以立口头遗嘱，并且必须有两个以上见证人在场见证。危急情况消除后，遗嘱人能够以书面或者录音录像形式立遗嘱的，所立的口头遗嘱无效。

第一千一百三十九条 【公证遗嘱】 公证遗嘱由遗嘱人经公证机构办理。

注释 本条是关于公证遗嘱的规定。

公证遗嘱是指通过法律规定的公证形式订立的，有关订立程序和形式都由法律规定的遗嘱。根据我国《公证法》第2条的规定，公证是公证机构根据自然人、法人或者其他组织的申请，依照法定程序对民事法律行为、有法律意义的事实和文书的真实性、合法性予以证明的活动。公证遗嘱是最严格的遗嘱方式，公证遗嘱具有很强的证据效力和证明效力。

公证遗嘱与遗嘱公证不同，遗嘱公证是公证处按照法定程序证明遗嘱人设立遗嘱行为真实、合法的活动。经公证证明的遗嘱为公证遗嘱。

公证遗嘱的办理要求如下：（1）遗嘱人应当亲自到公证处提出申请。遗嘱人亲自到公证处有困难的，可以书面或者口头形式请求有管辖权的公证处指派公证人员到其住所或者临时处所办理。（2）遗嘱公证应当由两名公证人员共同办理，由其中一名公证员在公证书上署名。因特殊情况由一名公证员办理时，应当有一名见证人在场，见证人应当在遗嘱和笔录上签名。（3）遗嘱人提供的遗嘱，无修改、补充的，遗嘱人应当在公证人员面前确认遗嘱内容、签名及签署日期属实。遗嘱人提供的遗嘱或者遗嘱草稿，有修改、补充的，经整理、誊清后，应当交遗嘱人核对，并由其签名。遗嘱人未提供遗嘱或者遗嘱草稿的，公证人员可以根据遗嘱人的意思表示代为起草遗嘱。公证人员代拟的遗嘱，应当交遗嘱人核对，并由其签名。（4）公证员遵守回避的规定，依法作出公证。

公证遗嘱生效后，与继承权益相关的人员有确凿证据证明公证遗嘱部分违法的，公证处应当予以调查核实；经调查核实，公证遗嘱部分内容确属违法的，公证处应当撤销对公证遗嘱中违法部分的公证证明。因公证人员过错造成错证的，公证处应当承担赔偿责任。

参见　《公证法》第11、25、26条；《公证程序规则》；《遗嘱公证细则》

第一千一百四十条　【作为遗嘱见证人的消极条件】 下列人员不能作为遗嘱见证人：

（一）无民事行为能力人、限制民事行为能力人以及其他不具有见证能力的人；

（二）继承人、受遗赠人；

（三）与继承人、受遗赠人有利害关系的人。

注释　本条是关于遗嘱见证人资格的规定。

除自书遗嘱外，其他各种遗嘱皆须有见证人参与。由于见证人的证明直接影响遗嘱的效力，为保证这几种遗嘱真实地反映遗嘱人的意思和想法，本条对遗嘱见证人的资格作出了限制性规定。其中，见证人是否具有民事行为能力，应当以遗嘱见证时为准。如果其于遗嘱人立遗嘱时具有完全民事行为能力，而后丧失行为能力，则不影响遗嘱见证的效力。

继承人、受遗赠人的债权人、债务人，共同经营的合伙人，也应当视为与继承人、受遗赠人有利害关系，不能作为遗嘱的见证人。

参见　《民法典继承编解释》第 24 条

第一千一百四十一条　【必留份】遗嘱应当为缺乏劳动能力又没有生活来源的继承人保留必要的遗产份额。

注释　本条是关于特留份的规定。

特留份是指被继承人在立遗嘱处分自己的遗产时，必须依法留给特定继承人，不得自由处分的遗产份额。本条规定的遗嘱应当为缺乏劳动能力又没有生活来源的继承人保留必要的遗产份额，就是特留份。继承人是否缺乏劳动能力又没有生活来源，应当按遗嘱生效时该继承人的具体情况而定。

遗嘱人未保留缺乏劳动能力又没有生活来源的继承人的遗产份额，遗产处理时，应当为该继承人留下必要的遗产，所剩余的部分，才可参照遗嘱确定的分配原则处理。

参见　《民法典继承编解释》第 25 条；《公证法》第 36、40 条

案例　陈某某、陈某祥与陈某英等遗嘱继承纠纷案（2016 年 5 月 14 日最高人民法院公布 10 起残疾人权益保障典型案例）

案件适用要点：残疾人的继承权依法不受侵犯。本案中陈某某虽身体有严重残疾，但作为出嫁女，其父母在处分遗产时，并未坚持当地民间传统中将房产只传男不传女的习惯，将案涉部分房产以遗嘱的形式明确由身体有残疾的陈某某继承。人民法院通过判决的形式依法确认了遗嘱的效力，切实保护了陈某某的财产继承权，为陈某某日后的生活所需提供了坚实的物质保障。

第一千一百四十二条　【遗嘱的撤回与变更】遗嘱人可以撤回、变更自己所立的遗嘱。

立遗嘱后，遗嘱人实施与遗嘱内容相反的民事法律行为的，视

为对遗嘱相关内容的撤回。

立有数份遗嘱,内容相抵触的,以最后的遗嘱为准。

注释 本条是关于遗嘱撤回、变更和遗嘱效力冲突的规定。

遗嘱是遗嘱人处分其个人财产的行为,遗嘱只有在遗嘱人死亡后才会发生法律效力。因此,订立遗嘱后,遗嘱人认为遗嘱不当或者有错误,或者改变主意的,遗嘱人在死亡之前均可以撤回或者变更其原来订立的遗嘱,这也是遗嘱自由原则的具体表现。

遗嘱撤回是指遗嘱人在订立遗嘱后又通过一定的方式取消原来所立的遗嘱。遗嘱变更是指遗嘱人在遗嘱订立后对遗嘱内容的部分修改。

立有数份遗嘱,内容相抵触的,应当视为后设立的遗嘱取代或者变更了原设立的遗嘱。因此,遗嘱人设立数份遗嘱内容抵触的,应当以最后设立的遗嘱为准,即"遗嘱设立在后效力优先"。本条规定删除了原《继承法》第20条规定的公证遗嘱优先原则。

参见 《民法典》第1743条;《公证法》第36、40条

第一千一百四十三条 【遗嘱无效的情形】无民事行为能力人或者限制民事行为能力人所立的遗嘱无效。

遗嘱必须表示遗嘱人的真实意思,受欺诈、胁迫所立的遗嘱无效。

伪造的遗嘱无效。

遗嘱被篡改的,篡改的内容无效。

注释 本条是关于遗嘱无效的规定。

遗嘱无效是指遗嘱因不符合法律规定而不能发生法律效力。

根据《民法典继承编解释》的规定,遗嘱人以遗嘱处分了国家、集体或者他人财产的,应当认定该部分遗嘱无效。

本条规定的遗嘱无效事由如下:

(1)无民事行为能力人或者限制民事行为能力人所立的遗嘱。不满八周岁的未成年人为无民事行为能力人,由其法定代理人代理实施民事法律行为。不能辨认自己行为的成年人为无民事行为能力人,由其法定代理人代理实施民事法律行为。八周岁以上的未成年人不能辨认自己行为的,适用上述规定。无民事行为能力人实施的民事法律行为无效。

遗嘱人立遗嘱时必须具有完全民事行为能力。无民事行为能力人或者限制民事行为能力人所立的遗嘱，即使其本人后来具有完全民事行为能力，仍属无效遗嘱。遗嘱人立遗嘱时具有完全民事行为能力，后来成为无民事行为能力人或者限制民事行为能力人的，不影响遗嘱的效力。

（2）受欺诈、受胁迫所设立的遗嘱，因不是遗嘱人真实意思表示，欠缺遗嘱的合法要件而无效。应当注意的是，受欺诈、受胁迫所设立的遗嘱，虽然也是民事法律行为，但是不适用《民法典》第148—150条的规定，不属于可撤销的民事法律行为，而是无效的民事法律行为。

（3）伪造的遗嘱。这是指以被继承人的名义设立，但根本不是被继承人意思表示的遗嘱。

（4）被篡改的遗嘱内容。经篡改的遗嘱内容已经不再是遗嘱人的意思表示，而是篡改人的意思表示，因而不发生遗嘱的效力，为无效。遗嘱中未被篡改的内容仍然有效。

参见 《民法典》第19-23、144条；《民法典继承编解释》第26、28条

第一千一百四十四条 【附义务的遗嘱继承或遗赠】遗嘱继承或者遗赠附有义务的，继承人或者受遗赠人应当履行义务。没有正当理由不履行义务的，经利害关系人或者有关组织请求，人民法院可以取消其接受附义务部分遗产的权利。

注释 本条规定，在遗嘱继承中，遗嘱人可以为继承人、受遗赠人设定一定的义务，继承人、受遗赠人在享有继承遗嘱人的财产权利的同时，必须履行其义务。

这种附加义务的条件，应当符合以下要求：（1）附义务的遗嘱所设定的义务，只能由遗嘱继承人或者受遗赠人承担，不得对不取得遗产利益的人设定义务。（2）设定的义务不得违背法律和社会公共利益。（3）设定的义务必须是可能实现的。（4）附义务的遗嘱中所规定的继承人或受遗赠人应当履行的义务，不得超过继承人或受遗赠人所取得的利益。

附义务的遗嘱继承或者遗赠，如义务能够履行，而继承人、受遗赠人无正当理由不履行，经受益人或者其他继承人请求，人民法院可以取消其接受附义务部分遗产的权利，由提出请求的继承人或者受益人负责按遗嘱人的意愿履行义务，接受遗产。

参见　《民法典继承编解释》第29条；《民法典》第663条

第四章　遗产的处理

第一千一百四十五条　【遗产管理人的选任】继承开始后，遗嘱执行人为遗产管理人；没有遗嘱执行人的，继承人应当及时推选遗产管理人；继承人未推选的，由继承人共同担任遗产管理人；没有继承人或者继承人均放弃继承的，由被继承人生前住所地的民政部门或者村民委员会担任遗产管理人。

注释　本条是关于遗产管理人产生方式的规定，是继承相关的新增条文。

自然人可以依照本法规定立遗嘱处分个人财产，并可以指定遗嘱执行人。遗产管理人是指对死者遗产负责保存和管理的人。

参见　《民法典》第194条；《信托法》第39条

第一千一百四十六条　【法院指定遗产管理人】对遗产管理人的确定有争议的，利害关系人可以向人民法院申请指定遗产管理人。

注释　本条是关于法院指定遗产管理人的规定，是继承相关的新增条文。

出现以下情形，利害关系人可以向法院起诉，申请指定遗产管理人：

（1）遗嘱未指定遗嘱执行人，继承人对遗产管理人的选任有争议的。

（2）没有继承人或者继承人下落不明，遗嘱中又未指定遗嘱执行人的。

（3）对指定遗产管理人的遗嘱的效力存在争议的。

(4) 遗产债权人有证据证明继承人的行为已经或将要损害其利益的。

另外，在诉讼时效期间的最后六个月内，继承开始后未确定继承人或者遗产管理人，不能行使请求权的，会导致诉讼时效中止。未确定继承人时，继承财产的权利主体没有确定，无法有效地对被继承人的债务人行使权利，被继承人的债权人也不知道向谁主张权利，被暂时划定在继承财产中的他人的财产权利也无法主张。未确定遗产管理人的，遗产的权利不能分割。

参见 《民法典》第194条；《信托法》第39条

第一千一百四十七条 【遗产管理人的职责】遗产管理人应当履行下列职责：

（一）清理遗产并制作遗产清单；

（二）向继承人报告遗产情况；

（三）采取必要措施防止遗产毁损、灭失；

（四）处理被继承人的债权债务；

（五）按照遗嘱或者依照法律规定分割遗产；

（六）实施与管理遗产有关的其他必要行为。

注释 本条是关于遗产管理人职责范围的规定，是继承相关的新增条文。

清理遗产是指查清遗产的名称、数量、地点、价值等状况。"防止遗产毁损"的必要措施，如变卖易腐物品、修缮房屋、进行必要的营业行为、收取到期债权等。

参见 《民法典》第194条；《信托法》第39条

第一千一百四十八条 【遗产管理人的责任】遗产管理人应当依法履行职责，因故意或者重大过失造成继承人、受遗赠人、债权人损害的，应当承担民事责任。

注释 本条是关于遗产管理人履行职责及责任的规定，是继承相关的新增条文。

为使遗产债权人、受遗赠人等遗产权利人的利益得到保障，遗产管理人应当负善良管理人的注意义务。遗产管理人须忠实、谨慎地履行管理职责。

遗产管理人未尽善良管理人的注意义务,不当履行职责,因故意或者重大过失造成继承人、受遗赠人、债权人损害的,应当承担民事责任,对造成的损失应当予以赔偿。

参见 《民法典》第194条;《信托法》第39条

第一千一百四十九条 【遗产管理人的报酬】遗产管理人可以依照法律规定或者按照约定获得报酬。

参见 《民法典》第194条;《信托法》第39条

第一千一百五十条 【继承开始的通知】继承开始后,知道被继承人死亡的继承人应当及时通知其他继承人和遗嘱执行人。继承人中无人知道被继承人死亡或者知道被继承人死亡而不能通知的,由被继承人生前所在单位或者住所地的居民委员会、村民委员会负责通知。

注释 本条是关于继承开始后的通知的规定。继承开始时,有的继承人因各种原因可能不知道继承已经开始,因此本条规定相关人员将被继承人死亡的事实通知继承人或者遗嘱执行人,以便保护相关继承人的利益,从而保证继承的顺利进行。

在通知的时间和方式上,一般要求负有通知义务的继承人或相关单位应当及时向其他继承人发出通知;通知的方式以能将被继承人死亡、继承开始的事实传达到继承人为准,一般以口头通知为主,如通过电话通知,也可以采取书面方式如电报、传真、快递等,甚至还可以采取公告的方式。

人民法院在审理继承案件时,如果知道有继承人而无法通知的,分割遗产时,要保留其应继承的遗产,并确定该遗产的保管人或者保管单位。

参见 《民法典继承编解释》第30条

第一千一百五十一条 【遗产的保管】存有遗产的人,应当妥善保管遗产,任何组织或者个人不得侵吞或者争抢。

注释 本条是关于存有遗产的人保管遗产义务的规定。

人民法院在审理继承案件时，如果知道有继承人而无法通知的，分割遗产时，要保留其应继承的遗产，并确定该遗产的保管人或保管单位。

参见 《信托法》第39条

第一千一百五十二条 【转继承】继承开始后，继承人于遗产分割前死亡，并没有放弃继承的，该继承人应当继承的遗产转给其继承人，但是遗嘱另有安排的除外。

注释 本条是关于转继承的规定。

转继承是指在继承开始后，继承人未放弃继承，于遗产分割前死亡的，其所应继承的遗产份额由其继承人承受的继承制度。转继承是对遗产份额的再继承，而非继承权利的移转。

继承开始后，受遗赠人表示接受遗赠，并于遗产分割前死亡的，其接受遗赠的权利转移给他的继承人。

参见 《民法典继承编解释》第38条

第一千一百五十三条 【遗产的确定】夫妻共同所有的财产，除有约定的外，遗产分割时，应当先将共同所有的财产的一半分出为配偶所有，其余的为被继承人的遗产。

遗产在家庭共有财产之中的，遗产分割时，应当先分出他人的财产。

注释 本条是关于分割遗产前进行析产的规定。

析产主要有以下两种情形：

1. 夫妻共同财产的析产。

在分割遗产之前，应当先确定遗产的范围。具体方法是：先析出夫妻个人财产；确定夫妻共同财产的范围；将确定为夫妻共同财产的财产一分为二，一半作为生存一方当事人的个人财产，另一半确定为遗产范围。如果夫妻双方约定为分别财产制的，则不存在这种析产问题。

夫妻在婚姻关系存续期间所得的下列财产，为夫妻的共同财产，归夫妻共同所有：（1）工资、奖金和劳务报酬；（2）生产、经营、投资的收益；（3）知识产权的收益；（4）继承或者受赠的财产，但是《民法典》第1063条第3项规定的除外；(5)其他应当归共同所有的财产。夫妻对共同财产，有平等的处理权。

婚姻关系存续期间，下列财产属于"其他应当归共同所有的财产"：(1)一方以个人财产投资取得的收益；(2)男女双方实际取得或者应当取得的住房补贴、住房公积金；(3)男女双方实际取得或者应当取得的基本养老金、破产安置补偿费。

夫妻一方个人财产在婚后产生的收益，除孳息和自然增值外，应认定为夫妻共同财产。由一方婚前承租、婚后用共同财产购买的房屋，登记在一方名下的，应当认定为夫妻共同财产。

下列财产为夫妻一方的个人财产：(1)一方的婚前财产；(2)一方因受到人身损害获得的赔偿或者补偿；(3)遗嘱或者赠与合同中确定只归一方的财产；(4)一方专用的生活用品；(5)其他应当归一方的财产。军人的伤亡保险金、伤残补助金、医药生活补助费属于个人财产。

男女双方可以约定婚姻关系存续期间所得的财产以及婚前财产归各自所有、共同所有或者部分各自所有、部分共同所有。约定应当采用书面形式。没有约定或者约定不明确的，适用《民法典》第1062条、第1063条的规定。

夫妻对婚姻关系存续期间所得的财产以及婚前财产的约定，对双方具有法律约束力。

夫妻对婚姻关系存续期间所得的财产约定归各自所有，夫或者妻一方对外所负的债务，相对人知道该约定的，以夫或者妻一方的个人财产清偿。

2. 家庭共同财产的析产。具体方法是，先析出家庭成员的个人财产，析出家庭共同财产中属于子女的财产，析出被继承人个人的遗产债务，确定在家庭共同财产中的遗产。

参见 《最高人民法院关于王娟婷与王万福、陈玉兰继承纠纷一案的函》；《最高人民法院关于周祖德、周祖明等诉周祖华、周祖荣等房屋纠纷案的函》；《最高人民法院关于蒋家正、蒋淑芳与徐文英等人析产继承案的函》；《最高人民法院关于孙世界、孙世明与孙洪武等人房屋继承申诉案的复函》；《最高人民法院关于共有人之一擅自出卖共有房屋无效的批复》;《最高人民法院关于赵汝是被没收发还的财产应如何认定和继承问题的批复》;《最高人民法院关于王棣华等人与王庆贞等人房屋继承案的批复》

第一千一百五十四条　【按法定继承办理】有下列情形之一的,遗产中的有关部分按照法定继承办理:
（一）遗嘱继承人放弃继承或者受遗赠人放弃受遗赠;
（二）遗嘱继承人丧失继承权或者受遗赠人丧失受遗赠权;
（三）遗嘱继承人、受遗赠人先于遗嘱人死亡或者终止;
（四）遗嘱无效部分所涉及的遗产;
（五）遗嘱未处分的遗产。

注释　本条是关于不执行遗嘱的遗产等适用法定继承的规定。其中,遗嘱继承人或者受遗赠人实施了《民法典》第1125条规定丧失继承权或者受遗赠权的行为,丧失继承权或者受遗赠权,不能接受遗产,应当按照法定继承处理遗产。

第一千一百五十五条　【胎儿预留份】遗产分割时,应当保留胎儿的继承份额。胎儿娩出时是死体的,保留的份额按照法定继承办理。

注释　本条是关于胎儿应继份的规定。

涉及遗产继承、接受赠与等胎儿利益保护的,胎儿视为具有民事权利能力。应当为胎儿保留的遗产份额没有保留的,应从继承人所继承的遗产中扣回。为胎儿保留的遗产份额,如胎儿出生后死亡的,由其继承人继承;如胎儿娩出时是死体的,由被继承人的继承人继承。

《民法典》第16条从法律上明确了胎儿在特定情形下视为具有民事权利能力。上述"遗产继承"不仅包括法定继承,也包括遗嘱继承、遗赠。胎儿是法定继承人的,按照法定继承取得相应的遗产份额;有遗嘱的,胎儿按照遗嘱继承取得遗嘱确定的份额。胎儿不是法定继承人的,被继承人也可以立遗嘱将个人财产赠给胎儿,将来按遗赠办理,胎儿取得遗产继承权。涉及遗产继承、接受赠与等胎儿利益保护,父母在胎儿娩出前作为法定代理人主张相应权利的,人民法院依法予以支持。

案例 1. 李某诉范甲、滕某继承纠纷案(《中华人民共和国最高人民法院公报》2006年第7期)

案件适用要点： 在遗嘱中未给胎儿保留必要的遗产份额的，在遗产处理时，应当为胎儿留下必要的遗产，剩余部分才可以按遗嘱确定的分配原则处理。

2. 李某、郭某阳诉郭某和、童某某继承纠纷案(2015年4月15日最高人民法院指导案例50号)

案件适用要点： 夫妻关系存续期间，双方一致同意利用他人的精子进行人工授精并使女方受孕后，男方反悔，而女方坚持生出该子女的，不论该子女是否在夫妻关系存续期间出生，都应视为夫妻双方的婚生子女。

如果夫妻一方所订立的遗嘱中没有为胎儿保留遗产份额，因违反《继承法》第19条的规定，该部分遗嘱内容无效。分割遗产时，应当依照《继承法》第28条规定，为胎儿保留继承份额。

参见 《民法典继承编解释》第31条；《总则编解释》第4条

第一千一百五十六条 【遗产分割】遗产分割应当有利于生产和生活需要，不损害遗产的效用。

不宜分割的遗产，可以采取折价、适当补偿或者共有等方法处理。

注释 本条是关于遗产分割原则和方法的规定。

遗产分割时应当遵循下列一些原则：

(1) 发挥遗产效用原则。分割遗产应体现物尽其用、财尽其值的要求，使遗产作为一种社会资源尽可能释放出经济效用，促进生产，方便生活。《民法典继承编解释》指出："人民法院在分割遗产中的房屋、生产资料和特定职业所需要的财产时，应当依据有利于发挥其使用效益和继承人的实际需要，兼顾各继承人的利益进行处理。"

(2) 酌给遗产原则。《民法典》第1159条确定了继承法律制度的酌给遗产原则，即对继承人以外的依靠被继承人扶养的人，或者继承人以外的对被继承人扶养较多的人，可以分给他们适当的遗产。当遗产因无人继承收归国家或者集体组织所有时，上述人员提出取得遗产的要求，人民法院应视情况适当分给遗产。

（3）保留胎儿应继份额原则。《民法典》第16条规定，涉及遗产继承、接受赠与等胎儿利益保护的，胎儿视为具有民事权利能力。但是胎儿娩出时为死体的，其民事权利能力自始不存在。

参见　《民法典继承编解释》第42条；《最高人民法院关于金瑞仙与黄宗廉等房产纠纷一案的批复》

第一千一百五十七条　【再婚时对所继承遗产的处分】夫妻一方死亡后另一方再婚的，有权处分所继承的财产，任何组织或者个人不得干涉。

注释　本条是关于夫妻一方死亡另一方再婚仍有权处分所继承遗产的规定。

夫妻有相互继承遗产的权利。当一方死亡后，另一方与他人再婚的，并不能改变其所继承的遗产成为自己的财产的性质，因而有权处分自己所继承的财产。

第一千一百五十八条　【遗赠扶养协议】自然人可以与继承人以外的组织或者个人签订遗赠扶养协议。按照协议，该组织或者个人承担该自然人生养死葬的义务，享有受遗赠的权利。

注释　本条是关于遗赠扶养协议的规定。

遗赠扶养协议是指遗赠人和扶养人为明确相互间遗赠和扶养的权利义务关系所订立的协议。需要他人扶养，并愿意将自己的合法财产全部或部分遗赠给扶养人的为遗赠人；对遗赠人尽扶养义务并接受遗赠的人为扶养人。遗赠人必须是具有完全民事行为能力、有一定的可遗赠的财产并需要他人扶养的自然人。扶养人必须是遗赠人法定继承人以外的个人或组织，并具有完全民事行为能力、能履行扶养义务。

遗赠扶养协议可以根据《遗赠扶养协议公证细则》进行公证。

遗赠扶养协议的特征如下：（1）遗赠扶养协议为双方法律行

为，须有双方的意思表示一致才能成立。(2) 遗赠扶养协议为诺成法律行为，自双方意思表示达成一致时起即发生效力。(3) 遗赠扶养协议为要式法律行为，应采用书面形式。(4) 遗赠扶养协议为双务有偿法律行为，扶养人负有负责受扶养人的生养死葬的义务，受扶养人也有将自己的财产遗赠给扶养人的义务。(5) 遗赠扶养协议具有效力优先性，遗赠扶养协议与遗赠、遗嘱继承并存，则应当优先执行遗赠扶养协议。

继承人以外的组织或者个人与自然人签订遗赠扶养协议后，无正当理由不履行，导致协议解除的，不能享有受遗赠的权利，其支付的供养费用一般不予补偿；遗赠人无正当理由不履行，导致协议解除的，则应当偿还继承人以外的组织或者个人已支付的供养费用。

参见　《民法典继承编解释》第40条；《遗赠扶养协议公证细则》

第一千一百五十九条　【遗产分割时的义务】分割遗产，应当清偿被继承人依法应当缴纳的税款和债务；但是，应当为缺乏劳动能力又没有生活来源的继承人保留必要的遗产。

注释　本条是关于遗产清偿债务顺序的规定。

遗产在分割之前，应当先清偿债务。遗产债务清偿的顺序是：

(1) 遗产管理费。虽然本条没有规定遗产管理费具有最优先的地位，但这是必须的。

(2) 缴纳所欠税款。被继承人生前所欠税款，应当在清偿生前所欠债务之后，予以扣除。

(3) 被继承人生前所欠债务。被继承人的遗产源于被继承人生前所从事的各类法律行为。履行债务则是获得债权的代价，即债务是债权的基础。

对于继承人以外的依靠被继承人扶养的缺乏劳动能力又没有生活来源的人，即使遗产不足以清偿上述税款和债务，也应当保留适当份额，按具体情况可以多于或少于继承人。

参见　《最高人民法院关于空难死亡赔偿金能否作为遗产处理的复函》

第一千一百六十条 【无人继承的遗产的处理】 无人继承又无人受遗赠的遗产，归国家所有，用于公益事业；死者生前是集体所有制组织成员的，归所在集体所有制组织所有。

> **注释** 本条是关于无人继承又无人受遗赠遗产的规定。
>
> 无人继承又无人受遗赠的遗产是指公民死后没有法定继承人，又没有遗嘱，或者全部继承人都放弃或丧失继承权时的财产，以及被继承人没有法定继承人，只用遗嘱处分了一部分遗产，其余未加处分的那一部分遗产。
>
> 对于无人继承又无人受遗赠的遗产，首先应当用来支付死者必要的殡葬费用，清偿死者生前欠下的债务。余下的遗产，根据本条的规定，如果死者生前是集体所有制组织成员的，则归他生前所在的集体所有制组织所有；除上述情形外，归国家所有，国家用于公益事业。
>
> 遗产因无人继承又无人受遗赠归国家或者集体所有制组织所有时，按照本法第1131条规定可以分给适当遗产的人提出取得遗产的诉讼请求，人民法院应当视情况适当分给遗产。
>
> **参见** 《民法典继承编解释》第41条

第一千一百六十一条 【限定继承】 继承人以所得遗产实际价值为限清偿被继承人依法应当缴纳的税款和债务。超过遗产实际价值部分，继承人自愿偿还的不在此限。

继承人放弃继承的，对被继承人依法应当缴纳的税款和债务可以不负清偿责任。

> **注释** 本条是关于限定继承和放弃继承的规定。
>
> 限定继承是指继承人附加限制条件地接受被继承人的全部遗产的意思表示。一般的限定条件是以因继承所得之遗产偿还被继承人债务。
>
> 继承权放弃是指继承人于继承开始后、遗产分割前作出的放弃其继承被继承人遗产权利的意思表示。
>
> 各继承人已将遗产分割完毕才发现还有未清偿的债务的，应按以下办法清偿：既有法定继承又有遗嘱继承、遗赠的，由法定继承

人清偿被继承人依法应当缴纳的税款和债务；超过法定继承遗产实际价值部分，由遗嘱继承人和受遗赠人按比例以所得遗产清偿。

案例 吴某2等与王某等房屋买卖合同纠纷上诉案（上海市第一中级人民法院〔2016〕沪01民终10452号）

案件适用要点： 继承人继承的债务并非仅指金钱债务，其范围也包括被继承人未履行完毕的合同义务，除非放弃继承，否则应当继续履行。出卖人在签订房屋买卖合同后死亡，买受人有权要求出卖人的继承人在继承遗产范围内继续履行合同债务，交付房屋并办理房屋过户登记，但合同签订时双方另有约定的除外。

第一千一百六十二条　【遗赠与遗产债务清偿】 执行遗赠不得妨碍清偿遗赠人依法应当缴纳的税款和债务。

注释 本条是关于执行遗赠不得对抗清偿遗产债务的规定。

受遗赠权不是债权，遗赠人的债权人依法应当缴纳的税款和债权的请求权优于受遗赠人的受遗赠权，受遗赠人不能与税务部门和受遗赠人的债权人平等地分配遗产。

第一千一百六十三条　【既有法定继承又有遗嘱继承、遗赠时的债务清偿】 既有法定继承又有遗嘱继承、遗赠的，由法定继承人清偿被继承人依法应当缴纳的税款和债务；超过法定继承遗产实际价值部分，由遗嘱继承人和受遗赠人按比例以所得遗产清偿。

注释 本条是关于法定继承、遗嘱继承和遗赠同时存在时清偿遗产债务顺序的规定。

原《继承法》对此没有规定，本条规定的规则是：

（1）先由法定继承人清偿被继承人依法应当缴纳的税款和债务。这是因为，遗嘱继承和遗赠的效力优先于法定继承。

（2）由法定继承人继承的遗产部分清偿税款和债务仍有不足的，再由遗嘱继承人和受遗赠人按比例以所得遗产予以清偿。按比例，就是遗嘱继承人和受遗赠人接受遗产的效力相同，不存在先后顺序问题，因而应当按比例以所得遗产清偿债务。这个比例，是遗嘱继承人和受遗赠人各自所得遗产的比例。

无论是法定继承还是遗嘱继承、遗赠，超过其所得遗产部分，不承担清偿责任。

......

最高人民法院关于适用《中华人民共和国民法典》继承编的解释（一）

（2020年12月25日最高人民法院审判委员会第1825次会议通过 2020年12月29日最高人民法院公告公布 自2021年1月1日起施行 法释〔2020〕23号）

为正确审理继承纠纷案件，根据《中华人民共和国民法典》等相关法律规定，结合审判实践，制定本解释。

一、一般规定

第一条 继承从被继承人生理死亡或者被宣告死亡时开始。

宣告死亡的，根据民法典第四十八条规定确定的死亡日期，为继承开始的时间。

第二条 承包人死亡时尚未取得承包收益的，可以将死者生前对承包所投入的资金和所付出的劳动及其增值和孳息，由发包单位或者接续承包合同的人合理折价、补偿。其价额作为遗产。

第三条 被继承人生前与他人订有遗赠扶养协议，同时又立有遗嘱的，继承开始后，如果遗赠扶养协议与遗嘱没有抵触，遗产分别按协议和遗嘱处理；如果有抵触，按协议处理，与协议抵触的遗嘱全部或者部分无效。

第四条 遗嘱继承人依遗嘱取得遗产后，仍有权依照民法典第一千一百三十条的规定取得遗嘱未处分的遗产。

第五条 在遗产继承中,继承人之间因是否丧失继承权发生纠纷,向人民法院提起诉讼的,由人民法院依据民法典第一千一百二十五条的规定,判决确认其是否丧失继承权。

第六条 继承人是否符合民法典第一千一百二十五条第一款第三项规定的"虐待被继承人情节严重",可以从实施虐待行为的时间、手段、后果和社会影响等方面认定。

虐待被继承人情节严重的,不论是否追究刑事责任,均可确认其丧失继承权。

第七条 继承人故意杀害被继承人的,不论是既遂还是未遂,均应当确认其丧失继承权。

第八条 继承人有民法典第一千一百二十五条第一款第一项或者第二项所列之行为,而被继承人以遗嘱将遗产指定由该继承人继承的,可以确认遗嘱无效,并确认该继承人丧失继承权。

第九条 继承人伪造、篡改、隐匿或者销毁遗嘱,侵害了缺乏劳动能力又无生活来源的继承人的利益,并造成其生活困难的,应当认定为民法典第一千一百二十五条第一款第四项规定的"情节严重"。

二、法定继承

第十条 被收养人对养父母尽了赡养义务,同时又对生父母扶养较多的,除可以依照民法典第一千一百二十七条的规定继承养父母的遗产外,还可以依照民法典第一千一百三十一条的规定分得生父母适当的遗产。

第十一条 继子女继承了继父母遗产的,不影响其继承生父母的遗产。

继父母继承了继子女遗产的,不影响其继承生子女的遗产。

第十二条 养子女与生子女之间、养子女与养子女之间,系养兄弟姐妹,可以互为第二顺序继承人。

被收养人与其亲兄弟姐妹之间的权利义务关系，因收养关系的成立而消除，不能互为第二顺序继承人。

第十三条 继兄弟姐妹之间的继承权，因继兄弟姐妹之间的扶养关系而发生。没有扶养关系的，不能互为第二顺序继承人。

继兄弟姐妹之间相互继承了遗产的，不影响其继承亲兄弟姐妹的遗产。

第十四条 被继承人的孙子女、外孙子女、曾孙子女、外曾孙子女都可以代位继承，代位继承人不受辈数的限制。

第十五条 被继承人的养子女、已形成扶养关系的继子女的生子女可以代位继承；被继承人亲生子女的养子女可以代位继承；被继承人养子女的养子女可以代位继承；与被继承人已形成扶养关系的继子女的养子女也可以代位继承。

第十六条 代位继承人缺乏劳动能力又没有生活来源，或者对被继承人尽过主要赡养义务的，分配遗产时，可以多分。

第十七条 继承人丧失继承权的，其晚辈直系血亲不得代位继承。如该代位继承人缺乏劳动能力又没有生活来源，或者对被继承人尽赡养义务较多的，可以适当分给遗产。

第十八条 丧偶儿媳对公婆、丧偶女婿对岳父母，无论其是否再婚，依照民法典第一千一百二十九条规定作为第一顺序继承人时，不影响其子女代位继承。

第十九条 对被继承人生活提供了主要经济来源，或者在劳务等方面给予了主要扶助的，应当认定其尽了主要赡养义务或主要扶养义务。

第二十条 依照民法典第一千一百三十一条规定可以分给适当遗产的人，分给他们遗产时，按具体情况可以多于或者少于继承人。

第二十一条 依照民法典第一千一百三十一条规定可以分给适当遗产的人，在其依法取得被继承人遗产的权利受到侵犯时，本人有权以独立的诉讼主体资格向人民法院提起诉讼。

第二十二条 继承人有扶养能力和扶养条件，愿意尽扶养义务，但被继承人因有固定收入和劳动能力，明确表示不要求其扶养的，分配遗产时，一般不应因此而影响其继承份额。

第二十三条 有扶养能力和扶养条件的继承人虽然与被继承人共同生活，但对需要扶养的被继承人不尽扶养义务，分配遗产时，可以少分或者不分。

三、遗嘱继承和遗赠

第二十四条 继承人、受遗赠人的债权人、债务人，共同经营的合伙人，也应当视为与继承人、受遗赠人有利害关系，不能作为遗嘱的见证人。

第二十五条 遗嘱人未保留缺乏劳动能力又没有生活来源的继承人的遗产份额，遗产处理时，应当为该继承人留下必要的遗产，所剩余的部分，才可参照遗嘱确定的分配原则处理。

继承人是否缺乏劳动能力又没有生活来源，应当按遗嘱生效时该继承人的具体情况确定。

第二十六条 遗嘱人以遗嘱处分了国家、集体或者他人财产的，应当认定该部分遗嘱无效。

第二十七条 自然人在遗书中涉及死后个人财产处分的内容，确为死者的真实意思表示，有本人签名并注明了年、月、日，又无相反证据的，可以按自书遗嘱对待。

第二十八条 遗嘱人立遗嘱时必须具有完全民事行为能力。无民事行为能力人或者限制民事行为能力人所立的遗嘱，即使其本人后来具有完全民事行为能力，仍属无效遗嘱。遗嘱人立遗嘱时具有完全民事行为能力，后来成为无民事行为能力人或者限制民事行为能力人的，不影响遗嘱的效力。

第二十九条 附义务的遗嘱继承或者遗赠，如义务能够履行，而继承人、受遗赠人无正当理由不履行，经受益人或者其他继承人请求，人民法院可以取消其接受附义务部分遗产的权利，由提出请求的继承人或者受益人负责按遗嘱人的意愿履行义务，接受遗产。

四、遗产的处理

第三十条 人民法院在审理继承案件时，如果知道有继承人而无法通知的，分割遗产时，要保留其应继承的遗产，并确定该遗产的保管人或者保管单位。

第三十一条 应当为胎儿保留的遗产份额没有保留的，应从继承人所继承的遗产中扣回。

为胎儿保留的遗产份额，如胎儿出生后死亡的，由其继承人继承；如胎儿娩出时是死体的，由被继承人的继承人继承。

第三十二条 继承人因放弃继承权，致其不能履行法定义务的，放弃继承权的行为无效。

第三十三条 继承人放弃继承应当以书面形式向遗产管理人或者其他继承人表示。

第三十四条 在诉讼中，继承人向人民法院以口头方式表示放弃继承的，要制作笔录，由放弃继承的人签名。

第三十五条 继承人放弃继承的意思表示，应当在继承开始后、遗产分割前作出。遗产分割后表示放弃的不再是继承权，而是所有权。

第三十六条 遗产处理前或者在诉讼进行中，继承人对放弃继承反悔的，由人民法院根据其提出的具体理由，决定是否承认。遗产处理后，继承人对放弃继承反悔的，不予承认。

第三十七条 放弃继承的效力，追溯到继承开始的时间。

第三十八条 继承开始后，受遗赠人表示接受遗赠，并于遗产分割前死亡的，其接受遗赠的权利转移给他的继承人。

第三十九条 由国家或者集体组织供给生活费用的烈属和享受社会救济的自然人，其遗产仍应准许合法继承人继承。

第四十条 继承人以外的组织或者个人与自然人签订遗赠扶养协议后，无正当理由不履行，导致协议解除的，不能享有受遗赠的权利，其支付的供养费用一般不予补偿；遗赠人无正当理由不履行，导致协议解除的，则应当偿还继承人以外的组织或者个人已支付的供养费用。

第四十一条 遗产因无人继承又无人受遗赠归国家或者集体所有制组织所有时，按照民法典第一千一百三十一条规定可以分给适当遗产的人提出取得遗产的诉讼请求，人民法院应当视情况适当分给遗产。

第四十二条 人民法院在分割遗产中的房屋、生产资料和特定职业所需要的财产时，应当依据有利于发挥其使用效益和继承人的实际需要，兼顾各继承人的利益进行处理。

第四十三条 人民法院对故意隐匿、侵吞或者争抢遗产的继承人，可以酌情减少其应继承的遗产。

第四十四条 继承诉讼开始后，如继承人、受遗赠人中有既不愿参加诉讼，又不表示放弃实体权利的，应当追加为共同原告；继承人已书面表示放弃继承、受遗赠人在知道受遗赠后六十日内表示放弃受遗赠或者到期没有表示的，不再列为当事人。

五、附　则

第四十五条 本解释自 2021 年 1 月 1 日起施行。

遗嘱公证细则

（2000 年 3 月 24 日司法部令第 57 号发布　自 2000 年 7 月 1 日起施行）

第一条 为规范遗嘱公证程序，根据《中华人民共和国继承法》、《中华人民共和国公证暂行条例》等有关规定，制定本细则。

第二条 遗嘱是遗嘱人生前在法律允许的范围内，按照法律规定的方式处分其个人财产或者处理其他事务，并在其死亡时发生效力的单方法律行为。

第三条 遗嘱公证是公证处按照法定程序证明遗嘱人设立遗嘱行为真实、合法的活动。经公证证明的遗嘱为公证遗嘱。

第四条 遗嘱公证由遗嘱人住所地或者遗嘱行为发生地公证处管辖。

第五条 遗嘱人申办遗嘱公证应当亲自到公证处提出申请。

遗嘱人亲自到公证处有困难的，可以书面或者口头形式请求有管辖权的公证处指派公证人员到其住所或者临时处所办理。

第六条 遗嘱公证应当由两名公证人员共同办理，由其中一名公证员在公证书上署名。因特殊情况由一名公证员办理时，应当有一名见证人在场，见证人应当在遗嘱和笔录上签名。

见证人、遗嘱代书人适用《中华人民共和国继承法》第十八条的规定。

第七条 申办遗嘱公证，遗嘱人应当填写公证申请表，并提交下列证件和材料：

（一）居民身份证或者其他身份证件；

（二）遗嘱涉及的不动产、交通工具或者其他有产权凭证的财产的产权证明；

（三）公证人员认为应当提交的其他材料。

遗嘱人填写申请表确有困难的，可由公证人员代为填写，遗嘱人应当在申请表上签名。

第八条 对于属于本公证处管辖，并符合前条规定的申请，公证处应当受理。

对于不符合前款规定的申请，公证处应当在三日内作出不予受理的决定，并通知申请人。

第九条 公证人员具有《公证程序规则（试行）》第十条规定情形的，应当自行回避，遗嘱人有权申请公证人员回避。

第十条 公证人员应当向遗嘱人讲解我国《民法通则》、《继承法》中有关遗嘱和公民财产处分权利的规定，以及公证遗嘱的意义和法律后果。

第十一条 公证处应当按照《公证程序规则（试行）》第二十三条的规定进行审查，并着重审查遗嘱人的身份及意思表示是否真实、有无受胁迫或者受欺骗等情况。

第十二条 公证人员询问遗嘱人，除见证人、翻译人员外，其他人员一般不得在场。公证人员应当按照《公证程序规则（试行）》第二十四条的规定制作谈话笔录。谈话笔录应当着重记录下列内容：

（一）遗嘱人的身体状况、精神状况；遗嘱人系老年人、间歇性精神病人、危重伤病人的，还应当记录其对事物的识别、反应能力；

（二）遗嘱人家庭成员情况，包括其配偶、子女、父母及与其共同生活人员的基本情况；

（三）遗嘱所处分财产的情况，是否属于遗嘱人个人所有，以前是否曾以遗嘱或者遗赠扶养协议等方式进行过处分，有无已设立担保、已被查封、扣押等限制所有权的情况；

（四）遗嘱人所提供的遗嘱或者遗嘱草稿的形成时间、地点和过程，是自书还是代书，是否本人的真实意愿，有无修改、补充，对遗产的处分是否附有条件；代书人的情况，遗嘱或者遗嘱草稿上的签名、盖章或者手印是否其本人所为；

（五）遗嘱人未提供遗嘱或者遗嘱草稿的，应当详细记录其处分遗产的意思表示；

（六）是否指定遗嘱执行人及遗嘱执行人的基本情况；

（七）公证人员认为应当询问的其他内容。

谈话笔录应当当场向遗嘱人宣读或者由遗嘱人阅读，遗嘱人无异议后，遗嘱人、公证人员、见证人应当在笔录上签名。

第十三条 遗嘱应当包括以下内容：

（一）遗嘱人的姓名、性别、出生日期、住址；

（二）遗嘱处分的财产状况（名称、数量、所在地点以及是否共有、抵押等）；

（三）对财产和其他事务的具体处理意见；

（四）有遗嘱执行人的，应当写明执行人的姓名、性别、年龄、住址等；

（五）遗嘱制作的日期以及遗嘱人的签名。

遗嘱中一般不得包括与处分财产及处理死亡后事宜无关的其他

内容。

第十四条　遗嘱人提供的遗嘱，无修改、补充的，遗嘱人应当在公证人员面前确认遗嘱内容、签名及签署日期属实。

遗嘱人提供的遗嘱或者遗嘱草稿，有修改、补充的，经整理、誊清后，应当交遗嘱人核对，并由其签名。

遗嘱人未提供遗嘱或者遗嘱草稿的，公证人员可以根据遗嘱人的意思表示代为起草遗嘱。公证人员代拟的遗嘱，应当交遗嘱人核对，并由其签名。

以上情况应当记入谈话笔录。

第十五条　两个以上的遗嘱人申请办理共同遗嘱公证的，公证处应当引导他们分别设立遗嘱。

遗嘱人坚持申请办理共同遗嘱公证的，共同遗嘱中应当明确遗嘱变更、撤销及生效的条件。

第十六条　公证人员发现有下列情形之一的，公证人员在与遗嘱人谈话时应当录音或者录像：

（一）遗嘱人年老体弱；

（二）遗嘱人为危重伤病人；

（三）遗嘱人为聋、哑、盲人；

（四）遗嘱人为间歇性精神病患者、弱智者。

第十七条　对于符合下列条件的，公证处应当出具公证书：

（一）遗嘱人身份属实，具有完全民事行为能力；

（二）遗嘱人意思表示真实；

（三）遗嘱人证明或者保证所处分的财产是其个人财产；

（四）遗嘱内容不违反法律规定和社会公共利益，内容完备，文字表述准确，签名、制作日期齐全；

（五）办证程序符合规定。

不符合前款规定条件的，应当拒绝公证。

第十八条　公证遗嘱采用打印形式。遗嘱人根据遗嘱原稿核对后，应当在打印的公证遗嘱上签名。

遗嘱人不会签名或者签名有困难的，可以盖章方式代替在申请表、笔录和遗嘱上的签名；遗嘱人既不能签字又无印章的，应当以按手印方式代替签名或者盖章。

有前款规定情形的，公证人员应当在笔录中注明。以按手印代替签名或者盖章的，公证人员应当提取遗嘱人全部的指纹存档。

第十九条 公证处审批人批准遗嘱公证书之前，遗嘱人死亡或者丧失行为能力的，公证处应当终止办理遗嘱公证。

遗嘱人提供或者公证人员代书、录制的遗嘱，符合代书遗嘱条件或者经承办公证人员见证符合自书、录音、口头遗嘱条件的，公证处可以将该遗嘱发给遗嘱受益人，并将其复印件存入终止公证的档案。

公证处审批人批准之后，遗嘱人死亡或者丧失行为能力的，公证处应当完成公证遗嘱的制作。遗嘱人无法在打印的公证遗嘱上签名的，可依符合第十七条规定的遗嘱原稿的复印件制作公证遗嘱，遗嘱原稿留公证处存档。

第二十条 公证处可根据《中华人民共和国公证暂行条例》规定保管公证遗嘱或者自书遗嘱、代书遗嘱、录音遗嘱；也可根据国际惯例保管密封遗嘱。

第二十一条 遗嘱公证卷应当列为密卷保存。遗嘱人死亡后，转为普通卷保存。

公证遗嘱生效前，遗嘱卷宗不得对外借阅，公证人员亦不得对外透露遗嘱内容。

第二十二条 公证遗嘱生效前，非经遗嘱人申请并履行公证程序，不得撤销或者变更公证遗嘱。

遗嘱人申请撤销或者变更公证遗嘱的程序适用本规定。

第二十三条 公证遗嘱生效后，与继承权益相关的人员有确凿证据证明公证遗嘱部分违法的，公证处应当予以调查核实；经调查核实，公证遗嘱部分内容确属违法的，公证处应当撤销对公证遗嘱中违法部分的公证证明。

第二十四条 因公证人员过错造成错证的，公证处应当承担赔偿责任。有关公证赔偿的规定，另行制定。

第二十五条 本细则由司法部解释。
第二十六条 本细则自 2000 年 7 月 1 日起施行。

遗赠扶养协议公证细则

(1991 年 4 月 3 日　司发〔1991〕047 号)

第一条 为规范遗赠扶养协议公证程序,根据《中华人民共和国民法通则》、《中华人民共和国继承法》、《中华人民共和国公证暂行条例》、《公证程序规则(试行)》,制定本细则。

第二条 遗赠扶养协议是遗赠人和扶养人为明确相互间遗赠和扶养的权利义务关系所订立的协议。

需要他人扶养,并愿将自己的合法财产全部或部分遗赠给扶养人的为遗赠人;对遗赠人尽扶养义务并接受遗赠的人为扶养人。

第三条 遗赠扶养协议公证是公证处依法证明当事人签订遗赠扶养协议真实、合法的行为。

第四条 遗赠人必须是具有完全民事行为能力、有一定的可遗赠的财产、并需要他人扶养的农民。

第五条 扶养人必须是遗赠人法定继承人以外的公民或组织,并具有完全民事行为能力、能履行扶养义务。

第六条 遗赠扶养协议公证,由遗赠人或扶养人的住所地公证处受理。

第七条 办理遗赠扶养协议公证,当事人双方应亲自到公证处提出申请,遗赠人确有困难,公证人员可到其居住地办理。

第八条 申办遗赠扶养协议公证,当事人应向公证处提交以下证件和材料:

(一) 当事人遗赠扶养协议公证申请表;
(二) 当事人的居民身份证或其他身份证明;
(三) 扶养人为组织的,应提交资格证明、法定代表人身份证明，代理人应提交授权委托书；

（四）村民委员会、居民委员会或所在单位出具的遗赠人的家庭成员情况证明；

（五）遗赠财产清单和所有权证明；

（六）村民委员会、居民委员会或所在单位出具的扶养人的经济情况和家庭成员情况证明；

（七）扶养人有配偶的，应提交其配偶同意订立遗赠扶养协议的书面意见；

（八）遗赠扶养协议；

（九）公证人员认为应当提交的其他材料。

第九条 符合下列条件的申请，公证处应予受理：

（一）当事人身份明确，具有完全民事行为能力；

（二）当事人就遗赠扶养协议事宜已达成协议；

（三）当事人提交了本细则第八条规定的证件和材料；

（四）该公证事项属于本公证处管辖。

对不符合前款规定条件的申请，公证处应作出不予受理的决定，并通知当事人。

第十条 公证人员接待当事人，应按《公证程序规则（试行）》第二十四条规定制作笔录，并着重记录下列内容：

（一）遗赠人和扶养人的近亲情况、经济状况；

（二）订立遗赠扶养协议的原因；

（三）遗赠人遗赠财产的名称、种类、数量、质量、价值、坐落或存放地点，产权有无争议，有无债权债务及处理意见；

（四）扶养人的扶养条件、扶养能力、扶养方式，及应尽的义务；

（五）与当事人共同生活的家庭成员意见；

（六）遗赠财产的使用保管方法；

（七）争议的解决方法；

（八）违约责任；

（九）公证人员认为应当记录的其他内容。

公证人员接待当事人，须根据民法通则和继承法等有关法律，向当事人说明签订遗赠扶养协议的法律依据，协议双方应承担的义务和享有的权利，以及不履行义务承担的法律责任。

第十一条　遗赠扶养协议应包括下列主要内容：

（一）当事人的姓名、性别、出生日期、住址，扶养人为组织的应写明单位名称、住址、法定代表人及代理人的姓名；

（二）当事人自愿达成协议的意思表示；

（三）遗赠人受扶养的权利和遗赠的义务；扶养人受遗赠的权利和扶养义务，包括照顾遗赠人的衣、食、住、行、病、葬的具体措施及责任田、口粮田、自留地的耕、种、管、收和遗赠财产的名称、种类、数量、质量、价值、坐落或存放地点、产权归属等；

（四）遗赠财产的保护措施或担保人同意担保的意思表示；

（五）协议变更、解除的条件和争议的解决方法；

（六）违约责任。

第十二条　遗赠扶养协议公证，除按《公证程序规则（试行）》第二十三条规定的内容审查外，应着重审查下列内容：

（一）当事人之间有共同生活的感情基础，一般居住在同一地；

（二）当事人的意思表示真实、协商一致，协议条款完备，权利义务明确、具体、可行；

（三）遗赠的财产属遗赠人所有，产权明确无争议；财产为特定的、不易灭失；

（四）遗赠人的债权债务有明确的处理意见；

（五）遗赠人有配偶并同居的，应以夫妻共同为一方签订协议；

（六）扶养人有配偶的，必须征得配偶的同意；

（七）担保人同意担保的意思表示及担保财产；

（八）公证人员认为应当查明的其他情况。

第十三条　符合下列条件的遗赠扶养协议，公证处应出具公证书：

（一）遗赠人和扶养人具有完全民事行为能力；

（二）当事人意思表示真实、自愿；

（三）协议内容真实、合法，条款完备，协议内容明确、具体、可行，文字表述准确；

（四）办证程序符合规定。

不符合前款规定条件的，应当拒绝公证，并在办证期限内将拒绝的理由通知当事人。

第十四条 订立遗赠扶养协议公证后，未征得扶养人的同意，遗赠人不得另行处分遗赠的财产，扶养人也不得干涉遗赠人处分未遗赠的财产。

第十五条 无遗赠财产的扶养协议公证，参照本细则办理。

第十六条 本细则由司法部负责解释。

第十七条 本细则自一九九一年五月一日起施行。

公证书格式（一）

公证书

（　）××字第××号

兹证明遗赠人×××（男或女，××××年×月×日出生，现住××省××市××街××号）与扶养人×××（男或女，××××年×月×日出生，现住××省××市××街××号）于××××年×月×日自愿签订了前面的《遗赠扶养协议》，并在我的面前，在前面的协议上签名（盖章）。×××与×××签订上述协议的行为符合《中华人民共和国民法通则》第五十五条和《中华人民共和国继承法》的规定。

××省××市公证处

公证员×××

××××年×月×日

公证书格式（二）

公证书

( ) ××字第××号

兹证明遗赠人×××（男或女，××××年×月×日出生，现住××省××市××街××号）与扶养人××××（单位名称）代表人×××（男或女，××××年×月×日出生，现住××省××市××街××号）于××××年×月×日自愿签订了前面的《遗赠扶养协议》，并在我的面前，在前面的协议上签名（盖章）。×××与××××（单位名称）的代表人×××签订上述协议符合《中华人民共和国民法通则》第五十五条和《中华人民共和国继承法》的规定。

××省××市公证处

公证员×××

××××年×月×日

中华人民共和国涉外民事关系法律适用法（节录）

（2010年10月28日第十一届全国人民代表大会常务委员会第十七次会议通过 2010年10月28日中华人民共和国主席令第36号公布 自2011年4月1日起施行）

……

第三章 婚姻家庭

第二十一条 结婚条件，适用当事人共同经常居所地法律；没有共同经常居所地的,适用共同国籍国法律;没有共同国籍,在一方当事人经常居所地或者国籍国缔结婚姻的,适用婚姻缔结地法律。

第二十二条 结婚手续,符合婚姻缔结地法律、一方当事人经常居所地法律或者国籍国法律的,均为有效。

第二十三条 夫妻人身关系,适用共同经常居所地法律;没有共同经常居所地的,适用共同国籍国法律。

第二十四条 夫妻财产关系,当事人可以协议选择适用一方当事人经常居所地法律、国籍国法律或者主要财产所在地法律。当事人没有选择的,适用共同经常居所地法律;没有共同经常居所地的,适用共同国籍国法律。

第二十五条 父母子女人身、财产关系,适用共同经常居所地法律;没有共同经常居所地的,适用一方当事人经常居所地法律或者国籍国法律中有利于保护弱者权益的法律。

第二十六条 协议离婚,当事人可以协议选择适用一方当事人经常居所地法律或者国籍国法律。当事人没有选择的,适用共同经常居所地法律;没有共同经常居所地的,适用共同国籍国法律;没有共同国籍的,适用办理离婚手续机构所在地法律。

第二十七条 诉讼离婚,适用法院地法律。

第二十八条 收养的条件和手续,适用收养人和被收养人经常居所地法律。收养的效力,适用收养时收养人经常居所地法律。收养关系的解除,适用收养时被收养人经常居所地法律或者法院地法律。

第二十九条 扶养,适用一方当事人经常居所地法律、国籍国法律或者主要财产所在地法律中有利于保护被扶养人权益的法律。

第三十条 监护,适用一方当事人经常居所地法律或者国籍国法律中有利于保护被监护人权益的法律。

第四章 继　　承

第三十一条 法定继承,适用被继承人死亡时经常居所地法律,但不动产法定继承,适用不动产所在地法律。

第三十二条 遗嘱方式，符合遗嘱人立遗嘱时或者死亡时经常居所地法律、国籍国法律或者遗嘱行为地法律的，遗嘱均为成立。

第三十三条 遗嘱效力，适用遗嘱人立遗嘱时或者死亡时经常居所地法律或者国籍国法律。

第三十四条 遗产管理等事项，适用遗产所在地法律。

第三十五条 无人继承遗产的归属，适用被继承人死亡时遗产所在地法律。

……

中华人民共和国人口与计划生育法

（2001年12月29日第九届全国人民代表大会常务委员会第二十五次会议通过　根据2015年12月27日第十二届全国人民代表大会常务委员会第十八次会议《关于修改〈中华人民共和国人口与计划生育法〉的决定》第一次修正　根据2021年8月20日第十三届全国人民代表大会常务委员会第三十次会议《关于修改〈中华人民共和国人口与计划生育法〉的决定》第二次修正）

第一章　总　　则

第一条　为了实现人口与经济、社会、资源、环境的协调发展，推行计划生育，维护公民的合法权益，促进家庭幸福、民族繁荣与社会进步，根据宪法，制定本法。

第二条　我国是人口众多的国家，实行计划生育是国家的基本国策。

国家采取综合措施，调控人口数量，提高人口素质，推动实现适度生育水平，优化人口结构，促进人口长期均衡发展。

国家依靠宣传教育、科学技术进步、综合服务、建立健全奖励和社会保障制度，开展人口与计划生育工作。

第三条 开展人口与计划生育工作,应当与增加妇女受教育和就业机会、增进妇女健康、提高妇女地位相结合。

第四条 各级人民政府及其工作人员在推行计划生育工作中应当严格依法行政,文明执法,不得侵犯公民的合法权益。

卫生健康主管部门及其工作人员依法执行公务受法律保护。

第五条 国务院领导全国的人口与计划生育工作。

地方各级人民政府领导本行政区域内的人口与计划生育工作。

第六条 国务院卫生健康主管部门负责全国计划生育工作和与计划生育有关的人口工作。

县级以上地方各级人民政府卫生健康主管部门负责本行政区域内的计划生育工作和与计划生育有关的人口工作。

县级以上各级人民政府其他有关部门在各自的职责范围内,负责有关的人口与计划生育工作。

第七条 工会、共产主义青年团、妇女联合会及计划生育协会等社会团体、企业事业组织和公民应当协助人民政府开展人口与计划生育工作。

第八条 国家对在人口与计划生育工作中作出显著成绩的组织和个人,给予奖励。

第二章 人口发展规划的制定与实施

第九条 国务院编制人口发展规划,并将其纳入国民经济和社会发展计划。

县级以上地方各级人民政府根据全国人口发展规划以及上一级人民政府人口发展规划,结合当地实际情况编制本行政区域的人口发展规划,并将其纳入国民经济和社会发展计划。

第十条 县级以上各级人民政府根据人口发展规划,制定人口与计划生育实施方案并组织实施。

县级以上各级人民政府卫生健康主管部门负责实施人口与计划生育实施方案的日常工作。

乡、民族乡、镇的人民政府和城市街道办事处负责本管辖区域内的人口与计划生育工作，贯彻落实人口与计划生育实施方案。

第十一条 人口与计划生育实施方案应当规定调控人口数量，提高人口素质，推动实现适度生育水平，优化人口结构，加强母婴保健和婴幼儿照护服务，促进家庭发展的措施。

第十二条 村民委员会、居民委员会应当依法做好计划生育工作。

机关、部队、社会团体、企业事业组织应当做好本单位的计划生育工作。

第十三条 卫生健康、教育、科技、文化、民政、新闻出版、广播电视等部门应当组织开展人口与计划生育宣传教育。

大众传媒负有开展人口与计划生育的社会公益性宣传的义务。

学校应当在学生中，以符合受教育者特征的适当方式，有计划地开展生理卫生教育、青春期教育或者性健康教育。

第十四条 流动人口的计划生育工作由其户籍所在地和现居住地的人民政府共同负责管理，以现居住地为主。

第十五条 国家根据国民经济和社会发展状况逐步提高人口与计划生育经费投入的总体水平。各级人民政府应当保障人口与计划生育工作必要的经费。

各级人民政府应当对欠发达地区、少数民族地区开展人口与计划生育工作给予重点扶持。

国家鼓励社会团体、企业事业组织和个人为人口与计划生育工作提供捐助。

任何单位和个人不得截留、克扣、挪用人口与计划生育工作费用。

第十六条 国家鼓励开展人口与计划生育领域的科学研究和对外交流与合作。

第三章 生育调节

第十七条 公民有生育的权利，也有依法实行计划生育的义务，夫妻双方在实行计划生育中负有共同的责任。

第十八条　国家提倡适龄婚育、优生优育。一对夫妻可以生育三个子女。

符合法律、法规规定条件的，可以要求安排再生育子女。具体办法由省、自治区、直辖市人民代表大会或者其常务委员会规定。

少数民族也要实行计划生育，具体办法由省、自治区、直辖市人民代表大会或者其常务委员会规定。

夫妻双方户籍所在地的省、自治区、直辖市之间关于再生育子女的规定不一致的，按照有利于当事人的原则适用。

第十九条　国家创造条件，保障公民知情选择安全、有效、适宜的避孕节育措施。实施避孕节育手术，应当保证受术者的安全。

第二十条　育龄夫妻自主选择计划生育避孕节育措施，预防和减少非意愿妊娠。

第二十一条　实行计划生育的育龄夫妻免费享受国家规定的基本项目的计划生育技术服务。

前款规定所需经费，按照国家有关规定列入财政预算或者由社会保险予以保障。

第二十二条　禁止歧视、虐待生育女婴的妇女和不育的妇女。

禁止歧视、虐待、遗弃女婴。

第四章　奖励与社会保障

第二十三条　国家对实行计划生育的夫妻，按照规定给予奖励。

第二十四条　国家建立、健全基本养老保险、基本医疗保险、生育保险和社会福利等社会保障制度，促进计划生育。

国家鼓励保险公司举办有利于计划生育的保险项目。

第二十五条　符合法律、法规规定生育子女的夫妻，可以获得延长生育假的奖励或者其他福利待遇。

国家支持有条件的地方设立父母育儿假。

第二十六条　妇女怀孕、生育和哺乳期间，按照国家有关规定享受特殊劳动保护并可以获得帮助和补偿。国家保障妇女就业合法权益,为因生育影响就业的妇女提供就业服务。

公民实行计划生育手术,享受国家规定的休假。

第二十七条 国家采取财政、税收、保险、教育、住房、就业等支持措施,减轻家庭生育、养育、教育负担。

第二十八条 县级以上各级人民政府综合采取规划、土地、住房、财政、金融、人才等措施,推动建立普惠托育服务体系,提高婴幼儿家庭获得服务的可及性和公平性。

国家鼓励和引导社会力量兴办托育机构,支持幼儿园和机关、企业事业单位、社区提供托育服务。

托育机构的设置和服务应当符合托育服务相关标准和规范。托育机构应当向县级人民政府卫生健康主管部门备案。

第二十九条 县级以上地方各级人民政府应当在城乡社区建设改造中,建设与常住人口规模相适应的婴幼儿活动场所及配套服务设施。

公共场所和女职工比较多的用人单位应当配置母婴设施,为婴幼儿照护、哺乳提供便利条件。

第三十条 县级以上各级人民政府应当加强对家庭婴幼儿照护的支持和指导,增强家庭的科学育儿能力。

医疗卫生机构应当按照规定为婴幼儿家庭开展预防接种、疾病防控等服务,提供膳食营养、生长发育等健康指导。

第三十一条 在国家提倡一对夫妻生育一个子女期间,自愿终身只生育一个子女的夫妻,国家发给《独生子女父母光荣证》。

获得《独生子女父母光荣证》的夫妻,按照国家和省、自治区、直辖市有关规定享受独生子女父母奖励。

法律、法规或者规章规定给予获得《独生子女父母光荣证》的夫妻奖励的措施中由其所在单位落实的,有关单位应当执行。

在国家提倡一对夫妻生育一个子女期间,按照规定应当享受计划生育家庭老年人奖励扶助的,继续享受相关奖励扶助,并在老年人福利、养老服务等方面给予必要的优先和照顾。

第三十二条 获得《独生子女父母光荣证》的夫妻,独生子女发生意外伤残、死亡的,按照规定获得扶助。县级以上各级人民政府建立、健全对上述人群的生活、养老、医疗、精神慰藉等全方位帮扶保障制度。

第三十三条 地方各级人民政府对农村实行计划生育的家庭发展经济，给予资金、技术、培训等方面的支持、优惠；对实行计划生育的贫困家庭，在扶贫贷款、以工代赈、扶贫项目和社会救济等方面给予优先照顾。

第三十四条 本章规定的奖励和社会保障措施，省、自治区、直辖市和设区的市、自治州的人民代表大会及其常务委员会或者人民政府可以依据本法和有关法律、行政法规的规定，结合当地实际情况，制定具体实施办法。

第五章 计划生育服务

第三十五条 国家建立婚前保健、孕产期保健制度，防止或者减少出生缺陷，提高出生婴儿健康水平。

第三十六条 各级人民政府应当采取措施，保障公民享有计划生育服务，提高公民的生殖健康水平。

第三十七条 医疗卫生机构应当针对育龄人群开展优生优育知识宣传教育，对育龄妇女开展围孕期、孕产期保健服务，承担计划生育、优生优育、生殖保健的咨询、指导和技术服务，规范开展不孕不育症诊疗。

第三十八条 计划生育技术服务人员应当指导实行计划生育的公民选择安全、有效、适宜的避孕措施。

国家鼓励计划生育新技术、新药具的研究、应用和推广。

第三十九条 严禁利用超声技术和其他技术手段进行非医学需要的胎儿性别鉴定；严禁非医学需要的选择性别的人工终止妊娠。

第六章 法律责任

第四十条 违反本法规定，有下列行为之一的，由卫生健康主管部门责令改正，给予警告，没收违法所得；违法所得一万元以上的，处违法所得二倍以上六倍以下的罚款；没有违法所得或者违法所得不足一万元的，处一万元以上三万元以下的罚款；情节严重的，由原发证机关吊销执业证书；构成犯罪的，依法追究刑事责任：

（一）非法为他人施行计划生育手术的；

（二）利用超声技术和其他技术手段为他人进行非医学需要的胎儿性别鉴定或者选择性别的人工终止妊娠的。

第四十一条 托育机构违反托育服务相关标准和规范的，由卫生健康主管部门责令改正，给予警告；拒不改正的，处五千元以上五万元以下的罚款；情节严重的，责令停止托育服务，并处五万元以上十万元以下的罚款。

托育机构有虐待婴幼儿行为的，其直接负责的主管人员和其他直接责任人员终身不得从事婴幼儿照护服务；构成犯罪的，依法追究刑事责任。

第四十二条 计划生育技术服务人员违章操作或者延误抢救、诊治，造成严重后果的，依照有关法律、行政法规的规定承担相应的法律责任。

第四十三条 国家机关工作人员在计划生育工作中，有下列行为之一，构成犯罪的，依法追究刑事责任；尚不构成犯罪的，依法给予处分；有违法所得的，没收违法所得：

（一）侵犯公民人身权、财产权和其他合法权益的；

（二）滥用职权、玩忽职守、徇私舞弊的；

（三）索取、收受贿赂的；

（四）截留、克扣、挪用、贪污计划生育经费的；

（五）虚报、瞒报、伪造、篡改或者拒报人口与计划生育统计数据的。

第四十四条 违反本法规定，不履行协助计划生育管理义务的，由有关地方人民政府责令改正，并给予通报批评；对直接负责的主管人员和其他直接责任人员依法给予处分。

第四十五条 拒绝、阻碍卫生健康主管部门及其工作人员依法执行公务的，由卫生健康主管部门给予批评教育并予以制止；构成违反治安管理行为的,依法给予治安管理处罚;构成犯罪的,依法追究刑事责任。

第四十六条 公民、法人或者其他组织认为行政机关在实施计划生育管理过程中侵犯其合法权益,可以依法申请行政复议或者提起行政诉讼。

第七章 附 则

第四十七条 中国人民解放军和中国人民武装警察部队执行本法的具体办法,由中央军事委员会依据本法制定。

第四十八条 本法自2002年9月1日起施行。

中华人民共和国
妇女权益保障法（节录）

（1992年4月3日第七届全国人民代表大会第五次会议通过 根据2005年8月28日第十届全国人民代表大会常务委员会第十七次会议《关于修改〈中华人民共和国妇女权益保障法〉的决定》第一次修正 根据2018年10月26日第十三届全国人民代表大会常务委员会第六次会议《关于修改〈中华人民共和国野生动物保护法〉等十五部法律的决定》第二次修正 2022年10月30日第十三届全国人民代表大会常务委员会第三十七次会议修订 2022年10月30日中华人民共和国主席令第122号公布 自2023年1月1日起施行）

……

第六章 财产权益

第五十三条 国家保障妇女享有与男子平等的财产权利。

第五十四条　在夫妻共同财产、家庭共有财产关系中，不得侵害妇女依法享有的权益。

第五十五条　妇女在农村集体经济组织成员身份确认、土地承包经营、集体经济组织收益分配、土地征收补偿安置或者征用补偿以及宅基地使用等方面，享有与男子平等的权利。

申请农村土地承包经营权、宅基地使用权等不动产登记，应当在不动产登记簿和权属证书上将享有权利的妇女等家庭成员全部列明。征收补偿安置或者征用补偿协议应当将享有相关权益的妇女列入，并记载权益内容。

第五十六条　村民自治章程、村规民约，村民会议、村民代表会议的决定以及其他涉及村民利益事项的决定，不得以妇女未婚、结婚、离婚、丧偶、户无男性等为由，侵害妇女在农村集体经济组织中的各项权益。

因结婚男方到女方住所落户的，男方和子女享有与所在地农村集体经济组织成员平等的权益。

第五十七条　国家保护妇女在城镇集体所有财产关系中的权益。妇女依照法律、法规的规定享有相关权益。

第五十八条　妇女享有与男子平等的继承权。妇女依法行使继承权，不受歧视。

丧偶妇女有权依法处分继承的财产，任何组织和个人不得干涉。

第五十九条　丧偶儿媳对公婆尽了主要赡养义务的，作为第一顺序继承人，其继承权不受子女代位继承的影响。

第七章　婚姻家庭权益

第六十条　国家保障妇女享有与男子平等的婚姻家庭权利。

第六十一条　国家保护妇女的婚姻自主权。禁止干涉妇女的结婚、离婚自由。

第六十二条　国家鼓励男女双方在结婚登记前，共同进行医学检查或者相关健康体检。

第六十三条 婚姻登记机关应当提供婚姻家庭辅导服务,引导当事人建立平等、和睦、文明的婚姻家庭关系。

第六十四条 女方在怀孕期间、分娩后一年内或者终止妊娠后六个月内,男方不得提出离婚;但是,女方提出离婚或者人民法院认为确有必要受理男方离婚请求的除外。

第六十五条 禁止对妇女实施家庭暴力。

县级以上人民政府有关部门、司法机关、社会团体、企业事业单位、基层群众性自治组织以及其他组织,应当在各自的职责范围内预防和制止家庭暴力,依法为受害妇女提供救助。

第六十六条 妇女对夫妻共同财产享有与其配偶平等的占有、使用、收益和处分的权利,不受双方收入状况等情形的影响。

对夫妻共同所有的不动产以及可以联名登记的动产,女方有权要求在权属证书上记载其姓名;认为记载的权利人、标的物、权利比例等事项有错误的,有权依法申请更正登记或者异议登记,有关机构应当按照其申请依法办理相应登记手续。

第六十七条 离婚诉讼期间,夫妻一方申请查询登记在对方名下财产状况且确因客观原因不能自行收集的,人民法院应当进行调查取证,有关部门和单位应当予以协助。

离婚诉讼期间,夫妻双方均有向人民法院申报全部夫妻共同财产的义务。一方隐藏、转移、变卖、损毁、挥霍夫妻共同财产,或者伪造夫妻共同债务企图侵占另一方财产的,在离婚分割夫妻共同财产时,对该方可以少分或者不分财产。

第六十八条 夫妻双方应当共同负担家庭义务,共同照顾家庭生活。

女方因抚育子女、照料老人、协助男方工作等负担较多义务的,有权在离婚时要求男方予以补偿。补偿办法由双方协议确定;协议不成的,可以向人民法院提起诉讼。

第六十九条 离婚时,分割夫妻共有的房屋或者处理夫妻共同租住的房屋,由双方协议解决;协议不成的,可以向人民法院提起诉讼。

第七十条 父母双方对未成年子女享有平等的监护权。

父亲死亡、无监护能力或者有其他情形不能担任未成年子女的监护人的，母亲的监护权任何组织和个人不得干涉。

第七十一条 女方丧失生育能力的，在离婚处理子女抚养问题时，应当在最有利于未成年子女的条件下，优先考虑女方的抚养要求。

……

第九章 法律责任

第七十九条 违反本法第二十二条第二款规定，未履行报告义务的，依法对直接负责的主管人员和其他直接责任人员给予处分。

第八十条 违反本法规定，对妇女实施性骚扰的，由公安机关给予批评教育或者出具告诫书，并由所在单位依法给予处分。

学校、用人单位违反本法规定，未采取必要措施预防和制止性骚扰，造成妇女权益受到侵害或者社会影响恶劣的，由上级机关或者主管部门责令改正；拒不改正或者情节严重的，依法对直接负责的主管人员和其他直接责任人员给予处分。

第八十一条 违反本法第二十六条规定，未履行报告等义务的，依法给予警告、责令停业整顿或者吊销营业执照、吊销相关许可证，并处一万元以上五万元以下罚款。

第八十二条 违反本法规定，通过大众传播媒介或者其他方式贬低损害妇女人格的，由公安、网信、文化旅游、广播电视、新闻出版或者其他有关部门依据各自的职权责令改正，并依法给予行政处罚。

第八十三条 用人单位违反本法第四十三条和第四十八条规定的，由人力资源和社会保障部门责令改正；拒不改正或者情节严重的，处一万元以上五万元以下罚款。

第八十四条 违反本法规定，对侵害妇女权益的申诉、控告、检举，推诿、拖延、压制不予查处，或者对提出申诉、控告、检举的人进行打击报复的，依法责令改正，并对直接负责的主管人员和其他直接责任人员给予处分。

国家机关及其工作人员未依法履行职责，对侵害妇女权益的行为未及时制止或者未给予受害妇女必要帮助，造成严重后果的，依法对直接负责的主管人员和其他直接责任人员给予处分。

违反本法规定，侵害妇女人身和人格权益、文化教育权益、劳动和社会保障权益、财产权益以及婚姻家庭权益的，依法责令改正，直接负责的主管人员和其他直接责任人员属于国家工作人员的，依法给予处分。

第八十五条 违反本法规定，侵害妇女的合法权益，其他法律、法规规定行政处罚的，从其规定；造成财产损失或者人身损害的，依法承担民事责任；构成犯罪的，依法追究刑事责任。

……

中华人民共和国老年人权益保障法（节录）

（1996年8月29日第八届全国人民代表大会常务委员会第二十一次会议通过 根据2009年8月27日第十一届全国人民代表大会常务委员会第十次会议《关于修改部分法律的决定》第一次修正 2012年12月28日第十一届全国人民代表大会常务委员会第三十次会议修订 根据2015年4月24日第十二届全国人民代表大会常务委员会第十四次会议《关于修改〈中华人民共和国电力法〉等六部法律的决定》第二次修正 根据2018年12月29日第十三届全国人民代表大会常务委员会第七次会议《关于修改〈中华人民共和国劳动法〉等七部法律的决定》第三次修正）

……

第二章 家庭赡养与扶养

第十三条 【居家养老】老年人养老以居家为基础，家庭成员应当尊重、关心和照料老年人。

第十四条 【赡养义务】赡养人应当履行对老年人经济上供养、生活上照料和精神上慰藉的义务，照顾老年人的特殊需要。

赡养人是指老年人的子女以及其他依法负有赡养义务的人。

赡养人的配偶应当协助赡养人履行赡养义务。

第十五条 【治疗和护理、生活照料】赡养人应当使患病的老年人及时得到治疗和护理；对经济困难的老年人，应当提供医疗费用。

对生活不能自理的老年人，赡养人应当承担照料责任；不能亲自照料的，可以按照老年人的意愿委托他人或者养老机构等照料。

第十六条 【老年人的住房】赡养人应当妥善安排老年人的住房，不得强迫老年人居住或者迁居条件低劣的房屋。

老年人自有的或者承租的住房，子女或者其他亲属不得侵占，不得擅自改变产权关系或者租赁关系。

老年人自有的住房，赡养人有维修的义务。

第十七条 【老年人的田地、林木和牲畜】赡养人有义务耕种或者委托他人耕种老年人承包的田地，照管或者委托他人照管老年人的林木和牲畜等，收益归老年人所有。

第十八条 【老年人的精神需求】家庭成员应当关心老年人的精神需求，不得忽视、冷落老年人。

与老年人分开居住的家庭成员，应当经常看望或者问候老年人。

用人单位应当按照国家有关规定保障赡养人探亲休假的权利。

第十九条 【不得拒绝履行赡养义务、要求老年人承担力不能及的劳动】赡养人不得以放弃继承权或者其他理由，拒绝履行赡养义务。

赡养人不履行赡养义务，老年人有要求赡养人付给赡养费等权利。

赡养人不得要求老年人承担力不能及的劳动。

第二十条 【赡养协议】经老年人同意，赡养人之间可以就履行赡养义务签订协议。赡养协议的内容不得违反法律的规定和老年人的意愿。

基层群众性自治组织、老年人组织或者赡养人所在单位监督协议的履行。

第二十一条 【老年人的婚姻自由】老年人的婚姻自由受法律保护。子女或者其他亲属不得干涉老年人离婚、再婚及婚后的生活。

赡养人的赡养义务不因老年人的婚姻关系变化而消除。

第二十二条 【老年人的财产权利】老年人对个人的财产,依法享有占有、使用、收益和处分的权利,子女或者其他亲属不得干涉,不得以窃取、骗取、强行索取等方式侵犯老年人的财产权益。

老年人有依法继承父母、配偶、子女或者其他亲属遗产的权利,有接受赠与的权利。子女或者其他亲属不得侵占、抢夺、转移、隐匿或者损毁应当由老年人继承或者接受赠与的财产。

老年人以遗嘱处分财产,应当依法为老年配偶保留必要的份额。

第二十三条 【扶养义务】老年人与配偶有相互扶养的义务。

由兄、姐扶养的弟、妹成年后,有负担能力的,对年老无赡养人的兄、姐有扶养的义务。

第二十四条 【督促履行赡养、扶养义务】赡养人、扶养人不履行赡养、扶养义务的,基层群众性自治组织、老年人组织或者赡养人、扶养人所在单位应当督促其履行。

第二十五条 【禁止实施家庭暴力】禁止对老年人实施家庭暴力。

第二十六条 【监护】具备完全民事行为能力的老年人,可以在近亲属或者其他与自己关系密切、愿意承担监护责任的个人、组织中协商确定自己的监护人。监护人在老年人丧失或者部分丧失民事行为能力时,依法承担监护责任。

老年人未事先确定监护人的,其丧失或者部分丧失民事行为能力时,依照有关法律的规定确定监护人。

第二十七条 【家庭养老支持政策】国家建立健全家庭养老支持政策,鼓励家庭成员与老年人共同生活或者就近居住,为老年人随配偶或者赡养人迁徙提供条件,为家庭成员照料老年人提供帮助。

……

中华人民共和国
未成年人保护法（节录）

（1991年9月4日第七届全国人民代表大会常务委员会第二十一次会议通过 2006年12月29日第十届全国人民代表大会常务委员会第二十五次会议第一次修订 根据2012年10月26日第十一届全国人民代表大会常务委员会第二十九次会议《关于修改〈中华人民共和国未成年人保护法〉的决定》第一次修正 2020年10月17日第十三届全国人民代表大会常务委员会第二十二次会议第二次修订 根据2024年4月26日第十四届全国人民代表大会常务委员会第九次会议《关于修改〈中华人民共和国农业技术推广法〉、〈中华人民共和国未成年人保护法〉、〈中华人民共和国生物安全法〉的决定》第二次修正）

……

第二章 家庭保护

第十五条 未成年人的父母或者其他监护人应当学习家庭教育知识，接受家庭教育指导，创造良好、和睦、文明的家庭环境。

共同生活的其他成年家庭成员应当协助未成年人的父母或者其他监护人抚养、教育和保护未成年人。

第十六条 未成年人的父母或者其他监护人应当履行下列监护职责：

（一）为未成年人提供生活、健康、安全等方面的保障；

（二）关注未成年人的生理、心理状况和情感需求；

（三）教育和引导未成年人遵纪守法、勤俭节约，养成良好的思想品德和行为习惯；

（四）对未成年人进行安全教育，提高未成年人的自我保护意识和能力；

（五）尊重未成年人受教育的权利，保障适龄未成年人依法接受并完成义务教育；

（六）保障未成年人休息、娱乐和体育锻炼的时间，引导未成年人进行有益身心健康的活动；

（七）妥善管理和保护未成年人的财产；

（八）依法代理未成年人实施民事法律行为；

（九）预防和制止未成年人的不良行为和违法犯罪行为，并进行合理管教；

（十）其他应当履行的监护职责。

第十七条 未成年人的父母或者其他监护人不得实施下列行为：

（一）虐待、遗弃、非法送养未成年人或者对未成年人实施家庭暴力；

（二）放任、教唆或者利用未成年人实施违法犯罪行为；

（三）放任、唆使未成年人参与邪教、迷信活动或者接受恐怖主义、分裂主义、极端主义等侵害；

（四）放任、唆使未成年人吸烟（含电子烟，下同）、饮酒、赌博、流浪乞讨或者欺凌他人；

（五）放任或者迫使应当接受义务教育的未成年人失学、辍学；

（六）放任未成年人沉迷网络，接触危害或者可能影响其身心健康的图书、报刊、电影、广播电视节目、音像制品、电子出版物和网络信息等；

（七）放任未成年人进入营业性娱乐场所、酒吧、互联网上网服务营业场所等不适宜未成年人活动的场所；

（八）允许或者迫使未成年人从事国家规定以外的劳动；

（九）允许、迫使未成年人结婚或者为未成年人订立婚约；

（十）违法处分、侵吞未成年人的财产或者利用未成年人牟取不正当利益；

（十一）其他侵犯未成年人身心健康、财产权益或者不依法履行未成年人保护义务的行为。

第十八条 未成年人的父母或者其他监护人应当为未成年人提供安全的家庭生活环境，及时排除引发触电、烫伤、跌落等伤害的安全隐患；采取配备儿童安全座椅、教育未成年人遵守交通规则等措施，防止未成年人受到交通事故的伤害；提高户外安全保护意识，避免未成年人发生溺水、动物伤害等事故。

第十九条 未成年人的父母或者其他监护人应当根据未成年人的年龄和智力发展状况，在作出与未成年人权益有关的决定前，听取未成年人的意见，充分考虑其真实意愿。

第二十条 未成年人的父母或者其他监护人发现未成年人身心健康受到侵害、疑似受到侵害或者其他合法权益受到侵犯的，应当及时了解情况并采取保护措施；情况严重的，应当立即向公安、民政、教育等部门报告。

第二十一条 未成年人的父母或者其他监护人不得使未满八周岁或者由于身体、心理原因需要特别照顾的未成年人处于无人看护状态，或者将其交由无民事行为能力、限制民事行为能力、患有严重传染性疾病或者其他不适宜的人员临时照护。

未成年人的父母或者其他监护人不得使未满十六周岁的未成年人脱离监护单独生活。

第二十二条 未成年人的父母或者其他监护人因外出务工等原因在一定期限内不能完全履行监护职责的，应当委托具有照护能力的完全民事行为能力人代为照护；无正当理由的，不得委托他人代为照护。

未成年人的父母或者其他监护人在确定被委托人时，应当综合考虑其道德品质、家庭状况、身心健康状况、与未成年人生活情感上的联系等情况，并听取有表达意愿能力未成年人的意见。

具有下列情形之一的，不得作为被委托人：

（一）曾实施性侵害、虐待、遗弃、拐卖、暴力伤害等违法犯罪行为；

（二）有吸毒、酗酒、赌博等恶习；
（三）曾拒不履行或者长期怠于履行监护、照护职责；
（四）其他不适宜担任被委托人的情形。

第二十三条　未成年人的父母或者其他监护人应当及时将委托照护情况书面告知未成年人所在学校、幼儿园和实际居住地的居民委员会、村民委员会，加强和未成年人所在学校、幼儿园的沟通；与未成年人、被委托人至少每周联系和交流一次，了解未成年人的生活、学习、心理等情况，并给予未成年人亲情关爱。

未成年人的父母或者其他监护人接到被委托人、居民委员会、村民委员会、学校、幼儿园等关于未成年人心理、行为异常的通知后，应当及时采取干预措施。

第二十四条　未成年人的父母离婚时，应当妥善处理未成年子女的抚养、教育、探望、财产等事宜，听取有表达意愿能力未成年人的意见。不得以抢夺、藏匿未成年子女等方式争夺抚养权。

未成年人的父母离婚后，不直接抚养未成年子女的一方应当依照协议、人民法院判决或者调解确定的时间和方式，在不影响未成年人学习、生活的情况下探望未成年子女，直接抚养的一方应当配合，但被人民法院依法中止探望权的除外。

……

实用附录

1. 婚前财产协议公证书（参考文本）[①]

男方：（写明签订婚前财产约定协议中男方的姓名、出生年月日及现住址等基本信息）

女方：（写明签订婚前财产约定协议中女方的姓名、出生年月日及现住址等基本信息）

兹证明男方×××与女方×××，于×年×月×日自愿签订了《婚前财产约定协议书》，并于本人面前签名、盖章。

当事人签订的上述协议行为和内容符合《中华人民共和国民法典》的相关规定。

中华人民共和国×市××公证处

公证员：×××（亲笔签名）

年　月　日

2. 离婚协议书（参考文本）

协议人：＿＿＿＿＿＿＿

协议人：＿＿＿＿＿＿＿

协议人＿＿＿＿＿＿、＿＿＿＿＿＿双方于＿＿＿年＿＿＿月＿＿＿日在＿＿＿区人民政府办理结婚登记手续。＿＿＿年＿＿＿月＿＿＿日生育儿子（女儿）＿＿＿＿＿＿。因协议人双方性格严重不合，无法继续共同生活，夫妻感情且已完全破裂，现双方就自愿离婚一事达成如下协议：

一、＿＿＿＿＿＿、＿＿＿＿＿＿自愿离婚。

二、子女抚养：＿＿＿＿＿＿＿

[①] 参见卢明生：《婚姻家庭文书诉状实例》，中国法制出版社2012年版，第212页。

三、财产及债务的处理：_____
四、关于子女探望权：_____

本协议一式叁份，双方各执一份，婚姻登记机关存档一份，在双方签字，并经婚姻登记机关办理相应手续后生效。

协议人：_____　　　　协议人：_____

____年____月____日

3. 离婚起诉状（参考文本）

原告：____，女，____年____月____日出生，住所地：____市____路____号____幢____房。电话：_____

被告：____，男，____年____月____日出生，住所地：____市____路____号____幢____房。电话：_____

案由：离婚

诉讼请求：

1. 要求与被告离婚；
2. 由原告抚养儿子××；
3. 分割夫妻共同财产约_____元，其中_____元归我所有；
4. 案件受理费由双方承担（或由被告承担）。

事实和理由：

我与被告于××××年×月经人介绍相识，于××××年×月×日登记结婚，婚后夫妻感情一般，生育儿子××。由于婚前我对被告了解不够，草率地与其结婚，婚后发现被告经常参与赌博、嫖娼等违法活动，不务正业，经我多次苦心规劝，仍劣性不改。被告婚后的所作所为，对家庭及亲人极端不负责任，已严重伤害了夫妻感情，加之双方性格不合，夫妻长期分居，现夫妻感情已完全、彻底破裂，夫妻关系名存实亡。另，我们夫妻存续期间拥有夫妻共同财产约_____元。

现我向法院提起诉讼，要求与被告离婚并由我抚养儿子××，另分割夫妻共同财产_____元中的____元归我所有。

此致

××××人民法院

起诉人：×××

××××年×月×日

4. 收养协议（参考文本）

甲方（收养人）：×××（姓名、住址）

乙方（送养人）：×××（姓名、住址）

甲乙双方就收养×××（被收养人姓名）达成协议如下：

第一条 被收养人的基本情况（写明：被收养人的姓名、性别、年龄、健康状况、现住址）。

第二条 收养人×××是××单位的××（职务），现年××岁（已婚的，收养人为夫妻双方），住在×市×区（县）××街××号。

第三条 收养人×××的基本情况（写清楚收养人的健康、财产等收养法规定的条件）符合收养的条件。

第四条 送养人的基本情况（写明送养人的姓名或者名称，为什么要送养的理由）。

第五条 收养人×××保证在收养关系存续期间，尽扶养被收养人之义务。

第六条 甲乙双方在本协议签订后×日内，到××民政局办理收养登记手续。

本收养协议自×××公证机关公证之日起生效。

甲方：×××（签字、盖章）　　乙方：×××（签字、盖章）

××××年×月×日

图书在版编目（CIP）数据

婚姻家庭继承 / 中国法治出版社编. -- 2 版. -- 北京 ： 中国法治出版社，2025.3. --（实用版法规专辑系列）. -- ISBN 978-7-5216-5095-2

Ⅰ. D923.05

中国国家版本馆 CIP 数据核字第 20257H264R 号

| 策划编辑：舒丹 | 责任编辑：王林林 | 封面设计：杨泽江 |

婚姻家庭继承（实用版法规专辑系列）

HUNYIN JIATING JICHENG（SHIYONGBAN FAGUI ZHUANJI XILIE）

经销/新华书店
印刷/三河市国英印务有限公司
开本/850 毫米×1168 毫米　32 开　　　　　印张/14　字数/338 千
版次/2025 年 3 月第 2 版　　　　　　　　　2025 年 3 月第 1 次印刷

中国法治出版社出版
书号 ISBN 978-7-5216-5095-2　　　　　　　　　　　　定价：32.00 元

北京市西城区西便门西里甲 16 号西便门办公区
邮政编码：100053　　　　　　　　　传真：010-63141600
网址：http://www.zgfzs.com　　　　编辑部电话：010-63141676
市场营销部电话：010-63141612　　　印务部电话：010-63141606

（如有印装质量问题，请与本社印务部联系。）